北大讲座 精华集（历史）

《北大讲座》编委会 编

北京大学出版社
PEKING UNIVERSITY PRESS

图书在版编目(CIP)数据

北大讲座精华集.历史/《北大讲座》编委会编.—北京:北京大学出版社,
2014.8
ISBN 978-7-301-24402-9

Ⅰ.①北… Ⅱ.①北… Ⅲ.①社会科学-中国-文集②自然科学-中国-文集③史学-文集 Ⅳ.①Z427

中国版本图书馆 CIP 数据核字(2014)第 133435 号

| 书　　　名:北大讲座精华集(历史)
| 著作责任者:《北大讲座》编委会　编
| 责 任 编 辑:胡利国
| 标 准 书 号:ISBN 978-7-301-24402-9/K·1048
| 出 版 发 行:北京大学出版社
| 地　　　址:北京市海淀区成府路 205 号　100871
| 网　　　址:http://www.pup.cn　新浪官方微博:@北京大学出版社
| 电 子 信 箱:1766262377@qq.com
| 电　　　话:邮购部 62752015　发行部 62750672　出版部 26754962
|　　　　　　编辑部 62763121
| 印　刷　者:北京中科印刷有限公司
| 经　销　者:新华书店
|　　　　　　730mm×1020mm　16 开本　24 印张　431 千字
|　　　　　　2014 年 8 月第 1 版　2015 年 4 月第 3 次印刷
| 定　　　价:68.00 元

未经许可,不得以任何方式复制或抄袭本书之部分或全部内容。
版权所有,侵权必究
举报电话:010-62752024　电子信箱:fd@pup.pku.edu.cn

北大讲座

季羡林

《北大讲座》编委会

主　　　任：王恩哥
副 主 任：叶静漪
成员单位：北京大学党委宣传部
　　　　　北京大学学生工作部
　　　　　北京大学教务部
　　　　　北京大学教育基金会
　　　　　北京大学科学研究部
　　　　　北京大学社会科学部
　　　　　共青团北京大学委员会
　　　　　北京大学艺术学院
　　　　　北京大学出版社

《北大讲座》(精华集)编委会

主　　　编：阮　草
副　主　编：路姜男
执 行 主 编：黄　冠
执行副主编：魏钰明
编辑委员会：(按姓氏拼音排序)

贡　驰	曹定铎	陈冠宇	陈　嘉
陈震鹏	郭孟曦	郝凌瑶	何孟奇
洪蔚琳	蒋锡泰	金雅昭	黎钧宇
黎　泉	李　昶	李　琬	李曦纳
李孝严	李　臻	刘龚熠	马　琳
马瑞娟	孙若男	孙甜甜	孙　伟
汤晓路	王靖雯	王卓汝	温倩倩
肖天祎	肖　遥	熊文雪	徐梓岚
燕宇飞	闫雅心	杨悦辰	伊　诺
张进鑫	周宏露		

目　录

郑欣淼/故宫与故宫学	1
侯开嘉/汉字文化的千古之谜	
——竹简的发明及它对汉字文化的重大影响	36
吴荣曾/谈谈中国古代钱币	44
李伯谦/多学科联合攻关 断定夏商周年代	53
李伯谦/考古学对中国上古史建设的重大贡献	64
严文明/中国近年考古发现和研究的新进展	81
张　辛/中国传统文化与古代文物研究	94
邓小南/宋代历史再认识	107
张信刚/郑和下西洋时期的世界态势	129
臧运祜/中国历史上的台湾问题	151
聂崇正/清宫意大利画家郎世宁	163
李扬帆/从《走向共和》谈晚清人物的评价	178
杨奎松/五四运动有多重要	188
欧阳哲生/北京大学与五四运动	217
秦立彦/斯诺的红色中国梦	
——重读《红星照耀中国》	229
韩毓海/一所大学和一个国家	
——北京大学的故事	238
萧超然/毛泽东与北京大学的三段情缘	258
刘　阳/京西皇家园林沧桑	273
周建波/成败晋商	
——传统商帮的兴起与衰败	297
牛　军/五十年的中国与世界	320
牛大勇/北京大学史学系五十年变迁(1899—1949)	335
岳升阳/燕园史迹寻踪	347

故宫与故宫学

郑欣淼

[演讲者小传]

郑欣淼,男,1947年生,陕西省澄城县人。1970年参加工作。1992年前在陕西工作,曾任中共陕西省委研究室副处长、处长、副主任、主任,中共陕西省委副秘书长。1992年11月调任中共中央政策研究室文化组组长。1995年9月调任青海省人民政府副省长。1998年12月至2002年9月任国家文物局党组副书记、副局长。2002年9月任文化部副部长、文化部党组成员、故宫博物院院长;2003年9月兼任故宫博物院党委书记。现为中国作家协会会员、中国鲁迅研究学会会长。

在文化理论研究、政策科学研究、鲁迅思想研究方面,先后有《政策学》(陕西人民出版社,1989)、《文化批判与国民性改造》(陕西人民出版社,1990)、《社会主义文化新论》(中国青年出版社,1995)、《鲁迅与宗教文化》(陕西人民教育出版社,1996;中国社会科学出版社,2004)四部学术专著出版。从上世纪60年代后期开始习写旧体诗词,相继有《雪泥集》(陕西人民教育出版社,1994)、《陟高集》(中国青年出版社,2000)两部诗词集问世。

进入21世纪以来,着力于文物、博物馆及故宫保护的研究,首次提出了"故宫学"的概念。发掘故宫的历史文化内涵,其间发表了数十篇相关内容的学术论文和研究文章。

各位老师、各位同学,大家好!今天有这么一个机会能够给大家介绍一下故宫及故宫学研究的情况,非常高兴。考虑到好多同学对故宫的了解不是很多,所以提前印发了一个小册子,收录了我写的几篇文章,我要说的内容大体都在里面了。我们团委的同志讲,可能同学们对故宫本身的兴趣会更大一些,希望我能够多讲一些故宫的情况,有关故宫学,大家可以看这本小册子。我待会儿这方面就要讲得少一些,省略一点。讲完之后还有半个小时的问答时间。

刚才中央电视台的同志问我能否猜到同学们想问的问题。我说,我猜不出来,也可能有些问题我一下子没办法回答。回答不上的,我回去之后会认真准备,给大家一个满意的答复。

这里,我先给大家介绍"故宫""紫禁城""故宫博物院""故宫学"几个概念。故宫是历史上后一个朝代对前一个朝代皇宫的称谓。就像元代灭亡之后,明代就将元大都称为元故宫。现在我们所称的北京故宫在明清时代不称"故宫",而叫"紫禁城"。"紫禁城"是明清两朝皇宫的称呼。清朝统治结束之后才改称故宫。紫禁城有两层意思,一个是星象学家说,天上有个紫微垣星座,是天帝的宫殿,与之对应的,人间的皇帝,是天帝之子——"天子",他的宫殿,同样可用紫微垣的称呼,这就是"紫"的含义;第二是皇宫戒备森严,是个禁区,一般人当然是进不来的。把这两层意思合起来,就叫"紫禁城"。故宫博物院是在辛亥革命之后,溥仪1924年离开皇宫内廷,于1925年10月10日成立的。故宫博物院是在明清皇宫和清宫旧藏文物的基础上建立起来的,以宫殿建筑群、古代艺术品及宫廷文化史迹为主要展示内容的大型综合性国家级博物馆。故宫学,是2003年10月正式提出的,它是以故宫及其丰富收藏为研究对象的一门学科。

我今天和大家交流的有以下三个问题。

一、紫禁城的意蕴及故宫的价值

紫禁城始建于明永乐四年(1406)。明初的皇宫在南京,即使在明迁都北京后南京的地位也还是很重要的。大家知道永乐皇帝起先是燕王,后夺了他侄子建文帝的皇位。当然关于永乐皇帝的故事很多。有一种说法,郑和下西洋就是为了找寻建文帝。从永乐四年开始修建北京紫禁城,至永乐十八年(1420)建成,大致花了14年时间。紫禁城的营造聚全国之财力物力,汇天下之能工巧匠。要建造宫殿需要好多的石料、木材等各种建筑材料,便在全国各地广泛收集。木材主要是来自四川、湖广、江西、贵州。明代的时候好木料还是大量存在的,在清代已经难以找到像明代那样多、那样好的木料了。我们现在所看到的太和殿是清康熙年间重建的,没有楠木,就改用东北的松木,没有那么粗的做柱子,就拼接起来。砖当然也是很重要的,其中有种砖特别重要,称之为"金砖",三大殿铺的就是这种砖。对金砖也是说法不一。有人认为此类砖能够敲出金石之声,故称之为"金砖"。有的则认为因为是专门给京城做的砖,应该叫"京砖",由于音念转了,就成了"金砖"。这些金砖是在苏州用太湖淤泥做的,相当贵重。我们前些年买了有人收藏的金砖621块,花了496.75万元,每块砖近8000元。现在已经做不出一模一样的砖了。还有大量用砖是山东临清造的,通过运河运至京城。再有就是石料,石料基本上来自北京周围,像京郊房山、河北曲阳。石灰则采自山西。还有一些其他的建筑材料,比如琉璃瓦来自门头沟琉璃渠。大家熟知的北京宣武区琉璃厂,早先就跟烧制琉璃有关。还有金箔,主要是苏州产的。我们这次古建维修所用的金箔主要来自南京江宁。

当时在北京营建皇宫的各种工程技术人员估计有10万之多,参与整个工程的人员约有100多万。在中国古代,从事技术性工作的工匠社会地位是不高的,所以对他们的记载相当少,在《明史》上能够见到有记载的,有些是挂名的官员,有些是做了实际工作的,像参与营建的陈珪、薛禄等。在故宫总体规划上,贡献最大的是蔡信。我们的传统建筑工艺有石工、木工、油饰彩绘工,现在故宫维修的主要工种还是这些。这几方面有些代表性的人物,如石工陆祥、木工蒯祥、绘工王顺等人,这些人历史上都有记载。如此宏大的全新布局的紫禁城,从整体设计开始,准备了整整十年,真正修建只用了不到三年。如此短的时间就把近万间的房屋修建起来了,而且修的质量是相当好的,这是中国建筑史上的一个奇迹。

太和殿

储秀宫外景

畅音阁外景　　　　　　　　　　　　**护城河与角楼**

紫禁城内占地72万平方米，现在保留的建筑面积约16.7万平方米。它作为我国古代宫殿建筑发展的集大成者，在建筑技术和建筑艺术上代表了中国古代官式建筑的最高水平。大家看图，这是太和殿、储秀宫。这个三层的建筑物是畅音阁大戏楼。这是护城河、角楼，这是故宫的四个城门。

神武门　　　　　　　　　　　　**东华门**

西华门　　　　　　　　　　　　**午门**

紫禁城蕴含着深刻的政治文化意蕴，它体现了皇权至上的伦理思想。皇宫对皇帝来说，不只是居住办公的场所，还是皇权的象征，"非令壮丽无以重威"，反映着区别尊卑上下的封建礼制。明清时代，中国封建礼制发展到了高峰，是封建礼制最完善的时期。所以，故宫是一个最庄重的、最宏大的建筑。据信是战国齐人所撰写的《考工记》，叙述周代王城时说过"左祖右社，面朝后市"，还有记载中的"五门三朝"等，但如今都找不到实物根据了。商代王城，经对遗址的发掘，实际情况与上述说法差距很大。汉唐的长安城留下的也只是一些城墙宫殿的遗址，唯一符合这一要求的就是故宫了，而且相当完整。传统的阴阳五行学说在紫禁城建筑中也得到运用。故宫有个北大毕业的学者王子林，写了一本书叫《紫禁城风水》，主要是谈阴阳五行、传统文化在故宫建筑设计中的体现。故宫有后三宫，为乾清宫、坤宁宫、交泰殿。其中，"乾"代表天，"坤"代表地，天地交合、阴阳交合即是"泰"。乾卦、坤卦在六十四卦里占有重要地位，故宫古建筑与《周易》关系密切，有深刻的寓意，是传统文化的一种反映。故宫在1961年被国务院公布为全国第一批重点文物保护单位。1987年，联合国教科文组织将故宫作为人类文化遗产列入《世界遗产目录》。

接下来我想谈谈故宫的价值。

世界遗产委员会对故宫有个总体的评价：紫禁城是中国五个世纪以来的最高权力中心，它以园林景观和容纳了家具与工艺品的9000个房间的庞大建筑群，成为明清时代中国文明无价的历史见证。

其一，故宫是我国古代宫城发展史上现存的唯一实例和最高典范，也是世界上现存规模最大、保存最完整的古代建筑群。故宫博物院原副院长单士元先生，是个很有名的建筑学家，也是北大毕业的。他做了一个比较。他说与世界著名宫殿相比，法国卢浮宫的建筑面积不到故宫的四分之一；凡尔赛宫相当于我国的颐和园，但不及颐和园面积的十分之一；俄国圣彼得堡的冬宫的面积相当于故宫的九分之一；莫斯科的克里姆林宫号称欧洲最大宫城，其面积却不到故宫的一半；英国白金汉宫建筑面积相当于故宫的十分之一；日本东京皇宫的全部面积包括御苑部分也不及故宫的三分之一。由此可见，故宫确实是世界上最大的皇宫建筑群。太和殿广场可以容纳10万人，皇帝大婚及一些重大的政治活动都在此举行。前三殿的太和殿、中和殿、保和殿，多是举行重大活动的地方。皇帝真正办公的地方是乾清宫，但清朝从雍正皇帝之后，多在养心殿办公，包括溥仪最后也是从养心殿离开的。这张图片是储秀宫，慈禧太后曾经在此居住。

其二，故宫是民族文化的重要载体和历史缩影，是中国封建社会后期明清两代的皇宫，是当时国家的政治中心、封建权力的中枢所在地。491年时间里，

储秀宫外景

储秀宫内景

共有24个皇帝,即明代14个、清代10个皇帝在此居住和办公。在中国,包括中国与世界发生的重大事件,都与此有着密切的关系,这里的人与这里的一切活动影响着中国的历史进程。也许在我们今天看来很破旧的房子里面,都有着说不完的故事……

下面介绍的是故宫的一些藏品。故宫中最大的玉器是1万斤重的"大禹治水"玉山。去年,我们在英国举办的"盛世华章展"中展出一件2000多斤重的玉器,就已经让英国女王赞不绝口了,并多次在别的场合提及这件玉器,她

玉镂雕谷纹"长乐"璧

桐荫仕女玉山

乳钉三耳簋

三羊尊

太和殿广场御路两旁的品级山

乾清宫"正大光明"匾

军机处内景

养心殿东暖阁垂帘听政处

对雕刻如此巨大的玉器惊叹不已。下面是两件青铜器，乳钉三耳簋和三羊尊。大家现在看到的四幅图是很有代表性的，左下方是太和殿两旁的品级山，这上边有"从九品"的字样，当时举行重大活动，官员出席时，需按品级站在广场的指定位置。这是乾清宫内的"正大光明"匾，从雍正开始，这个匾额后面放一个匣子，里面有皇帝将册立的嗣位皇子的名字，这就是秘密建储制度。左下角的图片是军机处，它的地位很重要，现在有人将其称为"书记处"，这个看似很不起眼的房间，在当时却曾是政治运作的中心。右下角的图是养心殿东暖阁的"垂帘听政"处，慈禧太后曾在此垂帘听政。

其三，故宫是我国具有世界影响的、历史信息含量最丰富的重大文化遗产之一，遗产内容以建筑群为主，其藏品包括了古代艺术品的所有门类，具有品级上、品类上、数量上的优势。其历史文化内涵更涉及建筑、园林、历史、地理、文献、文物、考古、美术、宗教、民族、礼俗等诸多学科，在我国历史文化遗产中具有突出的历史价值、科学价值和艺术价值，是中国皇家收藏传统的延续和仅存硕果。

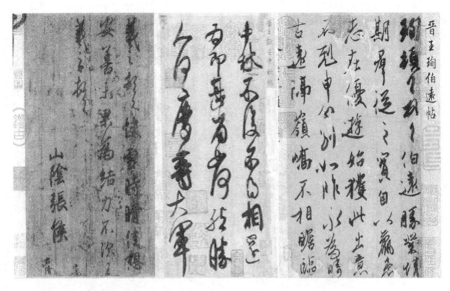

王羲之《快雪时晴帖》　　王献之《中秋帖》　　王珣《伯远帖》

　　故宫中的藏品不仅包括明清两代,更有历史上的皇家收藏的文物,承袭了宋、元、明以来的宫廷收藏。例如故宫有青铜器15000多件,其中三分之一是商周时代的,都是一些传世文物,十分珍贵。

　　这是当年"三希堂"中收藏的三件书法作品:王羲之的《快雪时晴帖》,他儿子王献之的《中秋帖》,他侄儿王珣的《伯远帖》。王氏一门是东晋相当有名的书法世家。这三件东西十分宝贵。现在公认王羲之《快雪时晴帖》是唐代的摹本,王献之的《中秋帖》也是摹本,只有王珣的《伯远帖》为原迹。王氏一门的作品很多,在唐代的时候就有流传至日本的,但很多是摹本,现在大家公认的流传下来的真迹只有一件,就是王珣的《伯远帖》。乾隆皇帝经常在"三希堂"书房把玩这三件作品,反复欣赏。溥仪曾经以赏弟弟溥杰的名义将《中秋帖》《伯远帖》带出宫去。1924年10月6日,溥仪被赶出紫禁城,军警搜查他的行李时发现藏有王羲之的《快雪时晴帖》。搜查出来后,清室善后委员会考虑怎么办,因为那天下午库房都已经关闭上锁了,就在京城买了个大保险柜将画临时收藏了起来。当时知道密码的,只有清室善后委员会的委员长李煜瀛先生。后来,此帖在故宫文物南迁的时候被带到了南方,最终辗转到了台湾。另两幅在故宫博物院成立之前就已经流失出去了,后来被郭葆昌得到。郭是故宫博物院的一位专门委员,是个瓷器收藏家、鉴赏家。袁世凯要当洪宪皇帝,在景德镇制作洪宪瓷,就是郭葆昌监督烧造。郭葆昌将这两幅字留给了儿子,后被他儿子带到了台湾,又带到香港,将其抵押给了银行。抵押时限快到的时候,我们新成立的中央人民政府得知消息,便派马衡院长、王冶秋副局长到香港,花48万港币买了回来。当时我国的财政收入还只有100多个亿,这在当时应该是个很大的数目,很了不起的。

我们的织绣品有30多万件。这里选了三件。这是"团龙补子"。团龙补子是清代皇帝肩部的图案,清末皇后吉服上也用。具体到这幅照片,应是清末皇后吉服右肩上的图案,因为左、右肩的图案不同。左肩龙头上是太阳图案,内画三足乌;右肩龙头上是月亮图案,内画有玉兔。皇后所用的这种团龙补子是没有"卍"字纹的。这是个"怀裆",吃饭时前襟上挂的。这是"屏心",屏风用的。

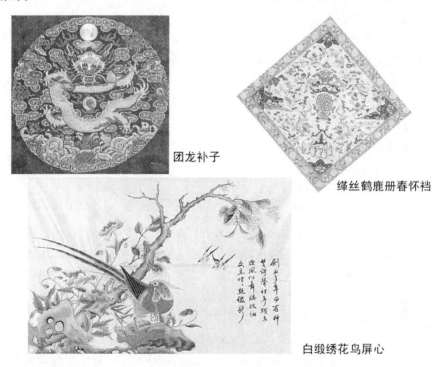

团龙补子

缂丝鹤鹿册春怀裆

白缎绣花鸟屏心

其四,故宫在今日还具有更大的社会价值,是我国重要的爱国主义教育基地,是具有世界影响的中国历史文化遗产的重要传播场所。故宫去年的游客是830万人次,居世界博物馆的第一位。英国国家博物馆免票,游客约600万人次,卢浮宫售票,约500万人次。我和卢浮宫馆长交流时,他就对我们这么大的游客量感到无法想象。我们的游客中有1/6是海外游客,而且到中国的各国元首、政要,一般都要来故宫看一看,有的甚至多次看过。故宫差不多每天都有接待任务,外交部跟我们的宣传教育部直接联系。

故宫里还有珍宝馆、钟表馆、石鼓馆。石鼓馆对普通观众来说可看性可能不高,但学术价值、历史意义很大。所展示的战国时代10个秦国石鼓是唐代在陕西凤翔发现的。好多专家都写文章进行研究,包括故宫博物院前院长马衡先生。

此外,我们办了许多专题的以及常设性的展览。这几年,故宫在院内都会举办 20 个左右的临时展览。近年来,故宫博物院每年赴海外举办的展览 5 到 10 个。2004 年中法文化年,在法国凡尔赛宫的"康熙大帝展"引起了轰动。在美国芝加哥好几个城市举办的"乾隆大帝展",同样引起好评。去年在英国举办的"盛世华章展",胡锦涛总书记和英国女王亲自出席了开幕式并认真观看了展览。这是我国领导人第一次出席我国的海外展览开幕式,并观看展览。同时,我们每年也引进一至两个国外的重要展览。像 2004 年的"巴西亚马孙——原生态传统展",巴西的总统出席了;法国的总理出席了"路易十四展";瑞典的王储出席了"瑞典藏中国陶瓷展"。

为观众服务方面,故宫开发了具有世界先进水平的 11 种语言的自动语音导览器并建立了志愿者讲解服务队伍,给残疾人提供服务方面也取得了明显成果,如在午门专门设立了残疾人专用的梯子。故宫还在全国率先对中小学生实行免费参观和讲解。

其五,故宫是历史文化名城北京的核心所在。主要表现在两个方面:一个是北京城的建筑规划是以故宫为核心的,故宫有条中轴线,相当重要;另一个是北京的其他明清皇家建筑,皇家寺院、道观、王府、园林,包括十三陵等,都与故宫有关。北京的历史文化内涵,如果离开了故宫,那是不可想象的。所以故宫在建筑布局和历史文化内涵上都赋予了北京城市以丰富的内容。不知道大家有没有注意到,去年世界文化遗产委员会多次提出故宫要设立缓冲区,就是要为故宫设立一个保护范围。没有与之相适应的周边环境,故宫只是一个孤立存在的建筑群体,它的价值就会受到很大影响。

其六,故宫是优质的、价值难以估量的国有资产。我曾经给国资委的领导讲,我们为国家保护着相当重要的国有资产,这些资产具有物质和精神的双重价值。故宫光是书画作品就有 14 万件,其价值是无法估量的。

这是我们的文物包装。故宫有好多文物,因为是皇家收藏,所以文物的包装也不一样,有的包装本身就是很珍贵的文物,和文物本体是不可分割的。1999 年,故宫举办了一个"清宫文物包装展",引起了轰动。从前我们认为文物就是文物,包装就是包装,文物与包装是分开的。我曾到台北故宫博物院,到它的地下库房去看,他们把文物的原有包装保护得很好,而我们却曾把一些文物与其包装分了开来,这些分开了的托、盘、盖、盒等放了满满一个屋子。这是织绣品的库房。这是个"并蒂莲"纹的织绣品,在故宫藏品中属于"资料"。全国的文物评定等级有统一标准,故宫文物则有自己的评定等级。在东北一

装皇帝书画的红漆盒

家有名的博物院,这件织绣品是一级品,而在故宫只能被定为"资料"。我们现在有"资料"10万多件。当然现在我们也正在整理这些"资料",绝大多数"资料"都要上升为文物。这是学者们公认为宋人张择端的《清明上河图》,围绕这幅画卷,在去年故宫建院八十周年之际举办了"清明上河图暨宋代风俗画国际研讨会"。

清乾隆木质大阅胄盒

清乾隆木质大阅胄盒(打开)

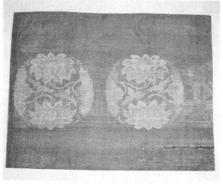

"并蒂莲"纹织绣品

清明上河图

此外,故宫还有重要的象征意义,它代表了中国的过去,新的政权就是在这个历史基础上建立起来的,它成了中国源远流长的大传统以及根深蒂固的大一统观念的象征。在这儿我想谈谈自己的体会。前年中国社会科学院当代研究所举办了一个国际研讨会,美国华盛顿大学的一个教授,中文名字叫沈大卫,他与人合写了一本书,名叫《中国皇家艺术宝藏:收藏史》,在会上宣读了其中的一个章节,题目为《1949年以来的故宫博物院:国宝与政治对象》。他说,中国新的领导人在执政几个月后即着手拯救和收购故宫文物,毛主席和周总理对博物院及其收藏的回收与丰富给予高度重视,这表明在新成立的共产党政权领导下,中国从前的皇家宫殿和文化瑰宝仍被视为政治合法性的一个重要象征。开始我不接受这个观点,至今也不完全接受,但我认为他的话是有启发的。试想当年抗日战争爆发之前,当时的国民政府决定将如此之多的文物南迁,不仅是这批文物珍贵,而且因为这些文物是中华民族历史和文化的集中反映。当时也有人反对文物南迁,认为迁运文物犹如弃国土于不顾,势将造成民心浮动,社会不安。多数人则对此持理解态度,认为国土沦丧,犹可力图恢复,任何文物的损失,终将万劫不复。因此,保护这些文物,就是维护民族历史文化。对民族历史文化的维护,当然是国家的大事,是执政者的责任。从这方面考虑,保护珍贵的历史文物就有了重大的政治意义。

二、对故宫学的探索

故宫学是2003年10月我在南京博物院成立70周年的研讨会上提出来的。我认为它是以故宫极其丰富的收藏为研究对象的一门学科。概括来说,故宫学的研究对象有六个方面,包括故宫古建筑(紫禁城)、院藏150万件文物、宫廷历史文化遗存、明清档案、清宫典籍以及故宫博物院的历程。当然故宫学的内容还有待讨论,实际上这两年多来我们也在不断地探讨。

1. 故宫的古建筑

故宫的古建筑不仅是官式建筑的最高典范,同时融合了各民族的建筑特点。大家现在看到的是雨花阁。雨花阁是故宫建筑群中唯一的藏、汉合璧式建筑,乾隆十四年(1749)修建。这个建筑很重要,是清政府实行"兴黄安蒙"国策的体现。去年我们在英国的展览展出了一批藏传佛教的藏品,胡锦涛总书记就向英国女王介绍,故宫有一大批藏传佛教藏品。这些文物与当时的民族政策、宗教政策、国家政策有很大关系。藏传佛教的建筑在故宫占有相当重要的地位。雨花阁从外边看是三层,里面实际上是四层,按照藏密的事、行、瑜伽、无上瑜伽四部设计建造。它是仿造西藏阿里古格托林寺,在国师三世章嘉活佛的指导下,参照藏密四部神殿形式修建的。去年,我还到西藏阿里的托林寺去过,我说雨花阁怎么不像那里的风格?怎么也找不到感觉。后来看了有关说明才知道它们之间的联系。这是雨花阁一层的内景,供奉着几个佛像,造像的发髻都十分细腻。旁边三个是珐琅做的坛城,相当漂亮,在西藏也是没有的。还有个重要的佛楼,叫梵华楼。有关梵华楼的画册,故宫马上要出版。这是它的壁画、佛教造像、佛龛。大家可能注意到最近有条消息,我们和美国的世界纪念建筑基金会定了一个为期10年的1200万美元合作的乾隆

雨花阁外景

梵华楼一层壁画

雨花阁一层内景

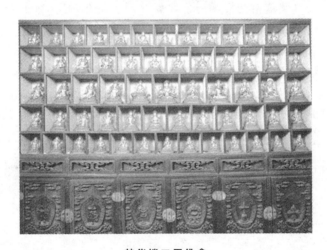

梵华楼二层佛龛

花园整体维修项目。现在正进行的是乾隆花园的倦勤斋工程。倦勤斋属于宁寿宫，在紫禁城的东边，是乾隆皇帝为当太上皇时修建的，它的内装修用的是乾隆年间最新的材料与工艺，像双面绣、竹黄等，是故宫内装修最漂亮的一个地方。进了故宫北门以后，穿过顺贞门，再向右就是漱芳斋。漱芳斋是乾隆当皇子时生活过的地方，漱芳斋的戏台是很有名的，曾经不少的京剧名家都在这儿唱过戏，例如谭鑫培、陈德霖、杨小楼、梅兰芳等。溥仪在紫禁城结婚的时候，在这儿唱了三天三夜的戏，花费白银3万余两。乾隆花园是乾隆年代修建的，地方虽小但却构思巧妙。乾隆是有着很高艺术素养的一个人。研究故宫的古建筑不仅仅只包括紫禁城，也包括与之相关的明清皇家建筑。故宫古建

倦勤斋内景

漱芳斋戏台

乾隆花园

筑就与朱元璋在老家凤阳的建筑,与南京的故宫,与清代的沈阳故宫都有关系,现在仍是明代的格局,但清代做了很多修建与改建,引进了满族的风格。例如将窗户纸糊在外,包括一些大炕,坤宁宫里边都有。此外,还包括承德的避暑山庄以及外八庙,分布在全国的七座收藏《四库全书》的皇家藏书楼,它们的建筑格式是统一的,而且是统一管理的。所有这些建筑之间,都有着相互联系,值得深入研究。

2. 院藏文物

目前故宫博物院有院藏文物 150 多万件(套),占全国文物系统博物馆藏品总数的 1/10。其中一级品有 8172 件(套),这是按"文化大革命"前的定级标准确定的。按现在的标准,绝对不止这么一些。按当时来算,故宫的一级品已经占到全国一级品数量的 1/6。大家会说到了故宫怎么看不到那么多的藏品?我们有个地下库房,有 3 万多平方米,80 万件文物在地下储藏。同时因为比较分散,各个地方展出的藏品也有好多万件,包括宫殿里的一些原状陈列。漱芳斋是我们接待重要宾客的场所,后面靠墙摆放的是多宝阁,上边放着瓶瓶罐罐。有人问这是假的吧?我们就说,要用假的可能成本更高,因为我们有的是真的。现在大家看到的是,皇帝穿的孔雀翎底珍珠珊瑚绣云龙福寿蟒袍。这是明成化斗彩三秋杯,是孙瀛洲先生捐献给故宫的,世界上只有两件。大家知道,明成化年间的斗彩是很值钱的,10 年前一只鸡缸杯,在香港的拍卖价格

孔雀翎底珍珠珊瑚绣云龙福寿蟒袍

明成化斗彩三秋杯

达到3000万港币。孙先生捐献的文物中光是一级品就有几十件,不是多少个亿能算的。这是展子虔的《游春图》,它是传世的隋代绘画作品。有人也对这幅画的年代有怀疑,怀疑到底是不是展子虔画的。但多数人认为是他的作品。它是我国存世最早的山水卷轴画。这是珐琅彩,珐琅彩是康熙、雍正时期瓷器技术发展高峰的反映。现在,清宫的珐琅彩多数在台湾。

3. 宫廷历史文化遗存

这在过去未引起我们的足够重视。现在我们认识到故宫的古建筑、故宫的宫廷历史文化遗存、故宫的院藏珍宝,这三方面是统一的。以"三希堂"为

展子虔游春图

珐琅彩雉鸡牡丹纹碗

金嵌宝"金瓯永固"杯

德化窑白釉观音坐像

例,"三希堂"是乾隆皇帝的书房,是据三件书法珍品命名的,从对这些书法作品的品赏题跋中,可以看到乾隆皇帝的文化活动、艺术修养、审美趣味等,这些是故宫最具代表性的东西,是故宫学要研究的内容。从坤宁宫皇帝大婚的洞房可以看到,它保留了一些满族人的风俗习惯。故宫留存的清宫戏装不少于

坤宁宫皇帝大婚的洞房

内务府腰牌

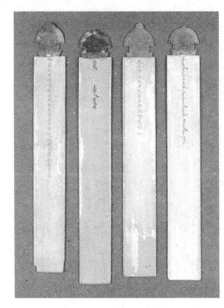

红绿头签

4000件，剧本有10000多册，还有相当多的清末的唱片，现在已经恢复了一部分。过去在清宫，听戏是很重要的文化活动。清宫的太监中有专门唱戏的，另有专门的管理机构。皇帝哪天点了什么戏、唱了什么戏，档案上都记得清清楚楚。清宫戏曲对京剧的形成、发展起了很大的促进作用。还有一些反映宫廷历史文化的物品，像腰牌、品级山、红绿头签等。腰牌就是当时的出入证。官员觐见皇帝，每人都有一个像筷子一样的木签，写有自己的姓名、籍贯等状况，宗室人员是红头签，其他人则是绿头签。故宫保存有上万件头签，这是引见制度的见证。

4. 明清档案

现在明代档案很少，主要是清代的。故宫博物院成立之后，就对宫中档案进行整理，为我们国家培养了第一代的档案人才。应该说中国近代的档案事业创始于故宫博物院。现在的明清档案全国有2000多万件。1980年，故宫博物院明清档案部划归国家档案局，成立中国第一历史档案馆，当时分出去的明清档案有800多万件。台北"故宫博物院"拿走的60万件文物中，有38万件是档案。档案对我们研究明清历史有很大的意义，对故宫本身的研究同样非常重要，像内务府、宗人府、銮仪卫等管理皇族及宫廷王府事务机关的档案，对了解清宫典章制度及历史文化有重要价值。前年，故宫出版了一本雍正朝的养心殿造办处档案汇编，在档案里，例如雍正皇帝哪天命人做了一把椅子，这把椅子是个什么样子的，谁完成的，谁来领走的，摆放在什么地方，都记载得清清楚楚，有助于研究清宫工艺美术品等。我们还保留了2000多件清代皇家建筑档案及80多个"烫样"，是当时清宫总设计师画的各种平面图和做的建筑模型。有关建筑档案对研究故宫很有帮助，包括这几年我们故宫的古建筑维修，就使用了大量的档案材料做依据。

5. 清宫典籍

武英殿的殿本书很有名。故宫现在保存的书板还有20多万块。还有整

大高玄殿内存放的清宫档案

套的满文大藏经我们已经将其出版了。我要给大家介绍的这部佛经很有意思，它是乾隆皇帝写的一部《心经》。有一年，两广总督把广州光孝寺菩提树的树叶做成纸，写成经书，进献给乾隆，乾隆感到很新鲜。到第二年，乾隆就把这种纸要来，亲自书写佛经。这部书是唐代的《刊谬补缺切韵》，存世仅两部手抄本，一为敦煌出土残本，现存巴黎国家图书馆，另一部即故宫所藏完整一本，它为国内仅存的"龙鳞装"。

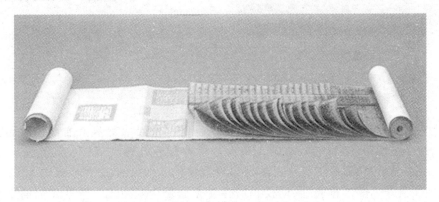

龙鳞装《刊谬补缺切韵》

《御笔菩提叶笺心经并题句》

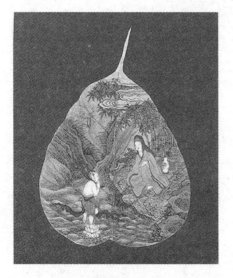

菩提叶画

菩提叶写经

6. 故宫博物院的历程

故宫博物院是 1925 年 10 月 10 日成立的。世界上有两个国家和我们相像,一个是法国的卢浮宫,法国大革命之后卢浮宫作为艺术博物馆向公众开放,一个是冬宫,也是俄国十月革命以后成立的。1911 年辛亥革命后,由于旧民主主义革命的不彻底性,溥仪仍居住在紫禁城内廷里面。紫禁城的前半部分则归民国政府,办了古物陈列所。溥仪在内廷仍然称孤道寡,有人每月还穿着朝服入宫朝见皇帝。内务府一切照旧。社会上进步人士、革命者面对张勋复辟、袁世凯称帝的逆流,就感觉到必须将溥仪赶出宫去,才能断绝社会上复辟势力的念头。冯玉祥本来正在进行第二次"直奉战争",突然回京发动了"北京政变",也有人认为不能称为"政变",把溥仪赶出了宫,接着成立清室善后委员会,经过将近一年的筹备,到1925年10月10日,成立了故宫博物院。故宫博物院的成立有重要意义,它完成了旧民主主义革命未完成的部分,也是我国文化艺术史上的一个伟大业绩。成立博物院在当时是个新事物,之前有南通博物苑,但那主要为学校服务,地处一隅,对全国没有很大的影响,真正大型的博物院是故宫。故宫成立初期是很艰难的。二次北伐之后,南京国民政府接收故宫博物院。故宫为什么选择在10月10日成立?大家知道10月10日是当时的中华民国的"双十节",是国庆纪念日。当时组建博物院的人就讲,谁如果反对故宫博物院,就是背叛民国及民主政体,将建立故宫博物院的意义提到革命的高度。在1928年收归国民政府以后,故宫博物院的地位相当高,直属国民政府,它和行政院、考试院、立法院、监察院等是一个级别,至1933年才归属行政院管理。我到台湾访问时,那边的媒体说你不要介意,我们要把你写成故宫博物院院长兼文化部副部长,如果写成文化部副部长兼故宫博物院院长,就把故宫博物院的地位降低了,这在台湾人看来是不可理解的。1928年的故宫博物院理事会,包括蒋介石、班禅在内,有一大批人。蒋介石不仅仅是挂名的,他还发挥了一定的作用。当时故宫博物院院长易培基,要求完整地保护故宫,收回被一些机构占用的建筑物,和我们现在提出的口号是一样的。他就让理事蒋介石领衔,第一个签名,蔡元培等也签了。行政院很快就批了。但是实行起来还是很难的,有好多原因。不过,到1948年还是把这件事完成了。

另一件大事就是故宫部分文物的南迁。抗日战争爆发前,为保护国宝,故宫博物院数10万件文物分5次南迁,抗战爆发后又向西迁徙,历时十几年,行程上万里,跨越京、冀、豫、鲁、皖、苏、沪、陕、鄂、湘、赣、桂、黔、川等14个省市,经历艰苦卓绝,文物安然无恙,创造了第二次世界大战中保护人类文化遗产的奇迹。

"九·一八"事变之后,就决定将故宫内的重要文物南迁,当时挑了13000多箱。开始运到上海租界地,后在南京修了库房,叫故宫博物院南京分院。"七·七"事变后,这批文物又分三路到西边去,最后都到了四川,一部分在乐山,一部分在峨嵋,抗战胜利以后又全部运回到了南京。从1937年一直到1946年,整整十年时间,这些文物备受颠沛,而故宫的员工也坚守护卫之责,有的家属还在北京。像那志良先生,没工资了,在北京的家人生活困难,给院长马衡写信要请假回去。马衡说你不能回去,我在北京的家还有点东西,拿去典卖了,给你解决困难。那志良就说院长都这么说了,我怎么还好意思走呢?所以大家都是克服困难。其实在第二次世界大战的时候,不光咱们中国,欧洲好些国家,包括美国在内,珍珠港事件之后,美国也在收拾它的珍贵的东西,害怕日本打过来。各国都为保护它们的文化遗产做出很大的努力。美国有个人写了本书叫《欧洲的掠夺》,写欧洲在第二次世界大战中为了保护这些文化遗产做的一些努力。

1949年4、5月间,蒋介石逃离大陆时,把近3000箱文物运到台湾去了,1965年在台北成立了"故宫博物院",叫做"国立故宫博物院"。从1965年开始,世界上就有了两个故宫博物院。我去过台北"故宫博物院"一次,感觉到他们在管理、展示、交流等方面还是做得很不错的。大家关心两个故宫中,谁的东西多,或者两家谁的好东西多。我可以负责任地告诉大家,总体数量是我们的多,精品的总体数量也是我们的多。北京故宫的文物现在是150万件,不包括档案,我们的档案800万件在1980年已经交给国家档案局了。台北故宫现在是65万件文物,其中从北京故宫带走的是60万件,包括38万件档案,17万多册书。北京故宫有近20万册的善本,主要是明清抄本刻本,品种、数量众多,也有一些好的地方志,还有20万块武英殿的书板,也是相当珍贵的。台北故宫有文渊阁《四库全书》,是七部《四库全书》之中最好的一部,还有大量的宋元善本、珍本。咱们有14万件书画,他们有9000多件。绘画方面,元以前的早期作品台北故宫稍多一点,他们主要是山水画多,我们的人物画多,像宋代的《清明上河图》等。各个时代最好的书法作品都在我们故宫,世界上其他地方都没法和我们相比,包括碑帖在内。清宫藏的碑帖不多,我们的藏品主要是我院朱家溍先生的父亲朱翼庵先生捐献的。他的700多件碑帖,充实了故宫的收藏。朱先生是朱文公朱熹的后代,他们一家对国家文物的贡献相当大。他们的藏品中,一部分善本书给了中国社会科学院,一部分文物给了他们家乡的浙江博物馆,再就是碑帖给了故宫博物院。我们的瓷器有35万件,他们有两万多。去年我曾在《光明日报》发表过一篇文章,谈两岸故宫文物的比较。我最近作了一个更为详细的研究与分类比较。当然不是要比较两个博物馆的高下,因为文物是不可代替的,各有价值,都是中华民族流传下来的,而且应该说有互补性。

建国后,我们在故宫古建筑维修方面做了很多工作,并加强了博物馆的基础建设。从2002年起,故宫开始了一百年来的大修,一百年来从未有过这么大规模的维修。武英殿是我们的一个试点,完成得很不错。武英殿是李自成当了一天皇帝的地方。清军入关以后,太和殿已经被烧得不能办公,摄政王多尔衮就在武英殿办公。1914年古物陈列所就在此陈列展览。如今,经过修葺,这里成为我们专门举办书画展览的地方。康熙年间,因太监没注意,太和殿被火烧了,重建以后,三百多年来太和殿没有大修过。现在故宫太和殿围起来维修,所以好多人就说故宫没什么可看的。我给中央电视台的同志讲,这正是故宫可看的时候,要看维修中的太和殿不容易,三百年都碰不到。

要认识故宫学,就要了解故宫文化。

故宫文化是以皇帝、皇权、皇宫为核心的皇家文化。故宫学的研究对象是一个文化整体,不是杂乱的、零碎的、毫无关联的,而是完整的有内在体系的一门独立学科。它的重点与皇家文化有关,但却不同于一般的明清史研究,也不同于一般的艺术史或建筑史研究。

一年前,我在我们院里讲过一次故宫学,把故宫学与敦煌学进行比较。敦煌学经历了一百多年,故宫学去年是八十年。对敦煌学的性质现在讨论不一,起初是因为在藏经洞中发现了文书,叫敦煌文书,以后逐步扩大到佛窟、壁画、造像,又从丝绸之路延伸到吐鲁番,所以也叫敦煌—吐鲁番学,它是在不断扩大的。故宫本身就是一个文化整体,有其内在体系,其重点是与皇家文化有关的。宫廷收藏不是随意收集的,故宫藏了这么多文物,清代就编印了《石渠宝笈》《秘殿珠林》等文物著录,对书画、青铜器、砚台等都有完整记载。故宫也搞明清史研究,但侧重宫史研究,与一般的明清史研究还是有区别的,当然也有联系。

康熙读书像

乾隆古装像

雍正洋装像

慈禧扮观音照片

读书总是高雅的,所以好多皇帝都喜欢画他自己读书的像。乾隆是满族人,这是他的古装像,穿的是汉族的服装,还有乾隆抱着孙子的图画,雍正有西洋的画家画的洋装像,这些画像在英国都展出了,很有意思。皇帝也有自己丰富的感情世界,他也有天伦之乐,当然他的讲究、忌讳更多一些。通过这些,我们可以窥见他们丰富的内心世界。

再跟大家谈的是帝后书画。故宫有10多万件资料,尚不包括2.6万多件帝后的书画。过去,我们把帝后的书画也都叫做"资料",不能算文物,因为他们不是画家、书法家。乾隆皇帝是创造力相当丰富的一个人,留下来的书画就有2000多幅,我们一直不把它当作文物。我写了一篇《故宫的价值和故宫博物院的内涵》的文章,认为帝后书画应当算文物。乾隆皇帝不简单,一个人写的诗就有4万多首,与《全唐诗》收录的差不多,当然也有代笔,总的看艺术性不高,但也有些写得感情丰富,他的诗史料价值相当高,纪事性强,他是个艺术修养很高的人。

过两年,故宫要开一个有关书画临摹的学术研讨会。现存的许多古代书画作品都是临摹的,过去不像现在可以复印,这本身就是一种文化现象,本身就值得研究。

故宫学是个综合性的学科,涉及历史、考古、文献、建筑、艺术、宗教、民俗、科技等诸多学科。在研究中,同样要运用历史学、考古学、文献学、建筑学、文艺学及与其相关的自然科学的理论和方法,而且需要多学科合作、全方位展开。希望引起大家关注。比如故宫利用科技手段进行文物修复和保护,自行开发的藏品管理系统和古建管理系统,虚拟现实节目,都在全国文保行业处于领先地位。

乾隆绘"仿李迪鸡雏待饲图"卷

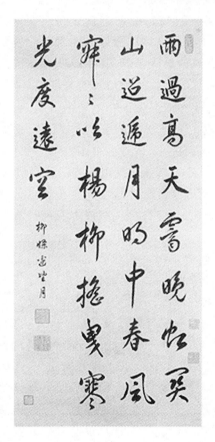

乾隆绘"岁朝图"轴

故宫学是一门客观存在的学科,以故宫学为主体的研究队伍在逐渐扩大,研究成果不断涌现,为今后继续深入打下了良好基础。

下面谈谈故宫学研究的三个发展阶段。

故宫学的研究经历了三个发展阶段。第一阶段是1949年建国前,第二阶段是建国后到"文化大革命"前,第三阶段是"文化大革命"后、三中全会召开到现在。其中,各个阶段也可以分好几个时期。解放前最辉煌的是从1928年到1933年这段时间。大量的出版物与档案的整理,像文字

道光书"九九消寒图"

狱的档案、中外关系的档案,给史学界及其他方面提供了一些新的资料,引起了轰动。另外就是文物的南迁。第二阶段主要是文物的征集与清理。这期间,征集了大量的文物,再就是内部的文物清理。总体是做得很好的,也是按照程序的。但也有一些教训,比如对宗教画的一律处理就很不当。1954年还处理了一大批皮件,达到10万件,光貂皮就万余件。沈从文先生是负责处理皮货的,就提了个建议,说能不能把貂皮留下。最后决定,貂皮本身没什么意义,每个种类只留了一些作为标本。

我们现在还在进行文物的清理,有时候会发现一些新的东西。我们曾在一个从未打开的箱子里得到了五十多个清宫的枕头。之前,我们只保存了七八个枕头,一下子增加了五十多个。因为某些原因,一部分文物从未彻底清理过。像地毯,过去的三大殿都是铺有地毯的。我们长期都没动过。顾不上动,也是太大不好动。前些年,来了一位英国人,是中国地毯的爱好者,也是地毯专家,要求看宫廷地毯。他是全副武装,戴了防毒面具,因为地毯有虫子,不能穿带毛的衣服。看到明代的地毯,他激动得跪在地上。去年我到英国,他请我到他的工作室去看,和我说话都离不开地毯。最近我们和他签订了一个出版中国宫廷地毯图书的协定。我们这方面的资料太多了,却还没有专门研究地毯的。我们的地毯在账的有800多件,不在账的还有500多件。明代的地毯有一批。我们的文物清理任务是很重的。我们在上世纪50年代进行文物清理,也收回了大批东西,包括地方支援故宫的,以及清宫流失出去的东西。当然故宫也拿出一批文物支持地方的博物馆以及我国的驻外使馆等。故宫博物

院 50 年代很重要的一项业务工作就是恢复原状陈列的展览。溥仪的时候几乎把内廷各个宫殿都动过了。那时朱家溍先生等人就去询问曾在清宫服役过的宫女、太监，包括看资料，弄清宫殿的陈设，使每个宫殿都能够比较真实地反映历史的原状。这本身也是一个学术研究的过程。十一届三中全会以后，故宫的发展比较快。我院现有职工约 1400 名，其中专业人员近 500 名，高级职称 90 名。80 年来涌现出了一大批国内外著名的专家学者，如：马衡、唐兰、罗福颐、陈万里、孙瀛洲、冯先铭、耿宝昌、顾铁符、徐邦达、王以坤、刘九庵、马子云、单士元、王璞子、于倬云、刘北汜、朱家溍、郑珉中等。如今依然健在的就是耿宝昌、徐邦达、郑珉中先生，其他老先生都已经过世了。故宫博物院的整体学术研究水平始终位于全国文博行业前列。从改革开放以来，我院出版的学术著作约有一百多种。

　　再谈谈故宫学术研究的特点。

　　故宫的学术研究应从故宫的实际出发，从故宫博物院的实际出发，不同于一般的学科的研究。它有博物馆工作的特点，除了学术研究，还有展示宣传以及收藏保护文物的任务。

　　对故宫的研究，要把馆藏文物、古建筑、宫廷历史文化作为一个相互联系的整体，不能孤立对待，要从多角度、全方位展开，进行多学科的协作。我曾领了几个专家看雨花阁，古建专家就对我说这壁纸是高丽纸，根据壁纸确定年代，搞藏传佛教的人根据佛教造像讲时代特征。所以说，故宫的研究需要从不同的方面着手，才会有全面的认识。

　　在故宫从事研究工作，还要把学术研究与业务工作结合起来。进行学术研究，学校恐怕多以文献为主，故宫则不同。故宫是个博物院，要以藏品研究为主，文物研究为主。博物馆研究不同于大学的、社科院的研究，是以文物为主。故宫博物院藏了那么多的古代书画，一些研究人员写的文章并不多，但有些并不太长的文章，可能丰富或纠正艺术史的一些内容。我们 2003 年买了一幅隋人书写的《出师颂》，花了 2200 万元，上有"晋墨"二字，拍卖公司宣传是晋索靖的字，我们认为不是，根据是什么？当然有好多理由，但是写"晋墨"二字的纸是明代的，说明是后人写的，宋代已鉴定为"隋贤书"。纸张是不是明代的，凭图片是难以辨别的，我们有实物，是可以仔细研究的。这就是博物馆研究的优势。前年，日本来人找我们问故宫有没有明清时期琉球的相关文物，我们通过认真研究，仔细查找，在藏品里居然找到了一批琉球当年的贡品。葡萄牙去年办展览，我们也找到了几件文物。我们办的玻璃展，查阅了大量的资料、档案，还用了罗马教廷的一些档案，提升了业务工作的质量。

再一个是研究与传承结合。故宫的好多东西是非物质文化遗产。像我们的古建筑维修。官式建筑最有代表性的典范是故宫。去年,国际上有专家看了故宫维修,在联合国教科文的世界遗产会上说故宫改变了原来的风貌,琉璃瓦太亮。我们就把一些专家请到故宫来看,对他们说新烧的琉璃瓦,肯定光亮,火气大,有个沉淀的过程,几年后色彩就凝重了,就会和原先的没有什么大的区别了。琉璃瓦主要是中国在用,中国也多用于皇宫,世界遗产的这些专家不是搞中国古建筑的,所以他们不清楚这点。这次故宫的古建维修,我们就要邀请一批国外专家来看看,希望通过故宫维修的实践来总结中国官式古建筑维修的一些规律。我们现在重视通过学校进行现代化的人才的培养,搞规范化的教育。不过,有一些方面还需要师承制。年前故宫有几个老的高级技工,每个人招了一两个徒弟。例如裱画,高手到底不一样,裱画的人很多,但真正裱好就不容易了。这其实也是无形的文化遗产。故宫也有这方面传承的责任。

此外,我感觉到故宫学的提出有其必然性。故宫博物院成立八十年以来应该说一直就有故宫学,但尚属自发的,八十年后我们明确认识到这是一门学科。我提出故宫学从自发到自觉的观点,是受鲁迅先生的启发,大家看到印发的资料了。我是中国鲁迅研究会的会长,鲁迅在1927年就谈魏晋的时代是中国文学从自发到自觉的阶段,在魏晋时期,包括曹丕都写了《典论》,出现了一些文学理论著作。有了文学创作的实践才能产生文学理论,有了理论也才能更好地指导文学的发展,所以是从自发到自觉的阶段。同样,没有八十年的实践就提不出故宫学;有了八十年的实践而不提出故宫学,故宫的研究就会停滞,适应不了学科发展的需要,适应不了故宫事业发展的需要。所以我认为它的提出是必然的,但提出的时间,由谁提出,则具有偶然性了。

我简单谈谈故宫学面临的机遇。

一是清史编纂。前几年有13位国内的清史专家,给国务院领导写了一封信,要求编撰清史,当然清史编纂也不是最近几年才提出的,从解放初就一直有人说要编清史。这13位专家中有两位是故宫的专家。一个是我们原来的副院长朱诚如先生,一个是我刚才说过的朱家溍先生。我是国家清史编纂领导小组的成员。其实我对清史也不懂,忝列其中,是沾了故宫的光。因为故宫对于清史编纂是很有作用的,当然我们要做好服务,要为清史的编纂服务。清史编纂对故宫学本身又是个推进,故宫学的许多成果也能用到清史里边。清史编纂这么一个十年的大工程,对故宫学的研究来说是个难得的机遇。

二是百年来的故宫维修。2020年,即故宫建成六百周年,到那时,故宫维护要转入一个良性循环的过程。这次维修引起了社会各方面的关注。此外，文物的清理也在推动我们各项工作，提出了新的任务，这也是难得的机遇。

三是全社会对包括故宫在内的文化遗产的日益重视。特别是去年故宫博物院建院八十周年，社会各界、各家媒体对故宫给予了极大的关注，让我们深感保护先人留下的文化遗产的重要性、艰巨性，这对我们是有力的促进。

我再谈谈提出并确定故宫学的目的。

总的来说，将不断推进对故宫的综合研究，努力挖掘故宫文化的深邃内涵，具体来说有四点。第一是把故宫作为一个大文物来看待，弄清故宫学的学术覆盖面及其内涵，明确自己的研究课题所处的层面，在学术视野上解决点和面及面和体的关系，这是对具体研究者来谈。第二是使流散海内外的清宫旧藏文物有个学术归宿。它们的文化精神仍然是故宫学的一部分。特别是我们在台湾的这一批清宫旧藏文物。这几年在我们的努力下，两岸故宫虽然没有建立制度化的、公开的联系，但学术上的交流是在发展的。我曾在一个场合说道，两岸故宫是隔不断的，因为两院的藏品具有互补性，都是清宫的文物，弘扬的都是中华民族的文化，两院都是在保护我们的民族文化。从故宫博物院的发展，从故宫本身的研究来说，也不可能人为地割断。即使有，也只是一时的。它的联系是隔不断的，前几年，台北"故宫博物院"院长石守谦上任后曾给我写了一封信，介绍台北故宫一个人来北京故宫看文物。因为她研究的课题需要看北京故宫所藏的一些藏品，我们给予支持。以后我们一直有书信来往，也试图在八十年院庆的时候两家能有大的动作，但由于多种原因未能办成。提出"故宫学"以后，我们一位副院长到台湾去，我就让他跟石院长说一下，我们要成立一个古书画研究中心及一个古陶瓷研究中心，得到了海内外古书画、古陶瓷专家的支持，希望倾听他的意见。石院长就说这是好事啊，我们也参与。我们这两个研究中心各聘请台北"故宫博物院"的两位学者做客座研究员，他们很愉快地接受了聘任。我们的院刊也发表他们的研究文章，他们的学术期刊也发表我院人员的文章。故宫在两岸交流中，在促进祖国的和平统一方面有着不可代替的作用。第三是增强全社会对包括古建筑在内的各种故宫文物的保护意识。第四是面向社会公众普及和提高对故宫的总体认识。

故宫学的价值和意义，这是由它研究对象的博大精深决定的，是由故宫文化在中国文化史上的特殊地位决定的。从已发布的研究成果看，许多都是中国文化史、中国艺术史、中国明清史的重大课题。故宫学又包括紫禁城学、明清宫廷史学、明清档案学等多个学科。

三、故宫学需要社会的参与和长期的努力

其一,故宫有"公开""开放"的好传统。

当时清室善后委员会成立后,社会上对清宫的东西是很关注的。在点查清宫物品时,为了消除社会疑虑,一切做法公开透明,接受社会监督,加之博物馆为社会大众服务的性质,故宫从一开始就坚持"公开""开放"的好风气。我们的第一任院长易培基因为被诬盗宝,1933年辞职,1937年去世了。之前法院起诉他,直到1948年才把这个案子撤销了。过去在故宫工作是很敏感的。刚开始的时候,出入库房的人员不允许穿有口袋的衣服,还有军警看护,直到解放后才废除。那时清点清宫物品,就边清点、边记录、边出版,出版的藏品目录有20多册,且多是在故宫博物院成立之前出版的。一开始就公开,包括档案,通过各种刊物,都向社会公开。后来有一段我们坚持得不好,现在则在努力恢复这种好的传统和作风。

其二,我想谈一谈故宫博物院与北大的关系。刚才接受记者采访的时候,我说到北大来讲还有好多缘分。故宫博物院的成立与北大有着密切的关系。从大的背景来看,由于五四新文化运动的原因,已成为当时全社会文化思想与新学科研究方面先导的北京大学,在清宫文物点查及后来故宫博物院的业务建设上,发挥了重要的作用。李煜瀛、马衡、沈兼士、袁同礼等一批北大的教授和学生在故宫博物院创建过程以及创建初期做出了重要贡献,在学术研究上带来了新风气。清室善后委员会委员最后增加至15人,李煜瀛是委员长。李煜瀛是河北高阳人,其父是清末大学士李鸿藻。早年他跟清政府驻法国的公使到法国去,在那里读书。他是最早参与创办留法勤工俭学会的人员。1917年回国曾在北京大学任教授,教生物学和社会学。清室善后委员会另15个委员中有5人是清宫的,其他是社会各界人士,有好几个是北大的。一个是蔡元培,因他当时出国了,就让蒋梦麟代表。还有陈垣、沈兼士、俞同奎,都跟故宫有关。当时的清室善后委员会的顾问实际上是办事员,包括马衡、吴瀛、袁同礼。故宫博物院成立后,许多顾问都成了骨干。马衡于1934年任故宫博物院院长,1934年之前还是北大的兼职教授。袁同礼后任故宫博物院图书馆的馆长兼北京图书馆馆长,1948年去了台湾。

多年来,故宫与北大也有好多联系。我们的在职员工中,有27个是北大毕业的,其中15个是研究生。这批人在故宫博物院起着重要作用,有的是学术骨干,有的是部门负责人。去年,我们开过一次关于故宫学的座谈会,请了社会各界的学者专家,包括北大考古文博学院的高崇文院长、齐东方教授、权

奎山教授。我们和北大的历史系、考古文博学院有着较多的联系。我们也希望这种联系能继续下去。另外，我们两家还合办了一个《明清论丛》的学术刊物，由我院的原副院长朱诚如先生——现在是清史编纂委员会的副主任，和北大的王天有副校长两人合作主编，每年出一本，40多万字。

其三，故宫博物院要为海内外更多机构与个人参与故宫学研究提供服务。文物清查并出版总目录是一项重要工作。故宫的文物流失出去的也很多，台北故宫也有好多东西。但紫禁城在北京，文物的主体在北京，所以北京故宫要为海内外机构、个人参与故宫学的研究提供服务。我们现在正在清查文物，这是一个庞大的工程。我们要出150万件文物的目录，就像当年清室善后委员会出点查报告一样。同时我们要出精品图册。我们曾出版过一套60册的故宫藏品图录，今后计划要出版的故宫文物藏品图录，恐怕要达四五百册。

其四，故宫将以更开放的态度吸引海内外更多机构与个人参与故宫保护与故宫学研究。去年，我们成立了古书画、古陶瓷两个研究中心，聘请海内外专家学者参与故宫的学术研究，召开了四次国际学术研讨会，之前又创办《故宫学刊》，都是为参与故宫学研究搭建学术平台。故宫还进一步加强与更多的机构合作，提升文物保护的理念，加强文物保护的力度。现在合作项目主要有与日本凸版印刷公司合作的故宫文化资产数字化研究应用项目，与香港文物保护基金会合作的建福宫花园复建工程，与美国世界纪念建筑基金会合作的倦勤斋内装修复原工程，与意大利政府合作的太和殿建筑保护项目，与大英博物馆合作的钟表维修项目，与英国一家博物馆合作的地毯保护项目，与江西省合作的陶瓷考古项目，与四川省合作的藏传佛教考察项目等。

其五，故宫还注重发挥学术团体的作用，像中国紫禁城学会、中国文物学会、中国文物科技保护协会、清宫史学会、中国博物馆学会以及玉器、古陶瓷等学术机构。这些机构有的挂靠在故宫，有的虽不在故宫，但在人员、业务上与故宫关系密切。我们深感学术团体有很多优势，在故宫学研究上可以大有作为。

谢谢大家！

[现场答问]

问：我想问的第一个问题是，洛阳白马寺有原藏于故宫的十八罗汉，不知是否能够要回来？第二个问题是故宫何时能够全部开放？

答：在上个世纪70年代，西哈努克亲王要去河南洛阳白马寺。因为白马寺当时没有多少文物，周总理就同意将故宫的一批文物搬到白马寺，数量相当多，有将近3000件吧。其中就有这位同学说的相当珍贵的十八罗汉。我们也在为要回这批文物努力奋斗。我们提出故宫的佛教是藏传佛教体系，与白马寺不尽相同。再一个就是它的保护条件不好，烟熏火燎，不利于文物保护。我们也提出，如果他们确实需要的话，可以复制这些文物。当时的这批东西已经不完全在白马寺了，有的已经分散到洛阳其他文化单位了。现在要回来虽然有难度，但我们绝不放弃。因为从有利于保护故宫的完整性来说这批文物是应该回来的。

故宫确实有些地方没有开放，这有几方面的原因。过去我们没有地下库房，许多宫殿就成了实际上的库房。现在我们有了地下库房，就可以腾出一些宫殿，提供更多的开放空间。我们的整体思路是能开放的尽量开放。整体修缮后，绝大多数的宫殿可以开放。不过，全面开放又牵涉到好多人力投入，况且参观者在一天之内无法都看完。在故宫博物院成立初期，采取的是轮番开放的方法。比如上旬开西路，中旬开东路，主要的宫殿则始终在开放。这些都是可以借鉴的。在这方面，我们需要做的工作还很多。

问：郑院长，您好！我来自马来西亚，在北大做访问学者。很有幸能够来听您的演讲。我所做的研究主要是南洋美术，就是有关马来西亚、马六甲古王朝的美术状况。请问，在故宫的馆藏里面有没有保存早期东南亚古国赠送给中国皇帝的一些贡品？因为在我们国家基本上很难找到，仅在中国的文献中有记载。我要做这方面研究的话是否可以到故宫参观、做些记录研究？

答：故宫收藏的外国文物包括政府之间的赠送礼品，或藩属国的贡品，也有通过商业渠道购买的。像我刚才谈到的琉球的例子，还有像葡萄牙、法国等国，都有一些。你提出的马来西亚的贡品我一下子回答不上来，我可以让我们的工作人员帮你查一下、了解一下。也欢迎你到故宫去查阅相关的资料。

问：郑院长，我们知道中国有大量的文物流失到海外。现在除了用政府及一些民间的资金高价回购之外，我们的政府有没有运用现代的国际法律机制、国际合作机制试图追回一些？这些年来，人们关于北京猿人头盖骨的问题争论得比较激烈，政府也成立了专门的团队进行了研究调查。您长期从事文物保护管理工作，能否跟我们透漏一些相关信息呢？

答：有人估计我们国家散失在海外的文物有上千万件。有一部分是战争期间被抢掠出去的，我们在许多西方的博物馆中都可看到中国的文物，像顾恺之的《女史箴图》，现在在大英博物馆。民间的当然更多。也有一些是通过购买出去的，是合法的。也有走私出去的，还有因法制不健全等各方面原因而流失海外的。我们的态度是，保留对被抢掠的文物收回的权利，这是我国一贯的立场。香港有的拍卖公司在拍卖这类文物时，我们就进行过严正的交涉。但现在要明确地索回还是很困难的。不过，我们的立场始终没有改变。前几年，西方有16个国家的博物馆馆长联合发表了一个宣言，认为文物存在普适性，不管是哪个国家占有，只要能发挥作用，就是好的。许多国家包括我国的专家对此进行了坚决的反驳。现在，在国际拍卖会上，只要知道哪些文物是走私出去的，并能够提供准确的文物收藏的有关资料，就可望收回。我们就从英国收回过一批走私出去的文物。有一年，我到加拿大安大略省博物馆，他们的工作人员对我说，他们想买一件中国的文物，已将照片寄到了国家文物局，询问这件文物他们能不能买，是否是走私的。也曾出现过这样的情况，在国外的拍卖市场上发现了我们的文物，都认定是某个地方收藏的一件文物。但向当地询问时，他们说没有丢。这样，我们就很被动。以前流失出去的文物索回是比较困难的。当然，我们也看到埃及、希腊等一些国家长期索要一些文物，最后成功了。

关于北京猿人头盖骨，目前我没听到新的消息。

问：郑院长，您好！我是北大考古文博学院的学生，我有两个问题。一个是关于太和殿建筑修复的问题，你们修复的原则是"修旧如旧"还是"修旧如新"。我认为，一些建筑如果修得太新的话，就会没有历史的感觉。对观众来说，到故宫看到的主要是一些建筑和一般的藏品，但不能得到一些关于文化内涵的东西，在这方面故宫有没有什么措施？

答："修旧如旧"是过去梁思成先生提出来的，是一个形象的说法，就是要保留建筑物本来的面目。在我们的正式文件中不这么说了。过去清宫的维护是一件经常性的事，每年都有几万两的银子用于宫殿维护。中国古建筑是土木结构，容易破旧损坏。我们这次维修就是将其恢复到原来的状况。我们维修的原则是不改变建筑物的原状。

怎样让大家在参观的过程中获得更多的信息，故宫也在不断改进。在讲解说明、语音导游以及出版一些普及性的图书方面，都力求有所突破，我们还要继续努力。感谢你的提问。

（2006年4月20日）

（原载《北大讲座》第十三辑）

汉字文化的千古之谜
——竹简的发明及它对汉字文化的重大影响

侯开嘉

[演讲者小传]

侯开嘉,1946年5月生于四川省宜宾市。四川大学艺术学院教授,中国书法家协会学术委员会委员,四川省书学学会副会长。自1981年即参加国内外重要书法活动。书法作品收入《中南海珍藏书法集第一卷》《日中代表书家展作品集》等二百余种国内外书法专集。曾获第五届全国书法展览"全国奖"。所著书学论文多有创见,数次引起学术论战。曾出席第一届至第五届中国书法史论国际研讨会。有《侯开嘉书法文集》《中国书法史新论》《侯开嘉书法集》《蜀派书法名家精选·侯开嘉》等专著出版。

竹简的发明是一个千古之谜。

在历史长河的发展中有很多失落的文明,而考古的发现往往使得这些失落的文明得以重现天下。比如,过去人们一直认为东方雕塑是抽象的,西方雕塑是具象的。结果西安的兵马俑发掘出来后,发现兵马俑的人和真人一样很具象,令全世界都大吃一惊,整个东方的艺术史就这样改写了。还有四川和山西的考古遗迹发掘出来后,一下又知道,有个和中原文明不同的巴蜀文明一直存在着,人们于是知道整个中国是作为一个多元文明出现的,而不仅仅是过去公认的一个黄河文明。另外,在近百年的考古当中,河南小屯村的甲骨文的出土,还有大量的汉简、竹简的出土,又使中国的书法史和文字史改写了。在这些发现中,有部分是人们普遍认为已经消失了的文明通过考古被重新发现。但是除了用考古发掘之外,是不是还可以根据一些线索来寻找一些个别失落的文明呢?我觉得是可以的。今天我讲的竹简的发明就是一个失落的文明。

我指的这个竹简不是我们现在看见的已出土的竹简,这个竹简的年代要久远多了。

文字的出现是人类进入文明时代的一个重要标志。近年来不断有文字出土的报道,比如说1986年在西安就出土了龙山文化的具有四千多年的甲骨文,河南舞阳县出土的新时期的甲骨文符号甚至还有八千多年的,就是说中国的文字在四千多年、八千多年前就有了。我们中国有个传说,据说有个叫仓颉的人,中国的文字就是他创造出来的。这个传说并非不可信,而是完全可能的。正式说来,仓颉不应该是文字的创造者,应该说他是符号文字的整理者。

有了文字,就必须有书写文字的材料。世界上除了中国这个文明古国之外,还有古埃及、古巴比伦等文明。它们怎么记录文字的呢?古埃及是用纸草,就是把尼罗河里的水草捞出来晒干,在上面记录文字;古巴比伦在泥板上面刻字,由此叫做楔形文字;古印度在树叶上画画、写字;古欧洲的人则在桦树皮和去了毛的羊皮上写字。这就是他们找的材料。那么我们中国有了文字以后用什么材料来书写啊?这就是个问题了。

现代很多书里都说中国最早的文字是青铜文和甲骨文,大约在三千多年前的商周时期出现。这个事情引起了我的思考。我觉得不大可能。为什么先有甲骨文,先有青铜器文字?甲骨是占卜用的,甲骨文是宗教文字。青铜器是有了重大事件比如国家要公布法律、记录战争才会铸造一个有文字的青铜器,这些都是庄严的大事,但有了文字后他要写信、写便条怎么办?不可能铸造一个青铜器给人家送去吧?肯定有一种书写

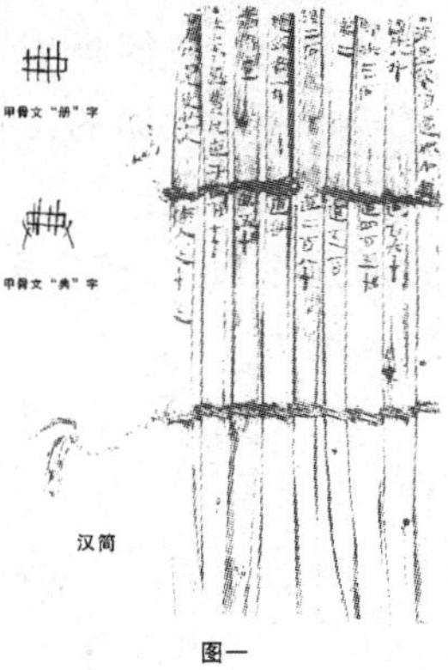

图一

文字的载体。书写在什么上面呢,我觉得是竹简上面。

我的理由:甲骨文上,有两个字——"册"字和"典"。周代《尚书》里提到:"惟殷先人,有册有典。"这个"册"和"典"的字形是什么呢?是这样的:(图一)这就是汉简,"册"的形状像用绳子把很多木片编起来,确切地说就是个竹简的象形文。而"典"字就像两只手捧着册祭奠祖先。"册"和"典"就是竹简的象形文,而既然是象形文就说明在甲骨文和金文之前就有了竹简这种形式了,比商周时期还早。所以说竹简是甲骨文之前书写汉字的主要材料。有个典故叫做韦编三绝,就是说历史上孔子读书很用功,反复翻竹简作的书时,编竹简的绳子都翻断了三次。目前已知最早的竹简是在战国时期,而孔子是春秋时期的,可见竹简的时代比现今考古发现得出的结论要早。

至于早到什么时候,我进行了一定的推测。我认为,要选出书写文字的材料必须具备四个条件:(1)这个材料必须是普遍的,容易找的,并且数量很多。(2)制作起来方便、简易而不繁杂。(3)容易书写,容易汇聚,容易交流且容易保存。(4)要有制作材料的工具。作为书写文字的大量载体,必须具备这四个条件。那么我们来看竹简什么时候具备这四个条件:现代历史地理学已证明,在我们的中原地区,古代生长着不少竹子,而竹子是竹简的原材料。另外,据古文字学家骆宾基的《金文新考》,证明公元四千多年前,中原并不是处在我们书上说的新石器时代,而已经是青铜技术很普及的一个时代了。考古当中还出现了青铜器的刀。既然有了竹子又有了工具,就具备制造竹简的条件了。所以竹简发明的时代应该是在四千年左右吧,相当于夏以前的五帝、唐虞时期。这是个推测,因为我觉得那时的条件已经具备了。

我觉得祖先在寻找记录文字的材料上经过了很多尝试。有了文字,他们在地上写,在墙上写,还有树木上写,尝试了很多材料,但是终于寻找到了竹简这个书写文字的工具了。现在来看竹简这个文字的载体比古埃及、古巴比伦及印度的都还先进,是一项伟大的发明。需要说明的一点是,竹简之外还有木简及帛书。竹简早于木简,木简主要是在西北地区出土的。西北不产竹子而生产木头。中原的文化传过去了以后,为了适应中原文化这种书写在竹简上的形制而制造出木简。帛书的缣帛太昂贵,不可能成为书写文字的普及材料。你看那个简字,简字上面是个竹字头。这个文字就是个形声字,说明竹简是早于木简的。

竹简的发明对汉字的发展起到关键作用。因为文字是一种社会化的东西,并不是说创造一个文字就是文字了。文字创造出来后还必须要大家承认,要很多人来赞成它的意义、它的发音,然后才起到它的社会功效。文字发明以后还要起到记录语言、传播并保留思想的作用。五千多年过去了,中国的汉字没有中断,对传播中华文明有极大的作用。在其他文明古国里面,他们的文字都中断了,比如埃及的文字中断了,文明也中断了。但是我们中国的文字一直没有中断。所以我们知道几千年的文明中的社会情况。

关于文字的改革,特别是对现在汉字的简化字是否今后要走精简化的道路,学术界有很多不同的看法。自"五四"以来,不少人主张文字改革,走拉丁化的道路,主要觉得中国的文字太繁难了,写起来尤其困难,所以要把它简化得好认一点,写起来快一点。但是这种好心,实际上起到一个并不好的作用。文字改革不能急于求成,应该顺应它的自然规律的发展。我是赞成文字简化的,但是它必须符合规律。在竹简上书写,它就对中国的汉字的简化起了巨大的甚至可以说是决定性的作用。

比如,现在我们看,为什么中国人写字是从上到下、从右到左?就是从竹简上来的。有人会问:在竹简上为什么不横着写?在竹简上写字,写完后无论是拿起来看还是摆在地上,横着不如竖着方便。而如果是竖着摆,就理所当然要从上面写到下面。至于从左到右,写好了以后肯定顺手把竹简放在近旁的右手边。写好了一片竹简就又跟着第一片竹简放在它左边,就从右到左地摆放了。形成了中国汉字几千年来的自上而下,从右到左的形式。这就和西方人不同了,西方人不是在竹简上写,书写方式就变成横着写。我们汉字文字的形状也和在竹简上写字有关。因为竹简较窄,在上面写字如果字形很宽的话,这本书就很重了(过去说学富五车实际上没有几本书的,没有几本竹简就装满了五车了。很多人小学、初中的水平在那时就可算作学富五车了)。为了轻便,他们就把竹简削得很窄,一片竹简只有5毫米至10毫米,同时字也很小,比如山东出土的竹简《孙子兵法》上面写的字就很小。为什么这样小?为什么不写大一点,好看一点,也好学一点呢?因为字写得小,书就轻了。但是这样窄,在上面书写文字就不好写了。就要把很多繁复的笔画简化下来,于是一些带有图形的绘画型的文字变成了抽象的线条的文字了。还有一些象形字,比如说(图二)马、乌、豹、舟、目、州(水中的陆地)、鼠、鱼、象、水、车,这些形状构成横形的字,古人创字时是把它们横着写的。但是在书写的时候,在甲骨文和金文上就变成竖的了。(图三)为什么竖起来?就是因为竹简上窄,人们必须要竖起来。在竹简上竖着写习惯后,在龟甲、兽骨和青铜器上写时,他们也把它竖起来了。让我们再仔细地推敲一下这个问题吧,古人完全可以横着写的,但是却把它竖起来写,为什么呢?如果原始的书写材料是甲骨和青铜器的话,有什么必要把字形变成竖的呢?金文当中我也找了几个字,如图三中虎字、马字也是竖起来的。这就证明了竹简是早于甲骨文和金文的。再看商、周、春秋时期的甲骨、青铜器、玉石、缣帛这些材料,它们上面书写的文字形制,基本上

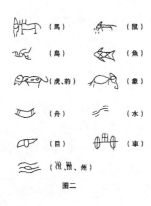

图二

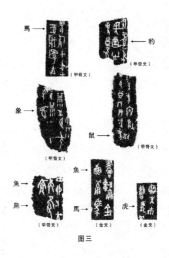

图三

是由上到下,自右而左的形式。(图四)为什么?只能解释为特殊材料上记录文字,也必须遵循普通材料书写已成定式的书写习惯。这也是竹简早于甲骨文、金文的合理推理。另外,书写的时候要简化,要去掉一些文字的重复部分。比如说,这里去掉的字,这是什么字?这是包围的围(图五),周围这是人的脚,中间的方块是个城,脚把城包围起来,但是后来书写的时候就变成了(图六),两边的就去掉了。只剩下上下的部分。为什么要去掉两边,不去掉上下?是因为在狭窄的竹简上书写的缘故。再举一个字。这是郭字。(图七)中间是个城,四周是四个亭,书写的时候,竹简上就变成这样了(图八),左右两边给它去掉了。证明竹简上书写的确对中国的文字起到了很大的简化作用。去掉左右也形成了对称的形式。经过了一些整理,最后中国就形成了方块字。所以说方块字的形成与竹简上书写文字是有很大的关系的。如果我们的祖先当时不是在竹简上写字而是采用了另外的材料,那么不知道我们的汉字现在是什么模样。

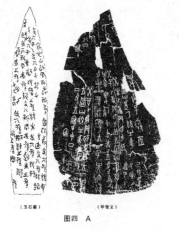

图四 A

图四 B

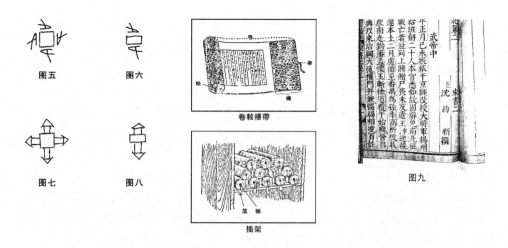

图五　图六

图七　图八

卷轴褾带

插架

图九

另外,竹简的书写还促使了中国文言文的产生。虽然竹简在古代属于一种很先进的书写载体,但是它还存在着很笨重这个缺陷。文献上记载,秦始皇读送来的公文每天要读120斤。西汉的东方朔上书给汉武帝用两千根竹简才写完,要两个壮士抬到宫里给汉武帝看。所以说竹简虽然很先进,但是笨重。要克服这个缺陷,有两方面。一方面如前所述,要把它变得很薄很窄。另外一方面就是,书写的文字必须很简单,很精练,要浓缩起来。不像我们口头,一句话说出来几十个字。为了克服它的笨重,就要把这个文字浓缩起来。这跟现代通信中拍电报是一样的。电报是按照字数算钱的。拍电报时不可能一句话说很多。为了节省钱,就需要很简短的文字把意思表达出来。在竹简上书写文字,为了使竹简变得很轻,也需要把文字浓缩起来。所以中国的文言文就是在竹简上写字形成的。它和我们的口语相对应,一种是书写上的文字,一种是说话时的文字。现在我们写书,如果用现代白话来写,那一本书就是几百万字,这是古代不可能的事。所以必须用书面语来写。就跟古人在竹简上写字传达意思一样。文言文最大的特点就是用字很精练。它一个字就有多种意思。比如说,"文"字,翻一翻《辞海》,它可以表达很多种意思。它可以表示文字,比如说甲骨文、金文、钟鼎文,它就是文字的意思。第二它可以表示文章。作文、诗文,就是文章的意思。还有它可能是文雅,温文尔雅;它还可以与"武"两相对应,比如文人、文官;还有它可以表示钱,比如"一文不值";它还可以是姓,比如文天祥的文;甚至它还可以表示修饰,比如"文过饰非";还可以表示花纹或在身上刺画花纹,比如说文身;甚至可以表示古代的礼乐制度、法令条文。《辞海》里对"文"字的注释有十二种。文言文中,一个字用在不同的地方就有不同的意思。产生的文言文的原因,传统教科书阐释跟我的讲法完全不同。我的讲法是,文言文的产生就是因为在竹简上书写汉字的缘故。

竹简存在时,除了简化汉字和对文言文的产生起了很大的作用,其消亡后,对中国汉文化还存在着巨大的影响,一方面是书法,另一方面就是我们的书籍和印刷。

竹简对书法的影响很大,我是在搞书法的时候才找到这个体会的。首先,书法仍然沿袭着汉简、竹简这种从上到下,从右到左的形式,此外,很多笔法在竹简上也已经基本形成。严格说来,竹简存在时候字还是实用易行的,真正让书法成为一种独立的艺术,是在竹简消亡、纸张发明以后。竹简上写字写得窄小逼仄,在纸张上就写得大方悦目;竹简上写得比较粗糙,纸张上写的就比较细腻了,笔法的微妙就表现出来了,技法上也深化了,简竹上的生硬笔法就转化为了抒情达性的书法,就成为艺术了。所以书法成为艺术的时间和竹简消亡的时间是一致的。应该说,书法从竹简那儿继承了书写的形式和很多笔法,把它深化下去,当作表现自己的情感,表现自己的审美,表现自己的个性的一种艺术后,就成为了我们的国粹。林语堂说要了解中国的艺术就必须了解中国的书法;甚至熊秉明也说书法是中国文化中核心的核心。就是到现在,竹简已完全消亡后,很多书法家仍在模仿竹简、汉简,从里面汲取新的养料来寻求一些新的突破。

另外,最大的影响就是对文献的形制。以前在竹简上写字,要反复地删改,删定以后,再抄在帛书上面。因此帛书就继承了竹简的形制。比如马王堆出的帛书,抄书时完全是照着竹简的形式来的。竹简上书写好了就卷成一卷,帛书上也卷成一卷,传到后来在纸上抄书也卷成一卷。而且为什么在纸上和帛上要画出一杠一杠的?因为本来在竹片是一片一片的,竹简之间有空隙,现在在纸上模仿,人们还是把它画成一杠一杠的,实际上就是对竹简的一种模仿形式,这就是空隙的意思。书籍称为卷,称为编,也和它从竹简上来是一样的道理。还有一个问题是中国古代(大约在宋以前)的纸张都很小,因为竹简的长度就是这样的,就只有二十几厘米的高度(长度),最长的有五十多厘米。所以古代一般抄书的纸的长度就是二十多厘米,将近现在的一尺,所以后来纸张也差不多这样长了。又比如现在修改文章说"删定"一下,为什么用这个"删"字呢?因为过去的竹简修改要有把刀,写错了用刀来把它刮掉再写;我们的文章写完了,就是"杀青","杀青"是竹简制造的过程当中要把它烤一下,把青皮去掉,这就反映了竹简还影响到我们现在。这个事情说明了传统的惯性是很强的。另外是竹简对印刷的影响。现在能看到古代的印刷品大概是在唐时期,我的分析是还要早一点。唐代的印刷是很精美的,印刷术到那时可以说是很完备了,所以我觉得印刷术的发明还应该早一点。那时印刷出来的经卷仍然是简竹形的,跟帛书一样被卷成一扎,但是后来逐渐就成了叶(页)。所谓页就是单页的东西,现在的书一页页地叠放在一起,但是其形式仍然是按照汉简的形式最后书写变成的——蝴蝶装,宋版书和光绪时候的书也是这样,现在我们海外版的书也是,从上到下,从右到左,人民日报还是这样竖起一版,台湾的报纸书籍仍然是竖起的,香港的也是。我曾经把我对竹简的这个看法告诉几个对中国的文字很感兴趣的英国人,他们恍然大悟,说:哦,终于明白了,为什么你们中国人的书要从背面看起!

由上可知,虽然竹简已消失了两千多年,但对今天的影响仍然是巨大的。竹简的发明比起造纸术、印刷术的发明,对世界的影响显得小多了,甚至在我们中国,对竹简的发明这个事情都还没有明确的鉴定。但是从今天讲的,我认为我们华夏远古的祖先发明的竹简理所当然同我们后世发明的印刷术一样,应该在中华史册上占据光辉灿烂的一页。

(2004年9月26日)

(原载《北大讲座》第八辑)

谈谈中国古代钱币

吴荣曾

[演讲者小传]

吴荣曾,北京大学历史学系教授。专业特长及近期研究方向为:先秦史与秦汉史,古代铭刻及考古材料与文献记载的综合研究。主要论著有:《先秦两汉史研究》(中华书局,1995);《中国史纲要(先秦部分)》(人民出版社,1979)。

中国最早铸造和使用金属铸币,大概从公元前600年开始,到现在,正好是2600年。特别是有些王朝,像西汉、北宋,铸造过大量的铜钱。像北宋最多的时候每年要铸50亿枚铜钱,有人统计了一下,就等于国家一年为全国每个人铸造了207枚。

从宋开始,白银也作为流通手段而投放到市场。到明、清时,白银的使用更为普遍。经过中外学者研究,他们认为从明到清前期,中国是世界上拥有白银最多的国家之一。

为什么提起这个问题呢?我们研究历史嘛,以古为鉴,古代的历史要和当前现实联系起来。因为我们知道,最近十几年中国经济迅猛发展,扭转了近一百多年贫穷落后的历史,出现这种情况也并非偶然。现在从货币史的角度来看,漫长的中国古代,一直铸造和拥有大量的货币,显示出中国的富庶和繁荣。历史不能割断,中国既有辉煌的过去,也必定会有辉煌的今天和将来,因此我们今天重温古代中国钱币的历史,会有助于我们对过去有更正确的认识,增强我们的民族自信心!

我今天主要是介绍中国古代的钱币。中国漫长历史上的货币可以分成几个阶段:

第一个阶段是商周时期,包括春秋早期。当时使用的货币就是海贝、铜块等等,严格地从货币学角度来讲,这些不算真正的货币,只是一种货币早期形态、原始形态,本身还是实物。海贝,考古的都知道,有很多使用价值,可以做装饰品,因为比较值钱,所以大家都喜欢。同时,它又具有另一种性能,可以作为交换媒介。为什么提这一点?我们现在很多人对货币的认识,往往会进入一个误区。翻开很多书,常说商周时有好多海贝,似乎就是货币经济发达的标志。这一说法不对,贝的存在,并不能说明当时货币经济的发达,相反,标志当时的不发达。因为海贝不是一种真正的货币,搞历史和考古的尤其必须要树立这样一个观念。

第二阶段是刀布阶段。从春秋晚期到战国,中国出现了青铜刀布,这应该是真正的货币。所有人类历史上的货币,必须具备下面几个要素。首先,必须是金属铸造的,从这一点上讲海贝就不能算;另外还必须要有一定成色,破铜烂铁是不行的;还要一定的形状,像用铜块那样,把三角形的、长的、方的都作为交换媒介,那是称量货币,而真正的货币要有固定的形态,圆的就是圆的,方的就是方的;还要有面额,钱有大有小,大的代表多少,小的代表多少,都要固定的。中国在春秋末到战国出现的大量刀布,都符合上述的几要素,而且很重要的是有政府铸造的标志,货币总不能老百姓自己来铸。当然,这种情况历史上也有。战国时期的货币,像常见的各种铜布,上面都有铸造城市的名称,有的布上还有面额,有半釿、一釿等这些面额。

第三个阶段是方孔圆钱。中国从公元前3世纪以来一直是用圆形方孔钱,这是一个进步。以前的刀布在使用上有不方便地方,特别是像这种孔首布,它两头很尖很尖,很容易断,你要搁到兜里,不小心就把衣服给刮破了,把手也扎了,因为它很锋利;刀币还好一点,不过在使用时,你放几个刀在口袋里也不方便。所以比较理想的货币形制是圆钱。

在圆钱使用阶段,根据早晚可以分两期;早期是标值的,古代钱币标的是重量,这个重量就是意味着值多少钱。比方秦用的是半两钱,钱上铸有"半两"二字,就表示着这个钱重半两,古代一两等于二十四铢,那这个钱就重十二铢,秦钱比较大,汉朝也铸半两,但变小了,这就出现"名不符实",当时的"半两钱"实际上最多重四五铢,半两的一半都不到。后来汉武帝做五铢钱,使得钱的重量和钱上标明一致,五铢就是五铢,它比半两的一半还少一点。汉武帝在五铢钱之前还铸过一种小钱,叫三铢钱,实际就是半两的四分之一,很小,但也是名实相符的。五铢钱的使用一直从汉武帝到隋炀帝为止,差不多有六七百年时间,当然这期间也用过别的钱。

后期的圆钱,面文上不再标值,取而代之的是通宝或元宝。从唐开始出现开元通宝,以后如宋初做宋元通宝。唐也有标出年号者,如乾封泉宝、乾元重宝、大历元宝等。北宋从太宗开始到北宋亡,凡通宝或元宝,前面必冠以年号。后来的南宋以及元、明、清都如此。就是说中国后来都是年号钱,这对我们研究历史、从事考古很有帮助,因为它有年号,我们就知道它的时代。以前像五铢钱用了好几百年,就只有"五铢"二字,你不知道是哪年的五铢。以后有年号就好办了。

我们中国一向用铜铸钱,里面还要掺点铅锡,这应该是一种比较好的币材,铜比较软,但加点锡或铅就可增强度,这种钱就比较耐磨,而且不易折断,手掰不会断,如果是其他金属,像铅或锡就不行,因为它们太软,手一掰就弯了;另外,铜还不容易长锈,铁碰点水就生锈,铜在水里泡个一两天也无妨。所以,用铜铸钱比其他金属要好,而且铜比较值钱,刚才提到的铅、锡、铁都不太值钱——相对而言吧。所以用比较小的铜钱可代表较大的值。不过中国的历史上除铜之外还有其他金属为币材者。

第一是铁。我们发现,在文景之治时就有铁的半两了,看来好像是地方用的,可能在湖南这一带,其余的地区则仍用铜钱。以后,特别是到南北朝的萧梁,因为缺铜,大量铸造铁的五铢钱,这在中国历史上是很有名的,梁朝铸过大量铁钱,就在今天南京附近一带使用,范围也不是太广。到了五代十国,因为分裂割据,相互打仗,经济一般都不太好,因为很多地方政府穷,不可能花很多钱买铜,就放低标准,拿铁铸钱,所以现在我们发现,湖南、北京(燕,刘守光父子)的房山都铸造过很多铁钱。房山的铁钱,个头挺大,上面标着"永安五百"或"永安一千"。北宋统一全国后,不像五代那样乱七八糟的,于是又用铜钱,而且很规范。但它也有些例外的情况,当时的四川因为缺铜,铜钱就进不去,宋朝就开始在四川建铸钱厂专制铁钱,所以北宋时铁钱主要在四川流通。后来也影响到附近的陕西。陕西是当时受西夏威胁最大的地方,所以陕西要对付西夏,军费开支就要上升,政府又没这么多钱,怎么办呢?实际上这也是一种取巧的办法,就是大量发行钱铁。铁不值钱,价钱比铜便宜得多,所以铸钱的时候,个头铸很大,而且当时大概十个铁钱才顶一个铜钱,所以买一件东西,明明一兜铜钱就够了,用铁钱就得装一筐,这当然很不方便,但是没有办法,当时铜不够用,所以像四川、陕西还有山西都要用铁钱。我们现在经常发现两宋的铁钱,多得很,一挖就挖出一堆。南宋时的江淮地区,就是现在的苏北、皖南这一带也开始发行铁钱,因为当时打货币战。我们知道南宋的北面是金,宋金交界就是在这一地区。金人想从宋朝开回很多铜钱,宋又不想把自己有限的铜钱给敌人送去,所以拼命在那里铸铁钱。金人跟南宋交易,就只能换回很多铁钱,很难得到铜钱。由于这些原因,两宋在很多地方用铁钱,所以铁钱出土很多。但铁作为货币材料终究不合适,既不值钱又容易长锈。所以中国大概在宋朝之后就不用铁钱了,元明清主要用铜钱。到一百多年以前,太平军占领了长江流域,把清朝大部分财源给断了。当时北京城里很紧张,很多东西买不到,物价上涨。清政府为对付这种局面,采用一个坑老百姓的办法,就是滥铸货币,大量铸铁钱。于是清朝晚期中国历史上又出现铁的咸丰重宝钱,而且数量不小。据当时记载,北京的老百姓非常讨厌铁钱,买不到多少东西就要用一大筐。这应该说是中国历史上的最后一次铁钱吧。

  第二是铅。铅比铜便宜,但不适合做钱,而且现在我们知道是有毒的——当然古人不了解这一情况。当时在条件差的地方,有时也没办法,就拿铅钱来对付。像中国历史上用铅钱最多的时候就是五代十国。这些政权比较穷弱,铜钱造不起,没办法,只好用大量的铅来代替铜。当时的广东,属于南汉政权,南汉曾大量发行过铅钱,现在看到的乾亨重宝什么的,广东多得很,广州有个阳春县,最近听说在那里发现了铸钱的遗址,里面还有钱串、铅块之前,他们大概准备要去清理了。跟广东相邻的福建——当时是闽——也是这个情况,铸不少铁钱,还有铅钱。我们现在看到很多铅的开元通宝,背后带有"闽"字,就是当时福建所造。甚至在浙江,我们也发现有一部分铅钱,估计是吴越王所造。在经济不太好的地区,常常以铅代铜来铸钱,这当然是在一个特定历史条件下,以后基本上没有了。

第三是金银。金是贵金属,同时也是比较好的天然的货币材料,因为它体积小又值钱,一点点就可以买很多东西,做货币最合适。中国用黄金做货币主要从战国开始,战国时的楚国曾用黄金作金版和金饼。战国时期的金版也好,金饼也好,说它起货币作用没问题,但它不是金币,而是称量货币,使用时要拿天平来称一下。它是可以切割的称量货币。我们看河南出土的圆的金饼,有的已经切开,有的还没有,上面画了一个一个道,准备要切开。所以现在可以下一个定论:在中国历史上,我们从来没有用金子造成的钱币,外国有金币,中国从来没有。也许大家要问:我们不是有时在博物馆能看到金钱吗?最常见的有开元通宝,现在五铢也发现有金的,做得跟铜做的一样,但它不是通货,而是类似于纪念币,有特殊的纪念性。有时皇帝一高兴起来,就赏赐给他的大臣一把一把金的开元通宝钱。它具有这种用途,但不能在市场上流通,这一点我们应该明确。1988年,在五台山修一个破庙,一下子发现金质的淳化元宝几千枚,后来这几千枚让修庙的民工瓜分了,公安局就去追,追回了一些。后来很多都流失到海外,当然国内的历史博物馆也都收到一些。这是我们知道的历史上佛教用的金钱发现数量最多的一次。淳化元宝制作很好,背后是半浮雕的佛像。

还有和金有关的银。从战国时候开始有银的布,但数量非常少,解放以后就出现过一两次。它具体情况如何,尚不清楚。银也是贵金属,和金差不多——当然价值比金便宜。它和金一样价值高,所以做钱合适。但中国的银和金都是作为称量货币,切成一块一块的。当然,后来的元宝就不能切割,但也是称量的。元宝用来很费事,比方你拿个元宝,要去买块地、买座房子什么的,对方必须拿去化验,当时清朝就有个叫"公估局"的专门机构,你拿个银元宝来,先看看你这东西是不是假的。如果不是,有多少分量,给刻上,就可以花了。你第二次用这个元宝,又要重验一次,所以用起来很麻烦,每次都得验真假、分量,不像银币那么方便。白银最早在市场上流通,大概始于唐朝。唐的银锭过去出土过一些。中国古代最早时候用银主要不在民间而在官府。比方我这个县里收了多少税,要把税款上交,上交时要是拉一车铜钱或铁钱就不得了,是不是?所以一定要用体积比较小的银,若干个银锭就把一年的税交了。另外还有国家的军费开支什么的,也通过银子。民间普遍用银大概在元朝以后。明清时用得比较多。当时元宝大小也不一样,有五十两、二十两、十两的。还有很小的,像珠子这么大的,就是所谓的碎银子。大家看《水浒传》,说谁从口袋里掏出点碎银子去买肉吃、买酒喝,是吧?总之,从明到清,社会上是"大处用银,小处用钱"。比如你要买田,拿一大堆铜钱,就不行,几个元宝就解决问题了;你要买几斤肉,就不好拿元宝,用钱比较方便。

那么用银铸钱在中国历史上有没有呢？当然有，跟金一样，甚至我们现在还看到仿制的银币，像什么宋徽宗的崇宁通宝、大观通宝银钱，都是仿造真钱币做的，字都一样，但不是流通货币，而是纪念币性质的。还有就是佛教的庙里，和尚也喜欢铸钱，造金币银币，敲施主的竹杠，有钱人迷信嘛。

第四是纸币。前面说到，宋朝四川通用铁钱，人们出外经商很不方便，有人就想出一个解决办法，即在一张纸上写明多少钱，到了另外一个地方可以去支钱。这应该说是中国"信用"的首次出现，这实际上相当于现在的汇票或支票。宋朝纸币就这样发展起来了。大家觉得这个办法比其他用什么钱都方便，这样一张纸，没什么重量，可以顶多少钱用。后来还有所谓会子、关子流行起来。南宋也用纸币。但纸币有地区性的限制，先是在四川，后来在南方地区，不是所有地方都用。后来金人也学宋朝发行纸币，金宣宗时，发行了贞佑宝券，这些宝券比较科学，面额标明它值多少贯铜钱，而且还规定流通的地域。元朝统一全国以后，在世祖中统元年（1260）发行了中统元宝交钞，在中国纸币里应该是最进步的一种。因为我们前面讲的几种，使用范围都很有限，并非每个地方都能花，而这个纸币在元朝的版图之内都能用。另外，元朝刚开始发行纸币时，用现在的话讲，国家有准备金。比方发行100张纸币，国库里也有相当于这100张票子的金钱，当然就值钱。它比较晚，也就最科学、最进步。后来明朝也跟元朝一样，发行纸币，它发行了大明通行宝钞，样子跟元朝差不多，也有面额，跟我们现在的票子应该说一样了。它是一贯的印大一点，几百的印小一点，像我们现在的毛票和圆票那样。但明朝也是中国古代史上纸币最后一个阶段了。明朝的纸币跟宋、金、元的票子一样，政府掌握了造币权，毛病就出来了。政府没钱时，就通过多印些纸币来从社会上刮钱。纸币发行得越多，平均每纸币的含金量就越低。发行太多，那几乎就没有含金量了。所以明朝人的记载说老百姓对纸币不屑一顾。政府怎么办呢？这东西不值钱，没人要啊，于是就欺负小兵，发饷的时候给他一大堆纸币。到了清朝，就吸取明朝教训，根本就不发行纸币，只用铜钱和银元宝。在中国历史上，从两宋到明朝，纸币用了好几百年。由于当时的经济条件，使用纸币最终必定失败，元朝末年、明朝早期都是这样，印太多了就不值钱。但不管怎么说，全世界最早发明纸币的是中国人，比欧洲要早几百年，这也是中国古代的一项重要发明，是我们值得自豪的事。

下面附带说一下，在中国还有很多外国钱。它也是分好几个阶段。早期像汉朝就没有外国钱流入，因为它的文明比周围国家要高得多，中国汉朝用半两、五铢钱时，其他地区离真正用货币的水平还差得远，所以不存在什么外国钱流到中国的现象。最早有外国钱流入是在南北朝，那时西方的金银币随着丝绸之路进入到中国。

特别是北朝后期的坟墓和遗址中出土过一些外国金银币,当时仅在河西可以流通。它在中国更多的不是当作货币,而是当作一种珍宝,今天我们只能说它在中外文化交流这方面的意义更大。

外国钱大量流入中国是在什么时候呢?大概是在明清两朝。我前面讲过,中国以前曾大量铸钱,但这样做同时存在一个问题:缺铜。我们知道中国过去产铜最多的地方之一是云南,秦汉时这地方就开始开采,后来铜越来越少,而且古代还有个很麻烦的问题:老百姓舍不得花铜钱,干脆拿个坛子装起来埋在地底下。这样国家大量缺乏新钱,老百姓又拼命藏钱,藏起来后就等于钱消失了。藏的越来越多,虽然政府三令五申,甚至对藏者还要施以重刑,但仍禁不住,老百姓随便一挖不就藏起来了?所以流通的钱越来越少,最后不够了,怎么办?政府想了很多办法,五代柴周的时候甚至命令朝鲜(当时叫高丽)贡献多少铜,实际上朝鲜也不怎么出铜。中国还曾想办法到日本买铜。总而言之,铜荒确实不是个小问题。所以在明清时期,自然外国的钱就流进中国市场。所以在市场上,除了中国铜钱,里面还夹杂了相当一部分外国钱,主要是日本和朝鲜的。到清朝后期,大量越南的钱流进来,相当多,现在如果发现明清的窖藏钱币,往往能发现不少日本钱和越南钱。日本有一种宽永钱,铸造量很大,流入中国的也相当多。我过去经常收到别的地方来信问:"我发现了一个古钱,在书上查了半天,年号里没有宽永,请问这钱是什么时候铸的?"他不知道,这根本不是中国的年号,中国的年表上哪查得出来呢?是不是?这一点让大家明确,年号书上查不到,那可能就是外国钱,你到日本、越南的钱里找找,也许找得到。当然中国钱对外国影响也很大,日本也好,朝鲜也好,它们的铸钱都是仿照中国的方孔圆钱,不仅对东亚,我们对南亚的影响也不小,像南洋、泰国。好几年前,泰国的诗琳通公主到中国来,就带了一包钱派人到历史系来打听,问这钱是什么年代的。我打开一看,都是铅做的,上头的年号很多是宋朝的,这不是中国钱,可能就是泰国当地人仿造中国钱铸的。在印尼等其他很多地方也都有类似的情况。可见中国钱币产生的影响,辐射到很多亚洲国家。

还有一种叫厌胜钱。厌胜用现在的话就是辟邪。这种钱严格讲不是在市场上花销用的,应该说是一种迷信或吉祥的物品,它在中国的历史上也是很悠久的。最早能追溯到西汉。到宋以后,这个钱非常多,甚至我们现在没法给它分类,多得不得了。佛教的佛庙有,道教的道观里有,一般老百姓也铸,什么样的都有。而且还有各行业的,比如划船的船家铸这种钱保佑船不翻到水里;老百姓盖房子时,梁上了要放这种钱。过去在修故宫太和殿时,就发现檩上放了好多厌胜钱。这种钱多得很，而且有的上头有花纹、图画，现在也称之为花钱。虽然它不是正式的流通品，但很多钱谱后面都附录有厌胜钱，也把它算在钱里面。

下面我接着再讲两个问题。一个是关于铸钱的问题。中国的铸钱可分早晚两个阶段，早期它用的是硬范，后期用翻砂法。硬范最早是用比较硬的石头抠出一个范，战国时的刀布多用石范铸造。西汉主要用铜范，我们发现不少。我们不仅发现有五铢钱的铜范，还发现范母，范母是用陶做的，就是泥上做一个跟钱一样的鼓出来的模，然后往上面灌铜，灌铜之后，做出的范，钱不就凹下去了吗？然后拿铜的面范跟背范合在一起而灌铜，就铸出钱了。到了西汉晚期，开始用泥范，而且这种技术就比较先进。不仅拿泥做范，而且它那个范很有意思，它把泥做成大概1厘米厚的薄片，薄片上印有很多凹下去的钱范，这个范两面都有，一正一反，把很多块叠在一起，上面打一个洞，一直通到底下，一般有十几层叠在一起，中间是相通的洞，所以上头一浇铜，铜液就往各层跑，等到铜冷却凝固了，把范打掉，里面就像树一样的，一排一排的钱。两个钱之间不是留有一根一根的棍吗？把钱一枚一枚砸下来，把棍剪掉，就是钱了。这可以说是个很科学的办法，灌一次铜就能铸好几十个钱，这就叫做叠铸。王莽时期钱铸得非常好，字很清楚，很多钱就是用这个办法铸成的。后来到了三国时期，孙权也用这种办法。当然，除了这个办法之外，铁铸出来的面不怎么光滑，铸出的钱就不如铜范或泥范质量好。唐朝以后——我们现在还弄不清楚到底什么时候——开始不用硬范，而改用翻砂，如同今天工厂里的沙箱。有的说从唐朝开始，但也没找到很多证据，估计宋朝是没有问题。用这种沙范铸的钱比较好，因为沙很细，可以把钱上纹路很清楚地印在沙上，所以铸出来的钱很好，以后到明清都用这办法。清朝光绪年间，从英国买进压钱的机器，开始用机器钢模压钱，从此结束了中国几千年来用范铸钱的历史。

最后一点，我谈一下关于著录的情况。中国不仅铸钱的历史悠久，而且研究钱币的时间相当长远。我们现在知道，南朝梁已经有个叫顾烜的人著了部《钱谱》，当然现已失传。这说明至少到4世纪，中国就开始有人在研究钱币了。这个传统一直没有间断，后来唐朝也有不少这方面的著作，但也都看不见了。现在能看到的最早的是南宋时洪遵作的《钱志》，这书很有名。我们现在看来，当时人对古钱的知识还是很有限的，但已经确立了中国古钱研究这门学问的基础。特别是后来的清朝人，因为当时金石学特别发达，钱币学成为一门单独的学问，不少人专门去收集钱币或编辑钱谱，比洪遵的规模要大得多。其中比较有名的如咸丰同治时期李佐贤的《古泉汇》《续泉汇》。《古泉汇》这部书继承了清朝多少年以来钱币研究的成果，所以涉及的面很广，内容非常丰富。比方说刚刚提到的钱范、范母,都已经注意到了,也收集了不少有关的材料,它著录的钱币从战国到明末,资料方面可谓包罗万象,考证也比较翔实。

到了民国时期,主要有丁福保的几部著作,最有名的是《古钱大辞典》,现在中华书局已经印了好几次了,两大本。这部书也是在清朝很多著作的基础上编撰出来的。书里对别人对某一种钱的考证,他尽量都收集在一起,而且前面附有图片。另外,他是民国时作的,搜集的钱比以前更多。他还有一本比较小的书,叫《历代古钱图说》。这本书非常有用,薄薄的一本,从刀布到清朝的钱,还连带收进了少量的外国钱。我们今天要研究或收藏古钱,这是一本最好的入门书。

中国古钱的学问,清朝民国都有,解放后怎么样呢?至少是民间的收藏和研究中断了一个时期。因为古钱作为文物考古里的一部分内容,特别是社会上没人收集这个,因为古钱是文物,从20世纪50年代以来根本没有卖古钱的地方,也就没有收集的途径和来源。到改革开放以后,因为中国有这么多古钱,不能没有古钱的研究,光靠考古文物的人还不行,应该调动起社会力量才行。考古文物顾不上了,就由银行来管,因为银行要研究人民币,人民币的老祖宗就是中国历代的古钱币,所以由人民银行来承担起整理和研究中国历代钱币的任务。改革开放后,就成立了钱币学会,还出了个《中国钱币》的杂志,这本杂志办得很好。所以中国古钱研究现在又恢复起来了,而且正在发扬光大。最近出的书也有不少,像上海出了一套《中国历代货币大系》,比《古钱大辞典》丰富很多,是我们近几年来古钱整理研究的一个重大成果;此外河南还编了《中国钱币大辞典》,现在已出了三本,搜集的资料也很多。改革开放以来,对钱币市场慢慢开放了一点,现在,据有人统计大概有上百万的人在收集钱币,当然包括现代的、外国的,很多地方就出了好多关于钱币的书。在杂志这方面,除《中国钱币》以外,地方银行如陕西、内蒙古、安徽等省区都有刊物。特别是近几十年,考古发现了不少不见著录的钱币,像南北朝刘宋的大明四铢,是过去从未听过的,现在江苏发现了,数量不多,就几十枚吧。过去的钱谱也还存在一点局限性,它比较笼统,不管有多少本,只能收进比较重要的典型的品种,而研究者较重视不同的版别,跟玩邮票一样的。为此现在也专门有人做专题。比如,有人编写过半两钱的钱谱,专讲半两钱;也有人做开元通宝的专题;此外还有地方钱币的专题。总之,研究在向纵深方面发展,中国的钱币研究取得不少重要的成就。当然这要感谢人民银行的大力支持。同时又与文物考古结合了。比起前几十年,真的是大不一样。我今天就讲到这里,敬请大家指正。

(原载《北大讲座》第三辑)

多学科联合攻关　断定夏商周年代

李伯谦

[演讲者小传]

李伯谦，男，1937年3月生，河南省郑州市人。1961年毕业于北京大学历史系考古专业。先后任北京大学考古学系新石器商周考古教研室主任，考古系副主任、主任兼北京大学赛克勒考古与博物馆馆长。现任北京大学考古系教授、博士生导师，教育部人文社会科学重点研究基地北京大学中国考古学研究中心主任，北京大学古代文明研究中心主任，中国考古学会常务理事，中国殷商文化学会副理事长。主要从事夏商考古学的教学与研究，参加和主持过河南偃师二里头、安阳小屯殷墟、北京琉璃河、山西曲沃西周晋侯墓地、江西吴城、湖北盘龙城、青海柳湾等遗址的发掘。出版有专著《中国青铜器文化结构体系研究》，发表论文30多篇，系统勾画出了以夏商周文化为中心的中国青铜文化网络体系，探讨了中国文明起源、发展的进程。曾出访美、英、德、法、日、韩等国和港、澳、台，参加学术会议和讲学。1995年出任国家"九五"国家科技攻关重大课题"夏商周断代工程"项目首席科学家、专家组副组长。目前正参与"十五"国家科技攻关项目"文明探源工程：华夏文明的形成及其早期发展"课题的前期准备工作。

世人注目的"夏商周断代工程"经过二百位学者近五年的努力,终于取得阶段性成果,提出了一个新的夏商周年表。在成果即将公布的前夕,作为"工程"的参加者,能利用这个讲台向大家做些介绍,我感到十分荣幸。但说实在的,我的心里也很惶恐。因为"工程"涉及的学科很多,有些学科领域,譬如天文学史、^{14}C测年技术等我基本不懂,讲到和这些学科有关的问题,可能讲不到点子上,甚至出错。好在我讲完后还有提问和讨论的时间,还有更正的机会。

我今天主要讲以下五个方面的问题。

一、"夏商周断代工程"的提出

什么是"夏商周断代工程",为什么要搞"夏商周断代工程","夏商周断代工程"的课题是怎样提出来的?

夏、商、周三代是中国古文明形成和发展的重要阶段,是依以探讨中国文明起源的基础。但是中国古史的纪年,西周共和元年即公元前841年以前是不清楚的,古籍中虽有记载,但语焉不详,且互有矛盾,令人难以置信。年代是历史的骨架,年代框架立不起来,许多问题就说不清楚。因此,要想把中国文明起源、发展的全过程搞清楚,把号称五千年文明史的开端弄清楚,首先就应该把年代先搞清楚。而从现有条件来看,解决夏商周三代的年代应该说已有了较好的基础。"夏商周断代工程"就是专门来研究夏商周三代年代学的一个科研题目。

"夏商周断代工程"这个项目是1995年首先由当时的国务委员、国家科委主任宋健倡议的。宋健同志曾在不同场合谈到过他提出这个课题的初衷,他说自己到埃及、印度等文明古国的博物馆参观,听讲解员讲解,看人家的古史年表,觉得很清楚。而我们自己的古史纪年,一些重大历史事件的年代却有多种说法,让一般人弄不明白。他说埃及年代学、两河流域年代学研究取得的成果得益于象形文字、楔形文字的破译,得益于天文史学家的参与,后来也运用了^{14}C测年技术。我们国家的科学技术已有了较大的发展,能不能动员有关的科技专家和人文社会科学的学者一起把我们国家古史的年代搞得更清楚一些?宋健同志是两院院士,是一位严谨的科学家,他提出这个倡议决非心血来潮,而是经过了较长时间的酝酿考虑。从1995年7月提出这个想法,1995年9月专门请历史学家李学勤,考古学家俞伟超、严文明,^{14}C测年学家仇士华等学者参加座谈,征求意见,到1995年12月,和国务委员李铁映同志共同在国务院主持召开会议决定实施,大约有近半年的时间。为保证研究工作的顺利开展,在这次会议上,成立了由科技部、教育部、科学院、自然科学基金委员会、社会科学院、国家文物局、中国科协等7个部委机构领导组成的领导小组,由科技部邓楠副部长任领导小组组长,自然科学基金委陈佳洱副主任任副组长,成立了由来自不同学科的21位学者组成的专家组。聘请李学勤、仇士华、席泽宗和我本人任首席科学家。李学勤任专家组组长,其他三位首席科学家任副组长。成立了项目办公室,由朱学文任办公室主任。李铁映、宋健两位国务委员任特别顾问。1996年5月16日正式启动,1997年列入国家"九五"科技攻关重中之重项目。

二、夏商周断代工程的目标、课题和实施路线

总的目标当然是制定一套有科学依据的夏商周年表。但夏商周三代年代学研究的基础并不相同,条件也不一样,因此对于夏商周三个朝代年表的要求也自然有别。

对于盘庚迁殷后的商代后期和共和元年以前的西周,因为有商代甲骨文、商和西周时期的青铜器铭文以及较多的文献记载,我们提出的目标是确定比较准确的年代。

对于商前期,虽然没有甲骨文、青铜器铭文等当时的可信的史料,但对文献记载的商前期的几处都邑遗址,通过考古发掘已经有了比较可靠的线索,因此"工程"提出的目标是确定比较详细的年代框架。

对于夏代,研究基础最为薄弱,条件也更为缺乏。因此"工程"提出的目标是确立夏代年代的基本框架。

显然,这是在对夏商周三代年代学研究的现状和实际具备的条件认真分析的前提下制定的,是实事求是的,经过努力可以达到的。

围绕上述目标,"工程"广泛征询相关学科专家的意见,设置了9个课题和36个专题,在进行过程当中,又陆续增补了8个专题,所以最后是9个课题44专题。这些课题和专题见表。

44个专题涉及历史学、考古学、古文献学、古文字学、天文学、历史地理学、科技测年等近十个学科。如何把众多相关学科组织起来,通过具体实施达到预期目标是科研组织管理面临的新问题。通过研究,"工程"确定,人文社会科学与自然科学相结合,多学科联合攻关是工程实施的基本指导思想。具体技术路线可概括为两个方面。一是通过对相关文献的搜集、整理及可信性研究,并结合甲骨文、金文研究成果,选择可靠的有关天象记录,进行天文学回推计算,得出若干年代定点;二是在已有考古研究成果基础上,选择若干重要遗址进行补充发掘,按地层和单位采集系列含碳样品,进行^{14}C年代测定,并以树轮

校正曲线校正拟合,提出接近实际年代的日历年代或年代范围。最后将两者整合,以确定夏商周年代框架和商后期及西周的列王年代。

课题名称	专题名称
1.有关夏商周年代天象及都城文献的整理及可信性研究	1)夏商周年代与天象文献资料库 2)文献中夏商西周编年的研究 3)有关夏商西周年代、天象的重要文献的可信性研究 4)夏及商前期都城文献资料的搜集与整理
2.夏商周天文年代学综合性问题研究	5)夏商周天文数据库、计算中心和联网设备的建立 6)夏商周三代更迭与五星聚合研究 7)夏商周三代大火(心宿2)星象和年代研究 8)夏商周时期国外天象记录研究
3.夏代年代学的研究	9)禹伐三苗综合研究 10)《尚书》仲康日食再研究 11)《夏小正》星象和年代 12)早期夏文化研究 13)新砦遗址的分期与研究 14)二里头文化分期与夏商文化分界 15)商州东龙山文化分期与年代测定
4.商前期年代学的研究	16)郑州商城的分期与年代研究 17)偃师商城的分期与年代测定 18)小双桥遗址的分期与年代测定 19)邢台东先贤文化分期与年代测定 20)洹北商城的遥感与物探
5.商后期年代学的研究	21)殷墟文化分期与年代测定 22)殷墟甲骨分期与年代测定 23)殷墟甲骨文和商代金文年祀的研究 24)甲骨文天象记录和商代历法 25)甲骨文宾组、历组日月食卜辞分期断代研究
6.武王伐纣年代的研究	26)武王伐纣时天象的研究 27)先周文化的研究与年代测定 28)周原甲骨的整理与年代测定 29)丰镐遗址分期与年代测定

(续 表)

课题名称	专题名称
7.西周列王的年代的研究	30）琉璃河西周燕都遗址分期与年代测定 31）天马—曲村遗址分期与年代测定 32）晋侯墓地分期与年代测定 33）周原西周文化分期与研究 34）西周青铜器分期研究 35）晋侯苏钟专题研究 36）西周金文历谱的再研究 37）金文记时词语（"月相"）研究 38）"懿王元年天再旦于郑"考 39）西周历法与春秋历法——附论东周年表问题
8.^{14}C测年技术的改进与研究	40）常规法技术改造与测试研究 41）骨质样品的制备研究 42）AMS法技术改造与测试研究
9.夏商周年代研究的综合与总结	43）夏商周年代研究的综合和总结 44）世界诸古代文明年代学研究的历史与现状

三、夏商周断代工程各课题研究的重大突破

夏商周断代工程涉及的学科很多，各个学科在"工程"实施过程中充分发挥了自己的作用，取得了重要进展，有的还有重大突破。

我是学考古的，当然最熟悉考古学。夏商周断代工程中，考古学是支柱学科，与考古学有关的专题有16个。在以往研究成果基础上，通过五年的努力，特别是顶尖专家们汇聚一堂，经过广泛深入的讨论，在一些关键问题上基本取得共识或形成了趋向性意见，从而为建立夏商周考古学分期标尺和^{14}C年代框架奠定了科学基础。这些具有突破意义的成果，我认为至少可以列出五项：

1. 二里头文化为夏文化的确认

二里头文化是主要分布于豫西晋南地区以河南偃师二里头遗址为代表的一支早期青铜文化，晚于中原地区龙山文化，早于二里岗期商文化。自发现以来，学术界对其文化性质和族属一直存在争论，主要的分歧是，一种意见认为二里头文化一至四期均属夏文化，另一种意见认为二里头文化一、二期或一期及早于它的河南龙山文化晚期遗存为夏文化，三、四期或二、三、四期为商文

化。经补充发掘,重新分期和深入研究讨论,多数学者认为二里头文化是夏文化。

2. 郑州商城、偃师商城的始建是夏、商文化分界界标的确立

郑州商城和偃师商城是新中国建立后商前期考古的两项重大发现,但对于二者的性质和孰早孰晚学术界有不同看法。一种看法以邹衡先生为代表,主张郑州商城是商汤亳都,偃师商城是太甲桐宫或亳之陪都或震慑夏遗民的军事重镇,前者早于后者。另一种意见以安金槐先生为代表,主张偃师商城为亳都,郑州商城为仲丁隞都,郑州商城晚于偃师商城。"工程"经过重新分期和对比研究及 ^{14}C 年代测定,认为二者基本同时,均属二里岗下层早商文化时期,二者的始建均可作为区分夏商文化的界标。

3. 商前期亳都的确定和隞都、相都、邢都考古线索的提出与商前期考古分期标尺的构建

中国古籍记载,商汤建国之后,曾经五迁其都,即汤居亳、仲丁迁隞(嚣)、河亶甲迁相,祖乙迁邢,南庚迁奄,盘庚迁殷(即在今河南安阳之小屯)。殷墟从1928年至今,田野工作不断,出土有青铜器、宫殿基址与商王陵墓,其为商代最后一个王都,早已为学术界所公认。至于商代前期几个都城遗址,通过新中国成立后考古工作者的努力,特别是"工程"启动后各专题组的辛勤工作,除南庚所迁的奄,其他数都均已有线索可寻。其中商汤所居的亳都,虽有郑州商城、偃师商城之争,但根据二者基本同时的情况,郑州商城是亳都,偃师商城是陪都当是接近实际的结论。而郑州小双桥遗址、安阳洹北商城和邢台早商遗址的发掘,根据其主要堆积的时代,已有学者研究推断,其可能分别是仲丁所迁之隞都、河亶甲所迁之相都和祖乙所迁之邢都。当然目前要对其作出肯定的结论尚不成熟,但从考古学文化分期角度考察,这几个具有都邑规模的遗址的发现确为建立商前期的考古分期标尺提供了丰富的材料,奠定了坚实的基础。

4. 考古学上商周分界界标的确定与武王伐纣年代范围的缩小

确定商周分界有不同的途径。从考古学来说,就是要找到典型的文化层叠压关系并对其所含测年标本进行年代测定。"工程"组织的西安沣西遗址的发掘,发现了一组从先周直到西周中期的连续文化层叠压关系,其中位于最底层的是灰坑 H18,叠压 H18 的是 T1 第四层。经分析,H18 是先周文化最晚期单位,T1 第四层是西周最早期单位。这就从考古学上构成划分商(先周)、周界限的界标。经对其所含测年标本测定,从商(先周)最晚期到西周早期的转变发生的年代范围应该就是武王伐纣的年代范围。

5. 沣西、琉璃河、天马—曲村、周原遗址的发掘与西周考古分期标尺的细化

沣西位于西安市西南的长安县,是西周时期宗周所在地。琉璃河位于北京房山县,是西周燕国早期的都城。天马—曲村遗址位于山西省曲沃县与翼城县交界处,是西周晋国早期都邑,此地发现了9组19座晋侯及夫人墓。周原是周人的发祥地,进入西周以后,仍然是高等贵族聚居之所。通过以上几处西周都邑和大型遗址的发掘,使原来已经建立起的考古分期标尺更为精细和科学。

将考古学上这五项重大突破加以综合,夏商周考古分期标尺就比较完整的树立起来了。而这一成果的取得,就为与 ^{14}C 测年相结合,通过对依分期和单位采集的含碳样品的 ^{14}C 年代测定与拟合,建立夏商周 ^{14}C 年代分期标尺就有了可靠的依据。

除考古学上的重大突破,我们还可以举出 ^{14}C 测年技术、天文学、古文字学等方面的重大进展。

运用放射性碳素测定年代的方法发明于20世纪50年代初。其基本原理是,生物体中含的 ^{14}C 和大气中所含的 ^{14}C 一般情况下处在平衡状态,但生物体一旦死亡,其 ^{14}C 含量即按照5730年衰减一半的规律递减。按照这一规律,只要知道已逝生物体如木质、骨头、种子等所含的 ^{14}C 的量,就能求出其具体的死亡年代。 ^{14}C 测年一般只用于史前时期的遗存,因为其测量精度的问题,很少用来测定历史时期遗存的年代。"工程"启动之后,投入较多资金进行了设备的改造和调试,使其误差由原来的1%降低到了0.3%—0.5%,一举进入世界先进行列。同时还对骨质样品制备作了专题研究,在世界上首次对殷墟出土甲骨进行了测定,取得了较好的结果。

天文学方面的突破,可以举出"懿王元年天再旦于郑"专题组1997年3月9日组织的塔城日全食观测。通过天文学家的实地观测,证明在3月9日早晨发生的日全食的确会给人有天亮两次的感觉,证实《竹书纪年》所记的"懿王元年天再旦"现象的确是天亮时分发生的一次日全食。而进行天文学回推计算的结果,这一天应是公元前899年4月21日,从而成为推定西周列王年代的一个重要定点。

古文字学方面的突破,可以举出甲骨文武丁五次月食排序的研究。古代发生的月食的时间是可以回推计算出来的,但如果不了解月食发生的大致年代范围,或者五次月食的先后次序排得不同,计算出来的结果就大不一样。"工程"组织有关专家在以往研究基础上,重新对五次月食甲骨进行排序研究,

特别是裘锡圭先生对"己未夕皿庚申月食"两个日干中间那个"皿"字应为向义的解释,证明此为由己未日晚到庚申日开始时段上发生的一次月食,从而科学地排定了五次月食的先后关系。通过天文计算,表明在公元前1500—前1000年间只有这一组既符合卜辞干支,又符合月食顺序。它们发生的时间分别是:

癸未夕月食公元前1201年

甲午夕月食公元前1198年

己未皿(向)庚申月食公元前1192年

壬申夕月食公元前1189年

乙酉夕月食公元前1181年

四、多学科联合攻关确定关键年代定点,推出夏商周年表

参加"工程"的各个学科在"工程"实施过程中都充分发挥了作用,取得了一系列突破。但一些最关键的年代定点都是多个学科联合攻关的结果。

武王伐纣之年是建立夏商周年表的一个关键年代定点。从西汉刘歆开始至今已研究了2000多年,共有44种说法,其中最早的一个是公元前1130年,最晚的一个是公元前1018年,前后相差112年。之所以未能达成共识,原因就在于历史条件的限制和自我封闭的研究方法。"工程"为求解武王伐纣之年采取的则是完全不同的人文社会科学与自然科学结合多学科联合攻关的战略。

前面我已讲过,考古学上以沣西H18和T1四层叠压关系为标志的商周(先周——西周)分界界标的确立和^{14}C测年对其采集的系列含碳样品的测定,已推定出商周(先周——西周)文化交替的时间范围为公元前1052—前1020年之间。商周(先周——西周)文化的交替是由商周政权更迭所引起,也是商周政权更迭的结果。这一年代范围自然也应该是商周政权更迭即武王伐纣之年可能的年代范围。这一年代范围虽不是真的武王伐纣之年,但已经排除了以往44种说法中的许多种说法,大大逼近了武王伐纣的真实年代。

求解武王伐纣之年的另一条途径是对文献记载的武王伐纣天象的研究。《国语·周语下》伶州鸠说"昔武王克商,岁在鹑火,月在天驷,日在析木之津,辰在斗柄,星在天鼋。"对此说法,过去多有怀疑。古文献学者认真研究,认为当有基本事实为依据。经天文学者回推计算,得出两个结果,一个是公元前1046年,一个是公元前1044年,二者均在由考古和测年确定的公元前1052—前1020年范围之内。究竟那个更符合实际,一时很难遽断。但《西周金文历

谱再研究》专题研究结果,武王在位之年为公元前1046—前1043年。故多方权衡,"工程"将公元前1046年作为武王伐纣的首选。由于这一结论的取得融合了考古学、^{14}C测年、古文献学、历史学、天文学等多种学科的成果,从而大大增加了其可信程度。

夏商分界之年也是一个关键定点。这一定点的确定,下可定商前期年代框架,上可推夏朝年代框架。

这一年代定点的得出,首先是在考古学上确定郑州商城、偃师商城的始建是夏商文化分界的界标,继而进行^{14}C年代测定,二城始建年代范围的上限均在公元前1600年左右,再参考已确定的商周分界之年为1046年,根据文献推出的商积年为576年之数,最后才将夏商分界之年大体定在公元前1600年。可见这一年代定点的得出,也是多学科合作的结果。

正是由于诸如夏商分界之年、盘庚迁殷之年、武王伐纣之年、懿王元年等一系列关键年代定点的得出,才得以保证夏商周年代框架的确立和商后期及西周列王年代推定的科学性。

我们推出的夏商周年表,诸位从会场上摆放的"工程"情况介绍展板上已经看到了。有的可能觉得很失望,夏代除了始年推定为约公元前2070年,夏商分界在约公元前1600年,商前期除了开始的公元前1600年和盘庚迁殷的公元前1300年,其他均为空白。情况的确如此。这是因为当前的研究水平还达不到可以提供更详细、准确年代的条件。有的如商前期,郑州商城、偃师商城、小双桥、洹北商城、邢台东先贤等遗址的发现提供了不少线索,本来有可能搞得再细一些,但因学术界对其年代、性质与何王对应尚存在不同意见,一时难以达成共识,所以为慎重起见,就没有再公布其他可能与某王基本相当的^{14}C测年数据。有的可能很满足,认为问题都解决了,以后不必再在年代上花工夫了。应该说,失望不必要,满足更不对。事实情况是,我们的确取得了很大成功,即将提出来的夏商周年表,尽管还有这样那样的不足,但与历史上或现行的历史年表比较一下,就会知道,它还是根据最为充分更有科学性的一份年表。但同时又须冷静地看到,这份年表的确还有不少空白,对有些年代定点的确还有不同意见,发表的^{14}C年代数据还存在矛盾。这些问题的存在,有客观条件尚不具备的问题,也有时间仓促,研究尚不深入的问题。正确的态度是既要充分肯定已经取得的成果,这是来自不同学科不同单位的二百多位学者五年心血的结晶,来之不易;又要足够认识其不足和问题,沿着已经开辟的路子,继续走下去,通过更深入的研究,填补不足,纠正错误,力求更加完善。

五、"夏商周断代工程"的启示

夏商周断代工程经过五年的努力,取得了丰硕的成果。北京大学是"工程"的重要参与单位之一,由21位专家组成的专家组中北大有7位,在9个课题中,我校主持和参与的有2项,在44个专题中,我校主持和参与的有22项。技物系重离子所、考古系年代实验室承担了加速器质谱(AMS)^{14}C测年和骨质样品制备与常规^{14}C测年的大部分任务。考古系单独或与兄弟单位合作承担了夏文化研究、新砦遗址的分期与研究、商州东龙山文化分期与研究、邢台东先贤文化分期与年代研究、周原西周文化分期与研究、先周文化的研究与年代测定、琉璃河西周燕都遗址分期与年代测定、天马—曲村遗址分期与年代测定、晋侯墓地分期与年代测定等课题和专题的研究任务。这些测年和研究成果以及中文系裘锡圭教授关于"己未夕皿庚申"月食卜辞的考证和其指导下的关于武丁五次月食卜辞的排序与金文纪时词语("月相")研究取得的成果,对构建夏商周年代框架、提出夏商周年表发挥了重要作用。

"夏商周断代工程"是建国以来规模最大、参加学科和人数最多、投入经费最多的一项人文社会科学与自然科学相结合的研究课题。参加"工程"五年来的经历,使我受到许多教育,业务上也有不少提高。而对于如何总结"工程"的经验,推进我校人文社会科学的发展,也有深刻的体会。那么,"夏商周断代工程"究竟给了我们哪些启示呢?

1. 领导重视是"工程"能够顺利实施并取得重大成果的保证

由两位国务委员任特别顾问、七个部委领导任领导小组成员,代表了政府对"工程"的支持。这种支持主要体现在两个方面,一是多方筹措资金,提供经费保障;一是协调有关单位之间的关系,保证了"工程"的顺利进行。这种支持是实实在在的,并不像起初我自己曾经担心的、现在也还有人怀疑的那样,所谓政府支持是领导定调子,大家跟着唱。李铁映、宋健两位国务委员多次明确表示:政治不能裁判科学。政府支持就是政府帮助找钱,帮助解决困难。怎么研究,研究的结果怎么样,那是你们科学家的事,是学术界、科学界认可不认可的问题。在实施过程中,领导小组多次召开会议研究遇到的问题,排除了不少影响"工程"顺利开展的障碍。北京大学也成立有一个由当时的校党委副书记、副校长郝斌任组长的领导小组,及时研究北大承担任务的专题组提出的需要解决的困难,例如加速器厂房改造、设备购置,都是由领导小组出面协调才得以及时解决,抢了时间,保证了速度。北大领导小组还倡议由各系相关专家组成了一个学术专家组,给北大承担的研究项目出谋划策,发挥了很好的作用。

2. 人文社会科学与自然科学相结合多学科联合攻关是"工程"取得重大突破的关键

当今科学发展的规律是,一方面分化得越来越细,形成一个又一个分支;另一方面又以很快的速度互相渗透。学科发展的新趋势,任何一个学科要想独立发展将十分困难,任何问题要单靠一个学科也很难解决。断代工程冷静地分析了夏商周年代学研究中的难点和学科发展的趋势,果断地采取了人文社会科学与自然科学相结合多学科联合攻关的方针。"工程"从首席科学家的选聘、专家组的组成、课题的设置与内容、研究程序的安排等方面都充分考虑了相关不同科学之间的结合。每个课题、专题提出的结论都是不同学科联合交叉研究的成果,每一个成果都必须由来自不同学科的专家共同评议才可通过。多学科联合攻关是一个磨合的过程,大家都抱着取长补短、虚心学习的态度才能心往一处想,力往一处使,才能真正做出只有多学科联合才能取得的成果。

北京大学学科齐全,人才济济,理应认真总结断代工程的经验,选准研究课题,动员相关学科力量,联合攻关,去攻克重大学术难点,推进学科发展。如果单是学科齐全,而不实行真正的结合,仍走自我封闭、老死不相往来的老路,恐怕很难会有多大的建树。

3. 通过课题研究培养新生力量是推进学科不断发展的根本

"工程"从一开始,就提出要有青年学者参加,要通过"工程"培养硕士、博士和博士后研究人员。五年当中,我们一共招收了十几名硕士、博士和博士后研究人员。他们在导师的带领下积极参加所在课题的工作,做出了出色的成绩。在参加工程的一批年轻人中,涌现出了北京大学的刘克新、鲁向阳、刘绪、雷兴山、孙庆伟,中国科学院的景斌、徐凤先,中国社会科学院的徐良高、杜金鹏、李勇、刘健,河南省文物考古研究所的方燕明、宋国定,陕西省考古研究所的王占奎、曹伟等优秀代表。他们通过参加工程的实践,锻炼了自己,增长了才干,成为骨干力量。

"夏商周断代工程"取得的是阶段性的成果,有些课题还要继续研究下去,但作为一个项目很快就要结题。结题之后,会继续断代工程开创的工作,启动"中国文明探源工程:华夏文明的形成及其早期发展"课题,希望有志于此的青年朋友参加到研究队伍中来。

(原载《北大讲座》第一辑)

考古学对中国上古史建设的重大贡献

李伯谦

[演讲者小传] 见第 53 页。

同学们好！朋友们好！这是我第二次在"北大讲座"上和大家见面了，我感到很荣幸。

今天我讲的是"考古学对中国上古史建设的重大贡献"，题目在网上已经公布了。为什么选这个题目来讲？我是想通过对中国上古史建设历程的回顾，和大家一起来探讨一下考古学、历史学尤其是上古史学发展的方向，引起大家对考古学和文献史学结合起来研究历史的重视。当然，我也不能说一点没有利用这个机会宣传宣传考古学的意思。因为时至今日，还有很多人，包括史学界的一些朋友，对考古学实在了解太少了。在座的各位，如果了解了考古学对中国上古史如何从传说变成信史做出的贡献，你们一定会认为，考古学也是一门科学，考古学在史学建设、在先进文化建设中已经发挥了并正在发挥着不可替代的重要的作用。

1. 现代考古学在中国的产生，极大地支持了疑古学派对旧的古史体系的破坏，和疑古学派一起提出了重建中国上古史的任务

什么是中国上古史？对中国历史如何划分，学术界并没有一个统一的公认的意见。我这里所说的中国上古史，是指秦始皇统一中国以前的历史。在19世纪末20世纪初那个时候，中国人脑子里的中国史是什么样呢？是"自从盘古开天地，三皇五帝到于今"。就上古史来说，就是三皇五帝夏商周的古史体系。这个体系是汉朝大史学家司马迁构建起来的，在他的名著《史记》中，有《夏本纪》《殷本纪》《周本纪》，还有一个《五帝本纪》。他的这个体系是综合了他当时能看到的各种书籍中的有关记载而形成的，并不是他个人心血来潮的杜撰。对于这个体系，一百多年以前，可以说大家是坚信不疑。但是到了上个世纪之初，随着西学东渐和新文化运动的兴起，情况就大不相同了。在史学领域，疑古思潮应运而生，过去在书上记载的古人、古事连同这些书籍都要以新的眼光重新加以审视。

你们知道疑古学派的首领是谁吗？（同学答：顾颉刚。）对，是顾颉刚。顾颉刚当时是北大哲学系的学生，他1912年入北大预科，1920年毕业留校工作，年龄和你们现在差不多，可能还要大一些。疑古学派的核心人物都是北大名人，当时的学生。你们知道傅斯年吧？就是当过多年前中央研究院史语所所长，到台湾后曾任台大校长的傅斯年。当时他是北大文学系的学生，和顾颉刚住同屋，按照顾颉刚的说法，他也是一位"敢于放言高论"的人物。

疑古学派的形成决非一朝一夕。当时思想激进的文科学长、名教授胡适和钱玄同都对他们产生过很大的影响。胡适留美回国在北大任教接替陈汉章讲授《中国哲学史》。陈汉章从伏羲讲起，胡适却丢开唐虞夏商，从诗经时代的周宣王讲起。顾颉刚说"这一改把我们一班人充满着三皇五帝的脑筋骤然作一个重大的打击,骇得一堂中舌挢而不能下"。钱玄同和胡适一样,也经常和顾颉刚书信往来谈古论今,从他写的文章自署"疑古玄同"即可见其学术倾向的激烈。疑古学派不仅否定三皇五帝,认为夏朝和商朝也很可怀疑。他们的领军人物顾颉刚说过一句很经典的话,中国的古史是"层累地造成的"。所谓"层累地造成的中国古史",意思是说时代愈后,传说的古史愈长,是后来的人一代一代叠加上去的。他说,从《诗经》上可以推知东周初年只有禹,到春秋末,从《论语》上可以看到有了尧、舜;《论语》而后,从战国到秦,更有黄帝、神农、伏羲,更有天皇、地皇、泰皇。至汉代,在天皇之前又加上了开天辟地的盘古,作伪之迹,昭然若揭。1926年,顾颉刚把他们讨论古史的文章汇编成册,以《古史辨》的书名出版,至1941年共出了七册。他洋洋洒洒写了一篇长达六万字的自序,把他疑古思想产生的由来和疑古学派兴起的经过都明明白白写了出来。《古史辨》的出版,在学术界犹如爆炸了一颗原子弹,"中国古史是层累地造成的古史"一时间竟成了学术界的主流观点。

旧的三皇五帝古史体系是被破坏了,那么真的可信的中国上古史又是什么样子呢?这就很自然地提出了重建中国上古史的任务。有人以为,重建上古史的任务是后来才提出来的,这是不对的。实际上,顾颉刚等人在破坏旧的古史体系的同时,也已经在考虑如何建设新的可信的中国上古史了。1923年胡适在给顾颉刚的信中,提出研究商代史,要到甲骨文中去找材料。1924年末,李玄伯在《现代评论》上发表《古史问题的惟一解决方法》文章,明确提出"要想解决古史,惟一的方法就是考古学"。一个多月以后,1925年2月,顾颉刚也在《现代评论》上著文《答李玄伯先生》,认为这"确是极正当的方法"。同年王国维在清华研究院讲《古史新证》,提出了将纸上材料和地下材料结合起来研究历史的二重证据法。他们不约而同地将重建可信古史的途径投向了考古学。当然,这决非偶然,而是学科发展必然要走的方向。

考古学,确切地说以田野调查和发掘为基本特征的现代考古学,并不是在中国产生的。现代考古学最初产生于欧洲,它是工业革命的产物。搞工业就要找矿开矿山,开矿山就会附带发现古物,于是,地质学、古生物学应运而生了。借鉴地质学的地层学和古生物学的分类学,就形成了以地层学和类型学为基本方法的现代考古学。这是19世纪中叶前后的事。20世纪初,现代考古学传入中国。北京房山周口店猿人化石的发现,河南渑池仰韶村彩陶遗址的发现证明中国也存在旧石器时代和新石器时代,这在当时的确令人耳目一新。这些新的发现极大地支持了以顾颉刚为首的疑古学派发起的对旧的古史体系的挑战。于是大家都注目于考古学,考古学自然就成了重建中国上古史任务的担当者。

现代考古学传入中国之初,多是外国人在搞。像周口店猿人遗址的发掘,就是时任北洋政府矿业顾问的瑞典人安特生建议的,河南渑池仰韶村遗址也是由他发现和首次发掘的。当时在中国搞发掘的,还有英国人、法国人、德国人、俄国人、日本人……他们当中有的是真正的科学家、学者,但不少人是怀有不可告人目的的所谓"探险家"。真正由中国学者做的工作,最早当推1926年李济对山西夏县西阴村一处新石器时代遗址的发掘。李济在美国学的是人类学,1923年回国,先在南开大学,后到清华大学,1926年主持了西阴村的发掘。1928年成立中央研究院时,在历史语言研究所内设立了考古组,由李济任组长,于是开始了由中国学术机构、中国学者独立进行的对安阳小屯殷墟的发掘。1926年西阴村的发掘,1928年开始的殷墟的发掘,可以看做是现代考古学在中国的真正开始。

说到现代考古学在中国的产生,不能不提到北京大学的贡献。勇开风气之先的北京大学,和疑古思想的酝酿、诞生几乎同时,1922年就成立了考古学研究室,第一任主任是著名金石学家马衡教授,1934年马衡离开北大去故宫后,由胡适亲自兼任主任。抗战胜利后北大由昆明返京,考古学室改名古器物整理室,由向达任主任。中国考古学研究室做的第一项考古工作是1929年开始的河北易县燕下都的调查和发掘。上个世纪20年代由中国学者所开始的考古工作,目的都很明确,都是围绕着文献记载的线索,寻找古人遗迹,重建中国上古史而进行的。我们说,现代考古学的传入中国,现代考古学在中国的产生,支持了疑古学派对旧的古史体系的破坏,和疑古学派一起提出了重建中国上古史的任务,是完全符合实际情况的。

从现代考古学传入中国,从1926年李济发掘西阴村,从1928年开始发掘殷墟,至今七十多年过去了。半个多世纪以来,中国考古学究竟有哪些重要发现,对重建上古史究竟起到了什么作用呢?

2. 从旧石器时代直至早期青铜时代,一系列重大考古发现,为重建中国上古史积累了丰富的资料,奠定了坚实的基础

七十多年来,尤其是新中国成立以后的五十多年来,经过几代学者的努力,中国考古学有了极大的进展,重大考古发现层出不穷,一个接一个,真有目不暇接之感。

从旧石器时代考古来说,过去大家只知道北京猿人、山顶洞人等少数人类化石,少数几个旧石器地点,而现在新发现的旧石器地点已上百处。根据学者们对旧石器时代人类化石的研究,可以分为直立人、早期智人、晚期智人三个阶段。可以很骄傲地说,这三个阶段的人类化石标本我们都有了。属于直立人阶段的,年代最早、学术界基本得到公认的是距今大约170万年前的云南元谋人,这已写在中学历史课本上了。其他有陕西蓝田人、山西丁村人、安徽和县人、湖北郧县人,周口店北京人也属于直立人。最新发现的直立人化石,是几年前北京大学考古系和南京市博物馆共同发掘的江宁汤山人。所谓直立人,是指从"人猿揖别"开始人类发展的早期阶段,在人骨化石上可以看到明显的原始特征,比如额骨低平,眉眶凸起呈"一"字形,颏部后缩不明显,都与猿类相近。直立人之后是早期智人阶段,约从距今25万年到5万年前后。早期智人,眉眶仍然较高,但已由一字形变成倒八字形。由于脑容量有了增加,前额已略显隆起。属于早期智人阶段的人类化石有陕西大荔人、山西许家窑人等,最完整的一具人类化石是北大吕遵谔教授和他的弟子们在营口金牛山一座洞穴中发现的。头骨、肢骨几乎都保存了下来。早期智人之后是晚期智人阶段,约从5万年至2万年前后。典型代表,在南方有柳江人,在北方有山顶洞人。晚期智人化石眉骨变低,颅高增大,脑容量和身高等都已和现代人差不多。

新石器时代考古,无论是新发现的遗址的数量,还是其内容的重要性,更是以往望尘莫及。过去只知道仰韶、龙山。仰韶就是前面我们讲到的瑞典人安特生首先在河南渑池发掘的仰韶文化,以红陶、彩陶为特征。龙山是指以山东章丘县龙山镇遗址为代表的文化,出土的陶器以黑陶、灰陶为特征,最典型的是一种薄胎,黑而光亮的被称为蛋壳黑陶的陶器。这是上个世纪30年代初由梁思永等人发掘的。梁思永是梁启超的二公子,他学考古是梁启超的决定,可见考古学在当时人们心目中的重要性。新中国成立后,新发现的新石器时代的考古学文化,按早晚顺序讲,属于新石器时代早期的,有距今10000年到12000年的江西万年仙人洞、吊桶环遗址、湖南道县玉蟾岩遗址,广西桂林甑皮岩、邕宁顶蛳山遗址,河北徐水南庄头遗址等。这些遗址中出土的陶器火候很低,质地粗糙,纹饰简单,代表了陶器刚发明不久的技术水平。出土的石器有打制的也有磨制的,在文化层中还发现了最早的栽培稻遗迹。新石器时代中期阶段的遗址以黄河流域的磁山文化、裴李岗文化、后李文化、老官台文化和长江流域的彭头山文化、石门皂市文化、城背溪文化等为代表。遗址范围扩大,房基、墓葬都有发现,陶器种类丰富,粟作农业、稻作农业遗迹随处可见。属新石器时代晚期的考古学文化,除以前发现的仰韶文化,有山东和苏北地区的大汶口文化,北方地区的兴隆洼文化、红山文化,甘青地区的马家窑文化,长江流域的大溪文化、河姆渡文化等。这个阶段,社会发展迅速,聚落开始分化,等级已经出现。新石器时代末期或称之为铜石并用时代,除龙山文化、齐家文化是早前发现的,新发现的,长江流域上游有宝墩文化,中游有屈家岭、石家河文化,下游有良渚文化,北方地区有小河沿文化等。

至于早期青铜时代,有关夏商代考古,自安阳殷墟发掘之后,20世纪50年代以来,不仅在黄河中游的中原地区,先后发现了商代早期的郑州商城、偃师商城、小双桥遗址、洹北商城、东先贤遗址等一系列商文化遗存,二里头遗址、东下冯遗址等夏文化遗存,以及东岳石遗址为代表的东岳石文化,还在北方地区、长江流域乃至岭南地区发现了夏家店下层文化、上层文化、围坊三期文化、张家园上层文化、三星堆文化、十二桥文化、荆南寺类型遗存、吴城文化、湖熟文化、马桥文化、石峡中层文化、浮滨类型遗存等中原周边地区的当地土著文化遗存。有关周代考古,在周人起家的陕西岐山、扶风一带的周原,西周都城遗址长安一带的沣镐,河南的洛阳以及燕、晋、虢、齐、鲁、应、秦、楚、蜀、吴、越等诸侯国的都邑几乎都有重要发现。不仅是这些地点发现了,各个地点都有丰富的内涵,诸如王侯宫殿、陵墓、手工业作坊乃至形形色色的遗物,可以说应有尽有。

以上我罗列这么多考古遗址地点、考古学文化的名称,你们一定很生疏,谁也记不住,即使是考古专业的学生,也很难都掌握。我罗列出来,无非是想说明,随着考古事业的发展,各个时代、各个地区都有许多重要的发现,无非是要强调一个多字,一个全字。考古发现的遗址的确很多,很丰富,各个时代都有,各个环节都有。正是有了这么多考古发现,我们用这些材料要研究中国上古历史,建构中国上古史的框架、体系,才有坚实的基础,才有可靠的依据。

3. 80年来的一系列考古研究成果构建起了中国上古史的基本框架,极大地丰富了中国上古史的内涵,解决了一些中国上古史上长期存在争论悬而未决的学术问题

考古学不是单纯挖东西,考古学也要依据科学的方法对发掘出来的遗物、遗迹进行研究,这是一个极其复杂、极其细致的过程。80年来,发现了这么多古代遗迹、遗物,在研究上究竟有哪些成果,这些成果究竟在中国上古史的建设上解决了些什么问题呢?

首先,我认为特别应该强调的是,早期青铜时代的一系列考古发现和研究成果,证实了司马迁《史记》所记载的夏、商、周古代的历史是实实在在存在的、可信的。过去疑古学派一些学者对某些史实提出疑问,固然有积极意义,无可厚非,但因怀疑而否定,就未免走过了头。甲骨文发现以前,商代史是属于传说史,很难让人信服。1899年发现了甲骨文,在甲骨文上认出了商王的名字,和《史记·殷本纪》所记的商王世系基本一样,谁都不再怀疑了。1928年开始在安阳小屯发掘,经过李济、董作宾、郭宝钧、梁思永、石璋如、刘耀、高去寻、胡厚宣、郑振香、陈至达、杨锡璋等几代学者几十年的辛勤工作,不仅发现了甲骨文,还发现了商王的宫殿建筑基址、商王陵墓、贵族与平民墓地和铸铜、制骨、烧陶等手工业作坊遗址,出土了大量精美的铜器、玉器,证明了安阳小屯就是

《史记·项羽本纪》所记项羽与章邯大战的"洹水南殷墟上",《竹书纪年》所记"二百七十三年更不徙都"的商王盘庚所迁的殷都故地。殷墟出土的精美文物参加了1936年伦敦世界博览会,在中外学术界引起了强烈反响,商文化是青铜文明成了学者们的共识。

按照史籍记载,商人灭夏建国之后,曾经五迁其都。现在,商朝最后一个都城殷是找到了,殷墟出土的遗迹、遗物所代表的商晚期的文化面貌基本清楚了,那么商朝前期、中期的文化面貌如何?除殷之外其他几个都城在什么地方呢?对考古工作者来说,这些问题自然是最有诱惑力的。其实,在殷墟发现并被确认之后,参加殷墟发掘的一些人就注意了。李景聃1936年上豫东商丘一带调查,就是想寻找早于殷墟的商人遗迹,因为王国维等人主张商朝第一个王商汤所建的亳都(所谓南亳)就在商丘。不可否认,考古发现有偶然性。你刻意要找的,不一定能发现;有时候不经意,重要的东西就出来了。1950年,郑州市一位对古物有兴趣、名叫韩维周的小学老师在郑州老城南关外的二里岗捡到几块陶片,上面印有花纹。他认为可能是古物,便报告了主管文物的部门。文物管理委员会派人去调查,后来又配合基本建设作了发掘,发现了丰富的文化遗物。参加二里岗发掘的安志敏、安金槐、邹衡等先生将出土的陶器和殷墟出土的陶器比较,认为两者有许多相同之处,都应属于商文化,按照其演变规律,二里岗出土的陶器早于殷墟。后来邹衡先生在《考古学报》1956年第3期发表的《试论郑州新发现的殷商文化遗址》一文对此作了充分、深入的论证。二里岗商文化早于殷墟商文化遂成为不易之论。

其后不久,到1955年,又发现了属于二里岗文化时期的郑州商城。郑州商城大致呈方形,周长6960米,前几年又在商城的南面、西面发现了外廓城,其规模是迄今所见商代城址中最大的。这么大的一座城址,当然不会是一般的村镇所在地,它是商代某位国王建造的都邑没有什么问题。它属于二里岗期,早于商代最后一个都邑安阳殷墟,也没有问题。问题是,它是哪位商王建造呢?主持发掘的安金槐先生认为它的地理位置比较接近唐代地理书《括地志》所记的商王仲丁隞都的所在,同而主张郑州商城是仲丁隞都,隞字有的书上写成嚣,这两字是同音字,可以通用。参加过二里岗发掘的邹衡先生最早也是主张隞都说的,后来他从郑州商城延续时间较长、郑州金水河出土战国"亳"字陶文,《左传·襄公十一年》鲁、晋、宋等国伐郑曾盟于郑地的亳城北,以及商亳邻国如葛的地望等方面详细论证了郑州商城不可能是仅居仲丁、外壬二王的隞都,而应该是从汤至大戊五代的商汤始建的亳都,是商朝的第一个国都所在地。这两种观点相持不下,难分伯仲。1983年社科院考古所在偃师发现了尸乡沟商城,意外地为解决郑州商城的性质问题提供了契机。尸乡沟商城位于偃师市西、洛河北岸,又称偃师商城。它南距二里头遗址约6公里,周长5800米,面积比郑州商城小约三分之一。前几年在尸乡沟商城城圈内又发现了一个小城圈,称为内城,内城之内有宫城,而且发现了几组大型宫殿建筑基址,从规模和内涵分析也应该是一座王都性质的城址。从出土的陶器等遗物分析,偃师尸乡沟商城和郑州商城大体同时,学术界虽有"太甲桐官"、亳之陪都、军事重镇和"汤都西亳"之争,但其为商汤灭夏之后始建的具有都邑规模的城邑几乎是大家共同的认识。既然偃师尸乡沟商城与郑州商城同时,而且又小于郑州商城,那么郑州商城为亳都、偃师尸乡沟商城为陪都或震慑殷遗民而设的军事重镇不是很合乎情理吗?实际情况正是如此。自从偃师商城发现之后,认同郑州商城是商汤亳都的人越来越多,郑州商城是商汤所建的第一个国都——亳都的观点应该是可以成立了。

讲到这里,一定有人会问,根据《尚书》等文献记载,汤在灭夏之前已居亳,灭夏后又回到亳,在灭夏前亳已存在。既然郑州商城和偃师商城同时,偃师商城又公认是灭夏后才开始建造,那么按照逻辑,郑州商城也应该是灭夏后才建造起来的。如果承认它和偃师商城都是灭夏后始建,岂不又和文献记载发生矛盾?这个问题提得好,这的确是个矛盾。在搞"夏商周断代工程"时,我们曾有个"郑州商城、偃师商城基本同时或略有先后"的说法,这说的虽然是事实,但的确也回避了郑州商城是否灭夏前已经建成这样一个尖锐的问题。其实冷静地分析一下,思考一下,郑州商城那么大的规模,怎么可能会在"韦、顾既伐,昆吾、夏桀"的灭夏过程中,也就是说在灭夏之前建起来呢?郑州商城既然和偃师商城基本同时,既然偃师商城是灭夏之后所建,郑州商城也应该是灭夏后所建。我认为现在是需要明确地讲清楚这个问题的时候了。

我们作出郑州商城(以大城和外廓城为代表)是灭夏后所建的论断,并不是要否定《尚书》等先秦文献关于灭夏前汤已都亳记载的正确性,而是要求我们从考古的学的角度认真考虑,郑州商文化遗址中究竟有没有灭夏前的先商文化遗存,有没有可能代表都邑性质的先商遗存。郑州有早于郑州商城的先商时期的遗存,南关外期遗存、洛达庙类型遗存都比郑州商城早。至于它们是否属于先商文化,有的说南关外期是,有的说洛达庙类型是。尽管有分歧,但在建造郑州商城之前,也就是说在灭夏之前,郑州这地方有先商文化遗存是客观存在的。联想到在豫东杞县鹿台岗发现有典型的先商文化,在商人由东而西大举推进灭夏的进军过程中,在地处必经之地的郑州地区留下遗物、遗迹,可以说是顺理成章。问题是商人灭夏前是否在此地建过都,考古上有没有什么建过都(至少不同于一般的村落)的证据?目前虽不敢说有百分之百把握的铁证,但线索是有的。我认为在郑州商城内东北部宫殿区发现的那道东西残长约一百多米的被称为宫城墙的城墙很值得注意。根据考古提供的层位关系,它叠压着洛达庙类型遗存,城墙内的包含物最晚的是洛达庙类型的,因此其很可能就是洛达庙期修建的。无独有偶,据说还发现有洛达庙期的大型建筑基址。洛达庙类型过去都认为属于二里头文化,郑州市文物考古所在郑州市区西边的洼刘发掘出典型的二里头文化遗址之后,河南省考古所的袁广阔敏锐地察觉到,洛达庙类型和洼刘的二里头文化有较明显区别,他怀疑洛达庙类型很可能是商文化推进至此后和二里头文化融合的产物,其主体应是先商文化。这是有道理的。如果这个判断符合实际,那么以这段城墙为代表的遗存就不排除是商汤灭夏前所建的亳都的遗迹。我们希望河南省的考古同行们能够抓住这个课题,进一步开展工作,找出更多的证据,作出明确的结论。

郑州商城是商汤亳都的确立,具有重大的学术意义。它为完善整个商文化的发展过程找到了一个起点。在郑州商城发现之后,1995年有郑州小双桥地址的发现,1999年安阳洹北商城的发现,连同以前发掘的殷墟,使我们基本上得以完整地窥见了商文化发展演变的全过程。根据文献提供的线索和文献与考古密切结合进行的综合研究,现在,郑州小双桥遗址可能是仲丁隞都,洹北商城可能是河亶甲相都,东先贤一期遗存大体相当于祖乙迁邢时期已成为学术界的主流认识。不仅如此,在商文化分布范围以外地区的考古学文化,通过研究也一一确定了其族属,探讨了其与商文化的关系。对商代历史还有怀疑的人,你如果研究了甲骨文中商人世系材料,亲自到上述地方去看一看那些遗迹和遗物,难道还会固执己见,难道会不觉得商代历史是实实在在地摆在你的面前吗?

商代是信史,国内学术界没有人再怀疑了。在国外学术界持怀疑态度的也不多了,但对夏史持怀疑观点的在国外学术界占绝大多数,在国内学术界也还有一些人。这里有一个判断标准的问题,有一个研究方法的问题。持怀疑观点的学者,大多是认为迄今没有发现能够证明夏代存在的文字材料(像商代甲骨文那样证明商代确实存在的文字材料)。我们认为,文字材料当然是重要的,但在尚缺乏文字材料的情况下,通过考古学和相关学科的综合研究,还是可以得出科学的结论的。从考古学来说,前面已经讲过,郑州商城是汤都亳的确认,既为研究完整的商文化发展历程找到了一个起点,同时也为往前追溯夏文化确立了一个定点。我认为主张年代上早于以郑州商城、偃师商城为代表的早商文化,分布范围上位于文献记载的夏人活动的中心地区,时间跨度上不超出依据文献记载夏有14世17王推算出来的夏代可能的积年范围,在文化关系上,与文献记载的夏时期夷、夏、商三族文化既有区别又有密切关系的状况相符合的河南龙山文化晚期遗存和二里头文化是夏文化的观点是可以成立的。

二里头文化因偃师二里头遗址而得名。说到二里头文化遗址,就不能不提到它的发现者徐旭生先生。徐旭生本名徐炳昶,他的名著《中国古史的传说时代》,研究先秦史的人恐怕没有人没读过。他年轻时留学法国,学的是西方哲学,回国后曾任北京大学教务长、女师大校长、北平研究院历史研究所所长。在北大任教期间,曾出任中国和瑞典合组的西北科学考察团中方团长,是一位著名的学者。新中国建立后,他在中国科学院考古研究所(现在属社会科学院)任研究员,为了寻找夏文化,他不顾六十多岁的高龄毅然带领助手跋山涉水到豫西晋南调查。走到偃师县城西边时,发现了二里头遗址,不过当时他断定是汤都西亳。二里头遗址的发现,是夏商考古的一个重大突破,后来经过连续的工作,证明二里头文化主要分布于豫西晋南地区,早于二里岗期商文化,晚于河南龙山文化,可以分为四期。根据 ^{14}C 测定,其年代范围约为公元前19世纪至前16世纪之间。在偃师南城尚未发现之前,不少学者包括主持二里头遗址发掘的学者,主张二里头一、二期遗存属夏,三、四则属商,二里头遗址是商之西亳。偃师商城发现并被多数学者确定为西亳以后,二里头遗址一、二、三、四期遗存均属夏文化,二里头遗址是夏都(可能即斟鄩)的观点逐步被大家接受,成为主流观点。应该说,二里头文化是夏文化,学术界已经有了共识,没有什么争论了。但对于河南龙山文化晚期遗存是否是夏文化,尚有不同看法。

河南龙山文化早于二里头文化,它和二里头文化有继承发展关系,但也有明显的差别,按照划分考古学文化的标准,不属于一个考古学文化。河南龙山文化覆盖范围较广,其中的王湾类型基本与二里文化分布范围重合,根据 ^{14}C 测定,王湾类型河南龙山文化的晚期已进入公元前20世纪。文献记载夏有14世17王,其积年有431年说(不包含无王阶段)和471年说(包含无王阶段),如从夏商分界在公元前1600年往上推,夏的始年无论采取431年说还是471年说均已在公元前21世纪范围之内了。因此,认为河南龙山文化晚期遗存应该属于早期夏文化的观点是有道理的。那么,为什么会有人怀疑呢?问题就在河南龙山文化和二里头文化存在差别,不属于一个考古学文化。我自己觉得,具体问题要具体分析。两者的这种差别究竟反映了什么问题?一则可能两者之间仍有缺环,二则可能是河南龙山文化在发展过程中发生过重大动荡,使其后的二里头文化在面貌上与其产生了明显差异。关于第一种可能,由于新砦遗址新砦期遗存的发现已得到证实。新砦遗址位于河南新密市,1979年赵芝荃先生首先作了发掘,并提出了早于二里头文化一期的新砦期遗存的问题。不过由于材料太少,没有引起人家太多注意。"夏商周断代工程"为了弄清这个问题,于1999年、2000年组织了两次发掘,发现了明确的河南龙山文化、新砦期遗存、二里头文化的文化层叠压关系,确认在河南龙山文化和二里头文化一期之间的确存在新砦期,新砦期遗存总的面貌具有从河南龙山文化到二里头文化的过渡性质。

目前在巩义市花地嘴、郑州牛砦、郾城郝家台等遗址均发现了新砦遗存。由于它的发现和确认,河南龙山文化与二里头文化之间的缺环已经不存在了。没有了缺环,为什么文化面貌仍有明显的差别?这一方面不排除由河南龙山文化经新砦期向二里头文化发展过程中,由于自己内部的原因,导致面貌上的某些变化,但更可能是外部的冲击所引起。我过去曾写过文章,认为从河南龙山文化到二里头文化的这种变化,应是夏初后羿代夏的历史事件引发的结果。后羿代夏是"因夏人以代夏政",它虽在一定时间内篡夺了刚建立不久的夏王朝的政权,但随着"少康中兴"也就成了昙花一现。夏文化虽在一定程度上打上了后羿所代表的东夷文化的烙印,但总体上并没有中断和改变由河南龙山文化晚期开始的夏文化发展的大方向。

考古学文化和族的共同体如何对应是一个非常复杂的问题,在一般情况下,一个特定的考古学文化和一个特定的族的共同体是可以对应的。但由于各种各样的原因,一个族可以使用两个以上不同的文化,一个考古学文化也可能由不同的族所使用。关键是要具体问题具体分析,固守河南龙山文化和二里头文化是两个不同的考古学文化,因而不能都属于夏文化的观点,是不符合实际情况的。河南龙山文化是一个整体,尽管延续时间不长,但也可分为好几个文化期,确认河南文化晚期遗存是早期夏文化,究竟从什么地方算起呢?我可以很坦白地告诉大家,我同意安金槐先生的看法。安先生是登封王城岗龙山城址发掘的主持者,他认为王城岗龙山城址即文献记载的"禹居阳城"的阳城。如果仅只是文献上有这种说法,别人会说你是附会,因为,阳城究竟在何处,文献上有好几种不同说法,你怎么敢一口咬定一定是在登封?但并非巧合的是,就在王城岗龙山城址东面不远,考古工作者发现了东周时期的阳城,出土有"阳城仓器"陶文可以为证。东周阳城的名字是从哪里来的?显然是从夏代的阳城来的。既然两座城近在咫尺,你怎么能认为王城岗龙山城和禹都阳城没有任何关系呢?因此,以王城岗古城的开始使用作为夏的开始,以王城岗古城所代表的河南龙山文化晚期遗存作为早期夏文化,并非随心所欲,而的确有一定的根据。二里头文化,河南龙山文化晚期遗存是夏文化的确认,确立了夏文化发展的框架,为进一步开展夏史研究奠定了基础,我们期待今后有更多新的发现。

商代史成为信史了,夏代史成为信史了,周代史更没有什么可以怀疑的了。我们说商代史是信史,夏代史是信史,并不等于说许多问题都弄清楚了,实际上还有很多问题，比如社会结构、经济形态、宗教信仰等都还需深入研究。至于周代史，虽然没有人怀疑，但实际上也有不少问题没有解决，在这个方面，考古学仍有自己的用武之地。例如，周人灭商前的文化究竟是考古学上发现的哪一种考古学文化，目前仍争论不休；需要考古进一步的发现和研究去回答。如果不是在周原发现了那么多非姬姓贵族的青铜器窖藏，谁也不敢说文献记载的周公封邑内会居住着那么多异姓贵族；如果不是在周原出土的周人卜甲上见到周王祭祀已故商王的卜辞，谁会相信视如寇仇的两个敌对的部族还存在这样的关系；如果不是在北京房山琉璃河董家林发现了西周城址和随葬有燕侯名字青铜器的大墓，谁知道燕国的始封地就在这里；如果不是在山西曲沃北赵发现了自晋侯燮父至文侯仇九代晋侯及其夫人的墓地和大批贵族墓葬，晋侯始封地在今之太原还是其他地点的争论还在继续……

夏代史、商代史、周代史，尽管还有很多问题，需要通过大量的工作去解决，但由于考古学上的重大发现和研究成果，已逐步将之从扑朔迷离、将信将疑的状态下"解放"出来，使之成了信史，已是不争的平实。

第二，新石器时代末期或曰铜石并用时代一系列考古发现和研究成果，证明考古学上的龙山时代是社会由野蛮到文明的重大转折时期，某些地区已率先出现早期国家，开始进入文明。

龙山时代的年代范围大致是从公元前3000年至前2000年前后。在这个时期，考古学上有许多过去不见的重大发现。由新石器时代晚期开始的聚落分化有了进一步发展；设防的古城像雨后春笋一样到处涌现，据不完全统计，在黄河流域—长江流域和内蒙古河套一带，龙山文化时期城址已发现几十座，其中山西襄汾陶寺龙山文化中期城址面积达 280 万平方米，规模之大可与东周列国都城相比，河南淮阳平粮台城址面积虽然不算很大，只有 5 万平方米，但城址内靠北部有大型宫殿建筑，门口有门卫房，城内有完整的用陶水管铺设的排水设施，显然不是一般仅用于防卫的城堡，而是当地的政治中心。墓葬中大型墓和小型墓分化悬殊，表明贫富差别对立已相当严重。冶金术有了初步发展，在多个地点发现有红铜、青铜制作成的小件工具和装饰品。大型宗教礼仪建筑在区域聚落中心开始出现，用于宗教礼仪活动的玉器大量使用，表明宗教礼仪活动已成为当时人们生活的有机组成部分。刻画符号的流行，早期文字的出现，表明人们的智慧有了很大的提高，社会的交往日益频繁和复杂。种种迹象表明，龙山文化的社会已不再是《礼记·礼运篇》所描绘的"大同世界"，而已经进入了"天下为家，各亲其亲，各子其子，货力为己，大人世及以为礼，城郭沟池以为固，礼仪以为纪。以正君臣，以笃父子，以睦兄弟，以和夫妇，以设制度，以立田里，以贤勇知，以功为己，故谋用是作，而兵由此起"的"小康"社会了。

考古学上龙山时代和传说史学上的哪个阶段相当呢?我认为要重建中国上古史,这是不能回避的问题。我是反对"三皇五帝"古史体系的,但我反对的是将所谓的"三皇五帝"人格化。常常有朋友问我:"你是搞考古的,考不考黄帝?历史上究竟有没有黄帝?"我总是回答他们说:"考古学,尤其是史前考古学、原史考古学,当时还没有或者很少有文字记录,有的只是后代的传说,考古学面对的是当时人们活动遗留下来的遗迹、遗物,通过这些遗迹、遗物很难去研究某个个人。"比如,有人说某某某东西是黄帝用过的,你敢相信吗?我反对将"三皇五帝"人格化,但我不反对将"三皇五帝"作为一个时代来研究。在我看来,龙山时代和传说史学上描述的尧舜禹时期的社会状况颇为相像,有些甚至是可以互相对应起来的。前面我们曾经讲到,在河南登封告成镇发现的王城岗龙山城址,就其地望来说,很可能就是文献记载的"禹都阳城"的阳城,因为在其附近发现了有"阳城仓器"陶文可以为证的战国时期的阳城。与此相关,有学者主张山西襄汾陶寺龙山文化遗址是帝尧陶唐氏的故地也不是没有道理的。陶寺遗址的所在古称平阳,是文献记载尧部落活动的中心地区。陶寺遗址从上个世纪70年代以来先后发现了贵族大墓和规模宏大的城址,贵族大墓中随葬有鼓、磬、俎、豆、玉器、铜器做礼仪用器和装饰用品,其中有些具有周边部族文化的特色,很可能是远方的贡品。遗址规模之大,墓葬等级之高,礼仪器用之全是中原龙山时代其他遗址无与伦比的。从地望上,从时代上,从遗迹遗物反映的社会面貌上,这里很可能就是尧都所在。这时期显然已经有了国家,已经进入了文明。至于传说中的有虞氏舜,文献上记载其部落主要活动在豫东、鲁西南地区。文献上说,夏初后羿代夏时,少康曾投奔有虞,周初把传为舜的后裔的胡公满封于此地,从考古学上看,豫东鲁西南地区在龙山时代是河南龙山文化造律台类型(又称王油房类型)的分布范围。我们曾引文献有关记载,推测它可能就是有虞氏的遗存。不过目前在该地区尚未发现具有都邑规模的遗址。

尧、舜都是传说史学中的五帝之一,在尧之前还有帝喾、颛顼和黄帝(另一说颛顼之前是少昊)。如果说,从考古学上推测可能陶寺类型龙山文化和帝尧陶唐氏有关,造律台类型龙山文化和帝舜有虞氏有关,还有一些根据的话(实际上也很勉强),那么,五帝之中的帝喾、颛顼、黄帝能否从考古学角度找到与其相对应的考古学文化,就很渺茫了。因为文献中对这三个人物的记载,不仅少,而且支离破碎,且充满神话色彩,还有矛盾,理不出一个清晰的线索。但是,如果把它当做一个时代的符号,把它当做一个时代来研究还是可以允许的。在学术界,有人将仰韶文化晚期庙底沟类型和黄帝时代相对应,也不失为一种说法。从文献有关五帝的记述来看,五帝时代是农业发展、宗教活动频仍、礼乐制度萌生、战争不断、强权已经出现的时代,这和从仰韶文化晚期开始到龙山时代考古学上呈现的种种迹象的确有类似之处。总之,这是一个社会正在发生重大转折的时代,至少在它的晚期,有的地方国家已经产生,社会已经跨入了文明的门槛。

第三,新石器时代一系列考古发现与研究成果表明,文明起源与形成是一个漫长的过程,至少从距今五六千年前的新石器晚期文明因素的出现,文明起源与形成的过程就开始了。

新石器时代早期,生产力极不发达,必需的生活资料相当贫乏,采集、渔猎是主要的生计来源,人们过着水平非常低下的生活。进入新石器时代中期,农业成为主要的经济部门,居民生活有了较稳定的来源,精神生活也有一定的扩大,但这时期产生文明因素的条件尚不具备,我们从新石器时代中期的磁山文化、裴李岗文化、老官台文化、彭头山文化、城背溪文化、兴隆洼文化中还难以看到真正的文明的因素。进入新石器时代晚期,特别是新石器时代晚期晚段的仰韶文化时代,农业与手工业开始有了明显的分工,甚至在手工业内部也有了新的分工,治玉和金属冶炼成为新兴的生产部门,聚落出现分层现象,墓葬虽仍在同一墓地,但大小已有明显悬殊,设防的城堡,具有宗教色彩的祭坛相继涌现。总之,文明因素正在以极快的速度增加,为下一阶段社会的重大转型准备着充足的条件。

第四,中国新石器时代考古学文化区系类型体系的确立,表明中国文化、中国文明的起源不是一元的,而是多元的。而当经过铜石并用时代进入早期青铜时代,随着中原地区夏商周文化核心地位的确立,中国文化的发展便逐步走向一体化的趋势。因此可以将中国文明的起源、形成与发展总体概括为多元一体的道路。

中国幅员辽阔,自然地理条件复杂,地区不同古文化面貌也不一样。前中国考古学会理事长、北京大学考古专业主要创建者苏秉琦先生,根据我国新石器考古取得的成果,构造起了中国新石器时代考古学文化的区系类型体系。他认为从全国来看,至少可以分为六个大区,即:黄河中游的中原地区,晋、陕、豫交界地区,黄河下游海岱地区,辽西、内蒙古长城地带,长江中游的江汉地区,长江下游的太湖杭州湾地区和岭南地区。每个大区活跃着一支或一支以上自成体系的考古学文化,每支考古学文化又可依据其小的地域特点划分为几个类型。按照苏秉琦先生的话,区是块块,系是条条。每个地区、每支考古学文化,在其发展的特定阶段,都或早或晚,或快或慢地产生了各自的文明因素,例如东北辽西、内蒙古长城地带红山文化的坛、庙、冢,长江下游太湖杭州湾地区良渚文化的大型祭坛和贵族坟山,长江中游江汉地区屈家岭文化的大型城址。这些原始文化在各自的发展过程中相互冲撞,不断融合,有的发展较快,有的发展较慢,有的逐步壮大,有的渐渐萎缩消亡,到铜石并用时代,在中原晋南地区率先兴起了以陶寺龙山城址为代表、在豫西地区以王城岗龙山城址为代表的早期文明。至早期青铜时代,逐步形成了以中原地区夏商周文化为核心不断向外扩张,周边地区土著文化不断被融合、同化,向更高文化层次迈进的格局。

苏秉琦先生中国文明起源多元一体理论的提出,是中国考古学在理论上、实践上的一大突破。因为你们知道,在过去,学术界居统治地位的观点,是一元论,是中原中心论。按照这种观点,中国古代文明因素最早起源于中原地区,然后逐步向外传播,形成中华文明。但考古学展现出来的恰恰与此相反,在新石器时代晚期文明因素刚刚出现的时候,中原地区的仰韶文化的发展水平并不比周边地区高。新石器时代晚期偏晚阶段,山东大汶口文化中的显贵大墓,东北红山文化的"坛、庙、冢",长江下游良渚文化的大型祭坛和贵族坟山,公认是文明的重要因素,但在中原地区同期的仰韶文化末期遗存中几乎都看不到,反映精神文化和礼乐思想的玉器的广泛使用,最初只在红山文化、良渚文化中,也不在中原地区。怎么能说中原地区是文明因素最早产生的地方呢?中原地区成为中心,那是进入铜石并用时代、早期青铜时代以后的事。苏先生讲话是很有风趣的,写文章是很讲文采的。他对中国文明起源的多元论曾有过一个非常形象非常生动的说法,这大概你们中间有人会知道,就是"满天星斗"说。这本来是一个比喻,但坚持中国文明起源一元论、"中原中心论"的学者却认为这种说法是很错误的,很不科学的,为此曾在上个世纪80年代展开过一场激烈的争论。争论是好事,通过这场争论,回过头来看看,它起了很好的作用,对于从事先秦考古、中国文明起源研究的人,可以说它起了解放思想的作用。现在再提到中国文明的起源,牢固坚持一元论、中原中心论的人恐怕很少了。在中国文明起源问题上,何时出现文明因素、何时进入文明还有不同观点,但多元一体已成为绝大多数学者的共识了。

第五,从旧石器时代以来,考古学文化连续发展不曾中断的事实,表明中国的古代文化、古代文明是在本土独立起源的,不是外来的,曾经流行一时的中国文明西来说缺乏考古学上的根据。

中国是世界四大文明古国之一,中国古代文明是本土独立起源的还是外来的,过去曾有过争论。上个世纪初,当现代考古学还没有传入中国的时候,上个世纪20年代现代考古学刚刚传入中国、还不怎么发达的时候,中国一有些发现,很容易和国外联系起来。譬如,安特生在河南渑池仰韶村发现了彩陶,就说可能是由西亚传过来的。安阳殷墟开始发掘之初,看到青铜器那么发达,当时中国又没有发现更早的青铜器和红铜器,很多人就认为很可能和西方有关。因为我们的考古学起步晚,还不发达,发现的东西不多,当时不论是外国人,还是中国人,有这种想法、看法并不奇怪。现在情况不同了。一系列考古发现,已经可以串起来一条红线,搭起一个框架,面对这些丰富的材料,只要尊重事实,抱着科学的态度,恐怕不会再有中国文明外来的看法了吧?我们说中国文明是本土起源的,我们反对外来说,并不是否定中国文化、中国文明在发展过程中曾受到过外来的影响。事实上外来的影响是客观存在的,因为任何一种文化,都不可能在一个封闭环境中自我发展,都必然会与周围其他文化发生交流、碰撞、融合等这样那样的关系。关键是具体问题具体分析。

在这里,我想特别要说一说中国古人类的起源问题。你们从报纸上、从杂志上可能会看到,当前研究现代人类起源的一些学者利用DNA分析技术,得出了中国现代人的祖先是在大约距今20万年前后,由非洲大陆辗转迁徙来的结论,说他们不是在中国大陆上发现的元谋人、蓝田人、北京人、南京人等古人类的后裔,元谋人、蓝田人、北京人、南京人等古人类在自己的发展演化过程中,因迄今还不能完全讲清楚的原因都消亡了。这个观点对传统的认识带来了巨大的冲击,因为过去研究旧石器时代考古,研究古人类的学者,都是根据古人类化石研究其体质特征的变化,根据古人类留下来的遗物,主要是石器,研究其文化的传承,无论从体质特征的研究,还是从文化的研究,他们都认为从直立人到晚期智人,是渐进演化而来,看不出有任何突然的变化。那么实际情况究竟怎样?我认为,我们必须高度重视运用高科技得出的结果,但也不能轻易否定由几代人做出的原有结论。我们希望能将分子生物学、体质人类学以及古环境学结合起来开展综合研究,通过扎实的、大量的、细微的工作,找出更多更可靠的证据,得出科学的结论。

考古学对中国上古史建设做出的贡献是巨大的,但要在短短的两个钟头内讲清楚很不容易。现在离讲座结束的时间不多了。我想简单归纳一下。听过这个讲座,如果你们能够在脑子里留下以下几点印象,我想就算成功了。

1. 以田野调查、发掘为基本特征的现代考古学的传入中国,极大地支持了以顾颉刚为首的疑古学派对传统"三皇五帝"古史体系的破坏,和疑古学派一起提出了重建中国古史的任务,并成为主要担当者;

2. 青铜时代一系列考古发现和研究成果,使传说的夏、商、周历史变成了信史;

3. 铜石并用时代的一系列考古发现和研究成果,证明与传说的尧、舜、禹相当的龙山时代是社会发生重大转折的时代,其中有些地区已率先出现国家,

进入文明;

4. 新石器时代一系列考古发现和研究成果,证明早在五六千年以前文明因素已开始出现,中国文明是在本土独立起源的而非外来的;

5. 新石器时代考古学文化区系类型体系的建立,表明中国文明的起源不是一元的而是多元一体的;

6. 从旧石器时代以来考古学文化发展的连续性,表明中国文化的发展至今一脉相承,不曾间断,在世界几大文明体系中有着独有的特点。

考古学对中国上古史建设的确做出了重大贡献,但仍有许多问题尚待深入研究。时代在前进,学科在发展,我们期待着新的考古发现、新的研究成果,期待着中国上古史建设有新的突破,期待着年轻一代加入这个研究者的行列。

(原载《北大讲座》第四辑)

中国近年考古发现和研究的新进展

严文明

[演讲者小传]

严文明,北京大学考古文博学院教授、博士生导师。1958年毕业于北京大学,从事中国新石器时代考古、中国文明的起源研究。代表论著有:《仰韶文化研究》(文物出版社,1989),《中国通史(二):远古时代》(上海人民出版社,1994),《史前考古论集》(科学出版社,1998),《走向21世纪的考古学》(三秦出版社,1997)。

我们中国的考古工作在50年代、60年代曾经有过高潮,后来十年"文化大革命"有过很大的破坏,到70代后期开始有些恢复,80年代就有较大规模的开展,较大的进步,到90年代则是更大规模的开展,更多方面的进展。

国外有些学者说中国现在处于考古的黄金时代。我们觉得从一方面讲有些道理,就是从大发现这个角度来讲有道理,但是不能光是有发现,考古学的黄金时代应该有自己的理论,自己的方法,自己的一群在世界上有声望的考古学大师,我想用这个标准来衡量,我们现在还不能说是考古学的黄金时代,只能说考古学黄金时代正在到来。这里面主要有几个方面的原因:

一个方面是最近这些年我们国家的建设项目规模越来越大。大家知道,如果你要修一条铁路,修一条高速公路,势必要经过很多地方,这些地方往往会碰到一些古代的遗址,如果这些遗址特别重要,我们就请他让路,如果一般比较重要我们就配合进行发掘,由于这些年光是高速公路就修了将近2万公里,规模非常大,还要盖工厂,修水库,特别是像长江三峡那么大一个水库要淹掉很多很多地方,我们就得调动全国的力量在那里开展考古工作。在河南省有一个黄河小浪底水库已经基本修好了,它也淹了很大一块地方,其他地方也有很多的水库或者水利工程,规模没有那么大但是面更广。这么一些工程下来,考古人员疲于奔命,我们就像是"救火队",只能拣最重要的去发掘,所以一挖都是重要的,这是一个很重要的原因。

第二个原因,最近一些年我们国家不但经济有比较大的发展,科学技术也有比较大的发展。现在有很多的新的技术、高新技术用在考古学上,这样我们的研究,对于过去来讲,就是上了一个新台阶,在技术上上了一个新台阶。

第三个原因,是由于改革开放以后大家在思想上摆脱了教条主义的束缚,考古学家可以自由地进行研究,不同的观点可以自由地争辩,这种状况当然是有利于学科的发展的。

要在一个不太长的时间里边给大家介绍全中国近年以来较大的考古发现和研究成果不太容易,我准备找一些最重要的说一说。为了说得比较清爽一些,我按时代来讲。

首先,讲旧石器时代的考古发现和研究的进展。

所谓旧石器时代,就是人类和人类文化发生以后的第一个时代,是只知道打制石器,用打制石器狩猎和采集食物的时代。这样一个时代持续的时间非常长,大概有200多万年。现在关于人类起源的研究有很爽的进展,不断地有些突破,但是大家比较公认的大致相当于250万年左右吧。大约250万年前开始有真正的人的出现,这个人是会制造工具的,会说话走路的。至于从生物学上讲,所谓人科的动物,那还可以追溯到很早很早。

一般公认的人类起源是非洲,那中国是不是也有可能是一个人类的起源的地方呢?我们现在不敢下这样的结论。但是中国已经有很多发现使得人们要考虑一下整个人类的起源和早期发展。应该怎么样描述这个过程?我们中国在河北西北部泥河湾的马圈沟发掘出了200多万年前的一个遗址,在安徽的繁昌也发现了200多万年前旧石器时代的遗址,在三峡库区的巫山发现过所谓巫山人的遗址。巫山人可能有点问题,就是有的所谓人牙不是人牙,个别的人牙可能是洞穴的裂隙里掉下去的,但是那个遗址本身还是很早的,也是200多万年前的。在云南发现的所谓元谋人,既有牙齿化石,也有石器,还有用火的痕迹,根据测定估计是175万年左右。所以中国从南到北,已经不止一个地方,发现了200万年或接近200万年前人类的文化遗存,说明那个时候是有人的,没有人怎么可能有文化遗存呢?这跟人类起源的年代不远了。从那以后中国旧石器时代的早中晚期都有一些人类化石的发现,还有更多的文化遗址的发现,所以现在中国的很多学者主张中国的现代人应该是中国最早的人自己演变过来的。

因为中国的考古资料在人类起源和早期分布上具有重要意义,所以现在在旧石器时代这一段研究的两个热点,一个就是人类的起源,刚才我讲的就是追溯人类的起源;还有一个就是现代人的起源。以前我们都是把早期的人划分为三段,最早的叫猿人,第二阶段叫古人,第三阶段叫新人。现在在学术界把早期的猿人叫做直立人或者叫做直立猿人,古人叫做早期智人,新人就叫做晚期智人或者叫做现代人。最近一些年一些分子生物学家通过对现代人的细胞内有线粒体 DNA 和男性 Y 染色体的研究,提出一个命题叫"现代人非洲起源论"。譬如说我们中国吧,中国也有直立人,也有早期智人,也有晚期智人,直立人里也有早期直立人、晚期直立人。但是有些学者,主要是些外国的学者,认为中国的晚期智人也就是现代人不是中国早期人的子孙,他们都是从非洲来的。先有所谓"夏娃理论",说全世界的人都起源于非洲20万年以前的某个妇女。后来又有"亚当理论"。这个认为现代的男性都起源于非洲若干万年以前的某个男性。但是我们在考虑这个问题的时候,不但要注意分子生物学的推论,更要注意这些化石人在体质特征上有没有联系和传承性。譬如说,中国的直立人与中国的智人是不是看不出任何继承性,而一定要到非洲去找他直接的祖先,显然不是。有一个最明显的例证。你们看看自己的门牙,这个门牙是铲形门齿,像个小铲子,有的翻译成箕形,像个畚箕一样的。北大的外国人很多,你们可找他们的牙齿看看,就不是这样的。在世界上三大人种,白种人、黄种人、黑种人,或者叫做欧罗巴人种、蒙古人种和尼格罗人种里边,这种铲形门齿是蒙古人种也就是黄种人的一个重要特点。我国的元谋人,175万年前的,牙齿也是铲形的,周口店的北京人也是铲形的。以后发现的智人化石也都是铲形的。这很明显就有一个继承性。这是第一。

第二还要看文化。就是这些人留下的文化遗存,主要是石器。石器有一定的加工技术,有一定的类型。无论从使用的石材还是加工的技术,还是石器类型来讲,我们中国的石器都有一定的继承性,而和非洲的、欧洲的不一样,所以你从这个角度比,硬说是非洲来的,也不太容易说得通。

现在最重要的就是所谓分子生物学的研究和基因的研究了。大家知道,最近人类的基因图谱已经做出来了,那是很复杂的一个图谱,而我们已找得到的古代人的基因,就是很短的一段,这就有能不能符合,怎么个符合法,以及截哪一段的问题。这就仁者见仁,智者见智了。我们觉得这也是一个研究人类起源的途径,但是我觉得这个方法现在还不是很成熟,还是刚刚开始的,而且我们从体质特点看到的情况和从文化上看到的情况不一致。在这种情况下,能不能轻易相信所谓"夏娃理论"和"亚当理论",就有问题。

为把这些事情说清楚,现在研究古人类的一个重要的机构——中国科学院古脊椎动物与古人类研究所,就把中国现代人的起源作为一个重要的国家研究课题,我们北京大学考古文博学院有一个中国考古学研究中心,也作为一个重点的课题在研究。我想结果实际上我们都可以预期得到,只不过这两个课题进展下去可以说得更清楚一点。这是最近旧石器时代考古研究非常大的一个大进展。

第二个进展就是中国旧石器时代的文化分期上。原来一般分早期、中期、晚期就完了。现在看得出来中国南部和北部的旧石器文化不一样。我说的南北是以秦岭、淮河为界的南北,北部的南面和北面又不一样,北部的南面比如说山西的南部、河南、陕西这一带,石器个头比较大;北部的北面,到了北京周口店、辽宁、内蒙古这一带一般石器比较小。不光是大小的问题,还有制法和类型上也不一样。在中国南部的西南、东南和中南也不一样,所以中国旧石器文化不但可以分成不同的时期,也可以分成不同的地区。假如这些文化都是从非洲传过来的话,这种地区性的差别就不会那么明显。再说,从非洲哪儿来呢,应该有一个路线,这个路线应该有一个演变的过程,但这个完全看不出来。我们看得出来的是在比较早的时候全国就有一些人了,他们在各地都有一个演变的系统,各个系统为下一个阶段的新石器文化的发展提供了一个基础。

除了有这些研究成果以外,旧石器考古最近在方法上有很多进展。一个进展就是注意发现当时人的活动面,和活动地面上各种遗迹的联系,通过这种遗迹来考察当时人的行为,这个工作以前几乎没有做过。第二个是考察了好几个石器制作的地点。打石器的时候有些片是有用的而有些片是没用的,没用的就散落在周围,把这些石片捡起来,再把它拼合起来,证明石器就是这儿打制的。拼合率比较高的地方可以达到14%,这个在全世界来讲也是一个比较高的比率。第三个开始做了不少实验,开始建立实验考古学。石器究竟是怎么打的,只能根据它上面的痕迹来进行推测,然后我自己来做,如果是一样的那就证明就是这么打的。这个石器是怎样用的,是砍树的,打野兽的,还是剥兽皮的?我就去砍树、剥兽皮,它上面就会留下使用过的痕迹,跟原来的石器上的痕迹作比较,就可以对那个石器的用途作出比较准确的判断。还可以从这种实验里边了解石器的功效,比如说我拿石器砍一棵树,20厘米直径的树,看看要多少时间能砍得下来,就可以对石器的作用有较清楚的认识。

下面,我讲一下关于新石器时代研究的进展。

在新石器时代的最大课题,一个是新石器文化是怎样起源的,一个是中国的农业是怎样起源的?这两个是有关系的;第二是发展的,发展是一种什么样的模式?第三是中国文明的起源,现在有些什么线索,有些什么认识?

二十多年以前发现的中国新石器时代文化差不多都是晚期的,我们当时讲课一讲这个那个文化就是晚期的,学生就提问:旧石器时代有早、中、晚,怎么新石器时代只有晚的呢?我就说,早的还没有发现。但是现在我们可以讲新石器时代早期、中期、晚期,或者还有一个铜石并用时代,相当于从石期时代到青铜时代过渡的一个时代,我们可以把整个新石器时代划分为四大阶段。不但如此,还可以把新石器时代文化划分为若干区,最核心的地区在中原,在黄河流域和长江流域形成一个内圈,有五六个文化区,然后在这以外再形成一个外圈。所以,我曾经形容中国的新石器时代文化像一个重瓣花朵,文化这朵花瓣它有中心,有主体,有外围。这个认识对于了解中国后来的历史发展极为重要。

这个认识如果同自然环境的研究联系起来的话,其实是很容易理解的。因为中国有960万平方公里,是很大一块地方,从自然地理角度可以分为三块,一块叫做东亚季风区,从东北到云南划分条斜线;第二块西北干旱区,从内蒙古一直到新疆都是,因为离海较远,纬度又高,所以降雨量小。还有一块叫青藏高寒区,纬度不很高,但是地势很高,大家知道地势每高1000米气温就要下降6度,青藏高原海拔平均4500米左右,它的平均气温要比别的地方低20多度,青藏高寒区面积占全国的22%左右,但是人口不到全国的1%,人烟稀少,它不可能是农业起源地。西北干旱区也不能是农业起源地,因为它太干燥,人口也较少。东部季风区又可分成四块,最北的东北,纬度较高较寒冷,森林茂密,也不可能是农业起源区。最南边的这一块多山,没有多大平原,也没有什么冬季,一年四季植物动物都生长茂盛,人类要获得食物资源很容易,没有任何生活压力来搞农业生产。只有黄河流域和长江流域四季分明，又有一个比较长的冬季，所以必须解决冬季食物短缺这个问题。什么食物能储藏到冬季呢，是谷类作物，大米、小米这类的东西，它们不仅可以储藏，而且生长期也比较短。人类在食物短缺的时候，采集野生谷物为食，不仅了解它的可食性，还会了解它的生长规律。中国的黄河流域和长江流域两个农业起源中心就是最近才弄清的。特别是稻米的起源，差不多每10年就推前2000年，推到现在已经不能再推了，推到了1万年左右。其中江西的仙人洞和吊桶环考古是我负责的，中美农业考古队在那儿发现了水稻植硅石有1万多年。过去一般认为农业起源最早的地方是西亚。西亚的农业主要是小麦、大麦，它们的起源时间也有1万多年，现在中国的农业起源与那个同样早。第三个农业起源地就是美洲，主要是中美洲。

  古代的最重要的文明都是在谷物农业起源中心发展的。你们注意一下，中国的农业是在黄河流域、长江流域起源的。这是两个起源地，一个是旱地农业，一个是水田农业。两个又挨着，它的范围又挺大，这跟西亚不太一样。西亚小麦和大麦是一个起源地，而且都是旱地农业，它的范围也比较小，这里潜伏着一个对以后中国历史发展非常重要的背景。第一，中国是两个农业起源地，形成两个农业体系，这就像个双子星座，可以互补。你那儿缺的，我这儿可以补充。它的范围又很大，基座宽。相对而言西亚就比较小，所以经不起冲击。你们知道，西亚的古文明到后来中断了，世界几个古代文明都中断了，只有中国文明没有断，中国古文明不是失落的文明。你们看电视里面讲寻找失落的文明，有人想到中国也去找失落的文明，我说中国文明没有失落啊，中国文明一直连续着的。这个就与农业两个起源地有很大的关系。

  我刚才还把整个地势跟大家讲了一下，什么意思呢，中国最好的地方，农业起源的地方是在比较靠中间偏东的地方，那里就像一个重瓣的花朵的核心，这样就会形成一种向心力和凝聚力。假如不是这样，我们中国的农业起源的和文明发达的地方是西藏或是新疆，那历史就不一定这么写下来了。中华文明之所以那么发达，影响那么深远，持续那么长久，就与这个体系有非常大的关系。还有一点，我刚才讲了，它是一个重瓣花朵，不是像以前有的人讲的一切都是中原中心，一切都是中原传播，过分强调中原的重要性。中国到现在还是一个56个民族的国家，不过是以汉族为主体，实际就是一种多元一体。一定要认识这个特点，不能过分划一，什么都按照一个模式，那我们社会发展就换去活力，历史节奏就会迟缓。所以过去西方人，有的有偏见的学者说中国文化的特点就是落后的、保守的，几千年一个封建社会持续下来。我们分析，中国是由很多民族、很多不同的文化区构成的，既然有不同的文化区，就能够相互比较相互竞争,就有内部的活力。中国的文化能够一方面不断更新,另一方面又有继承性。一个社会在这两方面都兼顾的时候,就是一个健全的社会。如果只强调继承它就没有活力了,不能跟着时代前进而前进,这个文化也要灭亡了。如果它仅仅是斗来斗去,也长不了的。但是中国这两方面兼得,中国的文化从新石器时代开始呈现出一种多元一体结构,这是一个非常重要的结论。

第二,在中国新石器时代发现的人骨数据以万计,初步研究的结果主要属于东亚蒙古人种,可能还有一些南亚蒙古人种的成分,跟我们现在中国人种的构成基本上是一致的。大家知道世界有三大人种:蒙古人种、欧罗巴人种和尼格罗人种。蒙古人种里一般划分为东亚、南亚和北亚。北亚主要是爱斯基摩人和生活在西伯利亚的一部分人种,中国东北也有少部分北亚蒙古人。总而言之,基本属于蒙古人种的范围,在新石器时代以后的青铜时代,在新疆开始有一些欧罗巴人种,就是白种人。南亚人种主要在广东、福建。所以从人种的角度来讲,中国也是多人种,但是以东亚蒙古人种为主体。这样就完全否定了过去所谓的"中国人种西来说"和"中国文化西来说",这些说法是完全站不住脚的。

最后说说关于文明起源的问题。有一段时间,特别是"文化大革命"时期,特别强调"中原中心论",人类也好,文化也好,不能有一点不一样,那实际上就是想强调国家的统一,思想的统一,但太过分而离开实际了。70年代末80年代初,一些重要的考古发现从根本上动摇了"中原中心论"。比如说在辽宁省发现了一个红山文化特别壮观的墓冢群,它是一个贵族的坟山,说明当时的社会已经分层。在浙江的良渚,我们发现有一个土台子,670米长,450米宽,面积有30万平方米,中间有巨大的夯土基址,很明显是一些大型建筑的遗迹。在它的旁边有祭坛,有贵族的坟山,一座坟山就发现十多个墓葬,一座墓葬里就有几十或几百件玉器,一个墓地里发现的玉器就比当时同时期全国发现的还多,那是很高级的贵族。看样子就是良渚文化的中心所在,可能是都城所在。然后它还有次中心,还有再次中心,所以它是一种金字塔式的结构。

你们注意我讲的地方。在湖北天门,我们发现一个城,这个城现在立在地面上,看得见。我们在那儿做了两年考古就没有想到那是一个新石器时代的城,我以为是现在的堤,因为它的底座宽有六七十米,高现在还有五六米,外面的护城河,现在都还有,也有六七十米宽,这整个的城南北1200米,东西1000米左右,120万平方米,这里面发现了很多很重要的遗迹。有几个窖穴,里面几百个小陶人,都戴了帽子,穿着长袍。里面还有很多陶动物,有家畜,猪、羊、狗、鸡等;野兽,特别是象,各种各样的象,也有猴,还有鸟类,有上万件,它可能是大规模宗教祭祀的用品。像这样一个城建起来,那得多少人力啊。如果没有一个强有力的社会组织,能把它弄得起来吗?

在甘肃秦安,我们发现了所谓新石器时代的原始殿堂,这个殿堂是仰韶文化晚期的,地面跟灰黑色的水泥差不多,硬度也差不多,墙壁有柱子,外面抹泥,火烧后,泥变硬了,倒在地上,里面的木头烂掉了,火烧的泥壳还在,有3米左右。也就是说,这个墙壁至少有3米高。原先是不是更长还不一定,可能3米以上。中间的柱子更高,中间的柱子直径有90多厘米,墙壁也好,房顶也好,抹的都是白灰,整个房子的面积有290平方米,人们把它叫做原始殿堂。

你们看我讲的地方,辽宁、浙江、湖北、甘肃,都不在中原,这都是过去叫做旧石器时代的遗址,很明显,这些地方都已经放射出文明的光芒了,就是说社会已经在分层了,分成贵族阶层和平民阶层。有些高级的建筑,大的城墙出现了。所以,我们认为探索中国文明的起源,这是一个重要时期,而这个起源地不在中原。这样,在考古界提出了一个中国文明起源的多中心说。

但是有一些先生走得远了一点儿,他觉得什么都在外面,中原落后了。我说中原也不一定不行啊。最近在山西南部有个叫陶寺的遗址发现许多墓葬,已经挖了1000多座,墓地大概有1万多座吧,那就说明这个地方是人口很集中的地方,不是一般的村落。这个墓地的墓葬9%一无所有,就是一个人骨架,10%左右里面埋了些东西,我们把它叫中等墓,不到1%的墓埋了很多东西,有玩的东西,很明显是一个金字塔。我们估计那里一定有城,前不久真的找到一个城,这个城的面积是200多万平方米,比我刚讲的湖北那个还要大,所以中原不落后,这就恰好形成既有花心又有花瓣,多元一体的结构。这是从农业起源开始到这个时候逐步形成的。

这个结构到什么时候还能看得出来呢?至少到春秋战国的时候,差不多每一个文明起源中心都是一个大国所在。比如说湖北那儿是楚国,辽宁那儿是燕国,山东那儿是齐国,山西那儿晋国,甘肃那儿是秦国。所以春秋时候的大国格局,它的历史文化背景在新石器时代就开始了。这是新石器时代考古研究的主要成果。最近出了本书《中国十年百大考古发现》,每年选10个,新石器时代的就有24个,所以新石器考古在近年来的考古中进展是最突出的。

下面,讲夏商周考古。

过去我们叫商考古,但是后来改了,叫"夏商周考古",相当于中国的青铜时代考古。夏的范围不大,相当于现在河南省的中西部和山西南部的一小块。夏的东面是夷,考古上叫岳石文化,也有青铜文化和很好的城墙。在河北和河南的北部一带有先商文化,就是商汤以前的文化。在《史记》里有关于商代先公的世系表,王国维研究甲骨文,发现与《史记》里记载基本相符。王国维把这个叫做"二重证据法",用地下的东西与文献相互验证。《史记》里有个《夏本纪》,它也有一个世系表,跟商代的年表差不多是平行的,所以在夏代的时候已经有一个商国,它的遗存就是先商文化。除此之外,在内蒙古、甘肃、四川、湖北,都发现了相当于夏代的青铜文化,所以夏不是一个孤岛。商代四周也有比较发达的表铜文化,比如四川的三星堆文化就是很发达的青铜文化,青铜人高1米8左右,脸青铜面具更大,还有很多象牙和玉器。在三星堆发现了很大的城墙,它的发展水平跟中原地区差别不大。在江西有一个大洋洲,发现了很多青铜器,铸造水平也跟商代差不多。在湖南的安乡发现一大批青铜器,都是偶然的情况下发现的,但去找城和墓都找不到,到现在还是一个谜。不管怎样,那里也是一个青铜文化中心,所以中国考古学在这一段不能只讲夏商周考古,而要讲青铜时代考古。这是一个非常大的突破,这样也就跟新石器时代文化和后面的文化接起来了。光是夏商周就成了一元一体而是多元一体了,这是夏商周考古的第二个重大成就。

第三个重大成就,是在商周考古里最近发现了一些城。这些城当然都是非常重要的发现,引起了很多说不清的问题。比如说最早我们发现了郑州有一个商城是商代早期的或者叫商代前期的,有人认为这是商汤的都城亳,但历史上从来没有说郑州是亳。西亳、南亳、北亳,有各种各样的说法,就是没有郑亳。出土的宫殿很大,青铜器也很气派,完全是一个都城级的。后来在洛阳附近又发现一个商城,比郑州商城面积稍小一点儿,年代差不多,叫做偃师。商场旁边有一个二里头遗址,没有发现城墙,年代比偃师商城早。过去发现了两个宫殿,探出的宫殿的基址大概有二三十个,还有很大的青铜作坊。^{14}C测定又落到了夏代。现在有个夏商周断代工程,同意二里头是夏代的都城。假如二里头是夏代的都城,为什么旁边有一个商城,这两个怎么挨着呢?这个也还是好解释,那就是说灭夏以后在旁边建一个城监督它。

安阳殷墟是商代晚期的都城,有宫殿,有王陵,规模很大,但有人怀疑那是不是都城,因为那儿的宫殿基址不是很大,也没有城,位置在洹河南岸。最近在洹河北岸,又发现一座非常大的商城,正中间宫殿,规模也很大,没有问题是都城。年代比南岸早一点。至于为什么跑到南岸,南岸又不盖城,这就说不清了。所以,我提出一个比较模糊的认识,叫做商代都城的认识还不到时候,只有发现更多的都城级的遗址,把它们按年代排比一下,然后再去跟商代的文献记录一比,这就比较好比了。如果就这一个两个,就不知道哪儿错了。所以商代考古,有非常重大的发现又提出了非常重大的问题。考古经常是这样,一会儿清楚了,一会儿又糊涂了,直到你进一步再清楚的时候,那就上了一个大台阶。这是商周考古的一些情况。

再到周代。周代的文献上讲得很清楚,公刘居豳,古公亶父迁到岐下,然后文王迁丰,武王都镐,都在今西安附近。岐下这个地方就是周原,过去曾发现很多青铜器,70年代,我在那儿主持发掘,目的是想找先周的岐,结果挖的不是先都是西周的宫殿。还挖到了西周的铜器窖藏,非常高级的铜器。去年在我们博物馆做了一个展览,那批铜器都有铭文,是极为重要的文献。还发现了一窖的甲骨文,过去我们只知道商代有甲骨文,不知道周代有甲骨文,那个字像芝麻似的,一般肉眼都看不清楚。这个发现证明西周的文字体系和占卜风俗跟商代的文化是一脉相承的。到了东周,各天子名存实亡,各个国家,春秋五霸、战国七雄都很厉害,根本不把周天子放在眼里。各国经济文化有很大发展,实力强大,留下的遗迹也很多,好些国家的都城保存得很好,我们现在都发现了。

春秋战国历史上有个很奇特的现象,特别是战国,相互之间战争频繁,有的规模极大,但是战国时的生产发展很快,中国的铁器主要就是在那时开始普及的,青铜器铸造技术极高,漆器又多又非常漂亮。大的都城不用说了,还有大的水利工程。文字也非常发达,这些年发现的不少战国文字资料,一部分是在战国的墓葬里出土的,大部分是在西汉早年的墓中,有一部分是在秦墓中。因为秦总共没有多少年,汉墓里出土的很多文献也是战国时留下的。长城也是战国开始修的,只是秦始皇把它连接起来。所以战国这个时期是个了不起的时期,而这个时期从春秋或者从孔夫子开始,就开始注意兴学办教育,出现了知识分子阶层,叫做士。他们思想活跃,所以到战国的时候,各个学派也出来了,百家争鸣。战国是一个文化非常灿烂的阶段。从这个时期看中国历史的发展,所谓"天下事合久必分,分久必合",其实分中也有合。春秋也好,战国也好,它不是五霸嘛,霸谁?它霸天下!战国七雄,它都想统一天下,不是搞独立、搞分裂。包括后面的中国历史发展,三国的时候,曹操、诸葛亮都想统一全国,一直到后来努尔哈赤,一个少数民族在东北,也要统一中国,都是逐鹿中原,都要统一中国。这是中国文化长期不变的一个重要原因,在战国时期就体现得比较清楚了。

下面,再讲讲秦汉之后。

秦汉以后因为历史记载已经很充分,不可能有一个考古发现把整个的历史重写。但是秦汉后也有很多非常重要的发现。过去有人讲"中国文化西方说""外来说",好像中国古代和外面是一个很通的通道似的。实际上中国跟国外的大规模的交通是从汉代开始的,汉唐盛世就是中国跟外面交通的重要时期。这种交通在西边就是所谓"丝绸之路",张骞、班超通西域,就是走的丝绸之路,我们现在西安有些墓葬里经常出现什么东罗马金币、波斯银币等很多外国的东西,一些陶俑中常出现所谓胡人的样子。唐代的西安完全是个国际都会,外国人从西面的这条路来,一个是想来看中国的丝绸,贩卖丝绸,所以叫"丝绸之路",其次还有很多文化上的交流,比如说佛教,就是从那条路过来,基督教不是近代才来的,在唐代那叫景教,在陕西还有一个大秦景教流行中国碑,这是一条通道。

第二条通路是东北,就是通过朝鲜到日本,比较早的是中国的稻作农业东传,从华北、东北到朝鲜半岛,再到日本,这么传过去的。水稻过去时带着铜器、铁器,甚至都市文明,这些都过去了,整个日本变了个样,这是要相当于中国的战国时代到汉代这么一段时间。以后到唐代,当然中国对日本的影响非常非常大了,日本的都城都是按唐代都城长安建的。这是一条通道。

再一条通道就是南面。南面有两个重要的海港。一个是广州。那里发现了汉代的南越文王墓,墓里的很多东西都是外国的,是西亚阿拉伯的香料、珠宝等,可见那边与西亚是有交通的。当然就会有海上贸易的船。最近搞水下考古嘛,在广东的阳江外海发现了船。船是南宋的,船保存得还好,里面装的瓷器估计有几万件,很大的数字,估计是运往阿拉伯世界去的,瓷器都很好。最近在菲律宾附近也发现了运瓷器的,保存得不大好,应当是从广州或泉州运过去的。这是两个很重要的港口。在泉州发现有阿拉伯人的清真寺和许多墓碑,都是阿拉伯文的,主要属元代。

所以,中国从汉起有这么三条通道,虽然来往是相互的,但主要还是中国对外。了解了这样才能对中国的历史是怎样发展的,外国的文化起了多大的作用,有一个比较正确的衡量,不致太偏颇。我们的发展与外界不是没关系,是有关系的,但是这三条通道是主要的,其他都是比较次要的,而影响的方面主要还是中国影响外面,接受外面的也有。外国人经常批评我们中国学者说,你们影响了外国高兴得不得了,大谈特谈;外国影响了你们,你们就不谈或很少谈。我倒是觉得我们考古学家不太存在这种情况,我们是实事求是,多就是多,少就是少,如果真的外国影响是主要的,我们决不回避。

汉唐以后的考古专题性的研究,包括"都城的研究""墓葬制度的研究"。这些年挖了不少汉代的地方王陵。汉代除了实行郡县制,还分封一些王国。汉代这种国王的陵墓不少,规模都很大,就是一直没挖皇帝的,但是前不久挖了一个,陕西的阳陵,就是汉代的景帝的陵墓。"文景之治"指的就是那个时候。

有些地方领导鼓动考古学家挖掘陵墓,我们就一直反对,他们觉得不好理解,打开看看有什么不好呢? 其实不然。有两个原因不能挖。一个原因是我们现在的建设规模太大,比如说三峡水库,一下子淹掉这么多地方,那你不挖吗? 我们的人力物力要投到那里去。第二个原因,是我们现在的保存科学技术不是很好,你挖出来,那就是破坏。它在地下保存了几千年,好好的,留给子孙后代去研究不是更好吗?为什么要把它挖出来呢?

总的来讲,我们这些年的进展还是很大,有很大的发展。比如瓷器考古,就不是像过去就瓷器论瓷器,现在是挖瓷窑,了解这个瓷器是怎样生产的,窑是怎样的窑,是怎样制坯的,生产工艺怎样?有的要进行化验和测试。我们搞的这一套东西,调查手工业作坊,还有运输,它造出来以后,运到哪儿去,销路是哪儿,是不是销到海外?诸如此类,把瓷器考古提高到了新的水平。

啰哩巴唆讲了很多,特别是后面讲得不太系统,因为我怕耽误大家太多时间。还有几分钟,大家看看有什么问题。我就讲到这儿。

[现场答问]

问:您刚才提到多元一体的问题,我记得费老先生有过一本集子,但他没有讲到青铜器时代,这方面您讲得非常系统,又有进一步发展,这方面有什么著作?这是第一个问题。第二个问题就是说我记得前一段连云港又发现一具湿尸,我想问一下,您知不知道情况,这个尸体现在怎么样?

答:第一个问题,"多元一体"这个词是费孝通先生提出来的,但是他是讲民族关系,中国是 56 个民族多元一体,这些民族都离不开汉族,汉族也离不开少数民族,中国的历史是由 56 个民族共同创造的。他是这么个意思。他的文章我是看过的。不过,我在他之前两三年,在美国的国际学术讨论会上提供了一篇论文,讲中国史前文化的统一性和多样性,认为当时已形成一个重瓣花朵式的格局。整个文章的行文,我后来一看跟费先生那个有点像。当时有人跟我讲,你呀,要不是早几年的话,人们会说你是受费先生的启发,甚至是在某种程度上抄袭费先生。幸也我比费先生早一点,否则跳进黄河也洗不清了。我有一个集子叫《史前考古论集》,第一篇就是这篇文章,大家可以去看。

第二个问题,我不知道最近连云港是不是发现了什么湿尸。不过发现古代尸体并不奇怪。明代的尸体常有发现,多是非正式考古发掘,而是施工时挖到的。尸体暴露在空气里,就完了。汉代的尸体也有保存好的。有两种情况可以保存,一种叫火炕,里面完全干燥,包封了白膏泥,不透空气,封得很实,里面可能放了很多中药,这样才得以保存。长沙马王堆一号墓外面很干燥,但里面有液体,应该是很多种防腐药慢慢变成的液体。湖北江陵那个就是水炕,整个都泡在水里面了,地下水比较高,水也隔氧。火炕也好,水炕也好,都隔绝空气,这样细菌作用没有了,化学成分可能在一定阶段以后也稳定下来了,所以能保存尸体。再有一种情况能保存尸体,就是气候干燥,比如在新疆就发现了很多干尸。但是在黄河流域、长江流域的大部分地方,都是一会儿干一会儿湿,四季又分明,尸体就坏得很快。

问:我想问一下您刚才说的青铜时代的"重瓣花朵"结构,它的中心和边缘地区的关系是怎样的,到底谁影响谁?

答:我是讲中国史前文化形成了重瓣花朵式格局。不过青铜文化也是如此。夏商周是花心,刚才已经讲到,外面有花瓣。比如说四川的三星堆,为什么不说它是商文化,只说它是商文化这个阶段呢?因为它跟商文化特征不很一样。那为什么说它是商代的?就因为少部分东西跟商代的很像,是受商文化影响的产物,证明它们之间还是有联系的,这个关系不太密切。四川这地方当时要进去很困难,蜀道之难难于上青天,它周围有高山屏蔽,但它里面环境又极好,是天府之国,它可以滋生一个高度发达的文化。这个文化必定跟周围发生关系,不单是中原,跟湖北、湖南这些地方,还是有些关系的。前面讲的江西、湖南,还有江浙地区、辽宁、内蒙古、甘肃、青海等地,这时都有青铜文化。在这一圈的外面也还有许多文化,所以也是重瓣花朵的格局,或者多元一体的格局,一直持续到现在,只是稍有变化而已。

(原载《北大讲座》第三辑)

中国传统文化与古代文物研究

张 辛

[演讲者小传]

张辛,北京大学考古文博学院副教授。1982年于北京大学获历史学学士,1985年获历史学硕士,1990年获历史学博士。学术专长为:商周考古、古代物质文化研究、文物研究与鉴定、书画理论与鉴定。代表论著有:《中原地区东周陶器墓研究》(科学出版社,2002),《礼与礼器:古代礼器研究札记之一》(《考古学研究》〔五〕,科学出版社,2002),《说"左史"、"右史"》(《文献》第20辑,1984年)。

今天的教室显然有点"浪费"(笑),但我还是习惯于听众少而精的讲座,因为我们考古系的学生本来就很少,而今天的人数已经超出了考古系的人数。然而从另一个方面考虑,如果今天我与法学家、经济学家一块来,情况恐怕就不同了。我也有幸与一些经济学家、法学家一起做讲座。经济学家现在是主角,他们主要是讲如何操纵钱,讲资本运作。那我讲什么呢?我讲如何操纵人,操纵人的思想,当然这不准确,准确地说,我主要讲文化,讲人文,讲如何提高人的素质问题。

人类社会发展到今天,应该有所反思。经济这个庞然大物的无情运作,本身就是对人性的扼杀,这是必然的。所以当今世界上出现一个普遍性思想潮流,就是回归传统。有识之士都在呼唤传统。比方说,美国国会前年通过一个法律,把《圣经》正式列入中小学生的教科书。在科技高度发达的今天,为什么还这样做?这是在宣扬虚幻、迷信吗?不是。它实际上是在宣扬善,(宗教本身就是善的,道德的)在强调人文,强调传统。若干年来,世界范围内兴起的对中国文化,对儒家,尤其对道家思想的关注,也是同一性质的问题。现在经济界的有识之士,在强调公平与法律原则的同时,特别注重道德秩序的建设,也是一样。因为现代社会的科技发展和资本运行,对人性的泯灭或摧残是有目共睹的,而且日益严重。上述的一些现象实际是一种历史的反思,一种有必要、有价值的反思。回归传统,实质上就是呼唤人性,呼唤人文,呼唤道德。

那么什么是传统?一言以蔽之,即古来之道,就是我们的祖先带领我们走过来的道路。此道由何而来,途径何处?虽然已被时间磨灭,但却是本然之存在。故古人说:"虚而无形谓之道"。于是便产生多种说法,儒家、《易经》说"形而上者识之道""一阴一阳谓之道",道家直接说道是宇宙之本原,"道生一,一生二,二生三"。于是"道"在后来便抽象、升华为规律、法则之谓。所以先哲无时无刻不在关注和探讨此"道"。其原因很简单,道是人类社会之由来。传统是社会发展之基础。孔子说"述而不作"正是由此引发,正是孔子历史反思的结果。今天重温孔子这句话,当有其非常重要的特殊意义。

"述而不作",意义很简明,述者,阐述,引述;作者,创作,发明。古来一无歧义,但这里的关键是述什么?孔子思想也明确和一贯,即述古,所谓古,在孔夫子这里,就是先王之礼,先王之制,先王之器。此古难道不伟大,不高明?只有令人景之仰之,无可再造,不可复为。可以试想,《易》《书》《诗》等古代圣典,后人能作吗?仰韶彩陶、龙山黑陶、三代玉器、青铜器,后人能作吗?又谁敢放言,他写字超过钟、张、二王,他做诗超过李白、杜甫?谁如此发言,那他不是疯子便是傻子。而谁要硬作,那只能如荀子所讲:"人为之为伪",只能是赝品。要知,特定的时代产生特定的产物,这是一条不争的历史规律。可见孔子所言，意义深刻，绝不是什么保守，这里彰显的只是对传统的重视。因此，对于传统，对于古文化、古文物我们只能去关照、理解、研究，去发掘信息，吸取营养，继往开来，发扬光大，而来不得半点历史虚无主义和狂妄自大。我们只有识古述古，融会贯通，才能真正有所作为，有所发明创造。没有述就不会有作，述是基础，述而后作才行，有了述，作才有本有源，作才顺理成章，才能真正经得起历史考验，也才能完成我们的历史使命。

现在有的人过于强调创新，这实际上与我们传统的教育思想是背离的，我们北大的传统在一定意义上说正是"述而不作"，我们现在缺乏的并不是创新意识，而恰恰是"述"。起码人文学科是这样。如果我们一味强调创新，那结果必是为创新而创新，势必贻害无穷。

我本人也搞点艺术，有人说我是诗人，说我是"学者型书法家"。诗文书画是中国典型的艺术，都很强调传统。我经常对人讲：如果你写诗、作字与古人一样，那难不难呢？的确非常之难。但如果与古人不一样，那岂不太容易了吗！在座的诸位如果从未拿过毛笔，那写出字来，肯定与王羲之不一样。难道这是创新吗？（笑）。

因此，述的作用实际非常重要。对于从事人文学科研究的则更重要。现在素质教育越来越被强调，为什么呢？这与长期以来西式教育的引进有关，这就是学科越分越细，什么东西都专业化。这对于理科、对于社会科学是可以的，但对人文科学都是弊大于利。我们知道，北大历史上有许多名教授，都是大师、大家，无一不是高素质的，如严复、蔡元培，再如冯友兰、朱光潜、王力，甚至经济学家陈岱孙，自然科学家丁文江、翁文灏，乃至王竹溪等都能写一笔好字，写一手漂亮的诗文。总之，素质是为人、为学的基础。因为一个人不是孤立的，而是社会的，所以他的知识就应该是综合的、联系的。现代教育把它们硬性割开，而且越割越细，越分越专，于是素质必然越来越差。就势必造成一个现象：作家、专家越来越多，文化越来越少，离大师越来越远。我们北大这样的以文史哲为重心、为优势的最高学府也难能例外。因此我们今天讲素质，就是要首先提供和重视"述"，就是要重积累。对于我们在座的新生来说，就是要耐住性子多读书，没有十年的硬工夫是不能开口、不能为文的。我们要对自己负责，对历史负责。不能急于求成，不能急功近利，不能躐等取巧。

那么我们究竟应该如何提高素质，如何述呢？也就是说如何来认识传统？来体悟"道"呢？我以为主要有两条途径。一个是务虚，一个是务实。所谓务虚，就是形上考察，就是从理论上来认识和考察中国文化。关于这一点我们将在下面进一步阐述。所谓务实，则是具象考察，也就是考察"器"，器物的器。《易·系辞》讲："形而上者谓之道，形而下者谓之器。"道与器实际又是密切关联的,形下之器必是形上之道的产物,形上之道呢？又必然通过形下之器反映或体现出来。明确地讲,这里的器就是古代文物。古代文物不用说必是中国文化的特有产品,因此必然成为中国传统文化的载体。进一步讲,古代文物是传统的写照,是祖先人文智慧的结晶。因此了解和认识古代文物对于认识传统,认识和了解中国文化是非常重要的,古人讲"格物致知",实际就是这个道理,而这一点正是我们今天讨论的主题。

好,言归正传,下面我们从形上到形下讲以下几个问题。

第一,中国文化是天人合一的礼乐文化；

第二,中国古人典型的生活方式——礼乐生活；

第三,中国古代文物的基本特色——器以藏礼；

第四,礼器是古代文物的最主要或核心构成；

最后,我们将简单谈谈文物鉴定和收藏。

《老子》说:"大象无形"。中国文化如此悠久,如此博大精深,要认识和把握简直无从下手。怎么办？我以为只有抓根本,找核心。关于中国文化的核心,从上个世纪之初,先哲们就开始了探讨,这当然是由国门打开、西方文化流入而引发的。如梁启超、蔡元培、李大钊等。梁启超认为中国文化是"精神文化";薛福成认为中国文化是"道的文化";李大钊认为是"静的文化";北大讲师梁漱溟认为是"伦理本位文化";蔡元培认为是"尚中庸"的文化;陈独秀也认为是"伦理(家族本位)文化"。钱穆则认为是"孝的文化",后来又说中国文化以"一天人,合内外"六字概括之;后又还有人认为是形上文化、德性文化等等,无疑都是中肯的。

我以为这里不管是静,是道,是形而上,实际可以概括为中庸,中国文化就是一种以中庸观念为核心的天人合一的礼乐文化。

中庸之道从五四以来,特别是"文革"中被批得体无完肤,那是政治家的行为。其实中庸是一种很高深的理论概念,可以视为中国传统最高和核心的道德观念,具有很高的文化价值。《礼记·中庸》讲:"极高明而道中庸"。孔子说:"中庸之谓德矣,甚至矣乎！民鲜久矣！"准确地说,中庸是孔子的重大理论发现,是对中国传统文化中由来已久的核心内容和特质的理论的总结。

中庸包括两个涵义:一是中,一是庸。中是最适宜之谓,也就是冯友兰先生讲的三个恰当:恰当的限度、恰当的地位、恰当的时间。庸呢？规律也,常也,常然之理,不易之则。如二程说庸是"天下之定理"。此常是代代相传。亘古不变的,谁如果不这样,那就是一个词:失常。所以中庸被先哲视为上天宇宙和社会运行的大定律。又由此成为人们处理天人关系、人人关系的基本准则。

先哲认为,中庸的最高典范。或者说最高明而中庸的只有两个:一是大自然,一是祖先圣人。这千真万确,你看宇宙大自然,一切都是那么协调:日月星辰井然有序,万物生生不息,何其玄妙,何其高明,古人称之为"太和"。因此中国人对大自然持一种亲和态度,中国艺术的最高境界是法自然,师造化。

我们祖先多么神圣、英明,他们为我们选择了最适宜的生存环境——中国;最适宜的生产方式——农业;最适应的生活方式——心灵化的生活。我们的人种也是最适宜、最理想的——黄种人。不是吗? 西方流传着一个很古老的传说,上帝当年造人,用泥巴捏出第一个人,放进炉子里烧,结果烧生了,拿出来,白人。捏第二个,放进去烧煳了,拿出来,黑人。第三个火候恰到好处,黄种人。(笑)因此中国人最重伦理,最讲孝道。中国艺术也最重传统、重师承。

那么中庸的基本状态,或者说最高表现形态是什么呢? 没有别的,就是秩序与和谐。上天和人类社会都一样。宗白华说:"宇宙是严整的秩序,圆满的和谐。"秩序与和谐是宇宙运行的基本准则和标准形态。

印度诗哲泰戈尔说:"世界上还有什么事情比中国文化的美丽精神更值得宝贵的? 中国文化使人民喜爱现实世界……他们本能地找到了事物的旋律的秘密,不是科学权力的秘密,而是表现方法的秘密。这是极其伟大的一种天赋,因为只有上帝知道这种秘密。我实在妒忌他们有此天赋,并愿我们的同胞亦能共享此秘密。"

这里的美丽精神、事物旋律的秘密就是秩序与和谐。而秩序就是礼的精神,和谐就是乐的精神。朱光潜讲:一个理想的人,或是一个理想的社会,必须具备乐的精神和礼的精神。宗白华讲:礼和乐是中国社会的两大柱石,礼构成社会的秩序条理,乐涵润着群体内心的和谐和团结力。然而礼和乐的最后根据,则在于形而上的天地境界。这就是《乐记》所说的"乐者天地之和也;礼者,天地之序也"。天体之序已如上述。社会秩序是什么呢? 就是五伦定位,就是古代所谓五常,父子、夫妇、君臣、上下、朋友,诸如此类。人们只有各安其位,各司其职,社会才有条不紊。否则,社会就乱了套,就是动乱,就是"文革",就是战争。天体如果不合,那必然是星球大战,那还了得。人如果身心不和,那就是阴阳失衡,那就是疾病。

罗素说,人类的冲突有三种,即人与自然的冲突、人与人的冲突和人自身的冲突。由此产生三种不同的文化:重物的文化、重神的文化和重人的文化。我们中国文化就是重人的文化,就是讲秩序,讲和谐,与天和,与人和,身心相和的礼乐文化。

以上谈的是中国文化。我们大家都知道,文物是古代物质生活或精神生活的用具,因此了解和认识我们祖先的生活方式非常重要。钱穆先生说,各地文化精神的不同,穷其根源是生存环境的不同,影响了它的生活方式,再由生活方式影响到文化精神。

这句话大体不错,但似乎忽略了生产方式。人类的生活方式是由生产方式决定的。我们的祖先基于中国特有的自然环境,选择了农业这一生产方式。正如钱先生所说,农业文明是自给的内足文明,不假外求。确实,农业生产所需要的土壤、气候、水分等均由大自然安排好了,靠天吃饭嘛。当然,这些条件未必是最好的,但非常合适。自然条件太好的话,人类也就不可能诞生,类人猿会永远生活在树上,永远不会跳到地上来。自然条件太好,文明也不会出现,一个民族也不会有很强的生命力。中华民族生息于一个最适应的地方——北温带,正是恶劣与优越的连结地带,黑格尔说是"广阔的胸膛"。

在温暖的胸膛里生活,当然是安定的,保守的,和平的,静的,身心合一的。与海洋文明,游牧文明的很强的流动性、进取心、征服欲、工具感迥然不同。因此中国古人由来亲和大自然,与大自然交朋友是有内在根据的。

农业需要定居,农业必须与自然规律相和,春种、夏长、秋收、冬茂,不能违背四时,日出而作,日入而息,由此形成特有的耐性,形成规律化、有序的生活。这就是古人所谓与"天地合其德、与日月合其明,与四时合其序"。

于是,"中国古代哲人以一种默而识之的观照态度,去体验宇宙间生生不已的节奏,由此使自己生活在一种音乐的节奏中,过着心灵化的生活,从容不迫地感到生活内容有意义、有价值、充实而美。……以和平的音乐的心境爱护现实,美化现实"(宗白华语)。循天道,尚人文,创造社会的秩序与和谐,使自己生活在礼乐之中。孔子"智者乐水,仁者乐山"正是其典型写照。物我一体,内外相和,忧乐圆融,身心合一。比上不足,比下有余。知足常乐,适可而止。并不刻意追求物质和满足,而是追求心灵和愉悦、精神的满足。这就是中国传统的典型的生活方式——礼乐生活。

我最近写了两篇论文,一是《礼与礼器》,一是《由大一、混沌说礼》。礼是什么? 礼就是秩序,就是关系定位。而首先是天人关系的定位。而天人关系定位的基础则是天人相分,只有天人相分,才有人应对天持什么态度问题的提出,于是才有了中国人特有的天人合一观念。于是中国文化才成为天人合一的礼乐文化。天人合一思想并不是原始的、朴素的,而是抽象、升华的自觉观念,有些西方思想贬低天人合一,实际是不懂天人合一。

钱穆先生在他96岁时写了一篇所谓"千字大文章",题目是《中国文化对人类未来可有的贡献》,坚持认为"天人合一观是整个中国传统文化思想之归宿处","天人合一是对世界人类未来求生存之贡献"。是非常深刻的。

其次是关于人人关系的定位,上面已讲到。人伦定位的基础当然是人人相分,也就是与他性分、与他人分和与群体分。最基础的是男女之分,最关键的则是父子之分。"有父子,然后有君臣,有君臣然后有上下,有上下然后礼义有所措"。也因此才能告别蒙昧,实现三代文明。因此我们讲礼生于分别,成之文明,礼是中国文明产生的重要标志。

下面,我们谈第三个问题,中国古代文物的基本特色。

中国古人的典型的生活方式既然是礼乐化生活,古代文物既为古代生活的用具,那么文物便不可能不打上礼乐文化的深刻烙印。这就是古人所谓"器以藏礼"。我认为"器以藏礼"就是中国古代文物最基本的特色。也就是说,古代文物无不体现出一种礼的精神和乐的精神。

那么如何理解呢?我认为还得从根本处着眼,从古代文物所赖以产生的中国传统的思维方式、价值观念和审美情趣入手。

文物作为古代的生活实用品,其首先要求的必然是适用,适其所用,这也是中国传统的核心观念中庸思想基本要求。这里绝不首先求美求奇,求最好、最豪华,而只能是适宜、适中,也就是善。在适宜的基础上,才尽可能有最佳的造型,才追求美,才最终达到文质相得,内外相合,真善相融,内在美和形式美的统一。比如中国传统建筑,无论庑殿顶、歇山顶,都由斗拱托出一个很大的屋檐,干什么用呢?其主要是或首先是为了保护墙体,因为中国建筑的特点是土木建筑。在此基础上才求美观、气派等,于是又把屋檐卷起来,这样既能保护墙体,又能美观,又保证了采光。其实中国古代许多文化产品都具有这种特点。最根本和最后的原因还是在于中国传统的特有的思维方式。

中国传统的思维方式是什么呢?我同意这样的观点,那就是统贯天人的整体性或综合性思维,而不是西方的那种分析性突出的思维。这种综合性思维把天人联系起来做整体考察,她不仅回答世界怎么样或是什么,而且更重要的是回答世界应该怎样。"怎么样"属于事实认识,"应该怎么样"就属于价值判断,很明显中国传统的思维方式更重视价值判断。也就是说她主要考虑的不是真不真,而是善不善,也就是适宜不适宜。因此我们说中国文化确属于一种德性文化,而与西方的科学性文化大异其趣。西方认识世界,把世界大卸八块,分解成104部分或元素,而且把每种元素再分解为质子、量子、电子、原子核等等,太累了不是?中国人不这样干,中国人是以礼相待,合理取予,不是一味地向大自然索取,而是亲和、理解、调适。首先考虑对我们是否有用,适宜不适宜。也就是善与不善。因为我们追求的并不仅仅是物质的外在需求,而更主要的是心灵的愉悦和精神的满足。所以一些学者把此称作"内在超越"或"德性实践"。这就是综合性思维,说到底还是中庸。

因此，正如宗白华先生早就指出的：我们的祖先，以一种"和平的音乐的心境"，把秩序与和谐，把礼的精神和乐的精神全面贯彻于日常生活，并进而装饰到日用器皿，"使形下之器，启示着形上之道"，使生活上最实用、最物质的衣食住行及的用品，"升华进端庄流丽的艺术领域，进入混然无间、灵肉不二的大节奏、大和谐"。

于是中国玉器、丝帛、青铜器、漆器、碑刻、印章、瓷器，以至书画等独具特色的艺术便应运而生。

于是，我们古代的许多日常用具，也就是古代文物便不仅仅是人们役使的工具，而是可以与之交流对话，与之情思往还的灵物，它凝聚了人的真情实感的智慧。赋予了一种崇高的意义和优美的造型。使之成为一种天地境界的象征，一种社会精神人格上的美的象征。由此"中国人的个人人格、社会组织以及日用器皿，都希望能在美的形式中作为形而上的宇宙秩序、宇宙生命的表征"。

总之，我们完全可以下一个结论，即中国古代文物的基本特色是"器以藏礼"。

时间有限，我们不能进一步展开论述。下面我们转入下一个话题，即礼器是中国古代文物的核心构成。

中国文化历史悠久、博大精深，古代文物林林总总、门类庞杂。如何认识，如何研究呢？或者说从何入手呢？我以为首要的或基本途径还是要抓根本，找核心。也就是要首先把握它的基本的、最重要的、有代表性的核心构成。

那么这种核心构成是什么呢？我认为不是别的，只能是礼器。理由非常简单，因为中国文化是天人合一的礼乐文化，中国古人典型的生活方式是礼乐化生活，甚至又常有人说中国是礼仪之邦。

礼器是什么？简而言之，礼器就是行礼之器。通俗一点，就是礼物、礼品。如果给它一个理论定义，那就是：礼器是礼活动——中国古典社会生活中最重要、最高尚的活动中所使用的特定器物。也就是向上天和祖先敬献的特定的礼物及其敬献时所使用或配备的特定器具。

为什么如此定义？那必须首先搞清礼是什么？上面我们谈到礼是调节天人关系，特别是人人关系的基本规范或准则。那她是如何产生？她的基本构成是什么？古人行礼对象和行礼方式又是什么呢？我在《礼与礼器》一文中做了较深入的研究，今天我们有必要作以大致的了解。

许慎《说文解字》说："礼，履也，所以事神致福也。"礼是一种行为，什么行为？事神行为。为什么要事神？致福，要求得超社会的力量——神的福佑。可见礼是由事神而来。

许慎的说法是正确的。我们上面讲过,中国文明是靠天吃饭的农业文明,同时这也是我们祖先所做的自然而高明的选择,于是人们必然要力求交好上天大自然,必然要回报祖先之恩泽。如可交好?如何回报?空口无凭,必须有所表示,必须要有礼物,要有一定的词令、动作等。而这种表示必不同于日常生活中的一些事物和行为,必须具有某种特定性。于是礼行为便发生了,礼的本义或特质就是报。当然最初的事神行为往往是偶发的、无序的,甚至是盲目的。久而久之才逐步明确、规范和固定下来,形成一定的规矩或程式。而一旦中国历史或思想史上一个大的事件——绝地天通发生了,礼于是便正式形成了。所谓"绝地天通",就是《国语·楚语》所记载的颛顼帝命"南正重司天以属神,命火正黎司地以属民","无相侵渎",禁止民神自由往来。而交通天神的权力被"大人"、被统治者所垄断。这就意味着此前巫觋之流无序的、盲目的、随意的事神行为被人为地(政治地)规范化,而最终成为规范人们社会行为的准则,故荀子说:"礼者,人道之极"。

那么三代君王是如何规范沟通天人的事神行为呢?也就是说礼最后基本构成是什么呢?今天只讲结论。礼的构成基本分两种:一是国家制度意义的礼,二是社会交际意义的。我们所关注的主要是前者。而前者主要是"吉、凶、宾、军、嘉"五礼,其中最重要的则是吉礼。吉礼主要为两大系统,其一即天道系统,其二为祖先人道系统。

两大系统的行礼方式和所使用的礼器有所不同。天道系统之礼主要以燎祭为主,还包括埋、沉等,可概称郊、社;人道宗庙系统之礼则主要以祼和馈献为主,包括四时祭等,可概称禘。

天道系统之礼所使用的礼器主要是玉器,还有丝帛等;人道系统所用礼器则主要是酒醴、牺牲和黍稷。

玉器是最早和最重要的礼器,也就是说它是最早被用为沟通天人的主要媒介。这是我们祖先的一种非常高明和非常宜的选择。中国人尚玉,中华民族成为尚玉的民族,其根本原因正在这里。为什么我们祖先历史地选择玉作为沟通天人的主要礼器呢?根本的原因可概括为两点,一是在于玉石的特殊的物理性质:内坚外柔,清明温润,纹理美丽,声音悠扬。总之古人视玉为山川之精,是大自然的钟灵造化。二是在于人们头脑中根深蒂固的"石崇拜"。因为石器是人类最早制造的劳动工具,是史前社会生产力的主要代表,它主宰了人类社会99%以上的历史。于是人们将其中最温润、最美丽、最圣洁的玉精选出来,作为向天神敬献的礼物无疑是最为理想,最为适宜的,这是古人"石崇拜"的直接升华。

牺牲和黍稷均为人生存必需品,因此被用来作为向祖先祭献的礼品。但作为祭品是有特殊规定的。对于牺牲主要是：（1）毛色纯正，肢体完具；（2）"毋用牝"，甲骨文中所载祭礼用牛常写作"　"（牡）便是证明；（3）用犊，齿高不用。对于黍稷基本标准有二：（1）洁，（2）必为原粮、粗粮，但不用稻，稻子是不能下咽的，司马迁以"饭稻羹鱼"比喻南方之不开化，很有道理，值得思考。也不用粱，粱是精米。

祭祀宗庙祖先为什么选用酒醴呢？这与蝉有直接关系。我们知道蝉在古人眼里近乎神虫，红山、良渚、石家河及殷墟均发现玉质蝉造像，青铜器上也有蝉纹。为什么呢？原因有两个：（1）蝉"饮而不食"。饮什么呢？饮清露，此清露即酒，《礼记》说酒是"天降膏露，地出醴泉"；（2）蝉有特殊的生命史：蜕皮、羽化、登天。这就涉及中国人的终极生命关怀问题，中国人不是从彼岸世界寻求解脱，而是在现实世界学做圣贤，死后像蝉一样，羽化升天，浮称游于尘埃之上，继续关注社会，关注其后代。酒醴功用主要是：（1）裸享，降神；（2）由尸代表祖先饮用；（3）参祭者饮用。参祭先人饮用的目的主要是要达到一种迷离、混沌状态，只有这样才能与祖先交流。

以上玉器、酒醴、牺牲、黍稷是向上天和祖先祭献并试图使之接受的主礼器。在行礼时还需要特定的礼服，古籍上叫"郊庙之服"或"禋洁之服"。既为礼服必用圣洁的原料，什么原料，非丝帛莫属。因为丝是蚕吐的，既洁白又轻柔。蚕丝是大自然的造化，蚕是中国人最早饲养的神虫。新石器时代就有蚕造像，甲骨文中多次出现"（王）省于蚕"、"蚕示三牛"的记载，甚至"以蚕神与上甲微（商祖先）并祭"。可见被崇拜的程度。原因何在？其一就是蚕能吐丝；其二则是与蝉一样有特殊的生命史：蜕皮、羽化、升天。

向祖先祭献的礼品必须由特殊的器具来盛放。这种特殊的盛具主要是青铜器，因为青铜器是当时的高新技术产品，受到全社会的珍视和好奇。青铜器主要分四大类：（1）牺牲之盛，即鼎鬲之属；（2）酒醴之盛，即觚、爵、斝、罍之属；（3）黍稷之盛，即簋、簠、敦之属。（4）沐水之盛，为示虔诚，行礼前必沐浴。这就是盘、匜之属。

为营造祭礼的隆重气氛，还有两种礼器必不能少，一是乐器，二是仗器。前者主要以青铜制造，如钟、铎、铙等，也有皮鼓、石磬、竹瑟等之类。后者有玉钺、铜钺、铜斧、铜戈等。

总之，礼器是礼的物质构成或体现，构成了一个功能齐备的庞大而成熟的系统。于是成为中国文化的直接表征和特殊载体，同时也是考古学材料的重要构成。因此我们说礼器是中国古代文物中的核心构成，是文物研究中的最重要部分。

好了，礼器今天就讲到这。

最后,我们简单谈谈文物鉴定和收藏。

文物鉴定是文物研究的一个有机组成部分,不可回避。因为如果不辨真伪,不明生坑、熟坑,文物研究恐怕是不可能全面展开的,或者说起码会遇到困难。所以文物鉴定的重要性不可轻视。文物鉴定是一个很专门、也很古老的学问或行当。它从造假出现之日就开始了。前辈鉴定专家积累了丰富的经验,我们也不能无视,因为这是一笔财富。

关于鉴定我们不能展开来说,同学们不要奢望通过今天一次课就能鉴别古董,就能到潘家园捡漏,发笔小财。这是不可能的。天上绝不可能掉馅饼。鉴定是很专门的行当,许多专家都是从小当学徒,几十年打磨出来的。而且他们那时候可见的东西多,所以眼界宽,眼力好。今天情况不同了。那么我们今天应如何掌握鉴定知识呢?我认为有三点非常重要:

第一,格物致知,要亲近文物,热爱文物,了解文物,与文物交朋友,做知己。这就首先需要具备相应的文物知识,先从理论上系统地学习文物知识,真正把握文物的性质、功用、文化意义及其历史等。然后慢慢建立感情,与之情感交融。因为文物是有思想感情的,是有生命的,它凝聚了古人的情感和智慧,它是古人用虔诚而充沛的感情制作出来的。我们必须认识和体验到这一点,这样才能与之心灵沟通,与之交流。赝品是后代造假者为赚钱而做的,根本不可能有什么真情实感,时代背景也变了,再加上他的文化水平有限,也未必全面了解文物,因此必然露出匠气、傻气、火气、燥气。

第二,文物鉴定必须要有参照系,这种参照物就是考古学文化材料。考古发掘材料一是有地层依据,二是有类型学的科学研究依据,她完全可以成为文物鉴定的可靠参照物。因此文物鉴定者必须懂考古,必须认真观察真文物是什么样子,具备什么特征?形制如何演变?材质如何?工艺技术如何?以及伴出物如何等等。一句话,文物鉴定必须以考古学为基础,这是时代对文物鉴定学提出的新要求或必然要求,也是我们成为鉴定专家的必由之路。

第三,要借助现代科技手段,如^{14}C、热释光等。应该把传统目鉴与现代科技手段结合起来。当然这里有许多工作要做,比如技术专家必须懂得相应的考古文物知识等。今天不多讲。

收藏是旧时候主流社会中人的一种普遍爱好和行为。盛世搞收藏,今天确是收藏的好时候,拍卖会火就是明证。但是,收藏必须建立在鉴定基础上。因为当今社会又是一个浮躁的社会,是一个急功近利的社会。唯利是图之辈无所顾忌,假货赝品满天飞,充斥市场,因此我们必须时刻警惕。我这里只提醒大家二点:一是要有平常心,不要存半点侥幸心理,不要干违背常识的事情;

二是不要过于自信,隔行如隔山。据我所知,一些高知、教授经常上当,主要原因就是自信;一些大款上当,主要原因还是自信。

最后,我还想告诉大家,鉴定不是真伪二字便概括得了的,而是四个字:真、伪、优、劣。真伪固然重要,可以属于首位,但优劣何尝不重要?有的赝品未必不好,未必不值得收藏。如米芾仿王羲之的字,张大千造的八大山人的画等等,同样有价值。我本人也搞点收藏,我比较看重后者,只要精美,只要有艺术含量就可以收藏。

收藏是件好事、雅事,利国利民,有利于文物保护。国家无力,也不必要把全部文物收罗起来,保藏起来。藏之于民何尝不是一件好事,只要把住国门,尽量减少流失,就完全可以公开鼓励民间收藏。至于不少人担心的,这样会不会导致盗掘盛行,我看是两回事。关键是法制是否健全,行政措施是否得力。

好了,今天就谈到这里,剩下的时间,我们可以交流一下。(热烈鼓掌)

[现场答问]

问:我们在书上看到一件玉器,正好在市场上碰到同样之物,能否判定它是真是假呢?

答:我肯定劝你不要动心,最省事也是最聪明的办法就是不要买。因为1995年以后,造假成风,充斥市场(古旧市场)的99%是赝品,如河南造、阜阳造,玉器如此,瓷器如此,青铜器也如此。还是那句话:"天上不会掉馅饼。"当然,如果你硬买,谁也管不了。因为收藏必然要交学费。

问:对于外流文物,我们能采取什么措施?是否能把它们追回?

答:我不是行政官员,不是决策者。但我要说,你的爱国心情可嘉。但是历史造成的一些现象,有许多是不能改变的,据说有国际法的规定性。比如,不列颠博物馆对世界各地的文物都收藏,不可能各个国家都把自己的文物要回去吧。前年某一大集团花几千万元从拍卖会买回来原属圆明园的几个青铜的猴头马面。我认为这完全是败笔,很可能是打着国家的旗号的某种炒作。这哪里是什么爱国?这与文物保护也搭不上界。要收藏青铜器就收藏三代青铜器,外国人设计制造的水龙头,哪能值那么多钱?把当年外国人偷走的东西,再花重金买回来,这不是双重损失吗?

问：请问张教授,对于在社会上普及文物知识持什么态度?

答：我当然大力提倡,我自己也正在努力这样做。在全社会普及文物知识是非常必要的,这有利于文物的保护,有利于提高国人的文物保护意识。这比单有政府部门的硬性作为更有效。一旦国人普遍认识到文物有多方面的价值,那就不可能像"文革"时期那样随意破坏了。同时普及文物知识也有利于已经形成的文物市场的良性发育。

问：您对国家基本建设与文物保护的冲突问题有什么看法?

答：国家基本建设,挖出来很多文物,也毁坏了很多文化遗址,这是事实。考古文物部门无可奈何,建设要进行嘛。这里的关键是如何处理这一矛盾,如何采取措施尽量保护文物。其实过去许多考古发现,甚至重大考古发现都是基本建设中搞出来的,如马王堆、如江陵马山砖厂等。文物考古事业缺乏资金是人所共知的,我们完全可以运用《文物法》赋予我们的权力,借机利用可能的国家基本建设的一部分资金推动我们的文物保护工作,推动我们的考古学研究。总之,国家建设要进行,我们应尽可能保护文物不受损失,尽可能让一些文化遗址、名胜古迹保存下来,流传下去。

(原载《北大讲座》第三辑)

宋代历史再认识

邓小南

[演讲者小传]

邓小南，女，1950年6月生。1985年毕业于北京大学历史系，获硕士学位。现任北京大学历史系人文特聘教授，中国古代史研究中心学术委员会主任，博士生导师。兼任中国史学会副会长、中国宋史研究会会长、北京大学学术道德委员会委员。

　　主要著作有《祖宗之法——北宋前期政治述略》《宋代文官选任制度诸层面》等。曾获国家级高等学校教学名师奖、北京市高等学校教学名师奖、杨芙清王阳元院士教学科研特等奖。著述获北京市第十届哲学社会科学优秀成果奖、教育部高等学校科学研究优秀成果奖、北京大学改革开放30年人文社科百项精品奖、北京大学人文社会科学优秀成果著作一等奖、论文一等奖。

大家好,我们今天要讲的题目是"宋代历史再认识"。看到这个题目以后,可能大家会想,宋代的历史,为什么值得我们对它进行再认识呢?这样一个历史时期,在中国历史上,有什么样特殊的地位?下面我希望能够从不同的角度来回应这样的问题。

我们首先了解一下严复先生、王国维先生、陈寅恪先生这几位可以被称为国学大师的人物对宋代历史地位的评价。严复先生当年曾经执掌京师大学堂,也就是我们北京大学。严复先生的这一段话里面是说宋代在中国历史上是有特殊影响的。他说古人喜欢读前四史——前四史就是《史记》《汉书》《后汉书》《三国志》——前四史的影响主要在于它的文字,但是如果站在当代的立场上回过头去看,关注对于近代中国的政治、风俗造成最深刻影响的时代——是善是恶我们姑且不作道德上的判断——这些影响是宋人所造就,是自宋代延续下来的,这一点他说十之八九可以断言。后面两条是王国维先生与陈寅恪先生的话,他们主要是针对华夏文化的发展,从这样一个角度指出了宋代在中国历史上特殊的地位。

我们知道中国历史上的朝代每一个都是不同的,都有不同的特点,而在黄仁宇先生《赫逊河畔谈中国历史》这一部书里面有个概括。他说:中国历史上的朝代,每个都不同,而尤以赵宋为显著。如果我们仔细看看,这个"不同"是很容易能够观察得到的。

比方说,我们知道宋代这个时期,开国的君主是赵匡胤,赵匡胤和陈桥兵变这个故事,我们早就耳熟能详。赵匡胤是个职业军人。在中国的古代历史里面,开国的君主,靠马上打天下的是不少的,像秦始皇、刘邦和后来的努尔哈赤都可以说是马上打天下,但是他们都不是职业军人;主要的朝代里面,以职业军人的身份成为一个开国君主,其实只有赵匡胤。但是赵匡胤得天下,偏偏不是他打下来的,我们知道宋代历史上被人诟病的一个主要问题,是它的军事力量的不振。赵匡胤作为军事统帅,本来军事上的管理、军事上的指挥是其强项,但这样一个朝代,为什么偏偏会走上长于"文治"的道路,为什么军事上反而缺少建树?宋代的历史,给我们留下了很多思考的空间。

今天我们的"再认识",从四个角度来讲。首先我们是要从一个比较概括的视角,来对宋代的时间和空间有一个基本的认识。因为我们历史学,其实主要是从时间和空间这两个角度入手的。

秦　　前221—前206
西汉　前206—25
东汉　25—220
三国　220—280

西晋　265—316
东晋　317—420
南朝　420—589
北朝　439—581
隋　581—618
唐　618—907
五代　907—960
北宋　960—1127
南宋　1127—1279
元　1271—1368
明　1368—1644
清　1636—1911

这是中国古代朝代表，这里没有包括夏商周，只是包括从秦始皇建立帝制以来的这样一些朝代。我们知道，中国古代帝制时期差不多是2000年，而宋代在这之间，从公元960年开始，到公元1279年结束，差不多正是在2000年的中段。那么再具体点来讲，我们经常看到宋代被称为"两宋"，所谓的"两宋"就是北宋和南宋。其实在宋代的时候，从来没有两宋这种说法，这个都是后来的人回过头去看宋代历史，会把首都在开封的这一段称为北宋，后来金人打过来了，北宋王朝覆灭了，政权辗转流落到南方，定都杭州，那么这一段时间就称为南宋。

北宋		南宋		（辽）	
太祖	960—976	高宗	1127—1162	太祖	907—926
太宗	976—997	孝宗	1163—1189	太宗	927—947
真宗	997—1022	光宗	1190—1194	世宗	947—950
仁宗	1023—1063	宁宗	1195—1224	穆宗	951—968
英帝	1064—1067	理宗	1225—1264	景宗	969—981
神宗	1068—1085	度宗	1265—1274	圣宗	982—1030
哲宗	1086—1100	恭宗	1275—1276	兴宗	1031—1054
徽宗	1101—1125	端宗	1276—1278	道宗	1055—1100
钦宗	1126—1127	帝昺	1278—1279	天祚帝	1101—1125

现在我们看到的是北宋和南宋的帝王简表。北宋的几个皇帝,应该说是比较名副其实的,确实都是做过皇帝的,而南宋的九个皇帝就很不一样。我们知道,1276年,南宋朝廷已经投降了,当时蒙古的军队包围了临安,也就是杭州,尚在幼年的小皇帝宋恭帝就在实际执政的太皇太后率领下,出来投降了。在此之后呢,宋朝一些在外的官员、将领,像我们熟悉的文天祥、陆秀夫、张世杰这样一些人,又组织了几年的抗蒙战争。他们拥立的小皇帝和政权基本上流落在两广、福建、江西这样一些地区,一直到1279年整个覆灭。所以宋恭帝以后的两位皇帝,其实都是流落在外的小皇帝。

我们观察一个朝代,一方面是要能够拉得开,一方面是要能够贴得近。所谓拉得开,就是要把它放在更长的时段中去认识它的历史地位,它的历史影响;所谓贴得近,我们要更加贴近地观察当时的历史现实。

作为一个长时段的观察,我们会注意到,对于宋代在长时段的中国历史里面占有什么地位,很多学者都有高度的评价。钱锺书先生在20世纪50年代出版的一部中国文学史里面,执笔写了宋代部分,他说,在中国文化史上有几个时代,一向是相提并论的,说到文学,会说到唐宋,唐诗宋词;说到绘画,我们会说宋元,文人画;说到学术思想,我们会说汉学、宋学。不管从哪一个角度来说,我们都会提到宋代。

这是从朝代之间的文化延续和它的关联来讲。如果我们从另一个角度来观察,这个长时段里面有很多的变迁,在变迁发生比较集中的时段,我们会称它为"转型"期。20世纪初,日本学者提出"唐宋变革论",强调唐宋之间的明显变革,这对于世界范围的中国史学界、汉学界都有很大的影响。最近这些年,也有学者讨论宋元明之间的变迁,其实是探索从宋代开始的变革。研究思想史的葛兆光老师,曾经写过一篇文章,叫做《"唐宋"抑或"宋明"》,也就是说我们是要把唐宋放在一起看,还是把宋和明放在一起看。这样两种衔接方式在我们面前凸显出来的,可能是历史上不同的特点。如果我们把唐宋并称,是把宋代看成一个变革期的结束;如果宋明并称,则是将宋代视为一个新的变革期的开始。

刚才我们是从时间的角度讲,下面我们从空间的角度来看。

这是一个北宋时期的立国形势图。从这个图上我们首先可以看到,北宋的统一从来都不是真正意义上的统一。它的疆域比起汉唐时期的疆域完全不可同日而语,这样的一个形势,应该说其来有自。西部和西北地区的广大空间,原本是在唐的统治之下。但是自从公元755年爆发了安史之乱以后,唐朝廷把西北的重兵撤回到内地,以应付变乱。当时大食人(也就是阿拉伯人)、吐蕃人,这样一些民族,已经在唐的周边崛起,所以唐的军队收缩以后,很快这些地方就不再为唐所有,因此唐代的后半期,西北地区大片领土已经跟唐的中央政权没有关系了。而在东北也崛起了一些民族,像契丹族、奚族等等。契丹族后来建立了辽。10世纪初,中原地区唐的政权被五代的第一代——后梁——所取代,继而形成了一个诸多政权并存的局面。

我们可以看到,这张小图是五代十国时期的割据形势图。五代是指北方地区前后相继的五个朝代,他们的统治重心在开封、洛阳,都是在河南。而在他们的周边,先后出现了十个小国家,其中包括现在山西太原的北汉,南方前前后后有九个小国家,这样合起来是五代十国。五代十国是中国历史上,上上下下分裂非常彻底的一个时期,诸多割据政权在当时同时并立。

北宋继承的就是这样一个局面。宋完成的统一,实际上就是把原来五代十国的疆域统一起来了。而北部、西北大片过去的汉唐时期的疆域,都不在宋的统治之下。

就疆域的广度而言,宋朝所完成的,跟前代来比较不是真正意义上的统一;但是就统一达到的纵深层面而言,其深度是前朝所难以比拟的。这是什么意思呢?我们知道汉代、唐代都不是亡于农民起义的,它们的王朝怎么会一朝覆亡?其实,汉代并非灭于黄巾起义,是汉代自己扶植起来的军阀、封疆大吏群雄并起,最终取代了东汉。唐代也不是灭于黄巢起义,而是灭于藩镇节度使朱温的,藩镇节度使相当于今天一个大军区的首长,而他也是唐的统治者扶植起来的。我们知道,从宋代以后,再也没有这种情形,没有一个王朝是被他自己扶植起来的地方官员或地方势力所代替。这样的情况,和宋代对于地方的

统治能力有关系。

宋代疆域有限,对于这个时期,国内史家历来有很多批评。从上个世纪三四十年代以来,一直到新中国成立以后,在通史类或者教科书类的著作中,说到宋代,经常会说这是一个"积贫积弱"的时期。就是说国家财力不足,军费等支出很多,国家财政困窘;和周边的民族政权,例如辽、西夏、金、蒙古作战,显得国势羸弱,这样的状况长期积累下来,就被称为积贫积弱。

而当我们阅读欧美学者或者日本学者的著作时,也许会有另外一层感觉。伊懋可教授的 The Pattern of the Chinese Past,从中国古代社会经济的角度来讲中国历史上的发展模式,他认为中国历史上经济发展最快的是 8 到 13 世纪之间。其中十分突出的阶段正处于历史上的宋代。法国科学院院士谢和耐的《蒙元入侵前夜的中国日常生活》,讲到南宋时期的人"有理由认为世界上的其他一切国家都不过是蛮夷之邦"。著名汉学家、哈佛大学费正清教授编写的 *China: A New History*,全书21章,其中有一章写"中国历史上最伟大的岁月"。我想如果换了中国学者,有的人写汉,有的人写唐,可能也有人写其他时期,但不会有人写宋。而费正清讲"中国历史上最伟大的岁月",写的正是北宋和南宋。这样就给我们提出了一些很尖锐的问题,就是我们应该如何来认识宋代?以往不同的认识之间,是不是有很深刻的矛盾?这样的一些歧异,是如何产生的?等一会儿我会说到。

宫崎市定是日本京都大学知名的东洋史学家,他有很多论断提到宋代。他说中国人在文明开始的时期是落后于西亚的,也落后于欧洲的国家,这种局面后来逐渐被扭转,扭转的关键时期,他说就是在宋代。而且由于宋代文明的刺激,欧洲文明也向前发展了。在李约瑟的《中国科学技术史》第一卷总绪论里面,对中国科学技术发展有一个宏观的概括,在这里面他说道:"每当人们在中国的文献中查考任何一种具体的科技史料时,往往会发现它的主焦点就在宋代。不管在应用科学方面或在纯粹科学方面都是如此。"这样一些现象,是很多学者都观察到的。在科学技术史上,我们通常会说到四大发明,除了造纸术是比较早的一项,其他三项,印刷术、火药、指南针,或者是在宋代发明的,或者是技术在宋代得到了完善,或者是在宋代传到了西方。我们知道雕版印刷唐代就有了,但是唐代雕版印刷并不印书,是印佛经、佛像,印日历。印刷书籍是从五代以后才开始的,在宋代才形成了规模。活字印刷当然更是宋代的。以前我们北大东门外面方正集团大厦门口有一副对联,叫做"古有毕昇","今有方正"。毕昇,是宋代的"布衣",普通工匠,他所发明的活字印刷术,对于印刷业的影响,一直持续到方正集团的激光照排技术出现之前。

英国学者培根和马克思,都曾说到三大发明对于世界文明的牵动。马克思还特别说它们预告了资产阶级社会的到来。而这三大发明都跟宋代历史有最直接的关联。

我在2006年的时候写过一篇短小的文章,就是《宋代历史再认识》。在这里面说到为什么中国学者和一些海外学者讲到宋代这个历史时期的时候,彼此的认识与概括会有很大的反差。我想,国内学术界对于宋代的认识基本上是近代以来形成的,这样一种认识框架包含着当代人反观历史的体悟。人文学者对于历史的追索,对于历史的关怀,都是建立在现实关怀的基础之上。近代以来中华民族饱受列强欺侮,当时的人们有非常强烈的要自立于世界民族之林这样一种期冀。怀有这种民族情结的时候,自然憧憬强盛的时代,回顾历史,也喜欢汉唐的盛世。而西方学者没有这种民族情结,他们关注的是中国对于世界文明的牵动,看哪一个时期对于世界文明有比较直接的影响,他们觉得这个才是最值得注意的。我们中国自古以来是中央集权的国家，相对而言，我们的学术长期以来比较关注政治史、王朝史，而西方学者比较注意的是经济史、文化史。在这样不同的背景之下，观察到的问题和所做出来的概括，都会有所不同。

下面我们讲一下宋代立国的形势和它所面临的秩序格局。

大家知道，宋代并不是接着唐代来的，唐和宋之间还隔了五代，五代是五个朝代，唐是公元907年灭亡，到公元960年宋代建立，中间只有53年的时间，却更换了五个朝代，14个皇帝。走马灯似的，更替得非常频繁，当时的人心里都非常的不安定，从上到下，整个社会上弥漫着慌乱的情绪。公元960年的春节过后，在开封东北的陈桥驿这个地方发生了又一次兵变，这就是"陈桥兵变"。后周原来的禁军统帅赵匡胤通过兵变做了皇帝。

我想，当时很少有人会相信，赵匡胤建立的这个王朝能够稳定下来。前面也有一些军阀做了皇帝，也是想稳定，但是都没有稳定得了。赵匡胤所建立的很可能也只是接着前面五代的第六代而已，可能仍然是个短命的王朝。而赵匡胤有效地把这个王朝稳定下来了，应该说这不仅仅是他，一方面包括他周围的智囊人物、当时的精英，也包括他后面的继承人。从纷乱的状态转变成为一种太平治世的面貌，两种状态有着很强烈的反差。这种情形呢，在宋人心目中就觉得是了不起的成就，他们就一直都在讨论，成功的原因何在。南宋的理学大家朱熹和他学生的一些对话，被整理出来，叫做《朱子语类》。我们看到，朱子的学生请教他说，太祖做皇帝，怎么能把政权稳定下来，肯定是把五代所有不好的做法统统都废除了。而朱子回答说，不，只是把那些最关键最严重的弊端废除了，而其他的法令条目，多半在原有的框架下继承下来了。然后朱子说，大凡做事的人，能够做成事情的人，多是先起大纲，先抓住主要的，其他枝节的问题"可因则因"。也就是说首先要把关键处抓住，要有根本的改变，而不是不问青红皂白地统统推翻重来。朱子说这才是"英雄手段"。

我们看看赵匡胤的"大纲"包括些什么内容。赵匡胤建立的王朝，开国基调应该说是比较理性的。我们可以举两个很小的例子来讲。司马光是北宋的史学家，他在《涑水记闻》里面记载到这样一件事：周世宗晚年为了给自己的小儿子留下一个比较好的继承条件，他就把掌握兵权的那些人，禁军里面这些带兵的，凡是他觉得有疑问的人，可能不效忠的，统统都除掉了。这些剪除，有的可能有道理，有一些也没有明确的道理，比方说把看上去方面大耳的人也除掉了。所谓"方面大耳"是指天庭饱满、地阁方圆，就是民间所说的帝王相，所以把这些人都除掉了。赵匡胤当了皇帝以后，和周围的人说起来，他不无得意地问：你们看我长得怎么样？他的意思是说，我是有帝王相的，可是周世宗也没能把我除掉。他接着就说,如果你真有能力做天下的主宰,其实不是靠这种方式能除掉的。

我们可以看到,周世宗的时候,为了巩固他的政权也是想尽了办法,可以说五代时期的这些帝王,每位都希望能够巩固自己的政权,但是在巩固政权的手段上,赵匡胤显然比他的这些前辈们高了一招。

另外,赵匡胤本身也是军阀,他从军阀变成君主,身份的转换是一个很大的变化,对他个人也是一种挑战。当时有这样一件事情:赵匡胤有一天在后院里面打鸟雀,正在兴头上,忽然外面报告,说有人有急事要见皇帝,于是只好把打鸟的事放下了,就先召见官员。结果这个官员报的净是一些杂七杂八的事儿,没什么重要的,赵匡胤很不高兴:就这些事还至于打搅我!这位官员说:我觉得比陛下打鸟更重要点吧。于是皇帝就更生气了,举起殿上的玉斧就甩过去,结果打掉了那个官员的两颗牙。这个人把两颗牙捡起来揣到自己的怀里,皇帝就骂他:你还想把这两颗牙留起来,想上哪告我去啊。于是这位官员说:我是没有地方去控告陛下,可是自然有史官会把这件事情记下来。听了这话,文献上的记载是说"上悦",其实皇帝当时恐怕很尴尬。但是不管怎么样,赵匡胤还是很开明,很理性的,赏赐金帛慰劳这位官员,鼓励他敢提意见。

随着赵匡胤自己的身份转换,同时也要建立一种君君臣臣、君尊臣卑的政治秩序,这是他个人,也是北宋初期朝政所要追求的重要目标。赵匡胤刚做皇帝的时候,确实有少数地方节度使反叛,但那些反叛很快就平定了,而他面临的主要挑战,其实是来自于过去和他"比肩同气"的那些人,也就是资历地位跟他差不多的那些将领、兄弟。他们这些人,以前都是不分你我摸爬滚打在一起。他们兄弟里面出来一个人当皇帝了,这些人在当时都非常跋扈,都是不可一世的派头。而这种情况并不是赵匡胤所希望的,他希望君臣之间要拉开距离,他这个皇帝就是要凌驾于这些昔日同僚之上的,所以要建立尊卑井然的理想政治秩序,这是一项非常重大的任务。

我们看到各朝各代建立初期都面临过类似的问题,为了确保君主的权力,汉代刘邦、吕后的时候"狡兔死、走狗烹",明代朱元璋的时候,制造几个大狱案,牵连了数万人。但是赵匡胤却以"杯酒释兵权"之类的方式解决了禁军的统辖权,一切都是波澜不惊,在这样一种状态下,通过一些幕后的操作,没有发生任何的流血事件,逐步建立起来一些规矩、制度。不仅对于当年的兵将,对于宦官,对于宫廷里面的后妃等都建立了一套制度。这些制度的基本原则,在宋人的心目中,那个时候就很明了,是一套防弊之政。

宋代继承的基本上是五代的地盘,而五代的时候,社会弊端比较多,王朝统治不稳定。在这种情况下,宋代很多政策的出发点,都是防范弊端的,或者说那时候都是稳定至上的。这样一种思路，在某种程度上，确实对于宋人的作为有所限制，制度倾向缓进保守，大规模的调整比较少，是那种步步为营的、逐渐积累起来的细部调整。

南宋初年的宰相吕颐浩，曾经看到赵匡胤做了皇帝以后，写给他的臣僚的亲笔书信，其中写给赵普的，就有一百多封。其中一封说，我和你们共同平定祸乱治理天下，希望我们创立的法度，能够子子孙孙一直传下去。可见这在当时的君臣心目中是非常重要的、沉甸甸的一项任务。赵匡胤通过兵变做了皇帝，变家为国，这是他阴谋的成功，同时也是他责任与负担的开始。

太祖的弟弟宋太宗，是宋代的第二位皇帝，他怎么当的这个皇帝，到底是光明磊落，还是耍弄阴谋手段，历来都面临着质疑。我们现在姑且不说这个问题。宋太宗做皇帝以后，发布了一个即位的诏书，也可以说是安民告示，把他兄长当皇帝时期的举措，概括成为八个字："事为之防，曲为之制"，就是说所有的事情都要事先做出防范，都要周全地进行制约，其实就是我们说的防微杜渐。宋太宗表示要继承他哥哥的这样一套做法，他确实是身体力行，而且把这套做法更加推向了极端。一直到南宋的宋孝宗，也就是南宋的第二位皇帝，仍然认为从他们祖宗留下的做法，是他们的家法，是要一代一代效法下去的，这样一种防弊之政，可以说是两宋时期的基本国策。

这是一张宋辽时期的疆域和自然地理区域的叠加图。我们可以看得到，两条粗线，把当时的整个疆域分成三个大部分。第一个大部分是东部季风区，也就是从海洋上来的季风，最远能吹到什么地方，这道线和我们国家400毫米降水线差不多是一致的，从东北的大兴安岭下来以后，过蒙古高原的阴山山脉，再向西到青藏高原东部边缘，这基本上是东部的季风区，而这个季风区除了高寒地带，其他地区都是农耕地区，是农耕民族长期活动的地区；第二个地区是西北干旱区，游牧民族长期活动、逐水草而居的地区；第三个地区是青藏高原，比较特殊的地理单元。

从这张图上我们可以看到很有意思的现象：细线圈起来的北宋的疆域部分，和自然地理的区划，它的西北边、西边都高度重合。东北边的宋辽分界，这条线是白沟，即拒马河，这条分界线的形成和石敬瑭把幽云十六州割给契丹是有关系的，所以它不是完全天然形成的双方之间的界限。这张图启发我们想到一个问题，农耕民族和游牧民族如果力量相对来说比较均衡的话，农耕民族很难把它统治的触角伸到游牧民族长期活动的地带里去，反过来也是一样。当然如果一方的力量非常强大，自然地理的界限就限制不住。比如说汉武帝的时候，比如像后来的元朝，都不会被自然地理条件完全限制住。但是如果双方的力量相对不均衡，自然地理条件的影响作用会相对凸出。

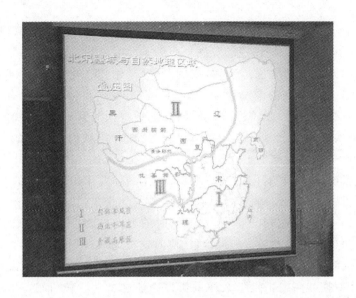

正是因为这样的一种状况,使得宋代的内政,一直是处于外部压力之下的内政,我们通常说一个国家的外交是它的内政的延伸。宋代的情况我们也可以反过来说,宋代的内政,始终都是在外交压力下的选择,是在特定的外交局势下的一种内政。我们来看看这个外交的压力,当时到底给宋代统治者带来了什么。

南宋人李焘在他撰著的《续资治通鉴长编》里面说到,1004年宋真宗的时候,发生过一个事件,就是宋和契丹(辽)之间订立了一个盟约,我们上中学的时候就学过澶渊之盟。盟约的第一条就是双方君主约为兄弟之国。这与五代后晋石敬瑭那时候不一样,石敬瑭向耶律德光称臣称儿,做"儿皇帝",而耶律德光其实比他小十岁。此时跟后晋的局势不一样,现在是双方约为兄弟之国,互换国书。我们现在看来觉得没有什么,但在当时,这是一件很大的事情。我们可以看到宋方国书的内容,开篇就说"大宋皇帝谨致誓书于大契丹皇帝阁下";然后契丹方面也有回复,也是说,"大契丹皇帝谨致誓书于大宋皇帝阁下"。两边的语言表述基本上是一致的,两边是"兄弟之国",看上去大体平等的关系。

契丹的国书,当年在宋方境内只颁布给了河北河东地区,也就是今天的河北、山西,因为这些地区和契丹交界,而没有颁布到其他地区。另外从李焘的记载来看,宋朝的《实录》中并没有记录相关的文字。这是什么原因呢?我们知道,在中国古代,长期以来所信奉的理念是天无二日,合法的皇帝只能有一个。而在国书里面,宋方的皇帝非常明确地称对方为大契丹皇帝,这种情况是过去从来没有的。"中国"这样一个概念,先秦的时候就有了。但是那个时候所谓"中国"并没有界限,从一个中心开始向周围辐射,渐次延展,没有边界。"天下""中国"都是一种秩序的观念。而到了此时,似乎在这个皇帝之外又有了他承认的另外一个皇帝,宋代君主的"天下"有了限制。这样,就开始有了"疆域"的意义。双方的国书里面,都说到"各守疆界",双方之间有了明确的疆界划分。我们知道,近代的"国家"的观念和古代非常不同,古代的国家、帝国,是一种秩序的观念,近代的国家则是有主权有疆域的。所谓的 empire,与 nation state,是很不相同的概念。葛兆光老师在《宋代"中国"意识的凸显》这篇文章里指出,"中国"有限的空间意识,这样一种对于国家认知的观念,在中国人的心目中,是什么时候开始形成的呢,其实就是宋代。

这样的一种状况,对于皇帝,对于当时的上层人物、士大夫、知识阶层,其实是有很深刻的压力的。该如何解释、应对这样的一种局面,引发出宋代历史上许多重大问题。为什么宋代《春秋》学发达,就是因为《春秋》是讲"大一统"的,而宋代面临的问题正是怎么样重新去论证这个大一统,而这种敌国、外患使得当时的士大夫、知识分子有必要面对政权存在的合法性、正统性问题。

这些年西方学者也有一些相关的著作,*China among Equals*,这本书是 80 年代中期加州大学出版的一次研讨会议的论文集。标题的意思是说,在当时被周边的若干敌国(势力差不多的政权)包围下的"中国"(中原政权),它所面临的问题和它所应对的方式。这个书是有副标题的,*The Middle Kingdom and Its Neighbors*,*10th-14th*,"Middle Kingdom"是它对于"中国"一词的翻译。2007 年的时候,*Unbounded Loyalty*:*Frontier Crossings in Liao China* 一书出版,评论者也特别强调,辽(契丹)和宋之间开始有了明确的疆界,这不同于唐以前中原政权与其他政治势力之间活动性很大的边界。德国的 Kuhn 教授也提出来,这种持续不断的军事压力,使得当时的中国人,明白了"中国"这个词意味着什么。在这个时期,"中国"凸显出了新的意义。

到 2008 年的时候,哈佛大学教授包弼德,写了《地理与文化》一文,对 middle kingdom 这个说法提出了一个挑战。他把中国翻译成 the central country。这两种译法的区别在哪里呢?Middle kingdom 是若干王国中的一个,位于中间的位置上。而 central country 则是处于一个核心地位的,强调向外辐射的概念。所以我们可以看到,语词翻译,也包含着对于历史的深刻理解。这样一些认识,其实都和北宋中期的这样一种局面,就是刚才我们说的"天下秩序、立国形势"有关。

我们对以上内容做一个概括,在这个时候相对于宋朝来说,辽、夏、金这些民族,都逐渐成熟起来,建立了比较强势的、能够和中原王朝长期抗衡的少数民族政权。这个时候中原王朝的作用,主要是体现了一种核心的辐射作用,而不像唐太宗那个时候,八方来朝的"天可汗"那种局面不复存在了。但是宋代,在政治制度、社会经济、思想文化这些方面对于周边地带还是发生着深刻的牵动作用。

下面我们讲第三个问题。前面我们曾经说到宋代"防弊之政"的国策,但是一个国策要落实,是需要有一些具体途径的。在宋代,所谓的"立纪纲"、"召和气",就是当时的思想家经常会并列提出来的两端。纪纲,就是制度。和气就是天地之间运行的阴阳交感的和谐之气。怎么样通过建立纪纲来感召和气,我们举一个例子。以科举制度作为例子。所谓的立纪纲,就是制度要走向严密化,召和气相对地讲究开放和睦的气氛。科举制度不是宋代开始的,唐代的时候就已经非常成型了。宋代科举制度最主要的特点,一个是它的严密化,一个是它的开放性。这两端是否矛盾?太严密就不开放,太开放就不严密?从宋代制度运行来看,我想这两端其实是可以融合互补的。下面我们具体来说一下。

宋代科举是三级考试,地方上有乡试,地方上考中了到中央来参加省试,再考中来参加殿试。这是宋代的殿试图,考生们在宫殿前面的平台上应试,皇帝坐在殿堂之中。其实殿试过程从开始出卷子到最后发榜,前前后后可能持续十几天,皇帝只在关键时刻出现。一层一层考上来的人,如果在地方上考了第一名,叫解元;到了中央有关部门(相当于教育部)考了第一名,叫省元或是会元。殿试第一名叫状元,三层考试都是第一名,就是"连中三元"。宋代做过宰相、副宰相的王曾、冯京都是连中三元的,因为这些人先声夺人,所以容易被注意到。

宋代殿试图

宋代的考试,组织比较严密。宣布主考官的这一天(当时不是说有固定部门、固定官员年年负责主考,而是临时任命的主考官),主考官就不能回家,要到考试院里面去,而且考试院要锁门,考官无法对外联系,叫做"锁院"。考试时,考生的卷子在过去都是不糊名的,在唐代主考官都是看得见的。但是在宋代开始糊名了,要把试卷上的名字封住,跟现在的高考一样。由于担心考官认识某些考生的笔迹,所以他们还找人把所有的卷子抄录一遍,并且设专人核对,真的是不惜工本,这种方式比过去严密得多。那么,这种严密是不是导致了开放呢?我们注意到唐代中期朱庆馀的一首诗《近试上张水部》,这首诗好多同学可能都熟悉,表面上是讲新媳妇的化妆,"画眉深浅入时无",实际上是朱庆余在考试之前，委婉隐讳地询问主考官张水部（张籍），说我的作品风格你觉得怎么样，是否合乎时尚呢？这样的"沟通"只有在科举考试不糊名的状态下才有用，主考官看中了哪些人，在考试录取的过程中，他们就可能获得优先被录取的机会。

正是因为这样，唐代后期的诗人杜荀鹤，在他的诗作里面就说到，"空有篇章传海内，更无亲族在朝中"，没有人替他推荐，所以科举做官的路就不顺利。这种情形在宋代发生了很大的转变。所以北宋的时候，有这样两句诗，说"唯有糊名公道在，孤寒宜向此中求"。孤寒是指家庭没有特殊背景的人，只有在考试糊名的背景下，大家才真正是相对平等的。当时的制度规定是不是真的有效呢，下面有一个例子。

李廌是苏轼的学生、追随者。是当年"苏门六君子"中的一位。元祐三年李廌报名参加科举，恰好这一年苏轼被任命为主考官，大家都很高兴，觉得长期在一起读书写作，彼此的风格都非常熟悉，肯定能够选出李廌的文章。结果呢，考试过后，判完了卷子，苏轼认定其中一份卷子必是李廌的，于是把这份卷子放在第一；排序确定之后才能拆号，把名字打开，登录，发现这一试卷不是李廌的，而是章援的。章援是谁？他父亲章惇是王安石变法的一员战将，基本上是与苏轼持不同立场的。结果这一年的状元就是章援，而且，那一年录取的几百名进士中，也没有李廌。开号之后，两人怅然出院，心情都很不好。苏轼就写了一首诗，送给李廌，他说当年"青袍白纻五千人，知子无怨亦无德"，我真是没有办法从这几千人里准确地把你挑出来。所以那时候的主考官，即便想要提拔某个人，在那个制度之下也是很难的。

南宋后期的宝祐四年，文天祥中了状元，第一甲第一名。这年一共录取了进士601个人，有学者根据考生填报的材料统计过，当时平民出身的，就是三代没有官的是417个人，差不多占三分之二。从《登科录》中文天祥的材料来看，他曾祖是谁，祖父是谁，父亲是谁，三代都很清楚。三代中如果有人曾经做官，都要写上，那时候对于材料的真实性都是有"联保"的，如果隐瞒了大家都要受牵连。文天祥父祖三代没有官。而第二名陈赏，他的父亲是有官的，是一个最低的品级，从九品的官，而且往往是徒有其名没有事任的，但是他仍然要写上。根据相关的统计，西方学者说科举制度吸纳了很多新鲜血液，所谓的new blood 进入到官僚群体里面来。这样形成了一些社会流动，平民从竞争里面得到脱颖而出的机会；而官僚家庭中人，则感受到竞争的压力。这些人虽然有荫子的特权，却无法确保世代高官。

宋代和唐代的宰相家族分布，比例也很不同。唐代一共369名宰相，来自98个家族，而宋代134名宰相来自126个家族，相对来说，分布面比较广，很少有一个家族里面世代出宰相的。这也让我们看到时代的变迁,看到当时社会的流动。

《唐六典》记载唐代制定的法规,说工商之家不得预于士。父亲从事工商,子弟也不能参加科举考试,这一限制到唐末五代时期就难以实行了。南宋时,陈傅良就说,(本朝)家不尚谱牒,身不重乡贯,以此得人。从五代以后取士不问家世,你来自哪一个家族,没有人再重视了,因此可以选拔出有才能的人。我刚才说到连中三元、做过副宰相的冯京,他父亲很可能就是一个商人,他可以靠自己的本事成为状元。而且,当时的婚姻,也不那么讲究门当户对。科举发榜的那一天,不光是进士们自己要去看榜,而且当时那些富户、大官僚家,都派人去看榜,为什么呢,好歹在那儿找个女婿,这就叫做"榜下择婿",说得更露骨的呢,就是"榜下捉婿",拽着一个就走,其他条件到家再问。在这个时候,一些出身贫寒的读书人脱颖而出,被称为"寒俊",成为一批新型的士人,活跃在政治舞台上,从而产生了宋代所谓的"士大夫政治"。陈寅恪先生说,中国历史上有两个时期是言论最为自由的,一个是中国历史上的六朝,一个是赵宋。有学者指出,士大夫群体在中国出现很早,但是士大夫作为政治舞台上的主导力量,是到了 11 世纪的北宋,到了这个时候他们才真正主导了政治舞台。

范仲淹,大家都知道他断齑画粥的故事,父亲早逝,母亲带他改嫁,家境清贫,到寺院里读书,家中带来的米,只够熬粥。煮成粥冬天的时候就冻成一坨,他拿刀把它划成几块,一顿饭吃一份;齑是指家里腌的咸菜,咸菜也要切成一段一段的,以便多吃几天。欧阳修四岁而孤,父亲不在了,母亲教他写字,家里面根本买不起纸笔,只能拿芦苇秆在沙地上画。像这样一些人,后来都成为当时显赫的人物。

如果我们将唐宋时期的士大夫官僚相比较,我们可以看到:唐代一朝出现了很多政治精英,唐太宗那时候,像房玄龄、杜如晦,都是政坛上很有影响的人物;到了唐玄宗的时候,姚崇、宋璟,也是出色的政治家。但是他们在经学上,在文学上,说不上有什么突出的成就。反过来,经学上有成就的,像孔颖达他们这样的一些人;文学上有成就的,像李白、杜甫,在政界又缺少突出的表现。但是宋代这批士人很不一样。范仲淹做过副宰相,是庆历新政的主持者,是当时政治舞台上起引领作用的精英人物;他的文学作品,《岳阳楼记》,脍炙人口,我们全都背过,此外他也有经学方面的阐释研究。欧阳修也是一样,他做过副宰相,是文学家,也是史学家。像司马光等人也是这样。王安石尤为突出,前几年修订大百科全书,大百科全书第一版是按类别编排出版的:比方说政治卷、文学卷、教育卷、历史卷,是条目分开的。第二版变成按音序排,类似于大不列颠百科全书。这样同一个人就要合并为一个条目。结果发现,在历史卷、政治卷、哲学卷、文学卷、教育卷、经济卷都有"王安石"的专条。我们可以看到，宋代的这一批人，精通文章、经术与政事。对他们来讲，从政和治学是不分的。所以复旦大学的王水照先生说宋代的士大夫是一些复合型人才。

这样一种时代精神，弥漫于当时的朝野。横渠先生张载，当年在京师开封，坐虎皮说《周易》，气派很大，听者甚众。有一天晚上，程颢、程颐兄弟到了，他们那时候还都是二十出头的年轻人，张载和他们议论《周易》，谈了一个通宵。第二天张载来把虎皮卷了，跟学生们说：我以前讲的不足为据，现在有二程来了，他们是真正懂得《周易》的。

在那个时候，这种非常活跃而又强烈的辩驳问难精神，促进了当时对于传统儒学的新探索、新解释，从而形成了一种"思想解放运动"。前些年葛兆光先生发表过一篇文章，叫做《盛世的平庸》，就是说盛唐时期缺乏一流的、能够引领方向的著名思想家。这种情况在宋代有很大的改变。宋代的士大夫，在朝廷上比较得到尊重，他们的意见受到采纳；另外，当时还有一条规矩，就是不杀士大夫。不是绝对不杀，赵匡胤也杀贪官，但很少有人是因为公务活动里面犯了什么错误，或者是触怒了皇帝而被杀的。这种情况和明代的情形，形成了非常鲜明的对比。

宋神宗时有这样一件事：当时在陕西跟西夏用兵，宋方军事行动严重失利，宋神宗非常痛苦，曾在朝廷上当着满朝文武放声恸哭。这一失利谁该负责呢？有一个比较突出的人物就是运送粮草的转运使，粮草供应不上，当然是扯军队的后腿了。所以皇帝就写了一个内批，指示要把这个转运使处斩。第二天上朝，问及这个事办得怎么样，宰相报告说，刚想向您汇报。皇帝很不高兴，说这还汇报什么？宰相就说了：祖宗以来未尝杀士人，臣等不欲自陛下始。既然搬出祖宗的先例，皇帝沉吟片刻，说不杀也行，那就刺面发配到风土远恶之地去。门下侍郎，就是副宰相章惇，就说，要是这样的话，还不如把他杀了。为什么呢？他说："士可杀不可辱啊！"给他脸上刺字，这不是一番侮辱吗？于是，皇帝非常的恼火：做不成一件痛快事！神宗是很强势的皇帝，一般的情况下皇帝发火大家就蔫了，就别说话了。但是，章惇还接着说："这样的痛快事，做不成也好！"我们可以看到，面对着皇帝，宋代的士大夫是很敢说话的。

欧阳修在他的诗作里就有一个表述，"开口揽时事，论议争煌煌"，就是对于说国家的时政，士大夫都敢发表自己的意见。王安石跟神宗议政，意见不合的时候，就会辞色俱厉，似乎训斥学生一样。皇帝呢，也能虚心采纳而不见怪。

陈寅恪先生因此说，"尚气节而羞势利，天水一朝之文化，竟为我民族永远之瑰宝。"

下面讲最后一个问题。谈谈宋代平民化、世俗化、人文化的趋势。

宋代的历史从唐代过来,实际上有深刻的变迁。这些变化,我们大致可以把它概括为一个走向平民化、走向世俗化、走向人文化的过程。说到"化",其实就是讲一种趋势,一种走向。我们今天要实现四个现代化,是往那个方向走,不是终结,不是说完成。跟前朝比起来,宋代走向平民化、世俗化、人文化的趋势是很明显的。

唐代诗歌的成就大家都知道,是处在中国历史上的巅峰状态,所以经常会有人说,宋人跟在唐人后面,要想做诗,是宋人的不幸,因为好诗都被唐人做过了,宋人无法超越。说到宋代的文学成就,只好说宋词。

望庐山瀑布
【唐】李白
日照香炉生紫烟,
遥看瀑布挂前川。
飞流直下三千尺,
疑是银河落九天。

题西林壁
【宋】苏轼
横看成岭侧成峰,
远近高低各不同。
不识庐山真面目,
只缘身在此山中。

我们现在看到的是李白、苏轼吟咏庐山的两首诗。作者都是当时一流的文学家,两首诗作的对象都是庐山。这样两首诗放在一起,我们会感觉到有什么不同呢?李白的《望庐山瀑布》是浪漫主义的代表作,使读者感受到一泻千里的豪迈气势。而苏轼的《题西林壁》,遣词造句平平淡淡的,没有豪华的辞藻,但在平淡之中寄寓着深邃的哲理。相比之下,唐代的诗作比较注重山川意向,而宋人的诗作比较注重人文理趣。钱锺书先生在《宋诗选注》中概括说,唐诗长在风神情韵,而宋诗的追求是在筋骨思理。什么时候我们会想到李白的那首诗,有一种冲动,情不自禁脱口而出呢?可能是面对雄山大川的时候。什么时候会想到苏轼这首诗呢?不一定要去面对自然山川,即便是周边日常生活中,我们也会想到"不识庐山真面目,只缘身在此山中"。

诗作没有高低之分,不同时代的诗人,他们的情感体悟和追求却可能不同。

以唐代的绘画和雕塑为例。我们知道中国古代的人物画,早期多半是画神仙道释,然后世间的人物才逐渐增多。画帝王,画高层的人物,然后平民也会入画。我们看到的唐代绘画,包括这些普通的女性人物,一般来说,画师所反映的,是比较丰腴闲适的形象,这些人都很满足自得,很自在。而现实生活里面,当然不会如此满足自在。在宋人的画笔底下,尽管还是有自在闲适的形象,但是开始出现了大量忙碌中的平民,展示出现实生活中另外一些形象。画作、雕塑中都有这类写照。从这里我们就可以看到,在不同的时代中,人们心目中觉得值得记录、值得反映、值得呈现的,是哪些内容。他们的认识已经有了改变。从唐宋时期的墓志(墓志就是人死了以后记载他的生平的文字)中,也能观察到类似的特点。

《清明上河图》局部

　　这幅图卷大家都很熟悉,《清明上河图》,其中反映的是北宋后期都城开封的民俗景观、市井生活。这一图像,一直到现在,在世博会的中国馆,还是非常引人注目的。台湾著名的美术史家石守谦,曾经提出一个疑问:《清明上河图》在中国历代的图像里面,是不是属于"异类"? 在它以后,再开始出现都市景观的图像是到了明代的中期16世纪了,而且图画的风格也不一样。所以他提出了一个问题,为什么会在北宋后期出现这样的图画,在那个时候中国社会究竟发生了什么样的变化,酝酿出这样的一幅图画来。这样的都市风情图,我们只能看一小段:这是赵太丞家,太丞应该是给皇上看病的,这里是个看病抓方的生熟药店。外面竖的这个大型布幡,实际上就是当时的广告。上面写着"治酒所伤真方集香丸"和"太医出丸医肠胃病"。这都是现实生活里面的一些场景,由画家捕捉到他们的笔下。所以那时候的艺术创作,相对来说很贴近于世俗,贴近于平民的生活。

宋代的教育,也有相对普及的现象,专门有学者写过宋代识字率的问题。《续资治通鉴长编》里有一材料,仁宗的时候,朝廷官员说,那些街头挑担子的人,本来都是"微乎其微者",是社会上最没有地位的人,他们每一天辛辛苦苦养活妻儿,一天挣的钱,买上几两半斤粮食,求得家人不挨饿。就是在这样的情况下,他们还要每天挪出一两个铜板来,干什么呢,等他儿子长大了好去上学,就是这样的人都给他儿子存着念书的钱的。这个时候,从教育者到受教育者,其实都有一种平民化的趋向。

当时普及教育的,主要不是官方学校,那个时候官方学校是应付科举的,就像现在新东方,应付TOEFL,GRE的,不是从ABCD教起的。宋代小孩子们的启蒙其实是靠村学,村里的学校,乡学,还有私塾,在这里得到受教育的机会。像南宋的陈亮,后来考中了状元,但是在这之前曾经科举落选,那怎么办呢?他给朱熹写过一封信,说今年我要去教二三十个小秀才,其实就是读书的小孩子。以教书为生。教小孩子,收点学费,一方面他自己有一个生活的来源,另一方面还有一个复习的机会。宋代的科举取士率不超过1%,剩下的99%落第者,就是要在社会上找自己的出路,包括做乡里的教书先生。

陆游做了一首诗叫做《秋日郊居》,说到"儿童冬学闹比邻",这个学校只有冬天才开张,为什么呢,平常那些小孩要跟着拾麦穗,带弟弟妹妹,农忙的时候,爸爸妈妈下地,他得在家里干活。只有在冬天里才有空闲,所以这个村里面有冬学。教学的老先生"授罢村书闭门睡,终日不著面看人",跟周围人也都没什么来往。这些小孩子在课间的时候相互打闹,玩土,蹬凳子,有的把老师的帽子也摘了。陆游说,农家十月遣其子入学,孩子们读的,是《百家姓》这一些"村书",村里面读的书,其实就是我们说的启蒙读物。《百家姓》作为教材是什么时候出现的?赵姓是放在第一位,一定是宋代。我们还可以继续缩小它出现的时间范围,是宋代什么时候呢?第二个姓氏是钱,钱氏是吴越国主,吴越是十国里面的一个,首府在杭州一带,所以我们可以知道,《百家姓》一定出现在北宋前期,当时人对吴越还有记忆。那么,出现在哪个地区呢?当然是江浙地区。所以《百家姓》是出现在北宋前期的江浙地区。《三字经》出现在南宋,这些都是当年的启蒙读物。朱子本人,包括他的学生,都写过启蒙读物,当时的理学家,都身体力行地推动过平民教育的发展。

好,我们总结一下。宋代历史再认识,为什么需要"再认识"?主要是因为这个时代一直到今天仍然给我们留下了很多认识空间。在中国古代的历史上,从唐代到两宋时期,经历了一个很重要的社会变迁过程。这个过程体现着平民化、世俗化、人文化这样一个趋势,这样一个过程。对于这样一种过程的认识,既关系到唐代的历史和宋代的历史这样一个基本的定位,也关系到我们对于整个中国历史大势的理解。

应该说,宋代处在中国历史上一个很重要的转型期,它面临着来自内部和周边的很多新问题、新挑战,它并不是中国古代史上国势最强盛的时期。但是,它在物质文明和精神文明上的突出成就,在制度方面的独到建树,对人类文明发展的贡献和牵动,使它无愧于中国古代历史上一个文明昌盛的辉煌阶段。

对于中国历史上的很多问题,不仅仅是宋代的历史,都是值得去再认识的。我们关心今天的中国,也要关心历史上的中国,我们是要在中国的历史中认识历史的中国。

好,今天要讲的就是这些内容。

[现场答问]

问:老师您好,首先请问一下您对这种观点,就是从宋代以后,中国的文化走上一种恶性发展的看法;另外中国是否是在汉人的统治下,并且以汉人的思想来治理才会得到好的发展。

老师:本讲刚开始时引了几位先生的话,他们认为宋代这个时期是华夏文明发展的巅峰状态,但是并不意味着从它那以后就没有强劲的发展了。跟你的第二个问题有关联的一点,我自己的感觉是,一个文化一直都会往前走的,就像大河的主脉一样,一直都需要支流汇进来,不可能有什么纯粹的汉族文化,汉人思想,我们现在的汉民族其实也是从中国古代多种民族融合形成的。契丹族那么强盛,在东北亚称王称霸,像那个时候的欧洲很多的民族,都是通过契丹族才了解到中国这样的一片地区的。但是现在契丹民族哪去了呢,其实他们也融汇到其他民族,包括汉族里面来了。女真,后来我们知道像满族后金也是女真里面一部分人。但是女真其实在元统治期间,也有一部分并到汉族里面来了。所以我想这个问题应该是换一个角度来说,有一些健康的因素,能够不断地吸纳进来,如果一个民族有这个能力,有这种气魄,那么这个民族它的文化应该是能够长远发展的,而且是良性的。所以我的基本想法,就是说宋代是一个巅峰,但是这个巅峰也是有限制的。像陈寅恪先生说的,是华夏文明的巅峰。实际上我们现在的文化是在越来越广阔的脉络里面发展,而不仅仅是限于"华夏"这一民族范畴之内。

问:老师好,我这儿有个材料,说澶渊之盟结定之后,有一个人写过一篇文章,说你看咱们这个国家多强,还能把辽打败,在南宋也有这样的史料,文人和史官在争该怎么记录历史,史官说我当然按照史实记,文人说你应该按道理记,这个事应该按照咱们做得好的方面记。我想问这样一个问题,宋朝会不会存在这样一种现象,由于士大夫在整个最上层,而士大夫他们对历史的看法可能和史官不一样,是否宋朝有这样一种情况,士大夫在记录历史的时候,有粉饰太平的迹象,这样的迹象存在不存在,对宋朝的影响深吗?

老师:粉饰现实,历朝历代都是有的,宋朝肯定也是有的,不仅仅是宋朝的问题。但是宋朝的人确实像你说的,非常公开地提出来了。这样的例子也是有很多的。比如我们可以举两个例子。一个是宋仁宗的时候,石介写了一部皇帝的《圣政录》,当然就是记嘉言懿行,记录"好事"的。写了以后给他一个朋友韩琦看。韩琦看了以后就说你不能这样写,例如那里面写太祖在后宫里面喜欢一个女孩子,结果早上不能按时上朝。本来皇帝上朝都是很早的,天一亮宫门就开,现在差不多五点到七点的样子,所以皇帝是很辛苦的。《长恨歌》里面就说"从此君王不早朝"。赵匡胤有一段时间也不早朝,就是因为后宫这个女孩子。结果大家就给他提意见,说你这个是惰于政事了。他觉得大家提的意见也对,但是回到后宫还是忍不住。最后他想了一个"一了百了"的办法,把那女孩子杀了,就等于了断了这件事,再也不会惦记了。这怎么会是"圣政"呢? 君主纳谏如流,不沉溺女色啊,过去说女色都是祸国殃民的。石介记录下来,韩琦就说不能这样写,他说这是你自己沉迷于女色,你却把她杀了,要这样下去以后,那世世代代就杀个没完了。于是石介就把这件事从《圣政录》里取消了。是不是说韩琦这个人阿谀奉承? 其实也不是那么简单,他们记录"圣政"、书写历史的目的,是要给后代帝王提供楷模的,既然提供楷模,就要千方百计筛选,这有很大的代价,代价就是筛除掩盖一些历史事实。当然我们现在还是了解到,我们不是从记载赵匡胤的材料里得到,我们是从记载韩琦的材料中得到的。这些并不是完全没有蛛丝马迹,但要追踪到有时候也确实不容易。

另外一个例子就是你说的,比如澶渊之盟这件事情,包括杯酒释兵权等一些事情,宋代的《实录》和《国史》里面,是没有记载的。宋代的历史在各朝各代算很完备的,甚至比后面元明还要完备,但是这些事情没有记载,当时就有人质问史官,说某事怎么不写,有的史官就回应说,脸上没光的事情,看上去后来会认为是丢格的那些事情,就不能写。但是,当时也有士大夫认为,这些都是应该写的。现在官方的史书里面没有写这些事情，可是在其他的著述里可能是有的，而不同的史官也会有不同的处理方式。比如司马光写《资治通鉴》的时候，他手下的人彼此都有不同的意见，处理方式也是各种各样的。另外官方修史是会有明显问题的。官方修史的格局是唐代奠定的，唐代以前，史书主要是私人写的。官方修史一定是避讳的，历朝历代都会有这个问题。

（原载《北大讲座》第二十五辑）

郑和下西洋时期的世界态势

张信刚

[演讲者小传]

张信刚,1940年生,台湾大学土木工程学学士(1962年),美国斯坦福大学结构工程学硕士(1964年),美国西北大学生物医学工程学博士(1969年)。曾在美国、加拿大多所名校如布法罗纽约州立大学、南加州大学、匹兹堡大学、麦基尔大学等校任教授、系主任、院长。1996年任香港城市大学校长至今。他是英国皇家工程学院外籍院士,美国生物医学工程学会会长(1989—1990),曾荣获法国国家荣誉军团勋章(2000年)、中国北京外国语大学名誉教授(2005年)、中国协和医学院名誉教授(1987年)、中国医科大学名誉教授(2000年)等多种荣誉称号。现任十届全国政协委员、2000—2003年出任香港文化委员会主席,还著有超过一百篇学术研究论文,主编两册研究专论及拥有一项加拿大政府专利;以中文发表之著作五本及其他一般著作数十篇。

我也闲话少说,直接进入正题。我的题目是"郑和下西洋时期的世界态势"。我既不是历史专家,更不是研究郑和的专家,可是我对郑和下西洋的意义多年来颇有感受,所以我就围绕着这个问题,把当时世界的大致情况跟各位做一个简单的介绍:从我们中国开始,由近而远,环绕地球转一圈。这是一个很难的工作:在一个半小时的时间里,对六百年前的世界作一个描述,是很难的。所以我是斗胆在此作报告。

郑和下西洋的壮举大家都知道:七次下西洋,第一次是在1405年——这也是为什么我们今年庆祝他六百年前的壮举。他的船队有两百多只船,最多的时候有两万七千多名官兵和家属;他们所表现出的组织能力、航海技术,以及船和船之间的联系方法,都说明了当时中国国力的强大。

但是郑和下西洋之后,明朝朝廷很快就宣布了海禁,他下西洋这件事情,逐渐被人遗忘,以至于在中国都很少有人传说。当然也有人提到"三宝太监下西洋",但那是以小说的形式流传的。一直到一百年前,中国的学者梁启超等人看到当时的世界是由海权国家所把持,于是他们想到我们中国历史上也有过杰出的航海家,也有带领大规模舰队出海的壮举。所以,梁启超倡议"纪念郑和下西洋五百周年"。

自1905以后这一百年来,世界及中国的变化是极大的。到了今天,中国开始意识到:要和平发展,海洋对中国是非常重要的。因此我个人一直认为,郑和这么多年来被人遗忘是很遗憾的,但却也不是没有道理。为什么这么说呢?因为在郑和之后,哥伦布发现了美洲。哥伦布以及后来的达伽马、麦哲伦,他们的航海行为改变了他们所到之处的政治、经济、文化发展的轨迹。然而郑和奉行的是一条和平的外交路线,他所到地方,去过,又回来,当地本身的发展并没有大的改变。所以,从这个角度看,郑和被人遗忘不是没有道理的。我查过一些世界通史,没有一部不讲到欧洲人的"地理大发现",但几乎没有一本——我不敢说没有,至少我没有查到——专门有一章讲到中国在14、15世纪之交的航海成就。所以梁启超要纪念郑和下西洋五百周年,而我们在这里纪念郑和下西洋六百周年,也不是没有道理的。他曾经被遗忘,是一回事;我们今天纪念他,是另一回事。

我今天要讲,得先从中国讲起。大家最熟的我就不多说了。"靖难之役"之后,朱棣,就是后来的永乐帝或明成祖,推翻了他的侄儿建文帝。永乐帝有几大成就:他曾经五次率兵亲征漠北——当时蒙古的力量在北边;他在中国的东北角,即与库页岛北端隔海相望的海岸边设立了"奴儿干都司"来统领整个东北——那不是我们今天的"东三省",而是广义的"东北";他为了把中国的国防重点放在北方,把国都从南京迁到现在的北京——这些是"武功"方面。

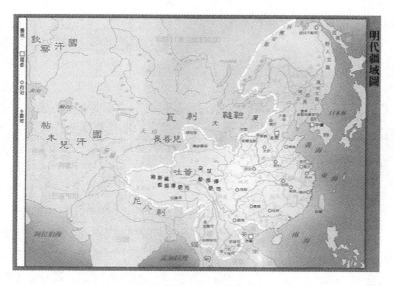

郑和下西洋时期的中国

郑和下西洋时期的世界态势

"文治"方面,他主持编纂了《永乐大典》。假如郑和下西洋算"武功"的话,那当然也是他的"武功"之一;但郑和下西洋奉行的是和平的外交路线。

  这里显示的是明朝的疆域图。北边的鞑靼和瓦剌都是元朝蒙古人撤退到那里去的。当时蒙古的势力并不认为自己已完全失败,他们初时还想南返。鞑靼和瓦剌之间当然也有矛盾,但与明朝的矛盾更大。从地缘政治的角度看,明朝当时主要的安全威胁来自北方。还有一些东边的、南洋和西洋——今天文莱以南的海域就叫"西洋"。南洋、西洋和东海的威胁不是没有,但都被划为次要的。从这一点就可以猜测,郑和下西洋为了什么。有人说是为了找惠帝,有人说是要鼓励商业及朝贡,也有人说永乐帝登基等于篡位,因此想让四围的国家承认他(的正统地位)。这都正确,但是有一条我认为不应该忘记:永乐帝在没有登基之前,是负责对北方蒙古的防务的燕王,因此他对地缘政治颇为了解。他也曾派使节经陆路到过中亚。郑和也去过西亚甚或中亚,所以很可能是为了联络当时世界第二强国,帖木儿汗国,从西边来牵制鞑靼和瓦剌。我认为这绝不是凭空臆想。从一些蛛丝马迹可以看出,永乐帝从陆路、海路都派了人去,并且派了那么多只船,好让人知道中国的力量;但是在其他的方面,他就把重点放在陆路上,对南洋实行很和平的政策。其实,他父亲明太祖也奉行这样一条路线。明太祖曾经有这样一段话:"海外蛮夷国,有为患于中国者,不可不讨;不为中国患者,不可辄自兴兵……朕以诸蛮夷小国,阻山越海,僻在一隅,彼不为中国患者,朕决不伐之。"他还怕他的后人忘了,特地把这些话放在"祖训"里面,将东海及南洋、西洋许多地方列为"不征诸夷",以免"后世子孙,倚中国富强,贪一时战功,无故兴兵,致伤人命"。这是明初和平外交路线的明证。

再进一步探讨郑和下西洋的原因。至少有一个决不是原因:那就是绝不像西班牙人、葡萄牙人,是为了发现新航路、以便开展贸易。因为郑和的航路,都是有记录的、都是前人走过的。比如说这张地图,是当时的一个朝鲜人从中国复制的。这张图现在在日本,叫做"混一疆理历代国都之图"。这个图包括了全世界,当然,比例不很准确。但这里面有一个波斯湾入口的地方,元朝

混一疆理历代国都之图
绘制于建文四年(1402)

时候,马可·波罗从陆上来,海上回去,送元朝的公主下嫁到伊儿汗国,就是走的这条路。所以郑和航海的所有路线都是已知的,找寻新航路一定不是他的目的,寻求殖民地掠夺财富也绝对不是他的目的。和平外交、让远方的诸国震慑于中国的国威,这可能是目的之一。其它的,极可能就是为了设法牵制北方蒙古的力量。

中国当时的情况,下面这张《出警图》可充分说明——从军队的装备、布阵以及画工的造诣就可以看出来,当时中国的综合国力绝对是世界第一。文化的精致在明朝已达到很高的地步。

《出警图》

《入跸图》

像这幅很有意境的画(上图),也是在明永乐年间画的。

这是瓷器艺术(右图)的最高境界。看它的造型,如果现在要到纽约拍卖的话,一定是很贵的。现在一般的历史学家都认为,当时中国平均的生活水平——不是皇家、帝王的生活,而是平民的生活——在世界是占领先地位的。

这是北京城里的景象(下左),这是南京的景象(下右),你可以看到丰衣足食、店铺林立的状况。用现代的术语,就是当时几乎已进入了"前资本主义时代";城市的文化、商业生活已经非常发达了。

明朝北京城繁华兴盛的景象

明朝南京的盛况,街市纵横,店铺林立

让我们把视线从中国转到东亚和东南亚的邻国。东亚包括朝鲜、安南、日本,这三个受中国文化影响最深的国家。

朝鲜,郑和下西洋时代正是朝鲜时代的李朝(1392—1910)。最近有一部电视剧,在华人世界非常轰动,叫《大长今》,讲的就是那段时间的事。李朝特别鼓励学术,并且以儒学治国,设置了一个"集贤殿",也成立了一个大学叫"成均馆"。在东亚,六百年来真正维持连续授课的大学,就是韩国的成均馆大学。我有一回去成均馆大学访问,他们的校长是一位医学博士,特意带我去参观校内的孔子殿。他说一般人是不准来参观的,我们都是校长,是孔子的门徒,所以特意打开给你看。一直到今天,成均馆大学的校长每年春天和秋天都要去这个孔殿祭拜一下,说:"孔老夫子,我今年又为你收了多少门徒,今年又毕业了多少门徒。"所以成均馆大学这六百年来也真的不容易。当然了,朝鲜的语言属于阿尔泰语系,所以他们虽然用汉字,至少上层阶级都学汉字,但是也按照方块字的样子发明了自己的一套标音符号。这种标音的符号,即今日的韩文,一直在上层阶级里推不开,直到1945年第二次大战结束后才真正得到推行。

安南是今天的越南。安南在五代的时候跟中国的关系就疏远了,所以宋、元都没有纳入中国的版图。明朝初年,因为安南内部发生内讧,姓陈的王朝(1225—1400)要求明朝出兵帮助,明成祖就顺势在那里成立了"交趾布政司"。过了一段时间,黎朝把陈朝灭了,自己又跟明朝疏远了。这就是安南大致的情况。

日本,因为元朝的时候两次想攻日本都没有成功,所以日本跟中国的距离就更加疏远了。但是日本跟中国的贸易,从来都是亦商亦盗,有时候做买卖,有时候做海盗,有时候则说是来朝贡。日本当时是室町幕府时代(1338—1573)。明朝想出了一个方法,叫"勘合贸易"。我把一张贸易券一撕两半,你拿一半,我拿一半,下次你的船来,带着那一半,对得上,我才跟你做生意。所以用勘合贸易的方法,让日本跟中国的贸易相对规范化,调整了两边的贸易关系,也让日本船队、日本商人有一个依据——不用再抢了。倭寇来抢,到后来又成为明朝的一个重要威胁;但是在明成祖时,还是比较盛行正常的贸易。

再看看我们的东南邻国。

菲律宾。菲律宾当时主要还是渔猎及游耕社会。他们也具有他们自己的社会组织,叫"巴朗加"(barangay),这是一种具有广泛亲缘关系的组织,也是基本的政权形式。但是在今日菲律宾的最南端,伊斯兰的教义和伊斯兰的社会组织形态已经传入了。这包括苏禄群岛。当时苏禄群岛的国王听说明朝的声威,他就设法来中国,也见到了中国的皇帝。回去的时候沿运河走,但不幸在山东德州病故了。中国用明朝王子之礼厚葬他,给他建了个陵墓,他的大儿子想办法回去,继承了王位;他的妻子,也就是王后,和他的二儿子就留在山东德州。明朝政府真是善于睦邻,找了三户回族人,帮他们看这陵墓。据我了解,这些人(的后代)不少现在还住在山东德州。当然那个王子的后人,也已经完全融入中国社会了,可能已经不知道自己是王子的后代了。这段佳话也可以说明,中国的睦邻政策及和平外交路线还是有意义的。

马六甲的苏丹国。马六甲是马来半岛最早成为商业贸易区的地方。1408年,郑和第二次下西洋,明永乐皇帝就册封了马六甲王。之后马六甲王就借此机会,把原来对他影响很大的暹罗给挤了出去。在郑和走了之后,马六甲的统治者名叫霹雳。你今天到马来西亚,问他们:马来西亚的民族英雄之一是谁?他们都会说是"霹雳"。他把马来人的势力范围扩大了。本来东南亚每个地方都有自己的语言,马来亚、东爪哇、西爪哇、苏门答腊,等等,各有不同的语言。但霹雳之后,在南洋做生意的共同语言,就逐渐转为马来语。今天马来西亚的官方语言叫"巴哈萨马来",就是马六甲语的现代版本。今天印度尼西亚的官方语言叫"巴哈撒印度尼西安",也是这个马来语的版本;它跟峇里、爪哇岛和苏门答腊的各种语言是不同的;今日印度尼西亚的国语来自马来,就是从霹雳那个时候开始的。

刚才说到暹罗,就是泰国了。暹罗当时正处于"阿瑜陀耶王朝"。它从柬埔寨借来一套"神王"的概念,开始大力推行南传(小乘)佛教,大量兴建佛寺。寺庙的修建也是从柬埔寨学来的。很多人不知道,认为泰国比较发达,柬埔寨比较落后;其实从文化上讲,泰国的许多文化都是从柬埔寨那里学来的。

印度尼西亚。今天的印度尼西亚是一个有几千个岛屿的国家,其中最大的一个岛,就是苏门答腊。当然大家肯定听说过"亚齐"这个地方。从地理位置看,亚齐跟阿拉伯半岛是最近的,所以整个东南亚最早的伊斯兰教据点就在亚齐。沿着从亚齐到马六甲这条航路,有很多阿拉伯人、波斯人、印度人、中国人,在各地海岸线做生意。通过做生意,穆斯林传播了他们自己的信仰,从而把伊斯兰教带入了马来亚和印度尼西亚。现在很多人有误解,以为伊斯兰教的传播是全凭"一手拿着《古兰经》,另一手拿着宝剑"。事实上,至少在东南亚,不是这样的,而是以和平方式,通过商人和有文化、有宗教热忱的人们而传播的。马来西亚、印度尼西亚跟中国的距离也不算远,中国有一些亡命之徒,也有一些为时势所迫而要避灾逃难的,都到了那里。所以那里也有不少华人。郑和下西洋的时候,就遇到了一个华人海盗首领在苏门答腊的南部巨港称王称霸,叫陈祖义。郑和把他抓起来,送到首都南京去,把他斩首;接着郑和把他底下的二头目招安。可见郑和到了哪里,都是秉公执法的。中国人在外国做了地方头目还要伏法,可是不像后来西班牙人殖民初期那样,有人占了什么地方,西班牙皇帝就封他做当地的王公。

说到东南亚,我想起大概二十年前,有一本书叫《河殇》。《河殇》里面对郑和的举动大为不解,觉得怎么历史给我们中国人机会,我们都不去利用;你看人家西方人天生就能干,新航路一发现就利用了,就是比我们强。我对《河殇》的观点,当时就不赞同;我觉得那是个不全面的观点,把中国贬得很低,而且我认为它所崇奉的"强权就是真理"的观点是不正确的,对西欧与中国当时的历史条件也分析得不够。

下面讲南亚,就是巴基斯坦、印度、孟加拉和锡兰(斯里兰卡旧称)。

先讲锡兰。锡兰在1400年左右跟今天一样,北边属于泰米尔族,跟印度东南部的人是一样的,信仰印度教;南边是僧伽罗族,信南传或小乘佛教。北边的贾夫纳一向是泰米尔——印度教的中心。今天在伊里兰卡执政的,是信佛教的僧伽罗族,泰米尔族是少数,所以才有"泰米尔之虎"游击队①。另外,还有一部分穆斯林。郑和下西洋经过锡兰时,曾被当地人袭击,郑和表现了他的军事才干,以奇袭致胜。这是他七下西洋中唯一的一次与当地人的武装战斗。

最值得一讲的是印度。印度古老文化的变迁比我们中国古老文化的变迁程度要大得多。首先,三四千年前,由中亚进入印度的雅利安人信仰婆罗门教,他们逐渐统治了整个印度。印度南边的原住民是深肤色的罗毗荼人,信奉自己的原始宗教。但婆罗门教慢慢地同化了他们,并实行种姓制度,压迫他们。可是到了11、12世纪的时候,伊斯兰教进入了印度半岛西北部,印度教文化的重心就转移到了印度半岛的中南部。后来(印度半岛)中南部的人经过重振,就在婆罗门教的基础上蜕变为今天印度教。印度教的产生是一个文化复兴运动,提倡使用古时的梵文,恢复了一些往日的艺术等。在郑和下西洋的时候,当时的王朝是印度最新的一个力量。今天的印度人,你跟他谈印度文化的时候,除了最早的那些王朝和英雄以外,他会骄傲地讲到这个维查耶那加尔王朝。永乐三年的时候,郑和第一次下西洋就到了印度西南角的小邦"古里"——因为这个地方历来是印度洋内的贸易中心。印度人、波斯人、阿拉伯人在欧洲人没来之前,贸易船队始终通过古里这个地方集散。郑和七次下西洋,七次到古里。在那里郑和代表明成祖立了块碑,碑文曰:"其国去中国十万余里,民物咸若,熙皞同风,刻石于兹,永昭万世。"

印度的北方,自从伊斯兰教兴起后,今天的信德地区,也就是印度河入海的地方,从第7世纪起就已经变成伊斯兰教在南亚次大陆的"桥头堡"。11世纪以后,一些伊斯兰化并且波斯化了的突厥人,从今日的阿富汗地区逐渐入侵

---

① 泰米尔猛虎组织于2009年5月被斯里兰卡政府消灭。——责编注。

Samarqand, Registan
郑和下西洋时期的中亚建筑

到新德里地区,在13世纪初建立了"德里苏丹国"。所以印度西北部许多人都是从阿富汗那边移居过来的,到郑和时代,经过两世纪以后,他们在印度的统治非常成功。第一是他们的武装力量很强,第二由于印度教种姓制度的关系,印度低级种姓的人很愿意转信主张平等的伊斯兰教。在1400年左右的时候,伊斯兰的各大小苏丹国占了印度半边江山,德里苏丹国当然是主要的,但连东部今天孟加拉国的地方也由另外的苏丹国统治。

下面再讲讲中亚与西亚。

中亚包括今天的阿富汗、哈萨克斯坦、塔吉克斯坦、吉尔吉斯斯坦、乌兹别克斯坦等等,西亚就是今天的伊朗、土库曼斯坦、叙利亚、伊拉克、阿拉伯半岛、土耳其那一带。这些地方的人当时都已知道中国——别的地方的人当然也都知道中国。正是郑和下西洋时期、也就是明洪武和永乐之交的时候,中亚出了一个帖木儿(Timur)。帖木儿是一个突厥化了的蒙古人的后裔,他爸爸是一个军官。他年轻的时候也是一个地位低微的下级军官,在一次作战中伤了腿,成为瘸子。所以波斯人及西方人称他为"Timur the Lame"或称"Tamerlame",即是指他是瘸腿。我们今天看蒙古族人、维吾尔族人中也有叫"铁木尔"的,这是一个很普通的名字。帖木儿生在西察哈台汗国,当时名义上仍然由成吉思汗的后裔所统治,但实际上是军人割地自据。当时中亚和西亚的蒙古人都已经伊斯兰化了,已经跟当地士绅通婚,所以他们本身已经不是纯正的蒙古人了,但是他们的血缘家世仍然让他们占有极大的优势。在那里谁要想拥出了一个王来,都要说他是成吉思汗家族的后人——帖木儿就是这样一个人。他的家系到底如何,我不敢说,但他的妻子倒的确是成吉思汗的后代。他出生在撒马尔罕附近,自称"我是成吉思汗的后裔",然后他把西察哈台汗国的地方都给打平了。但他直到自己去世前都没敢自称是察哈台汗国的苏丹。

帖木儿除了统治今天的中亚地区以外,他也攻占并抢掠了印度的德里。德里苏丹也是信奉伊斯兰教的。帖木儿自己说他对真主是无限的敬奉,他的一生都是为了奉献给真主,但是他打起仗来就不管了,不论是同宗教的还是不同宗教的,只要挡他路的一律都打。他杀起人来也非常厉害,给自己起个名号叫"真主之鞭",是替天行道的意思。他又向西进军到叙利亚,接着又打到安那托利亚即今日的土耳其,把当时势力很强的奥斯曼突厥人的军队打败,让本来要去攻打君士坦丁堡的奥斯曼人不得不回来跟他周旋。打过土耳其回来之后,帖木儿岁数也大了。他说,该征服的都征服了,只有中国那边我还没去过——首先一个对象是东察哈台汗国。(明朝的时候,察哈台汗国已经自己分成东察哈台和西察哈台,东察哈台就是今天中国境内的和田、喀什、伊犁这一带;西察哈台则是乌兹别克斯坦、哈萨克斯坦等)。帖木儿要来中国,刚好走到讹答剌,即当初成吉思汗一怒发兵西征的地方,他就去世了,所以他没有走到中国。对帖木儿想犯边这一点,我认为中国的皇帝和军队一定是知道的。帖木儿发源地的突厥人以前是游牧民族,但他们迁徙到阿姆河与锡尔河两条河之间("河间区"),不久就已变为定居生活。唐朝时主要是说伊朗语的粟特胡人住的,粟特胡人主要从事农耕及经商,在丝路上赚钱;后来突厥人大量南移至那里,他们也从事农耕,不再游牧了。可他们还保持着部分游牧部落的传统,所以帖木儿就像成吉思汗一样,把征服来的大片土地分封给子孙。大儿子接了他的位,就把首都从撒马尔罕迁到今天阿富汗境内的赫拉特。赫拉特在伊斯兰历史上是很重要的一个地方。阿富汗本来就是东伊朗的一部分,说言是属于伊朗(或波斯)语系的。这些突厥人到了那里,后来在那里努力推动文化,形成了一个波斯—伊斯兰文化的复兴。而帖木儿最宠爱的受教育最多的是他的大孙子兀鲁伯。兀鲁伯是个很好的文化人、很差的政治家、极差的军事家。他受爷爷之封,在撒马尔罕为王。帖木儿的陵墓就在这里(展示图片)。很多人在没有去世之前先修陵墓,这座陵墓是1404年完工的,帖木儿1405年去世。兀鲁伯在撒马尔罕建了一座天文台,在当时是全世界最先进的。明朝也用"回回历",就是因为中亚的伊斯兰学者精通天文,测天象比中国还要准。中国与中亚西亚的交通不只是单向的,道路即使有一段时间中断了,交流还是很频繁的。这张绘画(展示图片)反映的是波斯的一位王子仰慕中国的一位公主,跑来求爱的故事。这个故事是不是后来《图兰多公主》的原本,我不敢确定,但好像有点那个味道。事实上,由于伊斯兰教不鼓励甚至禁止对人像的描绘——因为真主是至高无上而且无形无像的,不应有崇拜其他任何偶像的倾

"Princess Humayun spies Humay at the gate" Khwaju Kirmani, 1396

"The sages of China bringing books on history to Uljaytu" Herat, 1425-30

向,所以伊斯兰艺术里面,其他的都很发达,唯独绘画不发达。直到蒙古人西征以后,把中国的画像和工艺品带到了那边去,他们才有了波斯"细密画"的画法。

这张所画的(展示图片)是中国的者带来学历史书,交给他们的国王。这说明了当时的历史情况,还是有中国学者把书交给他们,还是画了人的——严格说来,在最正统的原教义的伊斯兰教徒那里,是不兴画这些东西的;可以看到有些画里有些人有个脸,但眼睛、鼻子、嘴巴都没有——不是被人家挖了去,而是画家刻意避免画。这个工艺品(展示图片),应该是水壶,把手是龙形,明显受到中国风格的影响。它是在郑和下西洋那段时间,在今天阿富汗的赫拉特,也就是帖木儿汗国的首都制造的。

总的说来,蒙古西征,确实摧毁了很多伊斯兰文化,包括把阿巴斯王朝给灭

Herat, 1420-50

了,把在巴格达的哈里发给废了。但是蒙古人也向西亚带入了一些中国文化。而阿拉伯人所建立的阿巴斯王朝灭亡后,突厥人在伊斯兰世界里的地位就更为上升了;特别是突厥化了的蒙古人,不只拿到了军权,也拿到了政权。但是在文化上,除了奥斯曼突厥人之外,他们大多数人都已经同化于波斯文化。所以,帖木儿王朝,由撒马尔罕迁都到赫拉特以后,形成了波斯语和突厥语并用的一种文化;而且在整个的伊斯兰文化的历史中,可以算是蒙古西征后的伊斯兰"文艺复兴"。比如有一个叫贾米的中亚波斯诗人,他是所有的波斯诗人中的集大成者——波斯有不同的诗,就像我们有五言律诗、五言绝句、七言律诗、七言绝句,波斯的诗也是分不同格式的。所有说波斯语的人都承认:贾米是所有以波斯语言创作的诗人里最好的一个。他是1410年出生,1492年去世的。还有伊斯兰文化中的瑰宝之一,细密画。这最早是从赫拉特开始的,慢慢往西传,到了伊斯法罕(插一句话,帖木儿打到伊斯法罕的时候,当地人阻挡他,所以他决定屠城,把人头骨骷髅堆成一个金字塔——这也是为什么许多人谈帖木儿而色变)。还有一个事情,一般人可能不太注意:在中亚的伊斯兰,跟阿拉伯世界的伊斯兰,有一些不同。中亚的突厥族早期跟蒙古族一样,都是信奉萨满教,他们有自己的一套诸如跳大神等仪式和神灵附体的概念,所以有很多突厥人的苏非教团都把那样的一种思想和仪式套用到伊斯兰的教义里面去。在帖木儿帝国的前期,就出现了一个大的苏非教团,叫"纳格什班迪"。这个"纳格什班迪"教团到现在还存在,在新疆也有这个教团。

再讲一点有趣的事。比一比郑和和帖木儿这两个人。成吉思汗西征前,当时有一个称雄于中亚及西亚的花剌子模——花剌子模王看不起他,把他派去的商队(大都是穆斯林商人)都给杀了,所以成吉思汗一怒之下就去征讨花剌子模。在他征讨的过程中必然要经过位于"河间区"的布哈拉城;布哈拉的小土王的先世曾在宋朝时到过中国避难,后来回国继续统治,一直觉得中国不错。成吉思汗去的时候,当时的统治者叫赛典赤·瞻思丁,才十岁。他的妈妈就跟他说:你的先世曾受惠于中国,中国来的人不会太坏的,投降算了。于是他们就投降了,这个赛典赤·瞻思丁后来成为成吉思汗很得力的助手,之后又辅佐成吉思汗的孙子蒙哥,再辅佐蒙哥的弟弟忽必烈。所以赛典赤一直帮助蒙古人中国统治。忽必烈当了大汗以后,他觉得云南这个地方很难搞,民族关系复杂,地方又远,就把已经告老退休的赛典赤·瞻思丁重新启用,派到云南,封他为那里的"平章政事",相当于今天的省长。赛典赤·瞻思丁最后死在云南。他死后,他的儿子继任了他的职位。他的儿子已经改了汉姓,姓"马",叫马速忽。这个马氏又传了几代,有一个孩子叫马和。马和十一岁的时候,明太祖朱元璋打到云南来。那时候他马家应该有人当元朝的官,马和的爸爸和爷爷都去过麦加朝圣,他们在当地也还是士绅人物。马和的父亲死于战事,马和自己让明朝的军队给俘虏了。但这个小孩子很聪明能干,长得又漂亮,个儿又高大。朱元璋喜欢他,后来朱棣也喜欢他,所以他就跟着朱棣。在靖难之役的时候,有一次在北平附近的郑庄战役,马和英勇机智,立了战功。明永乐皇帝登基之后不忘其功,就赐给他姓"郑"。郑和应该是赛典赤·瞻思丁第六代孙;他后来到帖木儿那里去,帖木儿则是成吉思汗的后裔。两人都有中亚突厥语系穆斯林的背景,一个在那里称王,一个则已中国化并效忠于中国皇帝。我觉得这个小典故也很有意思。

现在我要跳远一点,去亚洲和欧洲及非洲之间,土耳其、叙利亚、阿拉伯的西部,还有非洲东北角与亚洲相邻的埃及。在伊斯兰社会里,从很早就有一个习俗,就是招募一些异教徒的奴隶兵(马木鲁克)担任卫戍首都的任务。奴隶兵改信伊斯兰后,就成为自由人并且慢慢利用职位的方便夺取政权成为统治者。从 11 世纪开始一直到 15、16 世纪,甚至到奥斯曼帝国的后期,始终有很多非穆斯林人当奴隶兵,兵源主要来自游牧的突厥部落,但也有斯拉夫人、高加索人等。成吉思汗西征就到过欧亚非交界的地区。后来他的孙子旭烈兀、拔都也都西征过,蒙古人在西征过程中唯一失利的地方就是遇到在叙利亚败于首都在开罗的马木鲁克,所以马木鲁克朝代对于保存伊斯兰文化是有功劳的。这个区域一直是商道,保证从埃及到红海一直到阿拉伯海的商道畅通。

郑和下西洋时代的北非有一个人叫伊本·白图泰,他来过中国,比马可·波罗晚一点,但他对中国的记录更为翔实准确。因为是用阿拉伯文写的,所以欧洲人不太知道。马可·波罗的游记起初是用威尼斯的方言,口述给一位热那亚的囚犯,然后再翻译成其他欧洲语文。白图泰确实来过中国,他的书在阿拉伯世界是很受重视的。另外一个也是跟郑和差不多同时代的人,叫做伊本·喀鲁敦,他是北非突尼西亚人。当时北非的文化中心是在开罗,所以他在开罗讲学著述。根据大量的史籍,又受到当时为害甚烈的黑死病的影响,他提出了一个朝代与文化兴衰循环的历史观。他认为一个文化与王朝总会因为内部的腐朽与散涣而衰弱,这时周边的文化发展较迟而凝聚力却较强的民族就会兴起并取而代之。他的这个说法影响了 20 世纪的英国历史学家汤因比;汤因比根据文化兴衰的观点,在 20 世纪中期预言 21 世纪应该是亚洲人的世纪。

现在要讲一下撒哈拉沙漠以南的非洲。虽然我们跟他们的交往很少,但必须要讲一句。因为如果不讲的话我们就缺了一块——在欧洲中心主义的历史观下面比较少受重视的一块。

在撒哈拉沙漠南部有一个桑海王国。有一个城市,在今天的马里,叫廷巴克图。这个地方从 10 世纪起一直不但是商业中心,也是伊斯兰文化中心,甚至是伊斯兰一个教法学派的中心。在14、15世纪的时候,也有很多伊斯兰的学者到廷巴克图去。这个地方的人为什么会变成穆斯林呢?当然是由于北非的阿拉伯人、柏柏尔人。他们不畏艰险,穿过撒哈拉沙漠,在撒哈拉沙漠以南从事贸易,传教并了建立了城市。

还有一个地方,就是刚果。在中非、西非一带。那个时候他们也很强,说班图语,以象牙、黄金、皮革等从事贸易,也贩卖奴隶。贩卖奴隶这种行为倒真不是从哥伦布之后才有的。在欧洲和阿拉伯世界始终有少量的奴隶是非洲黑奴。阿拉伯的宫廷、欧洲的宫廷一向都有黑奴,这种贩卖是一直有的。刚果人也从事这个工作。但是葡萄牙人到了那里以后,他们逐渐被葡萄牙人改变为信仰基督(天主)教,而奴隶贩卖则大为增加。

伊斯兰文明的黄金时代应该是9到11世纪。到了郑和下西洋的时代,它的黄金时代已经过去了。在12世纪的时候,有一些伊斯兰学者曾说:创制之门已闭,就是说新的思潮、对《古兰经》的新的理解,都已经不需要了,我们的智慧已经完满了。所以从那以后伊斯兰教就走上了一条比较保守的道路,因此它的社会发展也就开始变得较缓慢。而伊斯兰教的创始民族,也是最早的、比较有锐气的、第七第八世纪的阿拉伯民族,到这时已经处于比较衰老的状态;反而先是波斯人,后是突厥人为他们撑起了伊斯兰文化。在蒙古西征之后,突厥民族成为伊斯兰世界的主导力量;这包括控制北非埃及和叙利亚的马木鲁克王朝,统治波斯的萨法维王朝和前面说到的奥斯曼帝国,后来又有统治印度的莫卧儿王朝。这些统治者都是突厥民族,只不过有的已转用阿拉伯文,有的转用波斯文。一直到20世纪初期,保持着突厥语文的奥斯曼帝国还是相当强大。而刚才讲过,帖木儿帝国,在它的一百多年里,替波斯这一特别的伊斯兰文化创造了一次复兴。然后就是刚才讲过的,伊斯兰教以一种和平的方式,通过商人和苏非教师的逐渐传播,传遍了东南亚。所以说,在14、15世纪,伊斯兰教有脆弱的一面、腐朽的一面,也有强劲和扩张的一面。

现在我们要到欧洲基督教世界那边去。先说拜占庭帝国。其实到了14世纪,拜占庭帝国只剩下君士坦丁堡附近的一些地方了,所以它必须要向西欧的拉丁教会求援。拉丁教会属下的各地一方面为了帮助拜占庭,一方面也为了做生意,在拜占庭领域建立了自己的殖民地,譬如威尼斯、热内亚都在拜占庭有殖民地。大家知道,拜占庭是古时候的名字,我们叫它拜占庭帝国,它自己叫"罗马帝国"。它认为罗马帝国首都已经东迁,真正的罗马帝国就是我。但它的罗马帝国不用拉丁文,而用希腊文。拜占庭是双轨制,有掌政权的皇帝,有掌教权的牧首(大主教)。皇帝觉得我是罗马帝国的皇帝,当然我们应该跟意大利那边的人合作。那么罗马的拉丁教会与希腊的东正教会不如统一就算了(在1095年,基督教的两方势力,即希腊东正教和罗马拉丁教会互相开除教籍,从此分裂)。可是拜占庭那些教士们,觉得我才是正统的——那个教会的西文叫"Orthodox",在希腊语里面,或者今天的英语里意思就是"正统的"——我怎么能跟罗马那些不正统的人平起平坐呢!所以两边就没有合并。到最后,奥斯曼人快要攻入君士坦丁堡的时候,皇帝要战,那些教士说不要战。因为从以前的纪录,当伊斯兰的军队进入一个地方的时候,他们对犹太教和基督教的人都是宽容的,只令其交人头税,可以遵循自己的教规,过自己的日子;由自己的教士、"牧首"来"牧自己羊",即管理自己的社区。所以皇帝想战,而主教说不要战;可以想见,奥斯曼的军队一到,很快就把他们打败了。这是拜占庭帝国。它的衰势已经持续了两百年左右,要不是帖木儿无意间救了它一下,它在1402年恐怕就垮了;但是现在到1453年,才让奥斯曼帝国占领了首都,皇帝战死,大主教投降。再插一句闲话:攻占君士坦丁堡还真不容易,因为它有很厚很厚的城墙,有几米厚。还要说一句,奥斯曼帝国早先已征服了塞尔维亚,所以信仰基督教的附属国,塞尔维亚军队从西边攻,奥斯曼自己的军队则从东边攻。这时正好有个匈牙利工程师会造炮,他本来想把他的大炮卖给拜占庭,但基督教人嫌贵,他就把大炮卖给了奥斯曼的苏丹。于是这些炮就天天轰,终于把厚厚的城墙给轰出一个口子来,奥斯曼军队就从这个口攻了进去,结束了近千年的拜占庭(东罗马)帝国。

俄罗斯。由于拜占庭帝国本来是整个东正教地区(东欧)的经济文化中心,所以俄罗斯在公元1000年左右开始接受基督教的时候,就有一位希腊教士把希腊字母改了几个造成了一套俄罗斯文字母。俄罗斯本来一向是唯希腊的马首是瞻,从文化上、制度上都跟希腊很像。由于奥斯曼人把拜占庭逼得不行,后来又打败了,这就给俄罗斯人一个出头的机会。俄罗斯13世纪以后本来也是在蒙古人的金帐汗国统治之下。这些汗国基本上已经改信伊斯兰教了,一部人住在黑海的边上——到今天还有信伊斯兰教的蒙古人在黑海边居住。俄罗斯的瓦西利二世就在郑和下西洋这段时间强大起来,他的统治时间跟郑和下西洋恰好同时。等到他的下一代,伊凡大帝,就正式建立了俄罗斯

The Archangel Michael Late
14th-early 15th century
郑和下西洋时期的俄罗斯艺术

"Altarpiece of Annunciation"
Fra Giovanni da Fiesole 1430

"The Adoration of the Magi"
Gentile da Fabriano
1423

郑和下西洋时期的意大利艺术

的东正教以及成为俄罗斯的沙皇——其实从"沙皇"这个名号可见他认为他继承了罗马皇帝,因为"沙皇(Czar)"就是"恺撒(Caezar)"的转音。无论伊凡大帝如何宣称俄罗斯是正统而独立的,它的艺术那时还是没有脱离拜占庭的轨迹。这里是一张表现"三位一体"的绘画(见143页图)。总体而言,郑和下西洋的时代,东欧和西欧的裂痕还是很深的。拜占庭就要寿终正寝了,在拜占庭帝国里面,由于贸易的关系,威尼斯、热内亚等拉丁城邦有殖民据点,巴尔干半岛已经被奥斯曼突厥人(土耳其人)控制。而当奥斯曼土耳其人控制了巴尔干半岛以后,俄罗斯却趁势而兴。

现在我们讲意大利去。现代中国知识分子对意大利都比较熟悉,我不必多讲了。意大利这时北方名义上是由教皇任命的日耳曼族的神圣罗马帝国皇帝统治,但从来是有名无实;意大利半岛上有很多城邦兴起,这些城邦有佛罗伦萨、威尼斯、热内亚,还有米兰等等。就拿佛罗伦萨来讲,像米开朗琪罗、达·芬奇、拉斐尔这些人都是佛罗伦萨人,薄伽丘也是佛罗伦萨人。佛罗伦萨人做羊毛生意,会纺织,渐渐又开始贷款,变成经营商业银行。慢慢的,他们就不太听教廷的了,也不听贵族的了,他们有了自己的政治统治方式。米兰则以自己为中心,与其他城邦组成政治联盟。威尼斯大家也知道,没有真正的王子,谁做生意做得好谁就是王子,所以有"商人王子"(Merchant Prince)这种说法。他们的船队遍航各地,搜集商业情报,所以在意大利这一个地方就三种不同的形式。而文艺复兴的萌芽就在这个形势下开始了。开始提高人权,降低神权;开始提倡理性主义,反对蒙昧主义和神秘主义。文艺复兴最主要的重点就在这里。不在于谁画了什么画,谁写了什么诗——这个我就不多讲了。这就是前文艺复兴时期的绘画（展示图片），是郑和第六次下西洋时的绘画，这张画是在一个教堂的祭台上面的，画的是一个天使告诉玛丽亚：你要怀孕了，你将来生的小孩是天主派来拯救人类的。

下面一张图片的故事是说，耶稣诞生的时候，有三个东方来的智者，带了乳香等礼品献给小耶稣，叫做"三王来朝"，应该是耶稣出生第十二天发生的事情。这也是为什么一些西方国家在耶稣诞生的第十二天要送礼物啊，等等。而今天的东正教仍然以"三王来朝"，即12月25日之后的第十二天，1月6日为圣诞节，因为三王来朝是在耶稣降生后第十二天发生的。这一张是体现"三位一体"的艺术（右图），你们可以看到这张绘画已经有了透视感，在前文艺复兴时期的绘画往往没有透视感，没有生命力。如果从绘画来看历史的话，可以看出，当时的意大利真是具有准备腾飞的那种气势。

"Trinity"
Masacclo 1426

画中人穿的是当时欧洲人的衣服；画家把时间轴向后移了一千四百多年。包括房子，耶稣那时哪有人住这么好的楼？画家是按照自己当时的环境作画。这是当时的一个教堂（右上图），在佛罗伦萨附近。天主教会在这段时间发生了为时几十年的分裂。当时除了在罗马之外，在法国南部的阿维农也有一个教皇，两边各不承认对方；后来双方在比萨开了一个会议，结果比萨（的主教）说：那我也是教皇，结果由两个变成三个。如果大家熟悉20世纪天主教历史的话就会知道，1960年左右，米兰的枢机主教以七十多岁的高龄当选了教宗。他取名为"约翰二十三世"。为什么这么命名？就是因为在阿维农的一个教皇也叫约翰二十三世，而在罗马的最后一个以约翰为名的教皇则是约翰二十二世。为了证明阿维农是不正统的，就在六百年后通过取名来体现，继承了罗马的"约翰二十二世"，而把阿维农的那个也叫约翰二十三世的"伪教皇"给排除了。

郑和下西洋时期的德意志地区，离世界文化中心比较远一点，也比较不发达。大家知道，要有铁犁才能深耕，而德意志地区直到11世纪才有铁犁，所以他们的农业不发达，庄园也不像英国、法国、意大利那样可以自给自足，经济不那么兴旺。可是到了15世纪的时候，已经有了一些地方联盟出现了。有个大致类似于各地行会的联盟组织叫"汉撒同盟"。汉撒同盟就是一个地域性的用于协调的政治组织，它早已超过部落同盟，但既不是王权的表现，也不是真正

The dome of Florence Cathedral Designed by Brunelleschi about 1420-36

的贵族统治,而是由小小的城邦里的城镇市民为共同处理一些事务而结成的同盟。德意志的发展虽然较慢,而对整个近代欧洲文化影响最大的一个人却是德意志莱茵河地区的的人,即谷登堡。他不知是哪里来的灵感,或者从哪里听到的,发明了活字版印刷术。自从有了活字版印刷,那些使用拼音文字的民族就兴旺了——共只有二十几个字母,有了活字版印刷,这二十几个字母排印起来,就方便多了。我们中国的毕昇发明活字版印刷比他早了四百多年,但是毕昇的活字版是用于方块的汉字,汉字有一两万个,常用的都好几千个,所以活字模就要好几千上万个,排版的时候要一个个挑字、组合起来,还是很慢的。不要多久活字版印刷在欧洲就起了作用,文化开始兴盛,教育也普及起来了。但是因为欧洲各地的语言很不同——虽然拉丁文是他们共同的宗教和学术语言,但家里讲的话是不一样的,所以活字版印刷一方面让教育发达、文化普及,另一方面使从前用拉丁文统一起来的欧洲各民族各自为主,成了今天民族国家的滥觞。活字版印刷的发明,恰好给欧洲人的各种方言写作带来了很多方便,也使他们变成今天的三十几个国家。用活字版印了大量的《圣经》,也为日后马丁路德掀起的宗教革命奠下了基础。要是没有活字版,还是由修道院里面的僧侣抄拉丁文的话,也许天主教仍是基督教世界的主导力量,而今天欧盟或许会好办一点。

再讲北欧和西欧:我想讲三个北欧的国家。它们是"天高皇帝远"。通过一系列的联姻,在14世纪的时候,丹麦、挪威和瑞典形成了一个统一的联盟(当然后来又分裂了,丹麦人统治过瑞典,瑞典人又统治过

"The Annunciation, center panel of the Merode Altarpiece" The Master of Flemalle (Robert Campin) About 1425-28

挪威,但那是后话)。在郑和下西洋的时候,斯堪的纳维亚的三个国家,通过联姻合而为一。这是北欧当时的绘画(见146页右下图),你们看它的立体感已很明显。

欧洲西北部除了斯堪的纳维亚三个国家,还有一个地方不太为人所重视。这个地名今天已经不用了,就是今天的荷兰和比利时的北部,那时叫佛兰德斯。他们做羊毛生意,从英国买羊毛,织成服装再卖给英国和欧陆其他地方。但他们在政治上却从属于法国的国王。所以佛兰德斯是在英法两大国家的夹缝中赚钱。赚了钱之后,一些中产阶级渐渐就兴旺起来,由于他们离教皇远,虚荣一点的富人就请人画画,不画宗教故事而是画自己的生活。所以这个地方是欧洲最早有私人画师的地方。这头一幅画讲两个故事(右图),左边这个是耶稣钉在十字架上处死,右边是末日审判。

"The Crucification;The Last Judgment" Hubert and/or Jan Van Eyck About 1420-25

而下面一幅画(左下图)则是描绘一个民间的、跟宗教毫无关系的一个家庭,这里边还有一条小狗,仔细看的话会发现这小狗的毛什么的都画得很像——可见那时的写实已经不错了。这是1434年的作品,是欧洲美术史上的一张名画。

西欧的最重要的两个国家当然是英国和法国。英国和法国这个时候正在进行"百年战争"。叫作"百年战争",其实不是连续地一直打了一百年,而是断断续续地打了一百年。直接的起因是法国王室的继承权,实质的一个因素是法国西南部一大片领土。由于继承的关系这片包括今天盛产葡萄酒的法国西南地区是由英王所领有的。法国王室觉得这怎么能是你的?在这百年战争中间,当然最出名的是圣女贞德的故事,但是我认为最重要的是打出了"民

"Wedding Portrait" Jan Van Eyck 1434

族国家"的雏形。最早的英国王室就是从法国诺曼底去的,统治者跟英国的老百姓并没有亲情。但是英国跟法国打了一百年,王室自然会跟老百姓有了些认同,就犹如当初蒙古的贵族在伊儿汗国统治了一段时间之后开始说波斯话和改信伊斯兰教一样。诺曼第大公是1066年在英国登陆、占领英国的,王室一直说法语,一直到百年战争才改说英语。法国也是在14世纪,为了抗击英国人,王家才讲:我们是法国人,他们是英国人。民族主义就这样兴起了。而过去由于生产力不够发达,交通不够方便,主要是自给自足的庄园经济。大贵族与小贵族是藩属关系——藩属的关系是非常错综复杂的:皇帝下面有许多公爵,公爵下面又有侯爵、伯爵、子爵、男爵等。这些贵族有时候跟这个结盟,有时候又臣服于那个。——当时并没有一个中央集权的王室,因为中央集权的王室不可能有足够的通讯、行政、军事和经济力量来实行有效统治。一直到这个时候,法国和英国的经济力量以及社会的发展到了这样的地步,两国的王室都是在百年战争中第一次有了国王的内阁。过去国王是没有"内阁"的,都是各地的人自己管自己。而回头看看我们中国,从秦始皇以后,始终有一个中央的皇权,始终有"大学士"、"大司马"、宰相、尚书等等,以及"吏户礼兵刑工"这些中央"内阁"——英国、法国直到14、15世纪才有这些,所谓"民族的,或说国家的君主制度"才确立起来。所以英法战争打出的结果不是谁赢谁输,而是把欧洲之后的发展定性为民族国家的发展;在日后殖民地的占领以及殖民地的争夺之间都是用民族国家作为一个基本形式去进行斗争的。等到20世纪中叶非殖民化之后,全世界的国家都用民族国家的形式去套——所以非洲那些前殖民地,欧洲人去殖民之前本来没有经历过"民族国家"的形式,而欧洲人临走时都给划上了一条国界,把许多民族与部落都给划在国界的两边,以致到今天还争战不休,甚至时常有灭族战争。这都是因为我们现代社会的国际秩序,是用民族国家的概念去套的。这当然是后话,也是题外话。

在法国西南部的伊比利亚半岛,也就是庇利牛斯山的南边,大家知道有七八百年是由北非过去的摩尔人(阿拉伯人、柏柏尔人)占领的。他们都是穆斯林,并且经历过好几个不同的朝代。他们当时建立了欧洲最兴旺的文化中心,允许基督教徒和犹太人和他们一起工作。12、13世纪时,比如在欧洲历史上很有名的 Averroes(Ibn Rushd)就是一个西班牙的阿拉伯人,他把希腊文翻译成阿拉伯文,又有人把阿拉伯文翻译成拉丁文,使当时拉丁会的教士认识到古希腊的哲学。他的哲学思想直接影响到中世纪天主教重要神学家托马斯·阿奎那的经院哲学。但是到了15世纪的末期,基督教徒已经用了几百年的时间慢慢把穆斯林的几个小国推到伊比利亚半岛的东南一偶。而其最后一个王朝就是奈斯尔王朝。奈斯尔王朝在最不济的时候还为人类作了很大的一个贡献:

建了一座非常华丽的、带有穆斯林文化风格的宫堡,就是"红宫",有人翻译成"阿尔汉布拉宫"。当时在伊比利亚半岛上,最西边是葡萄牙,中间叫卡斯蒂勒,东北一点的叫阿勒贡。阿勒贡就是今天巴塞罗那那一带的地方,他们本来说的不是现在的西班牙语,而是卡塔兰语。葡萄牙人在最西边,觉得地中海贸易这么好,你们总把我挡住,让我们没法去地中海贸易;因此葡萄牙人总想绕道进行贸易,于是利用阿拉伯人已经有的航海知识——包括航海地图——沿着非洲的西海岸往南走,想找一找有什么新的路。这就是他们的动机:因为他们要想穿过直布罗陀海峡,到地中海去分一杯羹,其他人不让他们去。中间的卡斯蒂勒和阿勒贡,也很巧。卡斯蒂勒有一位很漂亮的女皇,也很有野心,叫伊萨贝拉;阿勒贡有一位很英俊也很有野心的男国王,叫费迪南。这两个人结了婚,两个国家就统一了——变成了西班牙。这时,有个叫哥伦布的意大利人跟他们说:我想去中国;地球是圆的,我一直往西走,不用通过奥斯曼帝国,不用跟穆斯林打交道就能找到中国,跟中国贸易。当时费迪南和伊萨贝拉要跟穆斯林打仗,钱也不够,就跟一些商人借了钱,给哥伦布装备了三条船。之后的事不用我多讲大家也都知道了。

　　葡萄牙我刚才讲了,在赶走了北非的穆斯林之后,把他们的东西继承了下来,就开始朝着非洲南边去。前几年,有一个诺贝尔文学奖是给一位葡萄牙作家的,他的书写的就是十字军东征的时候究竟有没有到过里斯本。无论如何,在阿维斯王朝的时候,葡萄牙招来很多很多好的地理学家、航海家,买了很多航海图,一点一点沿着西非的海岸线向非洲的南部走去。正是郑和下西洋的第六次、第七次,到达非洲的东岸,也就是今天的肯尼亚附近的时候,葡萄牙人到了今天非洲西岸的博哈多尔角。葡萄牙人不知道有个郑和在那里"下西洋",当然郑和更无从知道葡萄牙人也在那里"下西洋"。他们东西交相辉映而不自知。

　　总结起来,欧洲,不论是西欧还是东欧,王权逐渐超过了神权,民族国家的力量开始上升。就算是相对较落后一点的,德国那些地方也有了城邦议会,城市居民从贵族手里逐渐取得了政治上的支配权。庄园经济逐渐让位于商品经济。还有一件事情,我在北京大学不能不提一下,那就是现代意义的大学开始兴盛——当然我们中国的白鹿洞书院、岳麓书院是很早的。但是现代意义的大学,毕竟是到文艺复兴时期才兴盛的。所以我们中国今天承认:欧洲大学的历史比我们的长。我1998年去参加了巴黎索尔邦大学的八百年校庆,同年我也参加了北大的百年校庆——他们比我们早了七百年。这绝对不是因为他们的文化比我们早了七百年,而是他们的现代意义上的大学起步较早。像我刚才讲的:皇帝作为一个国家专制权力的象征,中国从两千多年前就有了;而欧洲直到14、15世纪才有。还有，由于去东方贸易受到奥斯曼人等因素的阻碍，给了西欧的人一个动机和动力去寻求新航路，而郑和完全没有这个动力。郑和的中国是自给自足的，物产非常丰富，北边纬度很高南边纬度又很低，都是大明的天下，所以完全没有动力要绕过什么人到什么地方去做生意。中国人到国外称王称霸还要把人捉拿回国法办。可西班牙人、葡萄牙人就大大的不同。

最后，我必须要讲一下，西班牙人、葡萄牙人大航海的最直接后果，就是美洲。西班牙人、葡萄牙人没有去之前，在墨西哥的最南部以及中美洲，也有一个不是很发达但也不错的文化，叫阿兹特克文化；在南美洲，秘鲁、智利一带，也有一个文化——印加文化，国土很大，人很多，交通也相当发达。唯一美中不足的就是这两个文化都没有文字。大概是因为中南美洲与欧亚大陆相隔实在太远了，文字这个概念没有传到他们那里去。由于这两个土生的文化没有文字，所以没有留下很多记录。——可是不论他们有没有记录，哥伦布、阿美利加、麦哲伦以及后来其他的人，到了美洲，征服了他们。在此之后，这两个文化就在欧洲文化的侵袭下从地球上消失了。而我们今天所见到的现代世界也拉起了帷幕。

我的报告——一点也不简短，但是内容却很粗略——到此也就结束了。谢谢各位！

（2005年9月20日）

（原载《北大讲座》第十一辑）

今天是台湾光复六十周年的纪念日。六十年前的1945年10月25日,中国台湾省行政长官兼台湾警备总司令陈仪,接受了日本原台湾总督兼第10方面军司令官安藤利吉提交的投降书,仅用5分钟的时间(08:55—09:00),就结束了日本在台湾五十年的殖民统治。上午9点整,陈仪向中外宣布:台湾正式回到祖国的怀抱。

台湾回归祖国已经六十年了,但1949年以来迄今的两岸关系却一直都比较复杂。最近我们大规模地纪念台湾光复六十周年,今天的纪念活动可以说达到了高潮,就是因为台湾的民进党当局已经取消了台湾的光复节;他们竟沿用日本人的方式,将台湾的光复纪念日称为"终战"。台湾当局的做法竟然如此荒谬!

台湾是中国的一部分,过去是,现在是,将来也是。台湾作为中国的一部分,存在于历史与现实之中。就历史与现实的交集来说,今年的大陆政坛,可以说是"台湾之年"。3月,中国国民党副主席江丙坤的"缅怀之旅",拉开了两岸交流的序幕。接着,4月底5月初,国民党主席连战的"和平之旅",5月,亲民党主席宋楚瑜的"搭桥之旅",7月,新党主席郁慕明的"民族之旅",以及9月著名学者李敖的"神州文化之旅",在大陆接连吹起了强劲的"台湾之风"。他们到大陆的访问与交流活动,都带来了台湾的"特产":连战带给北京大学的礼物是他祖父连横先生在台湾完成的一部著作《台湾通史》;宋楚瑜送给清华大学的礼物是一套《台湾文献史料》的光盘;郁慕明追怀民族历史;"嘴硬"的李敖在数次演讲中难以掩饰乡情。可以说,两岸同胞、中华民族共有的历史文化,一次次得到了显耀与荣光。与此同时,这些迟到了半个多世纪的两岸交流,也必然让有理智的中华儿女一次次地思考起那个迄今悬而未决的"台湾问题"。

记得温家宝总理曾经说过,台湾问题是我们最大的"乡愁"和最大的"国殇"。当前的台湾问题大家都比较清楚,不需要我在此加以赘述了。我今天主要讲的是中国历史上的台湾问题。

之所以称为中国历史上的台湾问题,就是为了要区别于在外国历史上曾经存在过、至今还存在的所谓"台湾问题"(Taiwan Issue)。比如:荷兰、西班牙、法国历史上曾经存在过的"台湾问题",以及日本、美国历史上迄今还存在的"台湾问题"。本来,在中国历史上并不存在什么"台湾问题",因为台湾只是中国内政的一部分。但是由于外国势力的介入和本国因素的交互作用,才有所谓"台湾问题"的发生。在中国近代历史上,主要由于西方资本主义、帝国主义势力的入侵和干预,曾经有过东北问题、山东问题、新疆问题、西藏问题、香港问题、澳门问题等,但随着中华人民共和国的成立,特别是到了20世纪

中国历史上的台湾问题

臧运祜

[演讲者小传]

臧运祜,北京大学历史学系教授。1966年2月生于山东省诸城县,1983年9月考入北京大学历史学系,先后获得北京大学历史学学士、法学硕士,中国社会科学院历史学博士。1998—2000年为北京大学历史学博士后研究人员。2001年7月获得教育部、国务院学位委员会颁发的"全国优秀博士论文奖"。2002年获得北京大学第八届人文社会科学优秀成果奖(二等奖)。主要研究方向为近现代中外关系史与中华民国史。主要著作有《七七事变前的日本对华政策》(专著)、《中外学者纵论20世纪的中国》(合编)等,并在《历史研究》《近代史研究》《中共党史研究》《北京大学学报》《民国档案》等杂志发表学术论文十余篇;近年在北京大学历史系,分别为本科生、研究生讲授过"台湾近现代史""台湾问题研究"等课程。

末,随着香港、澳门的回归祖国,这些"问题"都烟消云散了。但是,中国历史上却有一个产生于近代之前,到现在也还没有解决的"老、大、难"的问题,那就是台湾问题。

我之所以要研究历史上的台湾问题,除了本人从事的历史学职业所具有的关怀之外,还因为我所赞同的西方历史学家说过的两句著名的话——"一切历史都是当代史""一切历史都是思想史"。它们用作当今中国传统的说法,就是"历史要为现实服务"和"以史为鉴"。所以,我们研究历史上的台湾问题,其实就是为了更好地思考当前的台湾问题。

我们先简单回顾一下台湾的历史。台湾在远古时代,原本是和大陆连在一起的,后来才和大陆分离,隔台湾海峡而相望。1971、1974 年,考古学者在台南县左镇乡,发现了台湾岛上最古老的居民的化石,并命名为"左镇人"。它们属于旧石器时代的后期,时间在 3 万年左右以前。这就是说,至少从 1974 年算起,在 3 万年以前,台湾岛上就出现了人类的活动。但台湾自己古代的历史,只存在于考古文物上和土著语言中,却没有传承下来,因为它没有自己的文字。有文字才会有历史,中国有几千上万年的历史流传下来,就是因为文字的发明。

公元 230 年,中国处于三国鼎立的时代,当时吴国国君孙权派遣将军卫温率 1 万官兵到达了"夷洲"。这个地方大多数学者认为就是今日的台湾。这是中国军队第一次到达台湾,规模很大,历时一年之久。由于这次行动,吴国丹阳太守沈莹在公元 264 年至 280 年间写下了《临海水土志》,留下了世界上最早的关于台湾情况的文字记述。这样,在大陆的文献里才出现对台湾的记载。隋炀帝时代,也曾三次派官兵去"流求"即台湾,其史实开始记载于中国正统的史书《隋书·流求传》。宋元时期,大陆汉人开拓澎湖,并向台湾岛发展,台湾与大陆的联系得到进一步加强。南宋将澎湖划归福建省晋江县管辖,并派兵戍守;元代还设立了"澎湖巡检司",仍隶属于福建省晋江县。随着台湾与大陆关系的加强,台湾作为中国之一部分而早已存在于中国有文字记录的历史上。但是,这时并没有"台湾问题"的发生。

中国历史上开始发生后来所谓的"台湾问题",是在 16 世纪中叶的明朝中后期。从此至今,已有四百多年的历史过程。以下我分四个时期进行讲述:

一、明末清初的台湾问题(16 世纪—17 世纪)

从 16 世纪中叶到 17 世纪,持续了一百多年的台湾问题第一次登上中国历史的政治舞台。此次台湾问题的产生,首先是因为日本因素的影响,其次是荷兰等西方殖民主义者的入侵,再就是中国内部的海盗集团。在这三者的交互作用之下,内外激荡而生台湾问题。

首先我们来看看日本。最早介入台湾问题的是日本的倭寇。日本在14世纪处于南北朝分裂时期,到了16世纪中叶进入了战国分立时代。在这种动乱的时期,日本产生了被中国人称为"倭寇"的海盗集团。倭寇的历史,有三百多年,和中国明朝的历史相始终。他们和中国东南沿海一带的海盗相勾结,在中国的澎湖列岛和台湾地区进行骚扰。他们称台湾为"高砂",把当地居民叫做高砂族或高山族,叫台湾岛为高砂国或高山国。明朝后期,中国政府在东南沿海对倭寇采取了抵抗、打击行动,台湾当地的土著居民也对倭寇进行了一系列的抵抗。倭寇虽没有在台湾形成气候,但却是日本人第一次介入台湾。16世纪后期,结束战国时代、统一日本的丰臣秀吉在征服朝鲜的同时,又决定征服台湾,让台湾俯首称臣,遭到台湾的拒绝,于是丰臣秀吉派兵进犯台湾。由于这次中国在沿海设防,他没有成功,但这是日本第一次由民间倭寇的骚扰发展到政府介入台湾。1604年,德川家康在东京建立幕府统治之后,继续派军队对台湾进行骚扰,对台湾发招降书,要台湾为其投降纳供。德川家康死后,日本进入锁国时期,它对于台湾的骚扰和介入才暂时告一段落。台湾问题已经成为日本民间与政府共同参与的问题。

接着,我们再看荷兰等西方殖民主义者对台湾的侵略。地理大发现之后,16世纪,西方殖民主义者开始了向东方太平洋地区的扩张。西班牙占领了菲律宾群岛后,准备继续征服中国;葡萄牙则占领了中国的澳门。16世纪中叶,葡萄牙人从澳门出发前往日本、经过台湾海峡时,看到台湾岛上林木青翠、景色秀丽,乃称之为"Ilha Formosa"(福尔摩萨),葡语意即美丽之岛,从此,"福尔摩萨"作为台湾岛的第一个名称而长期流传于西方世界。17世纪初期,荷兰挣脱了西班牙的统治,也开始了对太平洋地区的扩张。1602年,荷兰在巴达维亚(今印度尼西亚的雅加达)成立了"东印度公司",并组织了东印度舰队,作为在东方进行殖民扩张的机构。1604年,荷兰人第一次进犯澎湖,被中国当地官员斥退。1621年11月,荷兰殖民当局决定抢在西班牙人之前占领台湾。东印度公司舰队于1622年6月再次占领了澎湖。在福建地方官员的抵制和默许下,荷兰人被迫撤离了澎湖,但于1624年9月占领了台湾。他们在台南的大员构筑城堡,取名"热兰遮城"。到1662年2月,荷兰人以台南为根据地,对台湾进行了38年的殖民统治。荷兰人占领台南之后,西班牙人也不甘落后,驻菲律宾殖民当局派兵在1626年占领了台北的鸡笼港,1628年又占领了淡水,并在此构筑城堡。1642年8月,荷兰人北上击败西班牙人,结束了西班牙在台北地区16年的殖民统治。这是台湾历史上第一次被荷兰、西班牙等西方殖民者入侵。

16世纪中叶,中国东南沿海商业资本发达,海盗集团随之兴起。17世纪初期,活跃的主要是颜思齐、郑芝龙为首的海盗集团。早在荷兰人侵占台以前,郑芝龙为首的海盗集团就已经入据台湾。1625年,颜思齐病逝,郑芝龙为首,在台湾中部地区设立官职进行管理,并首次组织了大陆移民前往台湾。当时郑芝龙集团的活动范围主要是在台湾的中部,而台南地区被荷兰人占领,台北则是西班牙人。他们一方面与倭寇、西方殖民势力相勾结,要挟中国政府;另一方面他们又要时常奋起抵抗外敌,维护自身的利益。纵横、依违于倭、夷之间的郑芝龙海盗集团,是台湾问题产生的一个主要的内部因素。

面对由以上三种内外因素共同作用而生的台湾问题,晚明、清初的中国政府采取了不同的对策。

首先是晚明政府。明朝中后期的嘉靖、万历以后,中国政府开始致力于解决这个问题。明初,成祖朱棣将首都设在北京以及其后继续构筑长城,其战略防御重点无疑是在中国北方,而对东南沿海一带包括台湾等则不是很重视,采取了消极防御的策略。明朝初期,政府采取了"海禁"政策:为了打击倭寇,防止中国大陆残余势力盘踞台湾卷土重来,政府在东南沿海实行了"迁界移民"和"坚壁清野"的政策,以图断绝台湾和大陆的联系。"海禁"政策持续了二百多年,没有取得应有的成果。不但没有禁海,反而为海盗更猖獗的活动和倭寇、西方殖民者在东南沿海的活动提供了便利。16世纪中叶,明朝政府被迫宣布废除"海禁"政策,对倭寇采取积极的防御政策,例如委派戚继光抗击倭寇等。嘉靖二十四年(1563),明政府重新恢复设立了洪武二十年(1387)被废除的"澎湖巡检司"。万历二十五年(1597),在澎湖增设"游兵",在每年的冬春两季进行"汛守"。澎湖自此成为"汛地",地方官员由于守土有责,对于荷兰殖民者的两次入侵,决心抵抗并驱逐之。1603年1月,福建督司沈有容,奉命率战船追击倭寇到达台湾岛(时称"东番"),在当地居民平埔人的支持下,大败倭寇,将其赶出台湾岛。这是大陆军队第一次出兵到台湾抵御外敌,并联合台湾原住民取得了抗击倭寇的胜利。随军东征台湾的陈第,回大陆后写下了《东番记》,留下了关于台湾本岛的第一部历史文献。尽管如此,由于明朝后期最大的外患是后金满族势力的侵袭,以及北方李自成农民起义的爆发,明政府的战略重点又被迫再次北移,对东南沿海则无力顾及,再次陷于消极防御。当时东南沿海的地方官员也以仅满足于守土为任,对于荷兰殖民者只以其离开澎湖这个"汛地"为限,而默许其到台湾经商,从而把台湾"让"给了荷兰殖民者。但是,对于同时盘踞台湾的郑芝龙集团,明政府则视为"心腹大患",剿、抚并用,必欲除之。如此"防民甚于防寇"的反动政策,也反映了国内因素对于解决台湾问题的制约。

1644年清兵入关,明朝灭亡。1645年,郑芝龙集团辅佐唐王朱聿键在福州称隆武帝,建立南明政权。郑芝龙因辅佐有功,其子郑森为南明皇帝赐国姓"朱",改名"成功"。郑成功因之被称为"国姓爷"。1646年9月,清兵入闽,南明皇帝被杀,郑芝龙降清后被挟持到北京软禁,其妻(日本人)翁氏受清兵之辱自杀。君亡、父降、母死的打击,迫使郑成功走向了坚决反清、继续复明的道路。他以东南沿海为基地,金门和厦门为据点,进行反清复明的活动,并着手准备收复台湾,以图发展,"并复先人之故土"。1661年正月,清朝顺治皇帝驾崩,郑成功决定借清朝"国丧"之机,东征台湾。4月21日,郑成功率领2万5千人,分乘400多艘战船,从金门出发,经过澎湖,直指台湾。他们打败了岛上的荷兰人及其援军,经过谈判,迫使荷兰殖民者在1662年2月1日签订了投降书,结束了荷兰38年的殖民统治。郑成功收复台湾不久病逝,其子郑经、孙郑克依次继位。郑氏三代称台湾为"东都",仍然奉明朝正朔,是为台湾历史上的"明郑时期"。从1662年到1683年,郑氏三代经营台湾二十余年,在台湾移植了与大陆明朝时期相同的政治体制、文教制度,并大量移民台湾,开发台湾,促进与台湾原住民的融合。时间虽短,但却是台湾问题得以由中国人自己解决、台湾之作为中国历史一部分的重要时期。

康熙皇帝成年之后,力图有所作为,在台湾问题上积极进取。清政府与郑氏集团之间,长期处于战争状态,其间也有多次的和谈。清政府在"剿"和"抚"之间,郑氏集团则在"战"和"和"之间,双方反复摩擦。最初,清政府也沿用了明朝的办法,对台湾采取海禁政策,但遭到了失败。后来清政府采纳了福建巡抚姚启圣的建议,并大胆起用了台湾叛将施琅,准备武力统一台湾。1683年7月8日,施琅率兵出征,先打下澎湖,接着实行"以战逼和"之策,迫使郑氏集团在10月宣布归降,从而实现了统一。清统一台湾后,围绕对台湾的处置问题展开过讨论,大多数人主张舍弃之,但康熙皇帝再次接受姚启圣、施琅等人的建议,决定保留之。1684年5月27日,清政府决定设立"台湾府"。台湾府隶属于福建省,内设台湾县、凤山县和诸罗三县,并在台湾设总兵一员、在澎湖设副将一员,率兵驻守之。次年,清政府宣布取消海禁政策。台湾从此正式纳入中国中央政府的管理之下,成为中国领土不可分割的一部分。康熙皇帝之统一台湾,历时二十余年,这是自明末以来,中国中央政府第一次对于台湾问题的解决。至此,16—17世纪历时一百余年的台湾问题,第一次得到了真正的解决。其历史意义是颇为深远的,其历史经验尤其值得总结。

二、晚清时期的台湾问题(1840—1895)

自1683年清政府设立台湾府后,经过将近二百年的时间,到1840年以后,随着第一次鸦片战争的爆发,主要由于西方资本主义列强的入侵,台湾问题再次出现于近代中国的舞台。

自1840年开始的两次鸦片战争中,台湾作为中国东南沿海的一个重要地区,受到了英国、美国等西方资本主义列强的多次侵扰。第一次鸦片战争期间,英军曾经5次侵略台湾,但台湾"赖文武士民之力",在大陆历次抗英斗争均以失败告终的情况下,台湾的抗英斗争反而都取得了胜利。继英军侵台之后,美国的东方舰队司令以及驻华代办,都建议美国政府应该趁机派兵占领台湾。1856年,英法联军发动了第二次鸦片战争,1858年列强迫使中国政府签订《天津条约》。在中国与俄、美、英三国的条约中都规定"台湾"(大员)作为通商口岸之一;而在与法国的条约中,又增加了"淡水"作为通商口岸。1860年9月,英法联军攻陷北京后逼签的《北京条约》,进一步规定"台湾、淡水"为通商口岸。

根据以上不平等条约,1861年台湾正式开港。不久又应外国的要求,在台湾岛增加了鸡笼(基隆)、打狗(高雄)为通商口岸。到1865年,台湾岛南北的四个口岸全部开放。台湾进入了"开港时期"。在此期间,美军借口"罗妹号"船难事件,于1867年6月一度出兵琅峤;英军也借口"樟脑事件",在1868年11—12月间占领安平(台湾)一周。

接着插手台湾问题的是日本。1868年明治维新后的日本,很快步入西方列强的对外扩张的行列。在"征韩论"的同时,日本统治集团内部又兴起了"征台论"。1871年12月发生了琉球王国的漂流民在台湾岛遇害的"牡丹社事件"。日本在美国人的唆使下,积极准备出兵台湾。1874年2月6日,日本政府通过了《台湾番地处分要略》,4月组织了"生番探险队",作为侵略台湾的军队。5月日军开始侵台行动。"台湾问题"显然已经上升为日本政府的国策行为。日军在受到台湾人民的抵抗之后,日本政府被迫与清政府在北京进行谈判,10月31日签订了《北京专条》,规定中国赔偿日本50万两白银,日本撤兵台湾。至此,由日本挑起的台湾问题得以解决。但由于在条约中中国政府承认"琉球漂民是日本国属民",日本的行动是"保民义举",这就为一直都在寻找借口吞并琉球的日本提供了"法理"依据。日本虽然被迫撤兵台湾,但是却如愿以偿地为琉球问题的解决扫清了道路。1879年,日本吞并琉球王国,改为冲绳县。琉球和台湾,近在咫尺,唇亡齿寒。琉球之被日本吞并,台湾对于日本来说就唾手可得。这是日本此次侵台事件的一箭双雕。

1883年,中法战争爆发。法国除派兵继续进攻越南北部外,还开辟中国东南沿海的第二战场来牵制清军,并且选定了台湾作为进攻的目标。1884年8月,法军首先炮轰基隆港,进而封锁台湾岛,并占领了澎湖列岛。法国虽然占领了台湾全岛和澎湖列岛,但是它在台湾的行动由于中国军民的抗击也并不顺利,陷入了困境。清政府在取得了镇南关大捷之后,见好就收,趁胜求和,1885年4月4日在法国巴黎签订了停战条约。按照条约的规定,法国军队不久撤出了台湾和澎湖列岛。清政府之所以战胜而败,是为了保全台湾与澎湖列岛,他们认为"越地终非我有,而全台隶我版图"。台湾危机因此暂时得以解除。

经过1874年的日本侵略台湾和1884年的中法战争,清政府深刻意识到台湾的战略地位和台湾问题的重要性。中法战争后,经过政府内部兴起关于"塞防"与"海防"的讨论,清政府继1884年设立新疆省之后,1885年10月,慈禧太后正式下了一道懿旨,设立台湾省。经过准备,1888年台湾与福建实现分治,直隶总督刘铭传被任命为台湾巡抚。台湾从此成为中国的第二十个行省。从1684年设立"台湾府",到1885年设立"台湾省",在将近二百年之后,清政府的治理台湾方针再次发生重大的战略转变。清政府采取的政策是积极的,方针也是进取的。

台湾建省后,首任台湾巡抚刘铭传,在沈葆桢、丁日昌以前经营台湾的基础上,和着全国洋务运动的步伐,迅速开始了台湾的近代化建设。刘铭传在台湾当了六年巡抚,在台湾修建了全国第一条铁路,建了第一个电报站,修了第一条海底电缆,为台湾的近代化打下了重要的基础。台湾的近代化事业,后来居上,在仅有的十年中,业绩超过了大陆的任何一个省份,而成为近代中国最先进的一个省份。刘铭传的功绩也是晚清政府在治理台湾时采取积极方针的结果。

然而好景不长,十年之后爆发的甲午战争,宣告了洋务运动的失败。中国在战败之后,被迫在1895年4月17日和日本签订了《马关条约》,规定台湾全岛及所有附属岛屿、澎湖列岛以及中国在台湾的所有兵器、堡垒、军工厂以及一切所有的公属物件,"永远割让给日本"。1895年6月2日李经方在基隆港外的一艘军舰上,与日本代表桦山资纪签订了交割台湾的手续。这就是"马关割台"或"乙未割台"。6月17日,日本在台湾开始了长达五十年之久的殖民统治。

晚清时期的半个多世纪中,台湾问题因为西方资本主义列强的频繁入侵而不断浮现,台湾危机时而发生。清政府与台湾军民经过有力的抵抗而维护了台湾的主权,并且设立台湾省、进行了卓有成效的近代化建设。但是,最终由于中国在甲午战争中的失败,腐败的晚清政府在自身都难保的情况下,被迫把台湾割让给日本。中国政府解决台湾问题的努力最终付诸东流。台湾问题只是近代中国屈辱的对外关系中的一个个"问题"的缩影而已。

三、国民党政府时期的台湾问题(20世纪40年代)

现在开始谈台湾问题的第三个阶段,即抗战后期的20世纪40年代,国民党政府伴随着抗日战争的胜利,收复了台湾。

中国国民党从孙中山先生开始,就关注台湾问题。孙中山生前几次到过台湾,他支持台湾同胞的反日革命行动,并把收复台湾作为其革命奋斗的目标之一。但是这一目标的实现,经历了较长的历程。对于当时的国民党包括后来的国民政府来说,都是心有余而力不足。1937年7月爆发了全面对日抗战后,形势才有所转变,随着中国人民抗日战争的逐步胜利,收复台湾也成为中国政府争取抗战胜利的目标之一。

1938年4月1日,蒋介石在武汉召开的中国国民党临时全国代表大会上发表演说,再次重申了孙中山为国民党制定的"恢复高、台,巩固中华"的政策目标。但真正要取得上述结果,最终还要取决于抗日战争的胜利。1941年12月7日太平洋战争爆发后,9日,国民党政府正式发表《对日宣战文》,"昭告中外,所有一切条约、协定、合同,有涉及中日间之关系者,一律废止"。据此,作为日本占领台湾、澎湖列岛的"法理"依据之《马关条约》,自然应该在废止之列,台、澎应恢复为中国领土。1942年11月3日,国民政府外交部长宋子文在重庆回答记者提问时,针对有人问"战后之中国,在领土方面是恢复到九一八以前之状态,抑恢复到甲午以前之状态",宋子文答曰:"中国应收回东北四省、台湾及琉球,朝鲜必须独立。"也就是说中国领土要恢复到甲午战争以前的状态,而不是九一八之前的状态。40年代初期,中国政府明确向中外表明了收复台湾的决心。

在中国政府表明收复台湾的政策的同时,中国各界也迅速掀起了宣传、介绍"台湾问题"的热潮。从1940年4月的国民参政会第一届第五次大会开始,到1945年7月的第四届第一次大会,期间,许多参政员都连署提出了收复台湾的议案。福建省临时参议会还提出了恢复台湾省制的具体方案。1941年2月,台湾各革命团体在重庆联合成立了"台湾革命同盟",以打倒日本、光复台湾为宗旨。中国还针对美国舆论界提出的所谓"战后国际共管台湾"的主张,进行了有力批判。1943年1月7日,重庆《大公报》发表社论《中国必须收复台湾——台湾是中国的老沦陷区》,"郑重向世界公言:台湾是中国的老沦陷区,我们不能看它流落异国,战后中国一定要收复这块土地"。这是中国人第一次向世界明确表达自己关于台湾问题的主张,也支持了中国政府收复台湾的决心。

1943年12月1日,中、美、英三国首脑在开罗会议之后发表的《开罗宣言》称:"三国之宗旨,在剥夺日本自1914年第一次世界大战开始以后在太平洋所夺得或占领的一切岛屿,在使日本所窃取于中国之土地,例如满洲、台湾、澎湖列岛等,归还中国。"中国政府收复台湾的目标得到了国际社会的认可。开罗会议之后,中国政府开始筹划光复台湾的问题。1944年4月17日,在国防最高委员会中央设计局设立了"台湾调查委员会",以陈仪为主任,作为收复台湾的筹备机构。国民政府还开始培训台湾的行政干部、警察和金融人员。1945年3月14日,蒋介石核定了"台湾调查委员会"呈送的《台湾接管计划纲要》。这是中国政府正式拟订的接收台湾的计划。

法西斯德国投降以后,为了敦促日本迅速投降,1945年7月26日,中、美、英三国签署了《波茨坦公告》,重申"开罗宣言之条件必将实施"。苏联后来也参加了该协定。8月15日,日本天皇发表的投降书也表示"兹接受中美英三国共同签署的、后来又有苏联参加的1945年7月26日的波茨坦公告中的条款"。至此,中国收复台湾,再次得到了国际法上的肯定和日本的承认。

日本投降后,中国政府积极准备收复台湾。1945年8月29日,国民政府任命陈仪为台湾省行政长官兼台湾警备总司令。9月9日,中国接受日本签署的投降书,决定以陈仪为台、澎地区受降主官。10月24日,陈仪一行抵达台北。25日的受降仪式之后,陈仪宣告:"从今天起,台湾及澎湖列岛,已正式重入中国版图,所有一切土地、人民、政事,皆已置于中华民国国民政府主权之下。"10月25日因此成为台湾的"光复节"。台湾从此结束了日本五十年的殖民统治,回归祖国。

台湾光复后,开始了艰难的战后重建工作。国民党政府在治理台湾的策略上一度产生了失误,发生了1947年2月28日的事件。事件后,国民政府撤消了台湾省行政长官公署,于5月16日设立台湾省政府,魏道明任主席。针对极少数台湾人在美国操纵下发生的"分离运动",中国政府和台湾当局都表示了坚决反对的态度。由于国民党在大陆统治的迅速溃败,1948年底,蒋介石决定东撤台湾,并进行了许多准备。1949年10月1日,中华人民共和国在北京成立。12月,国民党及其"政府"迁往台北。

四、共和国政府时期的台湾问题(1949年至今)

第二次世界大战结束之后,台湾不仅在法律上,而且在事实上已经归还中国。台湾问题之所以出现,是国民党发动反人民内战的结果,其本质是中国的内政问题。1949年以来至今,台湾问题之所以长期存在且迄今尚未解决,是由于美国等西方反华势力插手台湾问题,干涉中国内政,阻碍中国统一。

中华人民共和国成立后,中共中央和中国政府为解决台湾问题,进行了长期的不懈的努力。在对台方针政策上经历了以下两个时期。

"解放台湾"的时期。1949年3月15日,新华社发表社论《中国人民一定要解放台湾》,第一次提出了"解放台湾"的口号。1949年12月31日,中共中央发表的《告前线将士和全国同胞书》明确提出1950年的任务就有"解放台湾"。但是1950年6月朝鲜战争爆发后,美国海军第七舰队进驻中国台湾海峡,人民解放军为了"抗美援朝"而被迫放弃解放台湾的计划。朝鲜战争结束后,1954年7月,中共中央和中国政府再次向全国人民提出了"解放台湾"的任务。9月3日,人民解放军开始炮击金门。12月,美蒋签订了《共同防御条约》。1955年1—2月,人民解放军解放了一江山岛和大陈岛。以上为"武力解放台湾"的阶段。

1955年5月,周恩来总理在全国人大常委会第十五次会议上宣布:"中国人民解放台湾有两种可能的方式,即战争的方式和和平的方式。中国人民愿意在可能的条件下,争取用和平的方式解放台湾。"从此,进入"和平解放台湾"的阶段。1963年,周恩来将中国共产党的对台政策归纳为"一纲四目"。"一纲"即台湾必须统一于中国。"四目"为:(1)台湾统一于中国后,除外交必须统一于中央外,台湾之军政大权、人事安排等悉委于蒋介石;(2)台湾所有军政及经济建设一切费用不足之数,悉由中央政府拨付;(3)台湾的社会改革可以从缓,必俟条件成熟并尊重蒋的意见,协商决定后进行;(4)双方互不派特务,不做破坏对方团结之举。

"和平统一"的时期。1978年12月的中国共产党十一届三中全会发表的《公报》,关于台湾问题,首次以"台湾回到祖国怀抱,实现统一大业"来代替以前的"解放台湾"的提法。从此,中共中央和中国政府关于解决台湾问题的方针,转变到"和平统一"的时期。1979年元旦,全国人大常委会发表的《告台湾同胞书》,把这个新的对台方针进行了宣示。1981年9月30日,叶剑英对新华社记者发表了谈话,阐述了台湾回归祖国、实现和平统一的九条方针政策,被称为"叶九条"。1982年1月11日,邓小平首次提出以"一国两制"解决台湾问题的方针。1983年6月26日,邓小平进一步阐述了实现台湾和祖国统一的六条构想,被称为"邓六条"。1995年1月30日,江泽民发表了《为促进祖国统一大业的完成而继续奋斗》的重要讲话,提出了现阶段发展两岸关系、推进祖国和平统一的八项主张,被称为"江八条"。1993年8月、2000年2月,中华人民共和国国务院台湾事务办公室、国务院新闻办公室分别发表了关于台湾问题的两个白皮书《台湾问题与中国的统一》《一个中国的原则与台湾问题》,把中国政府关于台湾问题的见解与方针政策,公之于世。

通过以上讲述,我认为纵观中国历史上的台湾问题,可以说为时四百余年,经历了四个时期、四届政府。延续至今,中国政府关于解决台湾问题的最新方针,就是2005年3月4日胡锦涛主席在全国政协会议上提出的四点意见:(1)坚持一个中国的原则决不动摇;(2)争取和平统一的努力决不放弃;(3)贯彻寄希望于台湾人民的方针决不改变;(4)反对"台独"分裂活动决不妥协。这又被称为"胡四点"。

关于台湾问题,最后发表个人的看法。作为历史学的研究者,我在这里只提供给大家一个自己的总的看法,就是:从历史上来看,台湾问题的形成非常复杂,解决的任务也十分艰巨。说它形成之复杂,由于它是由内外因素综合而形成的,而总的来说,外国影响是形成台湾问题的主要因素,而且主要是美、日两国,但是,也不能排除中国内部的因素。说它解决任务之艰巨,但也要看到清朝初年和抗战后期,中国政府同样迅速、成功地解决了台湾问题。此外,两次中日战争期间的台湾问题也是很好的例证:晚清时期,中国甲午战败,被迫签约割让台湾;抗日战争后期,中国胜利在望,台湾的光复也水到渠成。两次中日战争,一败一胜,在解决台湾问题上表现得非常鲜明。总之,历史可以告诉我们的是,只要中国国力强盛,就可以解决台湾问题。

最后,我要再次感谢此次讲座主办方的邀请和同学们的倾听!

(2005年10月25日)

(原载《北大讲座》第十一辑)

清宫意大利画家郎世宁

聂崇正

[演讲者小传]

聂崇正,祖籍湖南衡山,生于上海,1965年毕业于北京中央美术学院美术史系,随后至北京故宫博物院从事古代绘画的陈列和研究工作,重点研究清朝的宫廷绘画,有若干文章散见于国内外刊物及报纸,另有《宫廷艺术的光辉》《清代宫廷绘画》《郎世宁》《袁江 袁耀》《清宫绘画与西画东渐》等著作出版。

很高兴大家能够在双休日参加我们的讲座。我今天跟大家讲一个在清朝宫廷中供职的欧洲画家,中国名字叫郎世宁。可能大家对他会有些印象,但是在百余年前,也许没有多少人知道他。民国时期,康有为曾经说他是最早开创中西合璧绘画技法的画家。在相当长的一段时间里,郎世宁游离于艺术史之外。中国的艺术史很少提他,甚至不提他,欧洲的艺术史也不提他。中国的艺术史都是由中国文人撰述,看到他是个外国人就不提他了;欧洲的艺术史中,则因为郎世宁长期生活在中国,对他在异乡他国的绘画创作情形所知甚少,所以也把他排除在外了。现在我们回过头来,从他的生平、从他的作品来看应该是很有意思的,是值得研究和介绍的。不知诸位是否关注拍卖市场,近些年,中国国内的大陆市场,还有欧洲、香港拍卖市场曾经出现为数不多的郎世宁真迹,都拍到相当高的价位。可见现在的收藏家、艺术市场对此也是相当关注的,也说明这个画家越来越受到重视,这也改变了以往艺术史对他的看法。在宫廷供职,可能会被看成是封建糟粕,再加上他是个洋人,排外思想流行的时候就很自然地将其排斥在外了。如果要以文人绘画的标准衡量,就无法给郎世宁的作品一个恰当的评价。但是我们现在看北京故宫博物院以及台北故宫博物院收藏的郎世宁作品,可以发现它们有其自身的价值。今天我想通过介绍他的生平以及艺术创作来重新认识一下这位二三百年前在中国生活了一辈子的意大利画家。

我先说说郎世宁的生平。

郎世宁(1688—1766),原名朱塞佩·伽斯底里奥内(Giuseppe Castiglione)。他是意大利米兰人,青年时期受到系统的绘画训练,很年轻的时候就加入了欧洲下属的宗教组织耶稣会。大家知道从明朝末年利玛窦、汤若望这些人到中国来之后,陆续就有欧洲的传教士到中国传教,一些人就到了宫廷,成为带有顾问性质的人。郎世宁在他二十多岁的时候远渡重洋来到中国,是在1714年(康熙五十三年)以传教士的身份离开欧洲来到东方。那时要到中国只能走海路。其时苏伊士运河还没有开凿,他们要来中国只好先从地中海上船,往东行驶绕过西班牙直布罗陀海峡,绕过非洲东岸,绕过好望角,进入印度洋,然后绕过南亚次大陆,进入南中国海,到达当时被葡萄牙占领的澳门。在澳门上岸后,朱塞佩·伽斯底里奥内学习中国的礼仪,熟悉中国的文化,并取了个中国名字叫郎世宁。不久,他从澳门转到广州。当时的广东巡抚,知道来华的欧洲人中有位画家,就上奏康熙皇帝,说有一个欧洲画家到了东方,康熙皇帝很高兴就下旨请他到北京来。郎世宁从康熙五十四年到中国,直至去世。他的后半辈子都是在中国度过的,最后安葬在了北京。郎世宁到了中国之后很快进入宫廷,成为一名很重要的宫廷画家。郎世宁在清宫廷内为皇帝画了多幅表现当时重大事件的历史画,以及众多的人物肖像、走兽、花鸟画作品,还将欧洲的焦点透视画法介绍到中国,协助中国学者年希尧完成了叙述这一画法的著作《视学》,成为当时东西方文化交流的重要使者。1766 年 7 月 16 日(清乾隆三十一年六月初十),郎世宁在北京病逝,终年 78 岁。

我们看见的郎世宁最早作品作于雍正元年,康熙时候的作品我们还没发现,故宫现在收藏有一幅油画,但是保存状况很差。因为清朝宫廷内没有油画修复师,也不知道如何保存油画,所以是卷起来收藏,油画上的油色一旦干了之后,就很容易剥落。我们曾经打开过一幅油画,上面画着一位中年的君主,很有可能是康熙皇帝。打开一点之后,发现几乎就无法修复了,马上仍然卷起来。这件东西也从来没发表过,我们希望能够请一些油画修复的专家,重现这幅画原来的面貌,但故宫有大量的作品需要修复,还顾及不到这些油画作品。如果这幅画是康熙画像的话,就很可能是郎世宁刚到中国的时候画的,应当是其在中国最早的作品。

现在可以见到的郎世宁最早的画画于雍正元年。雍正皇帝之后是乾隆皇帝。乾隆皇帝号称"十全老人",对宫廷绘画的重视是前所未有的。可以说,郎世宁是乾隆皇帝十分倚重的一位画家,他画了很多反映当时重要事件的大型绘画作品,现在有些仍然收藏于北京和台北的故宫博物院内,曾经多次展出与观众见面。我们编印的一些画册中也选有这样的作品。现在看到的一些当时的档案资料记载,乾隆皇帝经常下命令,叫郎世宁给他画"御容",也就是皇帝的肖像画;让郎世宁画圆明园殿堂中的装饰画。

郎世宁一生中大部分时间都在中国,为中国的宫廷绘画作出了贡献。我觉得应该将他和他的绘画纳入中国的艺术史。他的画以中国的事件人物为题材,他又在中国生活了这么长的时间,虽然没有记载说他汉语说得是否流利,我想基本交流应该没有问题,但他画上落款的"郎世宁"三个字可能不是他自己写的。在一些他的绘画作品上可见到"臣郎世宁奉敕恭绘"的字样,很工整,应当都是由别人代写的。我们无从得知郎世宁的汉字水平到底怎样。

在宫中,郎世宁是受到皇帝的重视的。清朝宫廷里,画家们是隶属于内务府造办处管辖的,画家们被简单地称为"画画人"。"画画人"分成三个等级。饭钱是一样的,每个月三两;工钱则有级差。郎世宁享受的是最高一等画画人的待遇。

在宫里作画未必是个美差,从一个故事中可以知道。一次郎世宁正在他的画室里,皇帝带着她的若干后妃到了他的画室看他作画。第二天,乾隆皇帝就问郎世宁说:"我昨天到你那里看画,你觉得后妃之中谁最漂亮?"郎世宁回答得非常巧妙:皇帝来的时候我正在数要画的地上有多少块花砖。皇帝问他

乾隆皇帝戎装像

有多少,然后马上让太监去数,果然数目是对的,乾隆皇帝很高兴。在皇帝身边作画,既要心态平衡,又要有很机智的一面。这件事说明郎世宁在宫中取得这样的荣誉也是很不容易的。

在他七十岁生日的时候,乾隆皇帝还给他举行了很隆重的生日庆典,赏赐丰厚。

郎世宁去世后的二三百年,他的作品渐渐为人们所知,从而也就确立了他在中国美术史和中外美术交流史上的地位。

下面我们就具体分析一下他的作品。我将这些作品具体分成了若干部分。

我们先看看他的人物肖像画。

这是他画的一幅三米多高的乾隆戎装像。乾隆皇帝全身披挂,穿铠甲、戴头盔,挂箭囊、弓袋,威风凛凛,骑着一匹花马。此时乾隆皇帝大约40岁出头。他是以军队统帅的形象出现的。从郎世宁的这幅画上可以看到铠甲有一种光影的效果。画中的马匹也和中国传统画马的方法完全不同。我们经常看到的像古代画家李公麟、赵孟頫等都喜欢用连绵不断的线条来勾勒马的轮廓,而郎世宁是通过非常细小的笔触来表现马的皮毛的质感,而且通过这种笔触来表现马的立体的效果,画得很细致。这是欧洲画家的长处。

这是他画的乾隆皇帝皇贵妃的像。一幅朝服像,一幅油画像。我认为这幅油画像是为朝服像收集的素材。西方人作画会留下很多草图,最后把这些草图用在完整的作品中。朝服像带有非常浓厚的欧洲绘画的痕迹,脸部强调立体效果;座椅具有前大后小的透视关系;地毯的绘画让观者的目光有向前延伸的效果;就是衣服上的佩带,通过光影、颜色表现,也体现出丝织品的质感,其

慧贤皇贵妃朝服像

至在膝盖处表现出了转折的感觉。这些画中的人物,五官都很清晰,但是有一定的明显明暗效果。郎世宁的画中吸纳了中国人画人物的一些画法,有其独创的风格。

在上个世纪二三十年代,有些学过欧洲绘画的城市画家在延安为当地的农民画像,但画好后老农民不喜欢,说把他的脸画得白一块黑一块,因为农民们没有接触过欧洲的绘画,不明白光线的变化在脸部产生的阴影明暗。这种欧洲画法老乡接受不了。同样的原因,在当时皇帝也未必能够接受这种画法。郎世宁到了中国之后就放弃了欧洲传统的表现人物肖像强烈明暗的手法,吸收了中国绘画的长处,将人物的面部处于正面光线的效果下。但他有欧洲绘画的基础,能够把握人物结构,将中西画法融合在一起,创造了一种新的绘画面貌。

油画　慧贤皇贵妃半身像

此外,外国画家画人物肖像习惯摆模特,中国人强调"目识心记"。晚清时曾经有个外国女画家给慈禧太后画像,慈禧太后穿戴整齐让画家画,过了一会儿她就不耐烦了,就让容龄穿着她的衣服给她摆模特,到了要绘画面部的时候才亲自去。画乾隆肖像画的时候也可能是这样的情况,当然这并未见于记载。

这幅图叫《平安春信图》轴,上面并没有题郎世宁的款,但上面有乾隆皇帝题的诗说是郎世宁画的。画中的年长者是雍正皇帝,年轻者是乾隆皇帝,父子两人。这幅画下部有些空白的地方,可能没有画完。画上的竹子有立体感,与中国传统画的墨竹大相径庭。衣服表现出织物的厚重感,整个背景都涂满了,这是欧洲绘画的一个特点。这也是与中国绘画不同之处。

平安春信图

人物肖像画中出现这样明显不同的差异,

可能与人种不同有关系,中国是蒙古人种,面部较平,欧洲人是雅利安人种,高鼻深目,在光线的照射下,就自然会出现强烈的明暗对比。

下面我们再说说郎世宁的花鸟走兽画。

这幅画《嵩献英芝图》轴,是郎世宁到中国之后在雍正年间画的作品,落款是雍正六年十月。我想雍正皇帝的生日在十月份,应当是当时的祝寿画。中国人画的祝寿画往往画个大桃子,旁边有棵古老的松树。这幅画也是有棵古老的松树,有几块坚实的岩石,有一些灵芝,上面站了一只目光炯炯的鹰,表现一种歌颂的意图。这种题材在中国画中很普遍。

郎世宁的作品还有一个分期的问题。现在我们看到的郎世宁的作品,凡是画面上主要部分和次要部分都是郎世宁一手画的,

嵩献英芝图

显然是郎世宁早期的画,即雍正时候画的。而到了乾隆时候,画面的主要部分是欧洲的画法,背景却是传统的中国画法,有种不协调的感觉。这不全是画家的原因,而是乾隆皇帝指示的结果。在档案中可以看到乾隆皇帝有非常具体的指示,人物肖像让郎世宁画,背后的山石让中国画家画,出现一种画面上的不协调,但最后落款是郎世宁。这是乾隆皇帝的喜好,他欣赏郎世宁人物肖像的画法,但觉得背景应该是文人画的画法才更符合他的趣味。

上面的一幅作品是郎世宁所画的一幅《郊远牧马图》卷,画中有八匹马,此来源于中国传统的典故。可以看到一个牧马人,画面的整个气氛是早期时候的。

《郊远牧马图》卷

下面的这一幅作品画的是一匹白马,画的名称叫《英骥子图》,画上书写有马的名字,高多少、宽多少,都有尺寸。这种画马的作品,说它是花鸟走兽画也可以。但是通过这匹马我们可以看到当时清朝与周边的少数民族以及藩属的关系,实际上也是带有纪实功能的绘画作品。所以,可以将其归为花鸟走兽画作品,也可以将其归为纪实绘画作品。

下面我们就专门讲一讲纪实绘画。

英骥子图

《乾隆观马技图》横幅

清朝有个超过前朝宫廷绘画的地方,就是它的纪实绘画特别发达。纪实绘画需要具备两个条件:一个是有事可记,其时正逢乾隆皇帝开疆拓土;第二个条件,要有掌握写实画法的画家。清宫这两个条件都具备,故而出现了一大批大型的、带有纪实性质的绘画作品。这也是与郎世宁这样的画家供职宫廷分不开的。

这是《乾隆观马技图》横幅。画中的地点是承德避暑山庄。当时乾隆皇帝在西北地区用兵,平定了蒙古族的叛乱,一些不愿叛乱的蒙古贵族表示愿意归附,所以被封为清朝的官员。画中前面一排方阵是前来归附的蒙古贵族。在右边马队阵形前端的是乾隆皇帝。

《万树园赐宴图》横幅

这幅画构图上有些很有趣的地方。中国传统绘画,凡是皇帝和其他人一起出现的时候,都会有一个通常的做法,就是将皇帝的尺寸画得比一般人大。大家可以想想唐代的《步辇图》卷,唐太宗坐在步辇上,与其他人相比身材要大很多,这不是说画家不懂得比例,而是画家为了突出皇帝的地位与权威,故意这么画的。在这幅画中,郎世宁运用构图的方法来突出皇帝的形象。他画了一组锥形的人物,皇帝在这组人之前,稍稍拉开距离,通过构图的方法而不是尺寸大小来表现他的尊贵地位。这是郎世宁带来的绘画新方法。这样的构图方式,不人为地把皇帝放大若干倍,突出其地位。这应当是郎世宁身上所具有的欧洲人文思想的体现。

《万树园赐宴图》画的地点也是承德。人物带有肖像画中的地点在热河避暑山庄内,具有很明显的地域特征。在画法上,后面的山是中国画的面貌,应该是中国画师所绘,而人物则是供职宫廷的欧洲画家的手笔。这幅画也是表现当时乾隆皇帝接见蒙古贵族的场景。我曾经编撰了一本《清代宫廷绘画》图册,目前已经是第三次印刷了。如此的大型画册,价格不菲但添印多次,这里除了搞美术史研究的人觉得有学术价值外,一些搞影视创作的人,尤其是搞清宫戏的人,据说对这本画册兴趣很大,因为在这本画册中有很多纪实性的绘画作品,画中的人物相貌、人物服装以及一些场景中人物所处的位置等,都可以作为重要的参考。因为这是当时人画的当时的场景,用画把当时的过程记录了下来。

《乾隆射猎聚餐图》轴表现的是一次战果颇丰的狩猎场景,乾隆皇帝每年都要到承德北面的木兰山中去打猎,这幅画就是一次收获颇丰的狩猎情景。

画中的人物有的在剥鹿皮，有的在切鹿肉，有的在熬鹿汤，有的在烤鹿肉。乾隆皇帝端坐在周围侍卫警戒的中间，背后是帐篷。画面同样利用构图的方式来突出皇帝这个主要人物的地位，画幅的背景是松林和群山，就好像是宝座后面的屏风一样。

这是关于一个平定蒙古叛乱的勇士的《阿玉锡持矛荡寇图》卷。阿玉锡本身也是一个蒙古族人，加入了清朝军队，带领几十个清朝勇士，夜袭叛军营地，大获全胜。我们中国人常有"勇冠三军""如入无人之境"之说，我想这幅画表现的就是这样的意思。此役得胜后，阿玉锡的画像被放在了紫光阁内。

这也是一个狩猎场面——《乾隆木兰哨鹿图》。有趣的是，他将不同时期的狩猎场面组合在了一起。这幅画描绘的是围猎之后在慢慢收场了，这是返回营地的一幕。画

《乾隆射猎聚餐图》轴

面突破了时空的局限，反映了不同时空的若干片断。画中骑着白马的是乾隆皇帝。背后的山石应当是中国的画家唐岱画的。但画上只是郎世宁一个人的署名，实际上这也是中国画家与外国画家合作的一幅图。

《阿玉锡持矛荡寇图》卷

下面我们再来讲讲静物画。

这是《聚瑞图》轴，画着插有一些带有祥瑞含义的植物的花瓶，例如多穗的谷子，一些奇花异草。

这是《瓶花图》轴，这是《午瑞图》轴，画面上有荔枝、粽子。这些画在中国传统题材中有很多。

郎世宁的画非常真实，将没有生命的东西画得五光十色，非常逼真，带有很浓重的欧洲静物画的特点，但题材上则绝对是中国的传统。

《乾隆木兰哨鹿图》轴

《聚瑞图》轴　　　　《瓶花图》轴　　　　《午瑞图》轴

《午瑞图》轴　　　　　　　　吴昌硕《岁朝清供图》轴

接下来我们来看两幅对比的画,这是刚才所提到的郎世宁《午瑞图》轴,另一幅是吴昌硕的《岁朝清供图》轴。两幅画从题材来说应当是相似的,但是绘画面貌上却有很大的不同,给人完全不同的感受。郎世宁的作品带有很浓重的欧洲静物画的特点,通过对比可以一目了然地看出其中的差别。

下面我们再看看油画。

《平定西域战图　平定伊犁受降》铜版画

《平定西域战图 鄂垒札拉图之战》

关于油画,在过去相当长一段时间内,被认为是民国初年由中国留学生出外求学带回来的,至此中国才有了油画,历史也就一百来年。但是我们在故宫收藏的文物中就发现有油画作品,所以对中国油画的发展历史也已提前到二三百年以前,这也是中国美术史上很有意思的一个话题,油画对中国来说是个"舶来品"。油画在欧洲也就是五百多年的历史。在清朝宫廷的档案中也有郎世宁教中国人画油画的记载,这些跟随郎世宁作画的中国画家,可以称得上是中国第一批油画家了。郎世宁在传播油画方面所作的贡献也应当充分予以肯定。

铜版画也是欧洲的绘画品种。郎世宁以及其他一些欧洲画家合作绘画了一套《平定西域战图》。此画是在乾隆新疆平叛得胜后制作的。这套铜版画是由郎世宁等人画的图稿,然后送到法国巴黎刻制印刷,再运送回国的。

这套铜版画一共16幅,画的是不同的战役,这是其中的一幅《鄂垒札拉图之战》。我想让大家注意一个非常有趣的细节。画面上清朝军队已经把蒙古包给拆了,从蒙古包里逃出的几个人居然是裸体。这大概是我们发现在清朝宫廷绘画中,甚至是中国宫廷绘画中唯一可见的出现裸体人物的绘画作品。裸体在欧洲绘画中司空见惯,但在中国一直是个忌讳。这幅画后来被乾隆皇帝颁给几个很重要的书院及寺庙,是基本代表官方思想的一幅作品。这个局部的细节想必乾隆皇帝不会没有注意到。这是一个很有趣的话题,有待探讨。

《乾隆雪景行乐图》轴　　　《乾隆岁朝行乐图》轴

下面谈谈焦点透视画(线法画)。我们通常说起中国绘画与欧洲绘画的区别时,就是中国是平行透视,欧洲是焦点透视。中国画家在作画的时候,画家的视点是动的,跟着画面不断变化;欧洲绘画,它的视点则是固定的。上面这两幅画力图在二维的画面上表现三维的空间立体效果,这些绘画技法应当是郎世宁从欧洲带过来的。

这是中国画家徐扬画的《京师生春诗意图》轴,虽然透视不够精确,但可以感到使用了焦点透视的技法。

下面我们讲讲倦勤斋。

这是其中的一个小戏台(图),整个北壁墙和天花板都画上了绘画。天顶上画的是藤萝架,架上画了很多藤萝花。北墙画的是一幅通景画,室内有一个真的竹篱笆矮墙,跟墙上的画对应了起来。最奇妙的是天花板,从地面上看好像藤萝花都垂下来的感觉,利用透视的视错觉,造成一种天外有天的感觉。这种天顶画与欧洲的天顶画一脉相承,不是中

《京师生春诗意图》轴

小戏台

小戏台天顶

虎头　　　　　　猴头　　　　　　　牛头

国画的传统,在欧洲教堂中可以看到很多这样的天顶画。倦勤斋借鉴了天顶画的绘画手法,非常奇妙,扩大了绘画空间。倦勤斋是乾隆时期的绘画,当时郎世宁已经去世了,但我觉得很像他画的,我查了清朝宫廷档案,这是郎世宁一个弟子领衔画的。而郎世宁在世时在宫里若干地方都画过这种天顶画,可能是他留下的绘画草本,被他的学生拿来运用在这里。再讲一下雕塑。

这几个兽头现在都保存在北京保利艺术博物馆,这是圆明园的遗物。郎世宁当时参与了设计或是部分装饰圆明园内西洋楼的工作。我觉得这些兽头应当与郎世宁有关,尤其是这个牛头,牛角的空间处理得很好,带有欧洲风味。若郎世宁参与了其中的设计,说明郎世宁除了擅长绘画外,在雕塑方面也不是外行,应当也有所成就,这是我的一个猜测。

今天用了一个多小时简单介绍了清朝宫廷中的意大利画家郎世宁,并欣赏了他的一些作品。感谢大家在双休日还来听这个讲座,再次谢谢大家!

(2007 年 7 月 12 日)

(原载《北大讲座》第十八辑)

从《走向共和》谈晚清人物的评价

李扬帆

[演讲者小传]

李扬帆,北京大学国际关系学院讲师,博士。1998至1999年曾在日本大学讲学。专业研究方向:近代对外关系史。主要著作和学术研究成果:《邓小平外交》(海南出版社,与人合著),外交部项目:"美国新一届政府的西藏政策及其对策研究"。发表中国外交思想史和中国晚清外交方面的论文多篇。

感谢北大BBS给我们提供这么一个充满时代气息的平台。最近央视播放的《走向共和》在同学们中引起了热烈的关注和讨论。伟大的近代为我们现在和以后的发展轨迹奠定了基础,路径上的依赖使我们不得不一再回头望那个起点:我希望每一次的回眸都会是理性的胜利和心灵的洗涤。我们所关心的重点是从《走向共和》探讨如何评价晚清人物。首先声明的是,我们是作为历史学的门外汉来探讨历史人物的,在很大程度上属于普通民众的声音,因此很多评价确实是缺乏充足的历史资料证据的。如果按照胡适先生"大胆的假设,小心的求证"的思路,这个讨论是不可能解决这么宏大的问题的。其次,评价历史人物还是应该有一个坐标系,在我看来,有三种基本的历史坐标:作为官方的历史,作为资料的历史和作为百姓观念中的历史。

历史是什么?如果说历史是已经发生的所有的事件和人物的总和,那么它具有不可重复性(再现性),因此,纯粹客观的历史是不可能被任何一个个人所掌握的。我们的历史大多是一种观念的历史。在历史研究上,求证和评价同等重要:而往往评价的社会功能——甚至政治功能太强从而压倒了求证的重要性。道理很简单,普通人不可能也没必要对历史进行考证。如此,在官史和学者掌握的历史之间,民众的历史观便受到两个因素的影响:自己对信息的偏好和信息被传播的渠道的权威性。历史剧在很大程度上担当了历史观载体的功能,它所传递的信息直接影响到作为观念存在的历史本身。

在晚清——甚至整个中国历史——的人物和事件的评价上,我们一直被一种简单二元论的观念支配。新媒体出现以前,地方戏是百姓精神的重要载体:戏剧的脸谱阻断了对历史重新评价的可能,窒息了民族精神里多元化基因的发展。忠臣不得志,是因为奸臣当道;好人的痛苦生活都是坏人造成的;如果坏人都被消灭,天下一片大好。这种思维的长期影响导致我们很难从社会发展的眼光看待历史:读史成为个人道德修养方面的事情,所谓读史明志而已。实际上,对历史进行宏观意义上的、多元的思考,比如,把中国近代史放到世界历史发展的潮流中去衡量,对中国的发展进行体制意义上的探索,就是跳出传统窠臼的重要思路。

下面回答朋友们的问题,由于网速的原因,很多问题可能不能尽快回答,也不能连续性地探讨,请谅解。

[现场答问]

问：自中日甲午战争之后，中国的进步人士在短短的时间内从改良迅速走向革命。康有为对守旧派的不容（其实没有慈禧的默许不可能有《定国是诏》的颁布），孙中山对共和革命的推崇和对立宪新政的极端排斥，都说明中国政治思潮的激进主义的泛滥。请问李老师，你如何看待这种激进主义，它是必然的吗？如果是，最主要的原因是什么？如果不是，那么为何中国在晚清没有类似欧美的自由主义的思潮？

答：激进主义在中国晚清和民国时期出现有它制度上的根源，简单而言，它是一种对传统专制主义压制的自然反弹，因此有它的必然性。但是，中国式的激进主义也具有中国自身的传统，和欧美的激进主义有不同之处。最重要的，它还是体现了中国朝代循环的历史规律，即所谓"分久必合，合久必分"的历史规律。之所以这样认为，主要原因是因为无论从形式到内容，当时的激进主义都没有使中国真正在制度上、文化上产生创新，一方面，"皇帝轮流坐，明年到我家"的思想穿了件改良和革命的外衣而已。另一方面，近年来史家对激进主义革命在中国近代史上所起的作用颇有微词，但我不认为那是一种经典意义上的革命。借用阶级斗争的理论，资产阶级在当时的中国实在很难说是一个有广泛代表性的阶级，几个精英能代表百分之九十几的农民吗？推翻帝制没有先进生产力的经济政治基础，很难说是真正的革命。孙文的革命在很大程度上是在中国历史特有的王朝循环的间隙上添加了一把火。

问：如何评价李鸿章？长期以来，中国史学界一般对他的评价是卖国的、否定的；但是我也看到一些文章为他"翻案"，肯定他的一些作为，主要是在当时的国际国内环境下，他所做到的，已经比较难能。我想问问李老师个人对李鸿章如何评价？

答：对李鸿章的评价产生出如此前后不一的矛盾，问题就出在我们是在用一个观念来取代另一个观念。而我认为，历史研究不能作为手段。历史研究本身就是目的。所谓定案、翻案，皆为政治干预学术所致，都不是真正的学问。关于李鸿章的评价请大家看梁启超《李鸿章传》，其中的评价比较公允。我本人对他的看法有四句话：勇于任事的人格魅力；不好勇斗狠的大智慧和大谋略；对千古变局的时代感；具有现代性的改良意识。

问: 李泽厚先生认为上世纪初的中国其实应该多给清政府更多的时间和耐性,不应该那么轻率地选择革命之路,改良的道路比革命要好,中国应该"告别革命"。李老师如何看待这个说法?您觉得有道理吗?

答: 历史没有选择。

问: 李老师怎么看在朝鲜时的袁世凯?

答: 许多人认为,自曹操之后,能当"治世之能臣、乱世之奸雄"之名者惟袁世凯一人。在玩弄权术的官场,他是如鱼得水。当然,他并非生来就如此老谋深算。朝鲜时期的袁世凯年轻气盛,在两次事变当中以有限的兵力而反制日本,确实为清国在朝鲜的统治挽回了面子。但他视朝鲜如奴,视日本如蚁,为中国在朝鲜问题上和日本的争夺也制造了麻烦,其两大失误为:一,以高压治朝,直接干预朝鲜内部事务,改变了中国对属国关系的历史常规手段,使中国陷入朝鲜内部纷争而不能自拔,使中朝关系趋于恶劣。二,敦促中国出兵代朝平乱,使李鸿章误信其言,以为中国出兵不会引起日本干涉,正中日本诱敌之计,可以说是甲午战争的一个重要根源。但是,这种积极的措施并不是非理性的,希望挽回大清的颜面,并力图拒敌于国门之外,仍然是合理的决策。

问: 李老师对《走向共和》中刻画的"国父"形象有什么看法,到处筹钱,好像演得猥琐啊。

答: 其一,历史和历史剧是两码事。作为历史剧,为了塑造真实的人物形象,演得过火、演得猥琐那是演员的事情。其二,革命不是请客吃饭,但是革命也是请客吃饭,没钱怎么革命?孙确实花了大量的精力来为革命筹款。其三,还孙一个平民形象可能旨在烘托气氛,不过我相信如果年轻的孙文活在今日,应该是一个"愤青",他的成长自然是有个过程。学界多对孙要么戴高帽要么全盘否定,我想这正引起我们对一个真实的孙中山了解的情绪。我们不得不承认,孙中山之所以没有取得彻底的成功,是因为他面临所有"海归派"都必须要解决的一个问题:在多大程度上了解西方的法权体系,又在多大程度上认识到中国走向现代化必须解决的中国文化自身变革的根本问题?换言之,他不给这个千年古国文化革新的机会,而直接"全盘西化",从他个人讲易,而从四万万同胞讲,又何其难也!我想因为筹款的事情他来不及有更多的思考吧。

问: 请问李老师对慈禧作何评价?有人边看《走向共和》边说女人祸国,呵呵。

答: 李敖在《北京法源寺》中把慈禧狠批了一通,可以视为一般人评价的一个标准。但我认为有几点人们往往会忽略:一,评价慈禧太后在有几千年父权传统的中国很容易不自觉地受到男权思维的影响,本能地对女人统治怀有或多或少的敌意。二,评价慈禧太后时也很容易受正统思维的影响,僭主政治和妇人摄政在中国历史上都是非正统的模式,是遭怀疑和唾弃的。很多人认为,如果是恭亲王当政,如果光绪能主政,中国就不会被"误"了。问题是:如果咸丰以后的几个皇帝能主政,就一定比慈禧强吗?实际上,中国危机的根源在于千年的王朝专制统治体制,而即使恭亲王被道光选定为继承人,这个行为本身就是中国落后传统的一个表现,如何证明换了个皇帝就具有历史上的正当性呢?三,评价慈禧太后有概念化倾向。历史人物的评价不能以好人或坏人的简单标准去衡量。有一点值得思考的:正是在慈禧当政时期,中国尝试进行了现代化改革,这也是不争的事实。

问:无法建成民族国家是否是近代中国失败的原因?从鸦片战争的较量伊始,大清的惨败到后来无数变革努力的失败,民族国家是否可以作为一个考察点?

答:这是一个非常好的角度。传统中国政治上的顽疾就是只知有天下不知有民族国家,只知有朝廷不知有人民,天下观念使我们不能以一种民族竞争的眼光看待世界,朝廷循环使我们始终不能有民权观念的产生,所以近代中国面临着双重任务,直至今日也没有彻底实现。

问:请李老师谈一下康有为吧,感觉斯人过于自负偏激。

答:《走向共和》一剧当中,把康有为演绎得像个黑帮老大,有些过分,康毕竟是晚清学问的泰斗。但中国素来有"儒以文乱政"一说,康有为算个典型。他本人的学识和个性上的缺陷是维新失败的重要原因。以学识而论,康对立宪政治的理解绝不会比现在一个普通大学生更多,他对皇帝的知遇之恩的感激是他顽固地坚持皇权的重要原因;而他自负的个性充分暴露了维新主将们不可饶恕的缺陷。康党幼稚顽固而不知变通,只尊一帝而不知建立统一战线,他痛恨慈禧及旧党人物,把可能会有的多种选择约化为一种惟一的选择,外人或误以为慈禧反对变法,而有清人认为慈禧但知权力绝无政见,她对维新的基本态度是以自身权力是否受到威胁为底线的,实际上康党若推崇慈禧以主张变法使其公然出头,则皇上之志可由屈而得伸,久而顽固大臣皆无能为也。这种大胆的策略可能是康圣人想也不敢想的吧。而轻信袁世凯更证明了康不懂政治,不懂政治而欲变法,后果可想而知。从康后期一边写《大同书》,一边保皇的行为看,他的思想表面上看是非常自相矛盾的,而实际上这两个极端都是一贯的:即是他理想主义精神特质的体现。

问：前几天看了《菊与刀》，对日本多了一点了解。看《走向共和》的时候，一边是日本天皇为买军舰每日只食一餐，一边是慈禧百余道菜……。不得不承认，日本以一岛国，弹丸之地，能够迅速崛起，国民的精神有很大的作用。请李老师指教。

答：也可以再看看福泽谕吉的《文明论概略》，里面谈到日本文化和中国文化的不同之处，我们经常唱高调，宣扬所谓"中日文化同源同种"，可是日本人自己并不完全这么看。比如，他认为日本比中国的社会风气要好些。当然，要看到福泽谕吉是著名的"脱亚入欧"论的鼻祖，他的认识是有重大的政治目的的。另外重要的一点就是日本的政治文化和中国在晚清时期的政治文化是截然不同的，比如日本在明治维新以前是幕府体制，这种体制更类似于西方中世纪的封建体制，在权力结构上和中国的皇权专制是不同的，这也是他们能够实现现代化转化的结构性原因；而至于日本民族的特性，日本人勤奋严谨、精益求精等等和大陆民族相比似有不同，这已经是共识。大陆民族在对待事物上总体上要粗一些。这一细一粗，往往便决定了后果。从国民精神上而言，在前清时期，整体的中国的国民精神并没有实现整合，或者说没有形成现代民族意识。山东发生反传教的事件并不会在全国意义上引起共鸣。中国到五四时期才逐渐诞生民族主权意识。没有民族主权意识，当然就难以从上到下形成共同对敌的合力了。

问：关于刘公岛的北洋水师。北洋水师黄海一战之后，北洋水师退守刘公岛不出海巡战。传统观点认为是李鸿章决策失误。现在又有人认为那是因为慈禧用了海军军费，然后北洋水师在海战中受损的舰船没法得到修补，这才是不能出战的真正原因。李老师，您的看法呢？又：按照戚其章先生《晚清海军兴衰史》一书记载，李在黄海战前自己否决了调动南洋海军的想法。此外保船放弃制海权案，也可以查到李自己的指示，那么我们如何分析呢？

答：梁启超在《李鸿章传》中说："不见乎各省大吏，徒知划疆自守，视此事若专为直隶满洲之私事者然，其有筹一饷出一旅以相急难者乎？即有之，亦空言而已。"而李鸿章自己否决调动南洋海军一说，如果属实，也不难理解：北洋根本就没有权力调动南洋。黄海之战后，北洋舰队能返回基地的只有七艘战船，北洋已经没有能力与日军进行全面的海上决战。威海是最后的避难之所。日军在威海投入联合舰队30多艘战舰（艇）。实际作战中，刘公岛和日岛炮台均进行了殊死抵抗，最终不能敌。不放弃也得放弃：因为丁提督在只剩下不能形成有效战斗力的四艘战舰的情况下自杀殉国。保船与决一死战相较，保船时怀有幻想：一是利用岸炮防御增加战斗力，二是希望山东巡抚能够出兵。结果二者都没有起作用。而决一死战只是死得快些。求死易，求生难也。虽然结果都是一样，但作为理性决策者，应该先保存实力。

甲午战争李鸿章是以一人敌一国，比如广东水师的广丙号就请求日本放行不参与对日作战。其失败是整个晚清综合国力的必然体现。丁汝昌是陆军出身，不懂海战，而李鸿章事后说自己虽苦心经营军事但却并不知兵，主将尚且如此，士兵该如何作战？至于困守刘公岛以及很多具体的战略战术问题，在前几年甲午战争百年祭的时候历史界有很多的讨论，可以去查阅，不过有一点是可以肯定的，李鸿章对北洋水师并没有完全的控制权，光绪和慈禧在总的战略部署上都曾经发挥过重要作用，如果说李鸿章避战求和似不符合实情。

问：也应该给荣禄翻翻案吗？李中堂现在似乎越来越走出反面之列而成为改革之先驱，而对另外一位也长期以来被列为反动人物的荣禄是不是也应多来些"客观看待"呢？荣禄作为晚清重臣，在戊戌变法运动中并非一味地反对任何改革。相反，在练兵、办学、兴办工商实业等方面，荣禄都有一些顺应历史潮流的主张和表现。但同时往往把荣禄看作协助慈禧镇压维新运动最为凶恶的帮凶，最常提起的就是"天津阅兵兵变"一事，李老师认为该如何看待呢？

答：作为与慈禧有着特殊关系的荣禄，是晚清最幸运的一位重臣，除了在光绪元年得罪翁同龢、沈桂芬等人而被迫退出权力中心之不幸外，1894年以后他就官运亨通直至直隶总督，以军机大臣兼掌北洋；戊戌后掌管军机五年时间，为朝中最有权力之"宰相"。更有其女嫁给小醇王载沣，可谓幸运之极啊。此人工于心计而善观风色，在戊戌中逮捕新党抢得头功，又在庚子拳乱时从一开始的纵拳酿乱的祸首而又置身事外，在权力的斗争中得以善终。究其政见而言，即以其主张操练新军一条就足见此人并非顽固守旧之徒，而要设想他和新党合流背叛主子实在勉为其难。我倒要反问一句：协助慈禧镇压维新运动到底意味着什么？或者说，慈禧的行为该如何评价？要给荣禄"翻案"，还得等到给慈禧"翻"完再说吧，呵呵。

问：李老师如何看待翁同龢等所谓清流人士？

答：翁常熟以状元身份参与最高权力斗争，最后落得个被罢免的下场，是一代中国文人伴君如伴虎的典型代表。电视剧中对翁的描写似乎有些过分，把他说成是伪君子真小人，我想李鸿章也不会比他更为君子吧。二人之争本身就纠缠了个人恩怨和政见分歧，翁以军机大臣管户部，处处限制给北洋水师拨款，奏请海军停购船械两年，是北洋水师失败的一个财政原因。翁之所以这么做，是因为他当年在安徽巡抚任内被曾湘乡上书弹劾，而主稿弹劾的人是李鸿章。剧中袁世凯诱李鸿章退出军机处以给翁留出空缺,李坚决不答应,此为曾门不二法宝之"挺经"。这一幕是历史事实。这是他们的个人恩怨。而翁在政见上实为书生误国之典型,他反对割地但又同意与日媾和,空谈战和,信口侈陈,站着说话不腰疼。其他清流人物如张之洞,大多有一个共同的特征:唱反调。从某种意义上讲,唱反调具有积极的意义,它可以使实际主政者更加清醒。但唱反调的同时唱高调,就过头了。晚清重臣往往被貌似爱国忠君的清谈派唱昏头甚至唱倒。如果说作为实干家的李鸿章之流是卖国的话,那清流派连力气都不出,实在是祸国之本了。不过幸运的是,翁同龢在变法维新的第四天就被免职,逃过了一劫,也算是善终了。

问:关于"海防塞防之争",一般认为,李鸿章在新疆问题上的判断失误是他的重大污点。他说"况新疆不复,于肢体之元气无伤",主张把银子花在海防上,而左宗棠的观点现在看来无疑更加"爱国"。但是我们也看到,近代中国地缘政治形势发生了重大变化,以往的中原王朝,威胁来自西北,而李鸿章时代大患来自东面的海洋,因此,李鸿章主张加强海防甚至不惜在西北边疆问题上让步的意见,是不是更有远见呢?假如按照李的方针,那么甲午战胜可以期望,打败了日本,中国的历史是不是会光明得多呢?您的看法?

答:塞防与海防之争,个人认为其核心牵涉到两个问题,一是财政预算,二是国防思想的现代化。前一个问题又和左公与李中堂的个人权力有关。在爱国情操之外,两人多少都有些本位主义:左公督师西北,自然立功心切,而新疆是西北要塞,如果不能成功地捍卫,则于主权当然是莫大的损伤。但是,当时国家财政不可能同时打赢两场战争。左宗棠后来相当一部分靠自筹资金(西征军军费每年支出800万两,而实际收到各省的协饷只有500万两)才得以出兵。可见在没有出兵前的争论是可以理解的。不过,左宗棠比李鸿章的理论似乎更有煽动性,因为他主张塞防和海防并重,而这实际上做起来是很吃力的。从政治斗争上,他就比李鸿章高出一筹:李鸿章主要主张海防建设,他的主张就被左的主张所掩盖了。以恭亲王为主的朝廷意见自然是中和了二者的争论,李鸿章被委任为北洋大臣。而北洋水师和南洋水师的建设,是中国国防现代化的开始:一方面改变了传统上注重内陆防御的战略,另一方面,现代化海军的建设,成为推动中国现代化(洋务运动)的重要契机,这一点,是塞防论最不能达到的。另外,李鸿章最防日本,迄今仍然具有警醒的价值。当然,如果完全把政策的重点放在海防上,也不一定能够战胜日本:甲午之战时的日本,在体制上、经济上和战略上都已经甩开清朝甚远。

问：大师梁启超在剧中就像是康有为面前的小学生唯唯诺诺！但后来与康有为产生分歧给人感觉很突兀！请教李老师对他的看法。

答：只要与谭嗣同作一比较，大家对梁启超相信就会有深刻的认识了。梁启超此人流质善变，而谭嗣同生性耿直；梁启超初服膺于康圣人，后推崇孙文一说，是符合这个人性格特点的。少年梁启超年轻气盛，血气方刚，卷入了可以流芳百世的中国政治变革，晚年梁启超倡导新学，开启中国新文化运动，学问绝不低于康师。只是作为湖南人，我还是欣赏谭嗣同。读梁启超的文章感觉情绪多于理性，呼吁多于思考。他们这代文人要承担的历史使命是一种启蒙，而要他们承担政治变革则实在是勉为其难了。

问：关于康有为、杨深秀，在《走向共和》中康有为的确有他的革命之心，但是不彻底。他和他的弟子们想得比较多的还有官职名誉。康有为对孙中山由开始想拉手，到后来闻听皇上召见即划清界限，以及同袁世凯的蝇营狗苟，都部分地反映了他内心中对权欲的渴望、对名利虚荣的追求。对于杨深秀我现在只看到18集，但是看样子很像个猥琐小人像。这样和过去的书上写的大有不同，电视剧的真实度有几分？如果以后的电视剧争相仿效，似乎历史的人物是非重要性并不突显，而更让人看重过程、看重历史环境？

答：康有为搞的不是革命，搞的只是政治。好虚名而不务实，重权力而不知策略，自然不是袁世凯的对手。不是袁世凯的对手，又如何能成功？相比之下，孙中山虽然也有极端、不理性的一面，但他的人格远比上述二人高尚。人格魅力是孙文和袁世凯平分天下的重要资本。戊戌六君子中，杨深秀49岁，按理，应该比谭嗣同等人要老道一些。但他在新政中是给皇帝提意见上折子最多的人。而且在被捕的当天还在抗疏，敦请慈禧归政。可见终究是一热血志士。杨深秀在中西数学上的知识，要比他在现代政治上的认识多得多。以学者、学生的身份搞政治，是他们那一代人的悲剧。确实，电视剧的社会功能不可忽视，它在一定程度上代替了观众的思考。不是我极端，但几乎可以这样说：历史上几乎所有关键人物和关键问题都有争论（包括史实方面的），所以根本就不存在事实如何。多找些资料看看，固然可以了解多些，但普通人如何能做到？所以，历史就是观念性的，它受到政治、个人偏好、经历、开放度等等因素的重要影响。一般而言，把历史能够当成爱好就很不错了，没法搞清楚的。

问：大清民富国弱？！是这样子吗？然则有何途可循解决国弱这个问题呢？对李鸿章设海防捐筹钱一事印象深刻，卖官鬻爵呀！

答：在我看来，应该是大清"官富国弱"，这是中国历史上的重要困境。社会财富主要集中在大地主、大官僚手中。国家每次和列强作战,当权者最头疼的是军费问题。而李鸿章想尽办法筹款,包括卖官,都是无奈之举。慈禧修园子挪用军费1000万至3000万,翁同龢也处处限制拨款,那仗确实没法打。从湘军到淮军再到北洋,中兴名将们想尽一切办法筹款,实在是暴露出晚清国弱的一个重大问题:全国没有统一的现代财政管理人才,曾、左、李、张四人,不及管仲一人矣。

问:请问李老师,这似乎是一个题外话了,由《走向共和》想到的,全球的资源分割已经在上个世纪结束了,而中国没有占到优势地位,如此,世界政治经济格局其实已经奠定,似乎没有任何突破口。请问您对这个问题的看法?

答:中国近代卷入世界潮流确实是一个被动的过程,放眼看来也是一个全球化的过程。至于全球资源被分割不知指什么资源?黄土地还在那儿,黄皮肤的人还在那儿,方块文字还在那儿,这就是我们的资源。在一种硬权力相对弱势的情况下,中国文化作为软权力仍然具有他生存下去的理由,中国并没有完全丧失主动性,这就是突破口。即使李鸿章处于今日,也会再呼吁变法自强。所以前面有位朋友说我认为中国还没有走出近代史是言重了,我还是认为我谈的关键问题并不是夸大其词,我认为近代史的基本命题,即中国作为一个有自己独立价值的文明如何在全球化中生存,仍然没有完全地解决。一个简单的例证是,我们对于近代史人物或左或右或贬或褒这种二元论的评价,就说明我们没有实现多元化的转化。

问:李老师还想研究晚清的什么人物?

答:我研究的是晚清对外关系史,所以和传统的国史研究有很大的不同:史料为我所用,而考证工作在其次。所以,在基本没有疑义的史实基础上,我们的研究集中在对他们的思想和行为所代表的价值和所体现出的意义上。晚清那些仁人志士也好,乱臣贼子也好,个个拿出来都值得研究。因为那个时代值得研究。

感谢主持人,感谢朋友们。今天的讨论虽然因为条件的限制而不能完全展开,但共同的近代史情结使我们能够对一些共同感兴趣的问题继续保持关注。有一天,当我们再也不对这段时期表现出群体的兴趣了,我们就甩开了历史的包袱,我们就真的实现了现代化。

(原载《北大讲座》第四辑)

五四运动有多重要

杨奎松

[演讲者小传]

杨奎松,1953年生于北京,籍贯重庆,中国人民大学毕业,研究方向为中国现代史。现为北京大学、华东师范大学教授。著有《毛泽东与莫斯科的恩恩怨怨》《中国共产党与莫斯科的关系(1920—1960)》《西安事变新探——张学良与中共关系之研究》《抗日战争时期中国对外关系》(与陶文钊、王建朗合著)、《马克思主义中国化的历史进程》《失去的机会?——战时国共谈判实录》等。

主持人：

各位老师、各位同学，晚上好！非常感谢大家来到由校团委主办的"纪念五四运动九十周年"系列讲座的现场。今天我们非常荣幸地请到了杨奎松老师为我们作以"五四运动有多重要"为题的讲座。我们今天的主讲嘉宾杨奎松老师是北京大学历史系教授。杨老师今天将从一个全新的角度全面审视五四运动，对其发生、发展以及所产生的影响进行阐释，回顾五四运动的历史，从宏观上把握五四运动对中国的重要意义。下面让我们以热烈的掌声，欢迎杨老师上台演讲。（掌声）

杨奎松：

首先要说明的一点是，我的主要研究方向并不是思想史，对五四运动的了解也很有限，但我之所以会来做这个讲座，很重要的一个原因就是，从好几年以前开始，我在讲课过程中就一直感觉五四运动研究中有一个问题。这个问题说起来很简单，就是五四运动究竟有多重要？

关于五四运动的研究，今天学术界有两种比较普遍的观点：保守主义和自由主义。保守主义观点认为，五四运动、新文化运动是破坏性的，是中国激进主义潮流的滥觞之一，因而应该对后来中国社会的一系列问题负责。与之相反，自由主义的观点认为，五四运动，特别是新文化运动起了一个很革命的作用，是中国思想解放、个性解放的一面旗帜，是中国革命思想运动的先锋。但同时他们又认为，五四运动特别是新文化运动本身又夭折了。用李泽厚的观点来说，就是救亡压倒了启蒙。那么，这里的矛盾就很明显：一方面，保守主义的观点认为五四运动起了很大的破坏作用，而另一方面，自由主义的观点又认为五四运动在造成一定影响之前就已经夭折。我一直在思考，这个矛盾究竟是如何产生的？内中是否还隐藏了什么深层的问题？今天，我就尝试着把这个问题梳理一下。

一、定义：五四是什么？

先讲第一个问题：五四的定义。对于定义，我想所有关心五四的人都多少有一些了解。今天我们谈的五四是指两个五四：一个是新文化运动，它的核心就是争人权；另一个就是通常教科书里讲得比较多的爱国运动。正如思想运动会有各种各样的提法一样，爱国运动也有几种不同的说法。我这里不对这两个运动本身的关系作具体解释，它们究竟是相互继承还是相互关联而带有矛盾，是不是救亡压倒了启蒙，在学术界仍有争论。我只给出一个基本的观点：两个运动其实都是一个动机，这个动机就是救国。大家知道，中国自1840年以来始终处于一个频繁动乱的时代，备受外国列强欺凌。这种背景直接促使了一大批知识分子开始探寻救国的办法，或者说真理。他们尝试过很多方法，新文化运动和五四爱国运动也是其中之一，只不过表现形式不一样。鉴于过去各种各样的经验教训，新文化运动首先从救人开始，想先把人解放出来，塑造新的人，然后救国。这种想法有点像梁启超20世纪初在《新民说》里阐述的观点。到五四运动，又从救国再回归到救人，实际上一个基本的目的还是救国。新文化运动强调思想上的除旧布新，对一切先进的东西，特别是西方的东西都要采取"拿来主义"的态度；五四运动偏重行动上"外争国权，内惩国贼"。其实我们知道，所谓的"五四爱国运动"，只是在五四那一天发生的一段学生运动群众运动，过程很短。后来才影响到其他一些地方，并很快变成了一个寻找改革道路的思想大讨论。因此五四期间各种各样的讨论多半都集中在怎样进行社会改造和政治重建上。

二、五四好耶？坏耶？

那么第二个问题，：关于五四运动的评价。作为对五四运动定义的侧面解释，五四运动究竟好还是不好呢？在美国的周期瑞教授1960年出版过一本关于五四运动的专著，他归纳了三种评价。第一种是中国共产党人的解释：五四的主旨是爱国、反帝，五四的意义是开启了中国的新民主主义革命。这种说法我们现在在各种教科书和课外读物上都可以看到。第二种是所谓保守的民族主义者和传统派对五四或者新文化运动的一种批判，他们认为，五四是中国激进主义思潮的滥觞，中国近代以来革命不断、罪恶丛生、道德败坏、人性泯灭，都与激进思潮借五四盛行，从而破坏了中国的传统文化有着密切关联。第三种就是自由主义的观点，他们基本肯定五四运动是一场文化复兴运动，是宗教改革运动，是启蒙运动。这三种说法体现的是当年的观点，距离今天大概有40多年了，但它们与今天的评价并没有太大的区别，也就是说，今天比较流行的观点主要也是这三点。林贤至曾经对这个问题做过详细的解读，他主要是从两个层面上说的。第一个层面，他认为五四新文化运动是中国知识分子的创世纪，运动过程全面表现出了中国知识分子背叛民族文化传统的英雄主义行为。这个评价是很高的。我们可以看出，他对五四运动持全面肯定的态度。第二个层面，他认为五四爱国运动，也即新文化运动之后于五月四日爆发的学生运动，是新文化运动濒临结束的信号。换句话说，新文化运动到了五四爱国运动爆发时，基本上就要告一段落了。这个观点我们今天也可以在很多自由主义学者的讨论中了解到。基于上述种种看法,我想就它们之间的关系做一点讨论。讨论的问题是:五四真的那么重要么?是创世纪的英雄主义行为,还是埋葬了中国传统文化导致中国后来的一系列动荡、混乱发生的"祸首"?五四运动都太重要了,它可以说是中国近现代历史的分水岭。

那么,为什么会发生五四运动?它的发生究竟有着一些什么样的背景?这是我们评价五四所要首先回答的一个问题。从研究方面说,对历史事件的认识和评价都应当回到历史当中去。那么关于五四运动发生的背景,我觉得首先要注意以下问题:

第一,当时有一大批留洋归国的留学生,如陈独秀、胡适、李大钊等等,已经在中国的高等院校或其他相关的舆论界包括文化界占到了举足轻重的地位,他们已经是学者、教授、记者和编辑,具备了一定的社会影响力。

第二,国内有了大批的新式的学校,从而产生数量庞大的青年学生群体。五四运动时期,几个知识分子办了一个《青年杂志》,就立刻引起很多很多人的呼应,这在戊戌变法时期是不可想象的,即使到1900年、1904年清末的那段时间,也不可能引起这么大的反响。因为即使有人去鼓动、去鼓吹各种各样激进的口号,也没有听众,没有观众,没有响应者。何况他们本身的语言很多人是听不懂的,一般老百姓更不可能明白。但是这个时候不同,大批新式学校里大批的新式学生很容易听懂这些留学生所传达的各种信息,甚至也很容易与他们形成互动关系,因为陈独秀、胡适、李大钊等这些人就是他们的老师。

第三,有西方发达国家做榜样,有与之相关的众多的思想文化理论资源,还有大量有能力并且热衷于翻译传播这些资料的人。大量的思想资源必须要到海外去找,也只有在这样的时期这样的一些资源才能够被引进来。尽管过去有过师夷长技变法维新,但是几乎没有人注意到大量有关民主人权的信息。翻译传播人才的增多是引入这些资源的很重要的原因,如果像19世纪末只有严复少数几个人能翻译,而且翻译出来的都是文言文,那么根本不会多少听众,也没有多少学生能够呼应。所以,我们能够看到这个时代的背景非常重要。

第四,中国当时城市化已经达到了相当的程度。过去中国实行科举考试制度,大量的知识分子和士绅基本都集中在农村,城市化的程度很低;同时其他各方面条件,比如交通条件、信息传播条件都非常差,一个信息要经过很长时间才能到达相当的距离以外。但五四时期有了城市化,大量集中的人口不仅仅是经济的市场,也是文化的市场,特别是还集中了相当多的知识分子。这样,城市就形成了一个特殊热岛。而且城市之间有了铁路,有了电报,还有了报纸杂志这样一些信息传播的工具,这些工具当时其实已经相当普遍。我们可以注意一下，1914年、1915年包括《青年杂志》创办的时候，城市中杂志数量都非常少，因为读者太少。但是到1919年杂志报纸的发行像爆炸一样，所有的地方都会办报纸，都会出杂志，连一个学校本身都可以出杂志，为什么？就是因为有读者，有很多的读者。

第五，有了过去变革或者革命失败的教训。这个"过去"指的是从早期一直到五四之前。1840年中国鸦片战争失败，大家认为是由于洋人的船坚炮利，于是就"师夷长技"，想办法引进西方的技术，但后来发现引进技术解决不了问题。于是就搞维新变法，维新变法最后也行不通，保守的势力的确非常强大，这就促使一部分人意识到了整个社会的问题，后来发展到推翻政府，于是就出现了辛亥革命。辛亥革命结束以后还是不解决问题，怎么办？于是就有了新文化运动。经过这么多次的尝试，大家普遍认识到，改造社会先要从人改造起，只有人解放了、自由了、能够去思想了，才能接受新事物从而去推动新的改革。把社会变革过来才能达到救国的目的。

第六，当时中国的现状与世界潮流和先进国家差距太大，深陷不平等地位的现实产生着强烈的刺激。因为中国从1840年到这个时候，一直处在列强环伺、弱肉强食、自身四分五裂的情况下，各种各样的外交危机不断出现，多次地割地赔款。要想跟列强抗衡，要想维护国权，要想解决中国发展的各种各样的问题，首先必须要有一个统一的国家、一个强大的政府，要有雄厚的实力，可是中国当时处在一个四分五裂的局面之下，深陷于不平等的地位，根本无法在世界中占据一席之地。所有这些内外危机，都对国人形成了强烈的刺激。

第七，这个恰恰是我们必须注意到的一点，五四运动或者叫新文化运动，在中国就发生了一次。百家争鸣，或者我们称为思想解放，以后再也没有发生过。为什么会这样呢？这里其实有几个很重要的条件。其一，当时中国处在比较和平稳定的时期。尽管南北对立，各种各样的问题很多，中央政府的力量也很有限，但是毕竟当时还是大致统一的。相比于中国后来爆发的一个接一个的内外战争，当时还是比较安定的。其二，当时中国中央政府是一个弱势政府，没有很强的统治力量，还不能实行后来国民党政府的那种统治政策。正是由于不能实行这样强有力的统治政策，不能封闭舆论，比如查禁报刊等等，所以各种各样的新思想就得以不断地向外膨胀。当时有很多直接批评政府的言论，陈独秀1919年就曾经因此被抓过，但是抓了几天就被放出，弱势政府不会对青年知识分子和青年学生形成很强的心理压力。

以上七个方面是五四运动得以发生的重要条件。接下来进一步要问的就是："为什么当时会有那么多留洋的知识分子，会有那么多新式学校和青年学生？""为什么会有那样便利的交通条件和信息传播条件以及那样水平的城市化规模?"……这些条件是怎么来的?

归根到底这都是由于1840年中国被迫打开国门以来发生的一系列社会变革。从1840年中国被迫打开了国门以后,中国的整个社会和历史都在发生翻天覆地的变化,尽管都是被动的,尽管在当时看起来是很慢、很渐进的,但这的确是一个根本性的原因。它跟救国是有联系的。从这个意义上说,我有两个结论:

第一,五四的发生不是偶然的,它是中国打开国门、走向世界和被迫从传统转向现代的一段不可避免的历史进程中的一个必然会发生的历史环节。这样一种启蒙思潮、一场思想解放运动,总有一天要发生,或迟或早,都不可避免。因为中国打开国门看到了自己与先进国家的差距,而仅靠自身又没办法问题,必须要向西方求经,要去引进、去拿来,结果就会不可避免地产生了对这种思潮的需求。一旦条件具备,这种思想的需求就会变成一种思想的传播,继而产生爆炸性的力量,形成这样一种运动式的现象。至于这种现象为什么会在1915—1920年这段时间内发生,并且以这样的形式出现,仅仅是缘于上述种种具体条件和具体环境的巧合。这当然有一定的偶然性,但也是建立在必然性基础上的。

第二,因为五四的发生具有十分特殊的具体条件和具体环境,因而,它的取向、内容、规模、深度,包括它的命运及历史作用,也注定要受到当时中国与世界种种特定历史条件与环境的局限。一场运动的发生并不意味着它一定能发展出我们后来所期望的那种作用,在这个过程中,它必然会受到一定历史条件的局限。

那么这些条件是什么呢?这就从另一个方面引出了问题,就是所谓"救亡"何以会压倒"启蒙"。的确,五四运动从新文化运动变成学生爱国运动然后变成救亡、寻找救国道路的运动,这个过程确实存在,不能否认。但是我们要注意的是,五四运动发展过程中有两大线索:一个就是五四政治思想讨论重点的转移。这是有一个轨迹的,从人权的讨论转向民主的讨论转向阶级的讨论最后转向社会主义的讨论。就像西欧从1915年开始,不断地围绕政治问题发生的那个渐进相当性的变革。你会发现它所讨论的东西不断在变,人权问题后来基本不提了。另一个是五四政治诉求重点也在发生转移。最早的时候,也就是1840年以后,政治诉求的重点很长时间是救国,只不过那个时候救什么?救大清国。那么后来出现了同盟会,孙中山和革命党要救什么?要救族,要驱除鞑虏,要建立汉人国家。再往后辛亥革命成功了,中国的问题却没有得到解决,所以又回来救国,救中华民国,他们认为北京袁世凯政府不能代表中华民国,所以他们需要重新挽救重新建立重新恢复临时约法的那个中华民国。直到五四新文化运动爆发，很多知识分子开始意识到跟着这些政治家、这些军阀，决不能去救什么国。于是他们想着先救人，改造社会。但是在1919年，事情又发生了变化，大家觉得救人解决不了问题，而且也没有那么快的可能去救人，还是要先救国，因为恰在那个时候出现了巴黎和会上山东权益的问题。但是很蹊跷的是，这个事情过后没多久，1920年就逐渐出现了联省自治，很多省希望能够独立起来，我把它归纳为"救省"。很多当时的军阀、知识青年，包括毛泽东，都在做救省的运动，救他自己的那个省。他们都在想："大中国解决不了问题，以后干脆搞一个联邦算了，把中国分成26个国。"

所以我们可以看到，整个运动本身无论是政治思想的讨论，还是政治诉求的讨论，一直在发生变化。同一场运动为什么会出现这样的情况呢？那么回到了前面讲的历史条件的局限性问题。我们可以设想达到一个什么样的运动目的，但是没有人能够预测，也没有人能够左右，特定的历史条件下如果相关条件不成熟，那就什么问题都解决不了。关于历史条件的局限，我简单举几个方面。

第一个当然是社会的，中国社会经济发展程度。西方的文艺复兴，特别是启蒙运动，都是建立在商品经济发展到相当程度的基础上的，而且当时资本主义也已经开始蓬勃成长。法国的启蒙运动中第三等级的存在起了很重要的作用，但中国却没能形成这样的一个阶层，只有少数几个知识分子在倡议，办几个杂志，然后几个青年学生跟着冲上去，仅此而已，背后没有社会力量的支持。这是因为在当时的中国，除了官僚资本以外，民间的资本都很弱小，所谓的商人、资本家等等，都必须依附于官方资本、依附于政府才能生存，所以他们没有能够形成一个独立的阶级，也不可能发出一种独立的声音。

第二个是中国传统文化观念。如中国传统的家国天下观，个人要服从于家庭，要服从于国家。在碰到了国家的事变的时候，一定先把国家放在前面。

第三个，要特别注意到的一点，就是在陈独秀、胡适、李大钊这批留学生主导下的思想启蒙运动具有先天的不足，他们对西方思想其实也是一知半解的。他们尽管大部分是留学生，但是并没有在西方受过系统的训练，对西方的深层了解不多。胡适虽然在西方学了好多年，但是他去的时候是学农业，后来才转，而且他在美国待的时间其实也并不长，1917年就回来了。恰恰是这样一批人成为主导者，他们对西方新思想、新文化与新社会充满了渴望，希望把西方的很多东西搬到中国来。我们可以看出，他们对西方的这种"拿来"，对西方的这种羡慕，带有一定的盲目性。他们当时并不可能严格地去区分哪些是好的、哪些是不好的，哪些适合中国的情况、哪些不适合。比如，他们在1915年发起所谓呼吁人权的问题，但是他们的呼吁、他们的愿望和中国当时社会发展的现状是严重脱节的。这个从根本上对整个运动的发展产生了很大的影响。

第四个,作为有效表现形式的文化载体及文化传统的匮乏。对比于西方的文艺复兴和思想启蒙运动,我们可以发现,西方本身有一种文化一种传统一种底蕴在起作用,从雕塑到绘画到戏剧到诗歌到小说等等,各种各样的东西都在发声音。文艺复兴最早是以文艺甚至宗教的形式出现的,而不是政治诉求;思想启蒙运动也是以理论、以文艺的形式出现的,所以它会直接影响到社会的许多阶层,而不仅仅在少数知识分子圈子、在少数一些激进学生当中发生作用,但中国却缺乏这样的文化载体和传统。

第五个,国民性格的影响。这个说起来好像有点不敬,但是我相信这是当年五四运动为什么会从思想的过程一步就跳到社会改革,从一点一滴的改良一下子跳到根本解决的重要原因。1919年到1920年期间,这种争论的势头很盛,很多人希望能够一步到位,彻底解决问题,用孙中山的话就叫"毕其功于一役",很多革命一块搞,一下子把它全搞成。孙中山1902年曾到过比利时,他找到第二国际,表示中国也要搞社会主义,并且坚持认为,中国搞社会主义要比欧洲快得多,只要能够得到支持,中国就可以成为世界上第一个社会主义国家。并不单是孙中山,我们可以注意到,中国的很多政治家很多知识分子在某种程度上都有一种相似的性格:急功近利。这一点我还可以举一个我们眼前的例子。大家都很清楚,很多外国人来中国做生意,都觉得中国人很不讲规矩,办事主要靠走关系。为什么要走关系,而不按照合理合法的途径做事情呢? 就是因为要走捷径。中国人爱走捷径的这个特点,表现在很多方面,包括坐汽车不排队,包括绿地经常会被踩出一条路等等。这种性格不只体现在普通老百姓身上,政治家、知识分子其实也是这个样子的。

刚才提到,五四运动由于受历史条件的局限,救亡最终压倒了启蒙。之所以会产生这个结果,除了上述中国自身条件的局限外,还不得不提到第二个方面的原因,就是在1919年前后所形成的内外刺激。要想好好讨论思想解放、个性解放,讨论妇女问题、贞洁问题等各种压迫性的问题、人性的问题等等,在当时根本没有这个条件。身边会有各种各样的东西不断影响你甚至强烈地刺激你。那么我们来看几个例子。1915年中日二十一条交涉,闹得沸沸扬扬;1916年袁世凯称帝,又闹得沸沸扬扬;1917年袁世凯死了,张勋来复辟,又是一场闹剧;1918年段祺瑞上台了,又搞什么中日军事密约,结果学生又上街了,仍是闹得一塌糊涂。

而对外呢,新文化运动没多久,就爆发了两次俄国革命,二月革命推翻了沙皇,当时中国的报纸曾得意地说:俄国人终于也跟着中国人走上了民主的大道。为什么这么说呢? 因为中国早在1911年辛亥革命就推翻皇帝了,而俄国等到1917年才推翻皇帝，没想到过了几个月又爆发了一个十月革命，这下大家搞不清楚了。前几年我去查阅了当时的报纸，发现所有的报纸鸦雀无声了，不知道该怎么反应，因为那个革命和中国人的理解完全不一样，还弄出一个"劳农政策"，一直到1918年无政府主义者吴稚晖他们才弄清楚，原来劳农是指劳动者，实际上也就是指工兵政府，因而这场革命是平民革命。中国从来没有爆发过平民革命，这就是为什么1917年革命爆发后，从北京政府到知识分子都吓得够呛，因为在中国如果也发生这样的平民革命的话，它一定会成为当年梁启超所说的"攘夺变乱之患"，一定会出现一大批像太平天国、白莲教起义、义和团这样激烈的社会动荡。到时候富人一定遭殃，平民一定受苦。所以中国的知识分子从来都是反对革命的。虽然1918年7月以后，李大钊写了几篇文章，像《布尔什维克的胜利》等等，但我们今天去读他写的东西都会发现，他当时所想象的包括"布尔什维克主义的胜利"在内的各种各样的革命，仍旧是一种和平的革命，而不是流血的革命。我们还注意到，毛泽东写过一篇很有名的文章《民众的大联合》，它里面讲的革命叫"无血革命"，就是不流血的革命，叫"面包革命"。所以，大家希望中国有一个大的革命，但是千万不要流血，千万不要出现社会动荡。我们看到知识分子们在当时外部环境的刺激下，都在考虑中国的问题：外部变了，中国怎么办？紧接着1918年第一次世界大战结束了，作为协约国成员的中国也是战胜国之一，这个事情还直接影响到1919年的巴黎和会。1919年，大家满心希望利用巴黎和会把山东的胶东半岛从德国人手里夺回来，没想到巴黎和会偏袒日本，胶东半岛的权益收不回来，这就引发了五四爱国运动。

所以我们会注意到，在各种各样复杂的背景下，所谓救亡压倒启蒙，其实是有其必然性的。那么从这个角度，我们应当注意，一是，在当时中国的条件下，人权问题并不是也不能真正成为多数国民迫切要求解决的共同问题，只有几个知识分子在讨论，而且他们讨论的时间也不长，很快就变了，为什么？因为没有人能呼应，也没有人能完全理解。甚至就是在知识分子中间，对人权问题的重要性也很难达成普遍共识。我们注意到，当时讨论人权只是着眼于妇女问题、贞洁问题和传统伦理如孝道对青年的不合理压迫等，对人权的基本问题，比如人人得享自由权、平等权、财产权、反抗压迫权却极少有深入具体的理论阐述和讨论。大家只是谈人权不平等，很多问题不合理，只是在控诉。很多人在讲不合理不平等的状况，但是却没有像当年法国大革命之前的那样一种思想理论的阐述、讨论，对民众和普通知识界也完全没有做这方面的宣传。二是，国权问题迫在眉睫。这成了整个社会关注的重点，整个思想文化运动的讨论也会跟着发生转移。但国权问题的解决要靠政府，老百姓只能推动政府。

而当时的政府达不到也不能解决这些问题,这就造成了对政府的不满,所以民主的问题、民智的问题又被提了出来,大家热热闹闹地讨论了一通。换句话来说,民权的问题之所以会变成民主的问题,与当时的内外形势是分不开的。第三,西方的政治民主根本上是以对人权理论的认同为前提的,因此,如果对人权问题的价值及意义,包括对人权的基本权利问题达不成真正的共识,那么所谓民主或民智之类的主张,也就只能流于空谈。当时中国连人权问题都没有讨论清楚,甚至都没有进行广泛的宣传,那么民主的问题从何解决?政治权利的问题从何解决?第四,为什么从民主民智问题的讨论后来一下子转到社会问题的讨论?这正是由于大家在1920年初就已经发现这是一个解决不了的问题。当时,很多人已经在相当程度上认可了俄国革命的成功,同时西方社会也开始有了关于劳动问题的宣传,因而,"劳工神圣""平民专制"和俄国革命的多数政治的逻辑也就不可避免地成为当时知识分子最看重的一个方向。所以在许多人的眼里"根本解决"中国问题的便捷之途就出现了。

从上述几个方面的情况可以得出这样几点看法:第一,新文化运动作为中国的思想启蒙运动,其夭折,在我看来,实属必然。那样的一些问题的讨论,那样的一些问题的宣传,没有基础就会不可避免地最终走向夭折。第二,由于思想启蒙的条件不足,新文化运动参与者的激进程度也必定不同,他们摆脱传统影响的能力和对传统的批判能力也注定会受到相当的局限。也就是说,并不是有了批判的意识,有了追求新思想的愿望,就一定能够达到目的。新文化运动对传统文化的实际冲击力是非常有限的。所以我不同意新文化运动造成了中国传统文化的断裂,毁坏了中国一系列的道德伦理和社会秩序的说法。第三,无论我们怎么谈五四运动的影响力,都不应该把它放大。因为中国城乡发展严重不平衡,即使在城市当中,社会底层还是占有相当大的比例,长期存在的传统意识对他们影响非常深,这不是仅凭报纸杂志在几年的时间里发表一些文章一些批判,或者写几本小说、几首诗歌就能改变的。更重要的是,少数知识分子的这些讨论和批判,不可能对广大农村造成重大的冲击,而农村才是传统文化的大本营。特别是民国那段时期,至少在1930年以前,中国的农村基本上还处在从农村向城市转化的过程当中,有很多士绅并没有到城市里来。所以农村的这种传统文化的基础是很牢固很扎实的。

三、五四破坏了什么?

第三个问题,我们根据事实来讨论,看看五四到底破坏了些什么。

关于新文化运动要破坏什么,陈独秀在《青年杂志》里面曾经有过一个答辩。在答辩里,他明确地讲:《新青年》杂志要破坏什么呢？第一孔教,第二礼法,第三国粹,第四贞洁,第五旧伦理,第六旧艺术,第七旧文学,第八旧政治。为什么我们要破坏这些？因为,我们"要拥护那德先生,便不得不反对孔教、礼法、贞节、旧伦理、旧政治;要拥护那赛先生,便不得不反对旧艺术、旧宗教;要拥护德先生又要拥护赛先生,便不得不反对国粹和旧文学。"所以,他已经把他们要破坏的东西都点出来了。但是我们要注意,在讨论新文化运动或者五四运动的破坏力的时候,我们应该实事求是地去考察:哪些被这次运动破坏掉了？哪些只是被这次运动局部地触动了,并没有真正被破坏？哪些是过去就已经被破坏或已在破坏中的？哪些是运动发动者想破坏,但并没有破坏成的？严格区分这些问题可以帮助我们认识新文化运动或者五四运动到底起了什么样的作用？它是不是造成了激进主义的泛滥？我们可以简单地对应一下。"被这次运动破坏了"的首推旧文学,但其实也有疑问,旧文学的范围很广,很多东西并没有真正被破坏;"被这次运动局部触动"的可以认为是旧伦理旧礼法,这些东西实际上并没有被破坏掉;"过去就已经被破坏或已在破坏中的"是文言文,之所以这么说,是因为白话文的流行绝非是从新文化运动开始的,也不是新文化运动第一个喊出白话文的问题。早在 1902 年,中国就有各种白话报纸出现,白话运动实际上从 19 世纪末就不断地发生,并不断地进行各种各样的冲击和改变。至于"发动者想破坏但并没有被破坏"的就是旧政治、旧宗教、旧国粹,对于这些,我们可以说它基本上没有起多大的作用。

接下来我们做一个具体的分析。

（1）孔教。新文化运动反对孔教,要破坏孔教,那么孔教被破坏了吗？某种程度上是的,但在另一种程度上又不是。我们从鲁迅的日记里知道,他从 1913 年起就作为教育部官员参加北京政府的祭孔大典一直到 1924 年,过了五四运动。尊孔其实是权贵们争名夺利的敲门砖,没有几个官员真的尊孔。中国老百姓虽然称孔子为"圣人",但其实也并不真的把他当圣人看。换句话说,孔教的破坏早就开始了,它至高无上的权威地位早就已经动摇了。

（2）旧伦理、旧礼法。比如三从四德、贞洁、孝道等等观念,以及旧的礼法,确实都受到了部分冲击,但多数民众的观念和礼俗习惯并没有明显的改变。这个我们可以从很多民国小说,包括以后各种各样的文艺作品当中,像老舍的《茶馆》里看到,变化是有的,但是并不大。

（3）旧政治。毫无疑问,五四运动并没有改变中国的政治状况,旧的政治依然如故,就连传统儒教的核心内容,即所谓"三纲五常",其实也只是在某种形式上被统治阶级扬弃改造后当成了新的意识形态工具。表面上好像都不谈,甚至批判三纲五常了,但是统治方式、意识形态、教育各方面要求民众还是要遵从这一块,这些并没有变。

(4)旧宗教。首先要明确一点,汉人本身就没有多少宗教观,即使不破坏,本来也没有多少人信神信佛。那么那些本来就信的,信佛教的,信道教的,信基督教的,五四运动发生后他照样信。我们看到,中国的农村和城市里面各种各样的寺庙、教堂,经过五四,并没有什么变化。所以五四没有能够也不可能改变宗教在中国的地位。

(5)旧文学旧文艺。刚才已经提到,白话文日渐流行和新文化运动并没有直接的联系,它只是一个渐进的过程;而新诗确实是从五四开始登上历史舞台的,但是即使有很多人写新诗,旧体诗的地位也没有发生根本的动摇;五四运动以后,西洋话剧开始在学生当中流行,但是民众仍然偏爱传统的艺术形式。至于西洋画法,是被很多中国留学生学会后带回国的,虽然高等院校里边都开始出现西洋画的专门教育,但是传统画仍然有广泛市场和需求,没有被替代。

(6)国粹。这是最典型的一个方面,新文化运动时大家相信中国什么都不如人。但到了运动后一些运动的参加者就已经开始反省,开始着手从中国传统中找好的东西来继承。于是就有了所谓的整理国故、国学等各方面的回潮。同时,五四引发的救国热又从另一个角度刺激了国粹主义一发不可收拾的兴旺。20世纪20年代以后,我们就会发现一个很奇怪的现象:新文化运动破坏了那么多,喊了那么多打倒的口号,结果到现在却出来了那么多国字头的东西,国医、国术、国乐、国剧。今天可能很多同学搞不清楚,因为新中国成立之后很多东西改名字了,或者没有了,"国乐"变成"民乐","国剧"变成"京剧","国医"变成"中医"了。但是在二三十年代的时候,确实连政府都把它封为"国"。

所以我们注意到,新文化运动其实尚未对这个社会发生太大作用的时候,就已经被腰斩了。整个民国期间,我们都看不到新文化运动产生的重大效果。具体一些,比如说国医,五四甚至再早一点的时候,很多留洋的学生包括胡适、陈独秀等等,都骂中医,说中医不科学。但是五四之后,中医界马上就进行反击。到了1931年,国民政府就开始筹建中央国医馆,当年就正式成立了,然后全国各省开始筹办分馆,中医反而受到了相当的重视。国乐方面,五四以后刘天华在1921年首创了国乐研究会,举起国乐的大旗。后来蔡元培等人在北大创立了国乐改进社,中国的本土音乐得以继承和发展。国剧,五四以后,闻一多等一些人开始力倡国剧。国剧的意思是什么呢?倒不是专门指京剧,而是中国人自己演自己的故事给中国人看。他们认为,不应该老是演各种各样的西洋话剧,中国人要演自己的故事,要演给中国人看。后来经过梅兰芳这些人,最终把京剧变成国剧,而且还成立国剧协会,创办国剧画刊,迅速在中国形成了一个气候。国术,这个大家可能不太明白。最近在香港举行了第一届国术比赛,但是国术并不是我们说的武术,它包括很多,都是中国传统式的,像摔跤、击剑等跟西方的都不一样,比赛规则什么的都是中国式的。五四之后各界都开始提倡国术,到1927年,"国术"一词被正式提出,并且报中央政府批准,还成立了国术馆,在全国各地也有地方性的分馆,初步形成了自上而下的国术体制。中国最早出现的国家级别的体育管理机构就是国术馆,在民国期间举行过好几次全国性的比赛。至于国画,大家都知道,徐悲鸿等一批留学生学了西洋画之后,回国力倡西洋画,并且把国画与西洋画结合,后来在各大高校进行传授。然而国画的发展远远超过了西洋画。

看来破除旧的东西并不简单,并不是说谁喊出"打倒孔家店",它就一定能被打倒,一定能被破除,这里头有一些非常复杂的背景。下面我举几个具体的例子,有很多图片,可能会稍微轻松一点。

一个例子是关于吴虞。吴虞是被胡适誉为"只手打倒孔家店"的一个老先生,四川人。他因为在《新青年》上发表了《吃人与礼教》《家族制度为专制主义之根据论》等文章,倡言"非孝",而受到胡适的重视。可你看他照片,绝对不是一个新派人物。他骨子里是一个深受旧传统、旧文化影响的旧文人。我这里举两个例子。

一个是旧礼法的影响。1920年吴虞要在《新青年》上发东西,给胡适写信,那么我们可以看看他的信。

适之先生道鉴:伏处西陲,钦仰　高风久矣。顷接女桓来书,敬悉先生起居曼福,又承介绍女桓,且为担保,感荷无量,叩头叩头。……弟前做《说孝》一篇,此间颇多反对,甚至于卫戍司令部控告弟同孙少荆为过激党,真可笑矣。此篇曾经邮寄　教正,不知到否。……《星期日》现改上弟编辑,先生如暇,敬乞赐稿一二,以光芜报,至感至盼。手此,即颂著祉。
弟吴虞再拜

"适之先生道鉴:伏处西陲,钦仰　高风久矣。""钦仰"后边还要换行空格,表示我趴在……其实是躺在地上钦仰高风"久矣"。我们知道,中国的书信格式有非常多的讲究。他的这封信我们不再具体念了,大家一看就知道满篇都是传统的礼法,非常讲究。

第二,大家可以注意到吴虞老先生反对旧礼教,比如旧孝道什么的这些东西,但是我们看看旧文化旧伦理对他的影响究竟如何。看吴虞的日记,发现他从1915年开始就不断地买婢蓄妾,还挑三拣四,买到后还不许她们随便回家探亲。到1931年60岁、1939年近70岁的时候,还先后纳过两次妾,都不过十六七岁。他在北大做教授时,在北京逛八大胡同,逛窑子,争名妓的事情,在他的日记里也有很多记载。后来因为他身为北大教授还去干这些事,实在是闹得沸沸扬扬,没有办法就又回老家去了。

那么,人为破坏的东西是不是就被破坏完全了呢?其实这是不可能的,很多人为破坏的东西,经不住环境的作用和传统的影响,还是会回归,只不过可能是变相回归。我这里还是举一些当时作为五四代表人物的信件。我们可以注意一下信的礼法上的一些问题,很有意思。

胡适有一个小叔在农村,他们的年龄相差不多,也是很好的朋友,但是因为毕竟是叔侄辈,所以写信的时候还是要用各种各样的称呼。1907年胡适还没有离开中国时,他写信称"近仁老叔大人尊前","近仁"是名字,"老叔"是辈分,还要称"大人",因为是老叔嘛,所以称大人,还有"尊前",最后还有"此颂道安!侄骍顿首",还要顿首,一堆的讲究。对方来信要用"辱示",就好像你给我东西辱没了你,我要很谦卑地接受这个东西,等等。1914年胡适到了美国,就发生了一些变化,简化成了"近仁老叔足下",虽然还是"老叔",还是"足下",但是已经很简单了。最后的问候也变得简单,只写了"适顿首","顿首"当然还是必要的。1917年,他已经进到新文化运动中,写信就什么都没有了,直接写"胡近仁君",连老叔也不叫了。尽管他写信的称呼在改变,但还是有些东西改不掉,比如说他写到"见时乞代致意为荷",你看他还是要用个"乞"字,还是很礼貌很客气的说法。1918年回北京了,在北大的这个氛围下,连"君"都没有了,干脆就是老友:我们俩既然是朋友了,就没必要再按辈分称了。"顿首"也没有了,只写了"适上",这个"上"当然也还是客气的,但是简单了很多。1920年更加过分了,干脆用"老近",信末的"适上"也没有了,留个名字"适"就行了,完全是白话。但是我们注意看,到1928年他又慢慢回去了,可能他觉得这个辈分还是不能丢,又开始叫老叔了。1930年叫"近叔"。他们的通信到这里就没有了,也不知道后来是怎么叫的,当然无论怎么变肯定不会变得那么复杂,不会变到1904年那封信的样子。我们可以注意到,胡适回国以后,必然需要跟方方面面的人交往,那么他必须要适应当时中国社会的环境。而中国社会其实当时大的环境、大的传统都没有变。你看看这些私人的交往就可以发现相互间还是遵从那些传统的礼数的,比如他跟胡汉民之间的那场"官司"。在双方这场"笔墨的口战"里,胡适认为胡汉民歪曲了他的意思,所以他写了一封信,解释自己的一些说法。但是他写信的时候,还是用中国旧传统的方式:写到对方的时候一定要称先生,一定要换行,要空格,等等。而且每次碰到"先生"都要换行,表示尊敬。1931年他给陈布雷写信,也是按照传统的礼数。他信中写:"先生之不能赞同鄙见",里边的"鄙"字,用的都是小字,表示把自己缩的很小,而对方是很高贵的。1933年给王实味写信,他也是用"先生",用引用换行等方式。其实大家知道,王实味并没有很高的身份,他那时候只是一个翻译家。1935年给白崇禧写信,他也用了非常恭敬的敬语,比如"伏枕进言,伏乞考虑",是非常谦卑的词。最后两封是给蒋介石和陈布雷的信,你可以注意到他对蒋介石非常尊敬,称他为"介公",碰到"介公"的地方都要换行。"鄙""第"两字都是小字。让陈布雷代为转达意见也是用"乞"字。给蒋介石直接写信还要用"蒋总统介公赐见"。我们大量地去看国民党人的信件,就会发现他们之间的信件几乎都是这个样子的,全是传统格式,所有的尊称都非常完整,可见,在国民党的统治下社会的很多传统都是保留得很完整的。

以下附文中提到的胡适的信件

函一:1907年。近仁老叔大人尊前:半年之中通问殊少,吾叔或能谅我懒也。日前,乃以儿女之私,辱吾叔殷殷垂示,侄非草木,宁不知感激遵命。……辱示赠周卿诗,第四句甚佳。……此颂道安!侄骍顿首

函二:1914年。近仁老叔足下:得六月十三日手书,喜极。此函之前,曾有一书,收到后已奉答,想曾达览矣。……近颇作诗否?有所作乞寄示一二。近读何书?亦乞见示。匆匆奉白,即祝珍摄!并请菊坪夫人秋安!适顿首

函三:1917年。胡近仁君:匆匆一别,已隔百余里。……承赠诗改稿,似更胜,可见诗不厌改也。……匆匆不及见湘帆一别,见时乞代致意为荷。菊夫人处亦望致意。适 十四日

函四:1918年。近仁老友:前得手书,极所感谢。冬秀出来时,请足下至吾家将一部《龙川集》,一部《王文成全集》检出令彼带来。匆匆即祝进德勇猛!适上

函五:1920年。老近:谢谢你的信。我的病好些了。……你们修县志,修的怎么样了?适

函六:1928年。近仁老叔:你的信已收到了。你太客气了!……适敬上

函七:1930年。近叔:前托焕文信客带上药一箱,不知收到否?如已收到分送,赐一信。如未收到,乞向信客询问收取 ……适之

函八:1930年致胡汉民。展堂先生:十一月廿五日曾寄一书,请先生指出我在何月何日的《伦敦泰晤士报》上发表一篇文字,其中有"废除不平等条约不是中国急切的要求"的一句话,迄今已半月余了,未蒙先生赐答。特此再上一书,请先生务必拨出几分钟的工夫,令秘书处给我一个答复。如蒙剪寄原报,更感谢。

函九:1931年致陈布雷。布雷先生:先生之不能赞同鄙见,我很能谅

解。……鄙意"一个初步的共同认识"必须建筑在"互相认识"之上。歉怅之至,千万请原谅。胡适上

函十:1933年致王实味。实味先生:尊稿为审查所搁置,延误甚久,十分抱歉。现已取回,送呈先生,千万乞原谅。有几处有审查人校记,想先生不见怪。匆匆,问安。胡适上

函十一:1935年致白崇禧。邕宁白健生先生:……因罗铎确是最适宜的专家。今中道换人等于前功尽弃。此事效果关系全国,伏枕进言,伏乞考虑。匆匆敬问大安。胡适敬上

函十二:1936年致周作人。岂明兄:读手示,知嫂夫人稍见好,闻之甚慰。……匆匆敬问大安,并祝嫂夫人痊安。弟适敬上

函十三:1939年致陈布雷。重庆陈布雷先生:以上各种情形,国内恐无人为 介公详说,故弟不敢避嫌疑,乞吾兄密陈供 介公考虑。鄙意以为倘能由 介公切嘱庸之屏除手下之贪佞小人,而令其仍任财长,实与光甫在美借款购货事为最有益,否则无论何人长财政部与贸易部,必须由介公切实嘱令其与光甫诚意合作,力戒其邀功生事,贻讥国外而妨害事机。右电乞兄绝勿为第三人道,但乞陈 介公后略复短电以释悬念至感。弟适

函十四:1949年致蒋介石。蒋总统介公赐鉴:28日始得见子文兄上公梗(6,23)电稿,及 公感(6,27)电,不胜惊惶。……子文梗电所说,千万请公勿加考虑。至为盼祷。胡适敬上

我们再从一个更轻松的角度来看,那么就是关于服饰。在服饰上中国人其实没有什么民族传统。日本人有和服,印度人有袍子,蒙古人有蒙古袍等等,中国人到今天为止好像也没有什么特别有特点的衣服。民国期间所谓的中式服装,其实就是旗袍,或者是旗人的马褂,这并不是传统的中国衣服。改革开放

1909年的胡适

1914年留美的胡适

1917年北大教授胡适

后国人发明了唐装,但是一直流行不起来,况且传统上好像没有那样的唐装。我们可以从服饰上看看胡适跟传统的关系。作为五四运动的健将,他当年是主张西化或者叫世界化的,他被外界很多人看成是最新派的、具有最新思想的人物,但是我们看,他的服装基本上是传统的。你看1909年他是学生时穿的是长袍。1914年留学美国,他穿西服了。1917年他回到北大,马上又穿起长袍。1920年他还是穿着长袍。1923年他创办《国学季刊》,你看他的同仁们基本上都穿着长袍,只有一个人穿着西服上衣。1938年他在美国,那时候自然穿着西服,那么1946年回国以后任北京大学校长,还是长袍马褂。到了1948年,中央研究院开会的时候,院士们集体照相,你会看到里面只有三四个人穿着长袍,胡适就是其中之一。其他人都是西服,因为他们都是留洋的学生,胡适当然也是,但是胡适就是坚持要穿长袍。这不是像我们以为穿长袍是不是舒服,穿西服是不是太规矩了这样一个简单的问题,这与他对传统文化的观念有关。20世纪50年代胡适在美国的时间比较长,他在家里都穿西服,因为毕竟是另一个环境了。1960年到了台北,在公开场合有时候会穿西服,但是有时候还是穿长袍。

1923年与《国学季刊》同仁

1920年胡适与儿子祖望

1946年任北大校长

1948年与中研院院士合影

1956 年在美国

1960 年在台北

蒋介石在胡适 1962 年去世后为他写了一幅挽联，很准确地概括出了胡适的特点，叫做"新文化中旧道德的楷模，旧伦理中新思想的代表"。"新文化中旧道德的楷模"，是说表面上他是推崇新文化的，但是他对旧道德不仅熟知而且非常尊崇，大家最熟悉的一点就是胡适始终对他那个农村小脚老婆不离不弃，尽管他也有过不少要好的女性，但是他始终坚持不跟他那个太太离婚；"旧伦理中新思想的代表"，是说他坚持旧伦理，但是他又是有新思想的，他在坚持旧伦理的人中是新思想的代表。他作为一个新文化领头人，却坚守旧文化，从哲学到后来研究国故，到他的衣着、他的书信、他的待人接物，都非常典型地反映出一个中国旧文人的形象。

四、五四后传统延续与反传统的较量

第四个问题，五四后传统延续与反传统的较量"。这个问题很大，现在时间有限，我们只举两个很典型的例子，蒋介石和毛泽东。

蒋介石早年和晚年对五四的看法有很大差别。我们看他的日记，他早年对五四基本上是认同的，特别是对《新青年》爱不释手，每期都要看。但是到了晚年，他的思想发生了很大变化，对五四的批判很激烈。这种变化是怎么产生的呢？我们从蒋介石自身成长的这个角度来看。他青年时期也很激进，思想

也很"革命"。甚至在1919年前后,社会主义广泛传播的时候,蒋介石在大约一两年时间里,每个星期都在读马列的著作,甚至连《资本论》都看,当时蒋介石的思想其实比孙中山要激进。但是壮年以后就开始有了变化,一方面他经历的多了,另一方面他也担任了很多职务,特别是他后来执政了,他的思想就逐渐保守。1934年以后,蒋介石在全国普及以礼义廉耻教育为目的的运动,实际上是在推崇旧的儒教观念,同时还开始祭孔,并且由祭孔到尊孔,这都显示出蒋介石在新旧之间的选择意向。虽然早期的时候他很激进,但是后来他逐渐又回到传统的旧文化方面去了。

毛泽东对五四的看法应该说一直没变,基本上就是长期肯定。他是五四的受益者,是在五四期间成长起来的,以后逐渐走上了革命的道路,所以他对五四的破坏作用一直持肯定态度。同时毛泽东从年轻时到晚年,特别是晚年,批孔批得很厉害。执政前后毛泽东对五四的评价是有一点变化的。在延安的时候,他推崇五四学生运动,不遗余力写了好几篇文章来介绍,对五四运动破旧立新大破大立的精神,那个时候也是记忆犹新。但是建国以后,基本上不再谈新文化运动破旧的问题,不再谈学生运动的问题了,只是对破旧立新还是经常在谈。

这里我们对毛和蒋的衣着做一个对比。这是蒋介石17岁的照片,毛泽东17岁没有照片,在农村当时还没有这个条件。我们可以看到蒋介石是长袍马褂。

20岁的时候,蒋介石进入日本军校,已经是一个军人了。毛泽东那时候是中学生,穿的是立领的学生服。

蒋介石24岁的时候在日本,穿的是和服,他的同学有的穿学生服有的穿西服。毛泽东穿的是长袍马褂。

蒋介石17岁照　　蒋介石20岁照　　　　　毛泽东20岁照

蒋介石24岁照　　　蒋介石26岁照　　　毛泽东26岁照

这是1919年五四运动的时候。

30岁的时候,蒋介石已经是黄埔军校的校长。毛泽东那个时候还在上海,还是穿长袍。

38岁的时候,蒋介石已经身居高位,而毛泽东去了中央苏区,从此开始穿军便服,这个军便服后来被改造成了改良的中山服。

40岁,蒋介石穿的是军装,毛泽东穿的是军便服。

43岁,蒋介石这个时候穿的是长袍,毛泽东穿的已经不是完全的军便服,已经有点中山服的样式了,只不过当时质量太差。

50岁的时候,蒋介石穿的是军装,毛泽东穿的是改装的军便服,又是中山装的样式。

蒋介石30岁照　　　蒋介石38岁照　　　蒋介石40岁照

毛泽东30岁照　　　毛泽东38岁照　　　毛泽东40岁照

蒋介石43岁照　　　蒋介石50岁照　　　蒋介石56岁照

毛泽东43岁照　　　毛泽东50岁照　　　毛泽东56岁照

蒋介石60岁照　　　蒋介石61岁照　　　蒋介石62岁照

毛泽东60岁照　　　毛泽东61岁照　　　毛泽东62岁照

　　56岁的时候,蒋介石在外交场合穿的是长袍马褂,毛泽东那时候春风得意,在天安门城楼上穿的是专门为他定制的中山服,以后叫毛服。

　　1947年,蒋介石穿的是长袍马褂,毛泽东穿的是中山装。从此毛泽东就一直没变过,不管什么时候都是中山装。

　　1948年,蒋介石荣任中华民国第一任总统。他认为这个时候是最庄重的时刻。所以他穿的是长袍马褂。毛泽东还是中山装。

　　蒋介石1950年到了台湾,你看宋美龄穿的是旗袍,蒋介石穿的是中山装。

　　68岁的时候,他们都穿了中山装。

　　这是蒋介石为宋美龄庆祝70岁生日的时候,蒋介石穿着长袍。毛泽东穿着中山装。

蒋介石63岁照　　　　蒋介石68岁照　　　　蒋介石80岁照

毛泽东63岁照　　　　毛泽东68岁照　　　　毛泽东80岁照

还有两组照片,是他们成为国家领袖的时候拍的,蒋介石穿的是军装,毛泽东穿的是中山装。

这个是他们的标准像,蒋介石穿的是长袍,毛泽东穿的是中山装。

我们做这个比较,是给大家一个提示。我们注意到蒋介石一生的着装主要有三种,一种是军装,一种是中山装,一种是长袍。早年的时候穿长袍,以后主要着军装,50岁以后主要穿军装。但是到重要的场合,他还是穿中式长袍马褂,这大概是蒋介石非常重要的特点。毛泽东一生主要的着装有两种,一种是长袍,一种是中山装,偶尔穿过军装,比如"文化大革命"时接见红卫兵。早年是长袍,从1927年以后,毛泽东一直穿军便服,也就是中山装,毛泽东一生从来没有穿过任何中式服装。从公开的可以看到的照片来看,两人着装的共同特点就是,两人都从未穿过西装。蒋介石把长袍马褂视为礼服和日常生活的便装,所以他在两种情况下会穿,一种是重大典礼的时候,不仅要穿长袍,还要穿马褂。在日常生活中他就穿长袍,所以我们看到他写的《中国之命运》等等,都非常重视民族传统的形式和内容。毛泽东多半是把长袍马褂视为封建社会的旧痕迹,因此弃之如敝屣,一直以改良中山装为正装,如果不出来,就是睡衣。在家里也好,接待外宾也好,在他的书房或卧室开会也好,他不愿意穿中山装就穿睡衣,甚至接见领导人,接见外宾的时候有时也不换。

蒋介石、毛泽东,国民党、共产党对着装的不同爱好,也直接影响到当时中国民众的着装。我也展示几个照片大家简单看一下,新旧中国民众着装的对比。

民国年间四川工厂的工人着装情况。大家可以看到,中间有一个人穿着西装,有一个人穿着中山装,其他基本上是穿长袍,或者穿旧的布扣的短褂。新中国工人基本上穿的都是中山装,或跟中山装有点像的工服。个别人也有穿旧中国上海的布扣子对襟。

民国年间工厂职工着装

新中国初期职工着装

民国年间初期的服装,基本上是长袍。新中国建国之后,可以注意到,大家都跟着毛泽东穿中山装。其他女同胞穿的是苏式的列宁装。但是没有人穿西服,穿西服象征着效颦西方,穿苏式的衣服象征着比较靠近共产主义。

民国年间男女春秋着装　　　　新中国建立初男女春秋着装

这个是国民党1927年全代会代表的着装,大家看到五花八门什么都有。那么1949年9月中国人民政协协商会议召开的时候,一色的呢料中山装,大概是政府给做的,以后就形成风气了。

1927年国民党全会代表　　　　1949年政协中共代表

我们再看一下时代的变迁,大家可以注意一下民国前后的不同。这是一张20世纪20年代的阖家照,大家看他们穿的衣服,20年代已经是五四之后,但基本上还是最传统的中式服装,全家都是一样,只有一个孩子穿着西式的衣服还戴了领带。

20世纪30年代的这张,可以看到男女穿的都是旗袍或长袍,女孩子就穿旗袍,小孩子就穿中式的小衣服。

20世纪20年代阖家照　　　　　　20世纪30年代阖家照

这是40年代初期的阖家照,男主人穿的是西服,女主人是旗袍。

40年代后期这个大家庭的合影,可以看到男人穿的基本上都是西装,这些人全部都是留学生,女人们穿的全部都是旗袍。

20世纪40年代初期阖家照　　　　20世纪40年代后期阖家照

20世纪50年代初,这是一个孩子和他的父亲的合影,最典型地反映了新旧的交替。父辈的老人穿典型的中式长袍,布鞋,布袜。小辈的孩子,穿着干部服,也就是中山装。

20世纪50年代后期的全家照,这时处在一个过渡期。可以注意到男孩子穿的基本是中山装,女人穿的是对襟。

这两幅全家照,可以看到,到20世纪60年代,服装的颜色或者是全白或

20世纪50年代初期阖家照　　20世纪50年代后期阖家照

者是全深蓝,男人一般穿中山装。

这是"文革"时期的一张全家照,可以看到所有的着装都带有很浓的"文革"色彩。

"文革"时期的全家照

那么,一个基本的结论就是,从五四到 1949 年,新文化运动所谓的破坏,并未对中国社会传统文化构成任何根本性的威胁,更谈不上普遍的破坏和摧毁。中国社会自身的变革依旧保持着渐进的步伐,并未因五四的中断而突然变得激进起来。实际上,对旧文化旧礼教旧传统等各种各样旧势力的破坏,主要来自于中共执政之后的新中国,由于时间关系,我就不再展开讲了。我的一个基本观点是五四运动本身对中国社会的影响是有限的。

主持人:
好,由于时间关系,今天的讲座到此结束,非常感谢杨奎松老师的精彩演讲。让我们再次以热烈的掌声向杨老师表示感谢,也请同学们继续关注校团委主办的"纪念五四运动九十周年"系列讲座活动,谢谢!

(2009 年 4 月 11 日)

(原载《北大讲座》第二十辑)

北京大学与五四运动

欧阳哲生

[演讲者小传]

欧阳哲生,1962年5月生于湖南省长沙市。现为北京大学历史学系教授、博士生导师。主要著作有:《自由主义之累——胡适思想之现代阐释》(上海人民出版社,1993年、江西教育出版社,2003年)、《新文化的传统——五四人物与思想研究》(广东人民出版社,2004年)、《欧阳哲生讲胡适》(北京大学出版社,2008年)、《科学与政治——丁文江研究》(北京大学出版社,2009年)等。编有:《胡适文集》(12册,北京大学出版社,1998年)、《傅斯年全集》(7卷,湖南教育出版社,2003年)、《丁文江文集》(湖南教育出版社,2008年)等多种文集。主编:《海外名家名作丛书》(岳麓书社版)、《人文中国书系》(百花洲文艺出版社版)、《京华往事丛书》(外语教学与研究出版社版)。

今年是五四运动九十周年,讲到五四运动,我们就会自然而然地、自豪地联想到我们的母校——北京大学。因为是北京大学的学生,在九十年前的5月4日带领北京其他高校的学生聚集在天安门广场,开始了一场震惊中外、被后人称为五四爱国运动的伟大事件。讲到五四新文化运动,我们也会首先提到当时北京大学校长蔡元培先生和一批著名教授,如陈独秀、胡适、李大钊、钱玄同、高一涵、陶孟和、周作人、刘半农、鲁迅等,他们是我们的"校宝",也是中国的"国宝"级人物。当然,回忆北大的历史,我们就不能不写到五四运动或五四新文化运动,这是北大校史上非常重要、光彩夺目的一章。北大之成为北大,是与五四运动不可分割地联系在一起的。今天我讲这个题目,就是对五四运动九十周年的一个纪念。

关于五四运动,一般有两种理解,一是从狭义上来说,它是指1919年5月4日的五四事件和随之而起的、风起云涌的爱国救亡运动。它的时间范围相对短,一般是指1919年五六月这段时间。人们最初主要是从这一个角度来命名和理解这一运动。一是从广义上来说,它是指从《新青年》创刊或1917年"文学革命"以来种种革新运动,包括新思潮、文学革命、学生运动、工商界的罢工和罢市、抵制日货运动,以及新知识分子所提倡的各种政治和社会改革。它的时间范围比较宽泛。或指从1915年至1921年中共成立,到1923年12月科学与玄学论战止。这里的五四运动实际上也就涵盖了前此和当时还在进行的新文化运动。现在我们看到的周策纵先生的《五四运动史》、彭明先生的《五四运动史》这两部专著都是从这个角度来把握和撰著五四运动史的。

不管是从狭义的角度,还是从广义的角度去理解五四运动,或者五四新文化运动,都与北京大学有着密切的关系。北京大学是新文化运动的中心,也是五四运动的策源地,将北京大学与这两个运动联系在一起,从历史的观点看是一件当然的事。北京大学因为在这两大运动中所扮演的特殊角色,确立了它在近代中国知识界的特殊地位。而五四新文化运动、五四运动因为有了北大这个角色的领导,因此产生登高一呼、"一呼百应"、时代风气为之转移的效应。

今天我想借这次演讲的机会,与大家一起讨论三个问题:为什么北京大学的历史是从1898年戊戌变法运动开始讲起?为什么说是蔡元培先生在北京大学的改革奠定了北大作为现代中国大学的范型?为什么五四运动在中国近现代史上如此重要,以至被看成是一个具有里程碑意义的重要标志?

一、北京大学的历史是从戊戌变法这一年开始

关于北京大学的历史有不同看法,一种看法认为北京大学的前身是京师

大学堂,京师大学堂于1898年创办,北京大学的历史自然应从戊戌变法这一年算起。这是民国以后新派的意见,也是一种主流的意见,蔡元培、胡适这些人就是持这种观点。民国以来北京大学就是沿用这种观点来办理自己的校庆活动,如民国六年(1917)的二十周年校庆、民国十一年(1922)的二十五周年校庆、民国十八年(1929)的三十一周年纪念、民国三十七年(1948)的五十周年校庆,都是以此为根据举办校庆纪念活动,出版校庆纪念刊。1998年北京大学举办了举世瞩目、空前盛大的百年校庆活动,掀起了中国大学校庆的高潮,也是沿用民国时期的惯例。

按照这一说法,北京大学的历史并不长,至今不过110周年。在世界大学中,不要说与欧洲那些古老的名牌大学,如英国的牛津、剑桥大学,法国的索邦大学、巴黎大学,德国的柏林大学,俄罗斯的莫斯科大学,意大利的萨劳诺大学、博罗尼亚大学,奥地利的维也纳大学相比,就是与美国的哈佛大学、耶鲁大学,日本的东京大学相比,我们北大的历史也短得多。真是相形见绌!用胡适当年的话说,北大在世界大学中,只是一个小兄弟。1936年9月,哈佛大学举行三百周年纪念活动,盛情邀请世界上各大学派代表参加这一校庆活动,结果有五百多所大学派代表前往道贺。胡适代表北大参加这一活动。各校代表按校龄排座,北大排在第419号。作为中国高校龙头老大的北大排在这个位置,胡适感到很惭愧,他经常向国人谈及这个故事。1948年12月北京大学举办五十周年校庆,胡适感慨地说:"在世界大学的发达史上,刚满五十岁的北京大学真是一个小兄弟,怎么配发帖子做生日,惊动朋友赶来道喜呢!"

有一些先生不同意上面的意见,他们认为中国是千年文明古国,作为中国大学的老大——北京大学,只有不到百年的历史,这实在说不过去。早在西汉汉武帝元朔五年(前124)中国就创办了古代的大学——太学,晋朝晋武帝建武五年(276)设立了国子监,也可以说是那时的高等教育机构,北京大学的历史可以追溯到古代的太学或国子监,这样自然可以将北大的历史拉长。如依这种说法,北大的历史就有两千年,或者至少有一千七八百年。已故的哲学家冯友兰先生、健在的季羡林先生就持这种意见。冯友兰在《我在北京大学当学生的时候》一文中认为:"北京大学的校史应该从汉朝的太学算起。""我所以认为北京大学校史,应该从汉朝的太学算起,因为我看见西方有名的大学都有几百年的历史,而北京大学只有几十年的历史,这同中国的文明古国似乎不相称。"季先生在为郝平《北京大学创办史实考源》一书作序中也明确表示"北大的校史应当上溯到汉朝的太学"。如果这样算的话,北大就比英国的牛津、剑桥,德国的柏林这些欧洲大学历史要长了,美国的哈佛大学就更不在话下了。北大不仅是中国的老大,而且在世界大学中也位居前列。

也有学者认为应该将北大的历史追溯到晚清的同文馆。同文馆设立于1862年,最初只是一个语言学校,经过四十多年的发展,逐渐发展成为一所多种学科的、综合性的高等学堂。京师大学堂创办时,同文馆还存在,1902年并入京师大学堂。我以为京师大学堂与同文馆的主要区别在于:同文馆是以西学为主,而京师大学堂是中西并用或中西并举,这也是北大的一个传统。当然同文馆并入京师大学堂,对京师大学堂的学风有潜移默化的影响,京师大学堂对西方语言文化的教学高度重视,与此有一定关系。但京师同文馆是洋务运动的产物,带有一定的殖民色彩,北大人不认同它作为自己的源头。

我本人倾向于现在通行的意见。《诗经·大雅·文王》曰:"周虽旧邦,其命维新。"中国是一个古老的文明古国,作为中国文明精华承载体的北大,她的历史使命是在创新,北大精神贵在革新,北大的生命力正在于此。将北大的生日定在戊戌维新这一年,表达了对北大精神的这样一种理解。

大家知道,1898年这一年是戊戌维新。在康有为、梁启超等维新派的推动下,光绪皇帝在短暂的"百日维新"里就下达了上百条变法令,其中一条就是7月4日下达的设立京师大学堂的法令。京师大学堂按照梁启超所拟定的章程,有两个不同于中国传统学校和书院的重要特点:一是中西并用,不得偏废,表达了沟通中西文化的意向。二是讲究实事求是,不像过去的书院虚应故事。京师大学堂尚在议定酝酿之中,变法就因慈禧太后的镇压而中止了。在这不幸之中包含一个万幸,就是慈禧废除了新政,但唯独保留了京师大学堂。所以,胡适称北大是戊戌维新的遗腹子。1898年11月,京师大学堂正式开学。初办的京师大学堂分普通学科和专门学科两类,以经学、理学、掌故学、诸子学和初等的算学、格致学、地理学、文学、体操为普通学科,以高等的算学、格致学、政治学、地理学、农学、矿学、工程学、商学、兵学、卫生学为专门学科。初创时还带有一定的旧学气息,但一所综合性的大学毕竟粗具雏形。以后,北大又历经磨难,八国联军侵华时曾一度停办。

1912年中华民国成立,5月将京师大学堂改名为北京大学,严复任校长。严复是中国近代的启蒙思想家,也是传播西方学术思想的第一人。严复在北大任期很短,他为北大争取经费,为使北大不致停办,做出了特殊贡献。民国初年,由于北京处于袁世凯的严密控制之下,北大虽有所发展,但校内的守旧气息浓厚。直到袁世凯复辟帝制失败,北京政府的人事发生新的更动,范源濂就任教育总长,蔡元培才被起用担任北大校长,北大才出现新的可能改观的契机。

二、蔡元培的整顿使北大真正成为一所现代意义的大学

1916年9月,正在法国流亡的蔡元培接到新任教育总长范源濂的来电,

促其回国担任北大校长。蔡于12月中到达上海,他在沪征求友人的意见,有人主张他不要去北大,因为北京也好,北大也罢,都是腐败不堪的地方。也有人认为,腐败的地方总要有人去整顿,不妨试一试。当时孙中山先生就认为蔡元培应该去,说这有利于向北方传播革命思想。可见,蔡元培的上任,有秉承革命党人意旨的一面。1919年五四运动爆发时,孙中山先生更是致电北大的同志,呼请"率三千子弟,助我革命"。这是后话,暂且不表。

蔡元培走马上任后,采取了一系列措施,对北大进行改革和整顿。

(一)阐明大学教育的宗旨在于培养学术人才,而非使人升官发财,培养学生以钻研学术为指向的学习志趣。

京师大学堂的官僚习气很重,学生都把大学堂当作做官的敲门砖,无心治学。学生们都愿意做官品较高的老师的门生,因为这样可以在毕业后有好的出路。蔡先生在《就任北京大学校长之演说》中提出改造北大的三项要求:"一曰抱定宗旨","二曰砥砺德行","三曰敬爱师友"。揭破"大学学生,当以研究学术为天职,不当以大学为升官发财之阶梯"的旨意。[①] 他说:"外人每指摘本校之腐败,以求学于此者,皆有做官发财思想,故毕业预科者,多入法科,入文科者甚少,入理科者尤少,盖以法科为干禄之终南捷径也。"而"大学者,研究高深学问者也。""若徒志在做官发财,宗旨既乖,趋向自异"。

提高教学质量的重要举措包括实行选科制,培养学生对所学专业和课程的兴趣。创办各种刊物,诸如《北京大学日刊》《北京大学月刊》《国学季刊》等,傅斯年等新潮社成员创办《新潮》杂志时,蔡先生从北大年度4万元的经费中拨出2千元资助,为师生发表学术研究成果提供园地。鼓励创办社团,开展健康有益的活动。创建研究所,为师生提供进一步研修的学术机构。通过这些举措,校园的学术空气逐渐浓厚起来。

(二)教师聘用视其才学为原则,聘请学有专长的人来校任教,这是对京师大学堂所积官僚旧习的一次重大改革。

为培养校内的学术空气,蔡元培在教员聘请方面,延聘学有专长者来校任教,辞退旧教员中滥竽充数者。蔡元培最先请到的是陈独秀,他当时正办《新青年》杂志,影响很大,是思想界的一颗明星。但陈独秀没有教过大学,又忙于办杂志,不愿意来北大。蔡元培就亲自登门拜访,他的诚恳约请打动了陈独秀。蔡元培为表示邀约的诚意,他说:你来北大,杂志也可拿到北大来办。陈独秀来北大任文科学长,《新青年》杂志也跟着他由上海搬到了北大。所以蔡

---

① 《我在教育界的经验》,载高平叔编:《蔡元培全集》第7卷,北京:中华书局1989年版,第199页。

请陈,等于是将新思想的重心由上海转移到了北京,这真正是高明的一步棋。

蔡元培还聘请了李大钊、周作人、刘半农、胡适等人来校任教,这样在北大文科就形成了一个新派阵营。其中胡适、陶孟和两人作为美国、英国留学生的代表,又向蔡校长推荐了一些在美、英留学且品学兼优的"海归"学生。蔡元培请人,主要是看其是否有一技之长。有一些旧派人物,如他确有专长,蔡也请他。这方面最典型的两例就是辜鸿铭、刘师培。辜氏以清朝遗老自居,到了民国,仍在脑后保留一根辫子,加上他是一个混血儿,他的出现是校园内的一道风景。但他的英文堪称一流,所以蔡先生仍然请他作英文教授。刘师培则因名列筹安会、支持袁世凯复辟帝制而被国人诟骂,遭到通缉后躲在天津闲居。刘的中古文学修养甚深,所以蔡先生请他来北大教国文。有些外国教员不学无术,滥竽充数,蔡元培顶住压力,把他们给裁掉了。有位被裁掉的英国教习与英国公使朱尔典有关,朱出面干预,威吓蔡元培说:"蔡元培是不要再做校长了"。蔡先生不予理会,一笑置之。

为保证教学质量和改善教员的结构,蔡元培做出了六条特别规定:"(1)本校专任教员,不得兼他校教科;(2)本校教员授课以二十小时为度;(3)教员中有为官吏者,不得为本校专任教员;(4)本校兼任教员,如在他校兼任教员,如在他校兼任教科者,须将担任钟点报告本校;(5)兼任教员,如在本校任课十二小时者,兼任他校教科钟点,不得逾八小时以上。(6)教员请假过多,本校得扣其薪金或辞退。"①这六条中,特别是第三条,即"教员中有为官吏者,不得为本校专任教员"对旧的官僚习气是致命的一击。按照这一成规,如在教育部任职的鲁迅先生,在北京政府担任财政总长的罗文幹,因在政府部门任职,故均只被聘为北大的兼任讲师。

(三)为发展学术,给学术研究提供广阔的空间,特别提出"兼容并包,思想自由"的原则。

"大学者,'囊括大典,网罗众家'之学府也。《礼记·中庸》曰:'万物并育而不相害,道并行而不相悖。'足以形容之。如人身然,官体之有左右也,呼吸之有出入也,骨肉之有刚柔也,若相反而实相成。各国大学,哲学之唯心论与唯物论,文学、美术之理想派与写实派,计学之干涉论与放任论,伦理学之动机论与功利论,宇宙论之乐天派与厌世观,常樊然并峙于其中,此思想自由之通则,而大学之所以为大也。"这是蔡元培的一段名言,也是他治理北大的指导思想。正是本着这样一种精神,蔡先生对各种思想、各种主义、各种见解都取一种包容的态度,使北大成为新思想的生长地和外来思潮的主要输入者。蔡元

---

① 高平叔:《蔡元培年谱长编》中册,北京:人民教育出版社1996年版,第8页。

培在北大的这一举措有力地推动了新文化运动的发展,使北大成为新文化运动的摇篮,使北大成为各种新思潮的源头活水。因此,人们把蔡先生看做是新文化运动的保护人。

(四)在校内实施"教授治校"的民主管理体制。

北大原有管理体制是师法日本,如设立学长,各学科称"门"。近代大学制度起源于德国,蔡元培曾在德国大学访学,对德国近代大学的精神有深入的体验。他主张学习德国,兼收美国、法国大学的优长。在管理方面,设立评议会、行政会议,其精神实质是教授治校。在教务方面,实行选科制,设立研究所,为学生进一步深造提供渠道。招收女生,实行男女同校,这在中国大学是开创性的。还有废门设系,调整学科结构,以利管理。这些都使北大真正从旧的官僚体制中摆脱出来,脱胎换骨,北大的整个面貌焕然一新。

(五)调整北大学科,确立以文、理两科为重点的发展方向。

关于大学的学科设置,蔡元培有一基本看法:"学与术虽关系至为密切,而习之者旨趣不同。文、理,学也。虽亦有间接之应用,而治此者以研究真理为目的,终身以之。所兼营者,不过教授著述之业,不出学理范围。法、商、医、工,术也。直接应用,治此者虽亦可有永久研究之兴趣,而及一程度,不可不服务于社会;转以服务时之所经验,促其术之进步。与治学者之极深研几,不相似也。鄙人初意以学为基本,术为枝干,不可不求其相应。"因此,蔡先生强调大学,特别是像北京大学这样的高等学府应该以基础学科建设为主,民国初年他担任教育总长时制订的《大学令》第三条规定"大学以文、理二科为主",也是基于这样一种认识。北大原有文、理、法、商、工五科并立,学生为谋求仕途,都愿选择法科,文理科门庭冷落。冯友兰先生述及他报考北大时,当时大家都愿意报考法科,而冯先生则选择了哲学门,当时的招考官颇为奇怪冯友兰的这一志愿,但冯友兰义无反顾地坚持要入哲学门。这样,中国少了一位法官、一位律师,但多了一位大哲学家。冯先生在自己的回忆录中详细谈及这一故事。蔡元培原来设想:(1)扩充文、理两科,(2)法科预备独立,(3)商科归并法科,(4)截止办工科,(5)改革预科。实际推行者有(1)(3)(4)(5)项。蔡先生这种以文、理科为主,重视基础学科研究的构想对北大以后的学科建设影响深远,北大学科的发展基本上沿承了蔡先生指定的这一方向。

纯正的学术志趣、浓厚的学术空气、自由的思想氛围、民主管理制度、重视文理科建设,这些是近代大学的基本要件,也是蔡元培整顿北大所追求的目标。蔡元培先生的上述改革,主要是受到了西方教育思想(特别是德国大学制度)的影响。蔡先生在北大的改革,从根本上说是为了确立现代大学教育制度。京师大学堂"自开办至民元,十数年中经过好多波折。这个时期,学校的制度大概是模仿日本的"。开办之初,学校方针取"中学为体,西学为用",所教所学偏于旧学。民元以后,将经科并入文科,学长全用西洋留学生,"大有完全弃旧之概",然旧之官僚习气依然浓厚。蔡先生全面整顿北大,不仅荡涤了学校的旧习气,而且取法欧美的大学办学方法,建立了具有现代意义的大学体制,成为中国大学的一个范型。正因为如此,蔡元培虽然不是京师大学堂的创办人,也不是北大的第一任校长,但是他为北大所进行的改革,使北大真正成为一所现代意义的大学。

三、五四运动是中国近现代史上的一座里程碑

在20世纪上半期,五四运动与辛亥革命、抗日战争并列,是三个重要而伟大的历史事件。辛亥革命创建了中华民国,从政治制度上改变了中国的面貌。抗日战争打败了日本帝国主义,是近代中国第一次取得对外战争的胜利。夹在这两大事件中间的五四运动,其意义何在?她为什么也被人们不断追怀、纪念?这是值得我们探讨和解答的一个问题。

第一,五四新文化运动将中国现代化事业推进到精神、伦理的层面,标志着中国现代化发展到一个新的阶段。

中国近代史是从1840年开始,中国早期现代化运动迟至1860年洋务运动兴起以后才起步。由于两次鸦片战争的惨痛失败,清朝统治集团认识到西方的"船坚炮利",主张学习、引进西方的军事技术,从而启动了洋务运动。洋务运动荏苒三十余年,先搞军事工业,后逐步发展到民用工业,为中国建立了第一批近代企业,中国现代化迈上了第一个台阶。1894—1895年中日甲午战争,李鸿章苦心经营的北洋水师毁于一旦,洋务运动宣告破产。康有为、梁启超、严复等维新派人士认为,中国仅仅停留于技术层面学习西方是不够的,还要在教育、官制等方面模仿日本的明治维新,学习西方的政制,受维新派感动的光绪帝决心进行"变法"。"百日维新"下达了上百道变法法令,引起以慈禧太后为首的后党和顽固派的恐慌,他们发动政变,使这场轰轰烈烈展开的维新运动流产。但要求制度变革的呼声并没有因此停止。1905年孙中山联合各省革命志士,成立中国同盟会,树立反清革命的大旗。1911年辛亥革命推翻了长达二百多年的清朝统治,结束了两千多年君主专制的历史,中国现代化又往前推进了一步。袁世凯凭借其手握的军事实力和积累的政治资本,夺取了民国大总统的宝座。但民国这件新衣披在袁世凯的身上,很快就褪色了。袁世凯不断修改民国宪法,导演复辟帝制的丑剧。袁氏的倒行逆施,激起了革命党人及有识之士的反抗。陈独秀在沉闷的政治环境里,创办《青年杂志》,将革命的

锋芒直指伦理领域,称"伦理的觉悟,为吾人最后觉悟之最后觉悟"。这就将中国现代化运动从政治制度层面伸向伦理思想领域。新文化运动是一场思想、伦理、文学迎新去旧的运动。中国现代化向深层次的精神文明推进。

第二,五四新文化运动孕育了一批思想家、文学家,他们各展其才,使新文化运动成为继春秋战国之后中国历史上又一个"百家争鸣"的历史时期。

新文化运动的领导核心是《新青年》,这个杂志由陈独秀创办,最初给这个杂志投稿的主要是陈独秀的一些安徽同乡。陈独秀进入北大后,这个杂志的主要撰稿人就是北大的新派教授和受到他们影响的学生。因此,一般来说,新文化运动的主要代表人物大都与《新青年》和北京大学有着密切关系,就是基于这一缘由。

新文化运动的主要代表首先应推介的是陈独秀。他曾在日本留学,参加了辛亥革命。1915年9月,他在上海创办了《青年杂志》,这是新文化运动的开始。在运动中,陈的主要功绩为:(1)提出学习西方的民主与科学,打出了新文化运动的两面大旗。(2)号召青年进行"伦理的解放",从旧家庭、旧习俗、旧制度的奴役中解脱出来,做一个时代的新青年。在这一点上,他对儒家伦理和传统的礼教给予了猛烈的批评。(3)推动"文学革命",使新文学运动迅猛地展开。(4)宣传革命观念,提倡法国、俄国式的革命,使新文化运动向法、俄型的革命方向发展。陈独秀可以说是新文化运动的主要组织者,他担任的《新青年》主编和北大文科学长这两个职务,使他在新文化阵营中扮演了一个导演的角色。陈独秀的个性激烈,很快就成为中国共产党的创建者和早期主要领导人之一,但他后来对苏联的政治模式和斯大林主义越来越反感,对民主政治仍有不懈的追求。所以有人说陈一生都是反对派,少年时期反抗他祖父的权威,青年时反对清朝,中年时反对北洋军阀、反对国民党,晚年走向了共产党的反面。总的来说,陈属于反叛性的人物,这样的人物在社会大变革的时代往往显得特别活跃而富有思想活力。

新文化运动应该提到的第二个人物是胡适。他于1910—1917先后在美国康乃尔大学、哥伦比亚大学留学,受实验主义哲学思想大师杜威的影响。在新文化阵营中,他可以说是受美国文化影响最深的人。这一点使他成为现代中国主张向美国学习,主张中国按照美国模式走现代化之路的一个最有影响力的思想家。胡适在新文化运动中的主要贡献有:(1)提倡白话文,主张文学革命。他是文学革命的第一人。他本人在新诗创作、用白话文写文章方面也做出了表率。五四以后,中国通行白话文,这一功劳首先应归胡适。(2)提倡易卜生主义,主张个性解放。新文化运动是一场个性解放运动,其思想的源泉就是来自于西方的个人主义思想。这种思想并不是说要人人为我,自私自利,而是主张发展个性,让每一个人自由发展,以最大限度发挥每一个人的价值和潜能。(3)在哲学方面,宣传杜威的实验主义思想,主张怀疑,不要轻信传统的成见,提出重估一切价值。新文化运动是一场思想解放运动,与实验主义的影响有极大关系。五四时期,实验主义可以说是最有影响力的思潮。

接下来是周氏兄弟,也就是鲁迅和周作人。他俩都在日本留过学,是著名国学大师章太炎的学生,具有深厚的中国古典文学修养。他们的主要贡献是在文学和思想方面。鲁迅先生擅长小说创作,他在五四时期走上文学创作道路,撰写了《狂人日记》《阿Q正传》等小说作品,在社会上产生了极大的反响,从此一发即不可收。鲁迅先生在他的作品中表述了要改造中国国民性的思想,这从一个方面充实了新文化运动的思想,显示了它深刻性的一面。周作人长于散文写作,他的思想随笔、小品文和翻译作品在五四时期有许多读者。周氏兄弟两人在个性上有很大不同:哥哥"热",个性激烈,这使鲁迅后来成为20世纪30年代"左翼"文艺的一面旗帜;弟弟"冷",相对温和,可悲的是,抗战爆发后成为投靠日本的汉奸,以后就失去了影响力。有人说,如果周作人在抗战以前死去的话,他也能成为与他哥哥一样对中国现代文学富有影响力的伟大作家。周作人一直活到1967年5月,抗战胜利后作为汉奸被捕,从此失去了自由,解放以后只能闭户写作、翻译,暮年赶上了"文化大革命",免不了受到红卫兵的冲击,所以他晚年常有"寿多则辱"的感慨。

在新文化阵营中应该提到的还有李大钊。他在新文化运动中最突出的贡献是宣传俄国的十月革命和马克思主义,这对五四以后共产主义运动在中国的兴起有先导作用,因此人们习惯于称他是中国宣传马克思主义的第一人。据一位日本学者考证,李大钊接受马克思主义,在资料来源上与日本报刊有很大关系。许多中国共产党的早期活动家都自称是他的学生,事实上,他也是中国共产党的早期主要领导人,与陈独秀几乎拥有同等的地位,时人有"南陈北李"之说。李大钊在推动国共合作方面也发挥了重要作用。不幸的是,1927年4月他被奉系军阀张作霖在北京杀害。因为这一点,他受到各方面人士的同情和尊敬。

在新文化运动中,还有一些值得提到的人物,如钱玄同、刘半农,他俩曾是《新青年》前期的四大笔之一,可以说也是新文化运动的重要代表。另外还有一些人,如梁启超,梁漱溟等人也很活跃,虽与陈独秀、胡适的思想主张不尽相同,不属于新文化运动的主流,但对于当时中国新文化的建设也发挥了重要作用。

在五四时期,北大还流行"某籍某系"的说法,也就是说北大当时以浙江籍的教师为多,某系则指章太炎的弟子,他们在北大文科占统治地位。北大还有英美派、日本派、法国派之分。如胡适就是留美学生的代表,陶孟和就是留英学生的代表,周氏兄弟、朱希祖等是留日派的代表,李石曾、李书华则是留法派的代表。

第三,五四运动充分表现了中国知识分子"天下兴亡,匹夫有责"、"敢为天下先"的优良传统。

从汉末的太学生,到宋代的太学生,再到明末的东林党结社,直到晚清戊戌运动以前的公车上书,中国士人都有干预政治的传统,特别是国家处在重要关头,或遇有紧急事变的时候,这种情结表现得尤为突出。受到新文化运动洗礼的北京大学学生也表现了中国知识分子的这种传统。在北大教授的影响下,北大学生也活跃起来。他们组织社团,组织演讲,组织辩论,校园气氛非常热烈。北大真正是中国思想文化学术的中心。在北大学生中,当时有几个有影响的社团值得一提。

新潮社:它是北大学生第一个自动组织起来响应新文化运动的团体,主要成员有傅斯年、罗家伦、俞平伯、康白情、顾颉刚等,他们的主要兴趣是在文化革新,1919年初创办了《新潮》杂志。蔡元培、陈独秀、李大钊支持他们,在经费、活动场所方面给他们提供方便,胡适是他们的顾问。

国民社:其主要成员有邓中夏、许德珩、张国焘、高君宇、段锡朋等,他们的主要兴趣是在社会政治方面,他们创办了一个《国民》杂志。这个社团受到蔡元培等校方人士的支持,李大钊是他们的顾问。

在新派学生社团纷纷出现的时候,旧派也不甘寂寞,他们也起来组织了一个有影响的社团——国故社,创办了《国故》杂志,力图与《新潮》相抗衡。这个杂志的后台是黄侃、刘师培、陈汉章、马叙伦等老先生,他们的兴趣是在保存中国旧学,所写文章一律用文言文,不加标点,用直排印刷,与新文化运动的主流真正是反其道而行之。

五四运动主要是新潮社和国民社的成员发起。事情的起因是巴黎和会上西方列强决定屈服日本的压力,拒绝中国政府的要求,将德国在山东的特权转让给日本。中国外交失败的消息被蔡元培先生所获悉,他于1919年5月2日将此消息告诉北大学生。新潮社和国民社的成员遂开始活动,5月3日晚召开北大全体学生和其他北京高校的学生举行动员大会,提出拒绝在巴黎和会上签字,决定到天安门游行示威,通电各省游行示威以形成强大的舆论压力和声势,迫使政府拒签和约。

5月4日,北大学生和北京高校的学生三千多人到天安门集会。学生们高呼"外争国权,内惩国贼""取消二十一条""还我青岛"等口号,他们游行到东交民巷使馆区时遭到了阻拦,学生们被激怒了,然后转赴赵家楼,这里有亲日派官员曹汝霖的住宅,学生们痛打了正在此处的另一位官员章宗祥,火烧了曹宅。这就是震惊中外的"五四"事件。本来北京政府一些政要人士组织的"国民外交协会"也计划于5月7日在中央公园召开国民大会,抗议巴黎和会的决定,但由于北大学生提前行动,五四运动爆发,北大学生的行动改写了历史。北洋政府对学生采取了镇压措施,逮捕了一大批学生,引起了北大教授的愤怒,他们号召以更激烈的行动来反抗北洋政府。这样全国各地的学生都被动员起来,6月3日,上海工人、市民、商人也起来了,声援北大学生。在全国人民的强大舆论压力下,中国参加巴黎和会的代表遂拒绝在和约上签字,五四运动终于取得了胜利。这是中国自鸦片战争以来第一次在中外交涉中真正按照人民的意愿选择的一个结果。

第四,五四新文化运动促进了中国人民民族、民主意识的觉悟,反映了中国人民对民族主义、民主主义的认识达到了一个新的水平。

从民族主义的角度看,过去中国对外的运动多具有排外的性质。五四运动一方面坚决主张抵御外侮,主张维护国家主权,废除不平等条约;一方面又对西方文化能够抱持一种"拿来主义"的态度,向西方先进文化学习。这是一种新的民族主义,不是传统的义和团式的排外主义。从五四运动开始,中国人以一种比较健康的心态处理中西关系。从民主主义的角度看,辛亥革命虽然创建了中华民国,但没有彻底根除人们心中的帝王思想,民国初年出现袁世凯复辟帝制、张勋复辟的丑剧,实为旧思想的沉渣泛起。新文化运动对西方近代文化的一个最重要认识,就是发现个性主义是解放人的一个最重要思想基础,胡适特别提倡易卜生主义,也就是个性主义,这是民主社会的一种生活方式。蔡元培提倡兼容并包、思想自由,这是现代社会的思想规则。陈独秀反对孔教,以为孔教与现代思想自由原则不符,这都是对思想自由、民主政治的大力推进。民主之成为中国人衡量政治好坏的标尺,是新文化运动深入人心的结果。

每个时代对五四运动的认识会有所不同,每个历史学者对五四运动的理解也可能不一。今天我所做的这些解释,仅供大家参考,请大家批评指正。

(2009年3月11日)

(原载《北大讲座》第二十辑)

斯诺的红色中国梦
——重读《红星照耀中国》

秦立彦

[演讲者小传]

秦立彦,籍贯黑龙江省,美国圣地亚哥加州大学文学博士,现为北京大学中文系比较文学与比较文化研究所副教授。研究方向包括中美文学关系研究、中英文学关系、英美现代诗歌、中国电影。

1936年,美国记者埃德加·斯诺30岁。这一年的6月到10月,可以说是他一生的分水岭,也是最高潮。这几个月里,他带着两个相机,24卷胶卷,辗转进入了陕北的红色区域;他采访了共产党的领袖毛泽东、周恩来、彭德怀等,以及红军战士、游击队、老百姓;他观察了红色政权的军事、生产、教育、娱乐生活。他此后的一生都与这四个月有关。这充满故事和冒险的四个月定义了他,使他成为中国共产党的坚定支持者。他的热情到六七十年代虽然由于各种原因有所减弱,但支持的态度却不曾变过。

　　从陕北回到北京后,斯诺1937年在英国出版了《红星照耀中国》(通译为《西行漫记》),该书面世一个月就至少印刷了三次,几个星期就卖出了10万册,产引起了世界性轰动。中国共产党及其领袖虽然已奋斗多年,但仍不为外界所知,没有一个外国记者曾进入江西苏区进行采访,以至于毛泽东等领袖曾多次"被死亡"。1938年《红星照耀中国》的一篇英文书评说,斯诺是"第一个深入陕北的外国人,也是中外人士中,第一个自由地报道他的见闻的"。斯诺自己也说,"当写此书之时,关于1921—1937年的原始材料基本是空白"。然而,此书的意义并不只在于"独家采访",填补空白,更在于它对未来的准确预言。书中已经看到了中国未来的走向,那就是中国必将是属于共产党的中国,共产党是未来的主宰。

　　斯诺对共产党的热烈支持,直接来自他的采访和观察。他对共产党人士讲述的故事笃信不疑。从这一点上来说,他显然是典型的生活在前理论时代的人。受过理论熏陶的当代人,对于叙述、语言、真实,都培养了深刻的怀疑,常常对叙述者的动机保持警惕,深知存在着"不可靠的叙述者",一切叙述都是有所指向,有所遮蔽的。在这个意义上说,当共产党人士对一个美国记者讲述个人和本党的故事时,象一切叙述者一样,他们必然有所选择,有所不言。他们愿意通过这些集体叙述,塑造本党的某种形象。未必有规定或会议约定如此,而是作为共产党人士的自觉意识,会令他们如此。然而,在斯诺看来,话语是一个完全透明的镜子,他将听到的话语都判断为真。他还是个理想的放大镜,通过他的讲述和构造,单个人的故事构成了合奏、合力,组成一个红色中国的崇高群像。

　　但从另一方面来看,我们也不能说斯诺是幼稚的。作为一个已经在中国生活了七年的有社会责任感的记者,斯诺在中国所见所闻甚多,正是这些见闻使他对中国的现状和未来极为关切。斯诺采访苏区恰逢一个难得的历史机缘,两下里都正是黄金时代。斯诺刚刚三十岁,意气风发。1936年的共产党也正处在最光辉的时刻。那时长征结束不久,红军刚刚在陕北落脚,红色政权的首都还是保安(延安还在东北军手里)。虽在全国局面中处于弱势,但红色政权有理想,有前途,蒸蒸日上。共产党也刚刚提出抗日民族统一战线的口号,自身非常宽容、民主,深得民心。在"红剧场"一章中,斯诺就讲述了陕北军民一起看戏的场景,男女老少各色人等都散坐在地上,羊在随意吃草,毛泽东、林彪随便坐在老百姓中间,戏开始之后,更没有人理会毛泽东等人,其自由与平等程度远超国统区,甚至有牧歌般的气氛。斯诺本人就受惠于这种自由。周恩来对他说:"你看到什么都可以写,我们会给你提供调查苏区的一切帮助"。实际上,当时和后来,穿越封锁线到陕北去"朝觐"的远不止斯诺一个,很多人都留下不返。与斯诺同行的就有另一个美国医生马海德(George Hatem),是《红星照耀中国》中未明言的斯诺的旅伴。斯诺后来离开苏区,写支持中国共产党的书;马海德则留下,参加了中国共产党,建国后历任重要职务,死后葬在了八宝山。而斯诺的部分骨灰则葬在了北大未名湖畔。八宝山——未名湖,两个具有浓厚象征色彩的地点,似乎昭示了两人的不同命运。

斯诺虽然是记者,但他与现代的职业记者完全不同。现代职业记者为了弱化主观色彩,会尽量隐身,将报道呈现为"客观的事实"。对斯诺来说,记者仅是一个方便的工作和身份。他本人对中国的未来、世界的未来都有高度的关切和热情,他愿意进行自己的干预,愿意投身到自己判断为可贵的事业中去。所以他在书中毫不掩饰地表达自己的观点。这也决定了《红星照耀中国》体例驳杂,包含了叙述、采访、自传、游记、逐条的日记等多种形式。斯诺并不只是想知道新闻事件,更想知道苏区的方方面面,力图描绘苏区的全貌,于是他既采访领导人,也采访中下军官、普通士兵、农民。他时常站出来进行热情的评论,在很多采访性的章节前面,都有他本人的一段评价。

《红星照耀中国》的动人之处,与斯诺的文采有很大关系。斯诺善于观察,文笔生动。他笔下的陕北自然景物很有震撼力。值得注意的是,在斯诺的讲述中,美丽的大自然只属于陕北,仿佛只有在陕北,心中充满希望的斯诺才恢复了感受自然之美的能力。更难得的是斯诺的幽默感。对国民党人士,他常常有并不尖酸的讽刺。对共产党领袖,他有赞赏的幽默。而在中国的外国人中更少见的是,斯诺能够从中国人的眼里看自己,常常幽自己一默,进行善意的自嘲。比如有一次在陕北农村,男女老少没见过外国人,都跑过来围观他,"其中一个小孩子还被眼前令人震惊的景象吓哭了"。与常常自以为是的在中国的西方人相比,斯诺把自己的姿态放得很低。

斯诺笔下的陕北,是一个乐观、自由、平等、朝气蓬勃的红色乌托邦。他对那里的人们尊敬、仰慕、激赏。在评价共产党领袖的时候,斯诺常常用到"超常"、"传奇"等字眼;不曾受过一次伤的毛泽东"如同神佑",刘志丹是"现代的罗宾汉",贺龙是"传奇"。可以看得出,斯诺是个具有浓厚浪漫气质的人。在他的回忆录《复始之旅》(Journey to the Beginning)的开篇,他这样叙述他1928年刚到上海时的情形:"我当时二十二岁,在华尔街的投机中赚了点钱,我觉得这给了我恰好足够的资本,用一年时间,节俭地进行一场全球旅行和历险。我计划一年之后回纽约,在三十岁之前赚点钱,余生悠闲地进行研究和写作"。一个计划全球旅行的年轻人,不能不说是浪漫的。而他在陕北的经历和见闻不啻于一场浪漫的历险,如同做了一场红色的梦,超过了他最大胆的想象。

《红星照耀中国》中的"长征"一章尤其是浪漫冒险的典范,带有强烈的斯诺个人的印记。这一章已经完全摆脱了采访、转述的色彩,而是以小说般的笔法叙述。材料来自斯诺对很多长征亲历者的采访,然而这些原始资料在斯诺那里融汇为一体,由他整理成一个充满了传奇、历险、拯救的可歌可泣的统一故事。在斯诺对毛泽东的采访中,被访人的话是在引号之中的,而"长征"一章没有引号,仿佛斯诺本人就是亲历者之一。对于长征,他毫不吝惜赞美之词。为了让西方人理解长征的规模,斯诺将长征与西方人熟悉的历史事件相比,而每次相比之下,西方自以为伟大的成绩都显得渺小:"同长征相比,汉尼拔翻越阿尔卑斯山就如同假日的远足了。更有趣的比照是拿破仑从莫斯科撤退,他的大军完全被击垮,士气全无"。在红色中国自己后来的革命史叙述中,长征的转折点和最高潮是遵义会议,而由于遵义会议涉及党内的权力转换,斯诺在1936年陕北采访中得到的关于此次会议的信息并不多。他用专章来描述强渡大渡河,"强渡大渡河是长征中最重要的一个事件",他叙述的强渡大渡河紧张动人,充满英雄主义气概。斯诺对长征的热情描述,对西方读者造成了很大触动。Edward C. Carter 1938年撰写的《红星照耀中国》的书评就认为:单是对长征的叙述,"就足以使此书成为本年度伟大的冒险作品"。

在斯诺看来,共产党虽然还不是执政党,但它更能代表中国的人口,也是中国历史的正统继承人。它统摄了过去和现在,未来也将属于它。虽然红军的人数同国民党军队相比少很多,但斯诺认为红军有更大的代表性,因为红军中各省的人都有。其他中国军队常常按省划分,比如东北军、西北军,红军则打破了省之间的界限:"红军可能是中国唯一的国民军"。描述红军从江西开始长征的一章的题为"一个国家在转移"(a nation migrates),而不是将长征视为一个政党、一种政治力量的军事活动。同时,斯诺也把共产党与中国历史上的辉煌联系起来。他在书中记录了仿佛天意一般的一些历史巧合。他对中国历史的理解未必准确,重要的是他如何在红色中国的现实和中国古老历史之间看到一种重要关联。在他看来,中共的陕甘宁根据地"恰好基本就是中国最早的发源地"。他第一次见到真正的共产党员邓发,恰好是在汉武帝旧宫。而他进入陕北的过程也被他视为同时是进入中国悠久历史的过程。红色中国不只是中国内部的一部分，更是最能代表中国的过去和现在的部分，是中国的精华所在，灵魂所在。

斯诺的陕北之行，是一次探险、探秘之旅，寻找史诗之旅，他也的确找到了史诗。斯诺笔下的陕北如同一个未知国度，逐渐在一个陌生来客面前展示其光辉。《红星照耀中国》的全篇结构，从第一部分的"寻找红色中国"，到最后一部分"又到了白区"，划出了从白区—到红区—到白区的一个轨迹。而这次旅程与其说是去红区再回来，不如说是"进入"红区再"出来"。"红""白"两种颜色在全书中（包括全书标题、各章标题中）反复出现，构成鲜明的颜色对比。斯诺在西北的经历，与他在中国、在世界其他地区的经历完全隔离开来，自成一体，如同梦寐，如同时空穿越。当他得到隐形水写的推荐信，当他在西安的旅馆里等一个不知道是谁的王先生，当一个人突然用英语向他问好，然后他才知道这人就是周恩来——在这些时候，作为来访者的斯诺，仿佛也分享了革命事业的刺激与传奇。

斯诺能够去陕北，能够采访到毛，已经表明他在此前就具有支持红色中国的倾向。《红星照耀中国》第一章的题目是"一些尚未回答的问题"，描述了他去陕北之前对共产党的好奇。在这一章里他提出的关于红色中国的问题岂止是"一些"，而是一页又一页上百个问题，满篇都是问号。这些问题是方方面面的，一连串的，迫切要求着回答。斯诺早已在热切期待走近中共的机会。在他提出的某些问题中其实已经预设了答案，暗含了他对中共的赞赏："这些如此长久、如此顽强、如此勇敢……如此不可战胜的勇士，究竟是什么人？"他的这种热情和好奇，并非职业记者对新闻的简单追逐。作为一个有责任感的年轻人，斯诺不愿像在北京的其他外国人那样，自闭在舒适的西式"绿洲"中，不问世事，无视中国的现实。对有着平和、优美假象的北京，斯诺已经厌倦，他要与那些生活在幻境中的外国人区别开来，他要冲出假象，寻找中国的真实。他已经在中国七年，目睹了可怕的饥荒与死亡，而一边是饥民在死去，一边是城里的富人有吃的、有玩的，斯诺在书中记录说，那时他就在想："穷人为什么不造反？"可见在到陕北之前，他的思维方式已经与共产党接近了。

斯诺对红色中国的热情期待与赞美，与他对已知的白区世界的失望密切相关。正是在这样的强烈对比中，红区显示了无比的朝气。他对红白两区的不同感受，渗透在他的行文和叙述风格中。对于白区的人士，包括蒋介石、他采访到的杨虎城和邵力子等，斯诺觉得自己都是极为熟悉的，也完全可以把握和理解。他彻底明了他们的权力斗争及其手腕。白区长官的行为是在中国阅历甚多的斯诺可以预见的，所以他对他们是一种轻微的嘲讽态度，比如他说杨虎城"是一个双妻男子"。他对邵力子的描述也是这种口气，邵退出中共后，化身为"一个虔诚的佛教徒","虔诚"二字的讽刺用意一目了然。在斯诺看来,与他们的对话和采访其实就是走过场,他并不指望从他们那里得到真诚的对话,真实的信息。与这些人相比,中共人士则是全新的,完全出乎斯诺的意料的,使他无法理解和把握,只能仰慕和赞美。

从《红星照耀中国》一书来看,在斯诺眼里,红色中国最令人惊叹之处还不在于它的军事和政治成就,而在于它培养了一批新新人类,一群既代表中国,又与传统中国人截然不同的"新人"。这些人单纯,热情,开朗,勤奋,种种品质都与斯诺见到的普通中国人不一样。斯诺见到的第一个真正的共产党员邓发,在他被悬赏捉拿的西安出现,却毫不为自己的生命担忧,特别活泼热情,令斯诺称奇:"这是怎样一个中国人!怎样一个赤匪!"之后,他在红区看到的各种人都令他惊异。在红军小战士身上,他看到了中国少年身上从不曾有过的尊严感。而农协的农民自信、开朗,完全不是胆怯的典型中国农民。红军战士是真正地快乐,这也与斯诺对中国的了解相悖:"消极的满足在中国很常见,但更高的快乐……则很少见"。"新人"的性质,使斯诺常常将他们与孩子联系在一起。在斯诺看来,红色中国的很多人士都有孩子的品质,单纯,清新,不承载过去的负担,充满希望。红军的很多军官不过二十多岁,红军战士大部分都是十几岁,红小鬼则都是真正的孩子。在斯诺笔下,即使年龄较大的红色领袖们,也有孩子气质。周恩来和毛泽东都有"男孩子气"(boyish),老同志徐特立也很像孩子。彭德怀"非常喜欢孩子;我注意到,他后面总是跟了一群孩子"。

可以说,对所见所闻的惊异和赞叹,造成了斯诺的盲点。他对自己听到的讲述深信不疑,看不到红色中国内部的矛盾和危机。一片朝气蓬勃的局面,也使他压制了自己偶尔会触及的某些疑问。他很少说到红区的缺点,也的确觉得没有发现什么缺点。即使说到似乎是缺点的地方,他也常常会习惯性地进行辩护,在缺点的后面加上"但是",提供理由,给予理解。比如对于红色剧团的演出,他说:"演出充满了明显的宣传,道具很简陋。但是它有个好处,就是没有了铙钹的吵闹和假嗓,而且处理的是活生生的材料"。

斯诺不能索解的问题,他后来似乎也就将其忘记、搁置起来,仿佛不需要直接面对。比如暴力问题。斯诺其实仍是个典型的西方人文主义者,他相信的仍是自由、人的尊严、人权,他确信在红色中国看到了这些得以实现的希望。然而革命的过程中必然要使用暴力。暴力问题如何看待?实际上,在斯诺从北京去西安的火车上,一个同车的年轻人说共产党不是土匪,因为它是有原则的,但它"杀人太多"。就这样,在尚未进入苏区的时候,暴力问题已经提了出来。但对于这个问题,斯诺后来一直没有正面回答。对江西苏区的暴力,斯诺给予了理解:"红色恐怖的方法被广泛应用,以针对地主和其他阶级敌人,这些人被逮捕,失去土地,在'群众审判'中被判刑,常常被处决——这些无疑都是真实的,共产党自己的报告也证实这一点。这样的行为是应该看作暴行,还是应看作武装起来的穷人的'集体正义',以惩罚富人在拥有枪时犯下的'白色恐怖'罪行?"这句话虽然是问句的形式,没有给出答案,但斯诺的倾向性是很明显的——他自己的答案显然是后者。暴力问题似乎一直萦绕在斯诺脑海里。他说,"我常常想知道毛泽东本人如何看待暴力问题、'必须杀人'的责任问题"。虽然斯诺"常常想知道",但在与毛的数次长篇访谈中,他似乎并没有直接提出这个问题,毛也就没有机会进行解释。

《红星照耀中国》是斯诺的成名作,也是他年轻时代的作品。在到达西安之前,他没有见过一个共产党员,只有他对中国的热情和对共产党的好奇。而在陕北的几个月逗留,使他在短期内获得了大量信息和极深刻的印象,奠定了他此后一生对红色中国态度的基调。斯诺对红色中国的支持到老年也没有改变。然而,随着他自己年龄的增长,中国事态的进一步变化,以及更多信息的浮现,到六十年代,他对红色中国虽然支持未改,但热度显然有所降温。《红星照耀中国》1937年第一次面世,迟至1968年斯诺才进行第一次修订(他1972年去世)。这一次修订中,他对正文基本未加改动,而添加了大量注释,这似乎也是他对红色中国支持不变、热度降低在形式上的一种显示。新加的注释提供了更多反方向的信息,也有了更多自觉,与正文形成有差别的两种声音。斯诺在注释中提到,1944年自己就发现,毛泽东1936年与自己的谈话中"掩饰了尖锐的党内争吵"。注释中对长征的赞美已经降低,斯诺在为"长征"一章添加的第一条注中写道:"这是对长征的详细叙述的首次面世,主要依据很多参与者的亲历证词(反映了他们对这次撤退的英雄主义观点)"。他显然对1949年后中国自己对长征的过度宣传有些警惕、厌倦甚至反感。他在注中提到,在六十年代北京的革命历史博物馆,"每隔十五分钟,一个扎着马尾巴的年轻女孩就会拿起指物棒……背诵长征的分步叙述"。这不能不说有一点讽刺意味。而另一条关于李德的注已经到了不太恭敬的地步。1937年版的《红星照耀中国》中有关于李德的专门一章,在那一章中,李德虽然犯过错误,但仍值得尊敬。1968年斯诺对这一章添加的一条注则是:"这里提到的李德的妻子是从江西与李一同到陕北的。后来,他与她离婚,娶了个从上海来的女演员。抗日战争期间,李德登上了降落在延安的唯一一架苏联飞机,丢下了他的第二任中国妻子"。这已经有些可笑,开始接近斯诺当初描述白区的口吻了。

《红星照耀中国》最引人注目的部分是对毛泽东的采访,以至于后来红色中国提到斯诺时,主要强调他与毛的关系——一定意义上的朋友但更多的是仰慕者和导师之间的关系。斯诺对毛的多次采访,凸显了斯诺作为一个外国记者、外人的优势。人民出版社2008年出版的《毛泽东自述》中，收集的就是毛与斯诺在1936、1939、1965、1970年的四次谈话。似乎只有在面对斯诺这样一个来自外部世界的热切听众时，毛才会讲起他个人的故事，回忆起个人往事。在《红星照耀中国》中斯诺说，毛在家里对斯诺讲述早年经历时，在场还有一个专注的听众，就是毛夫人贺子珍。显然她也是第一次听到这些故事。斯诺的采访，不仅让外国人了解毛，也让中国人、党内同志了解毛。而这些自传性的往事，对一个中国记者或者党内同志似乎都不易说到，仿佛不必要说也不合适说。在斯诺看来，共产党人藐视个人的角色，关注集体，他们的早年故事多种多样，而一旦参加革命，个人故事就汇入集体的洪流。而来自个人主义国度的斯诺，迫切想听到个人版的故事，毛的回忆可以说是在斯诺的激发、引导下进行的。毛的个人史口述是相当坦诚的。这些丰富的个人史使他成为一个人，而不是神、妖魔、符号。斯诺对毛进行了仔细观察，详细描述了自己的印象。除了大量的赞美之词外，斯诺还说，"他周围尚未建立起英雄崇拜的仪式"，"尚未"（as yet）一词中似乎体现出对未来的隐隐忧虑。在与毛的谈话中，斯诺更多是记者、对话者的身份，关于个人史的议题就是他设定的。1936年斯诺与毛初次见面。斯诺当时30岁，毛43岁。六七十年代，斯诺再次来访，可以看得出毛与斯诺之间的确存在着旧情。由于斯诺的"外来人"身份，这种旧情反而可以不掺杂内部斗争的因素，比并肩作战的友谊更持久。

斯诺对红色中国进行叙述，红色中国也在对斯诺进行着叙述，也在朝某个方向塑造着他的形象。斯诺去陕北，实际上并不是他作为一个记者发现了陕北，而是陕北方面发现了他，并安排了他从北京到陕北的行程。在驻华的外国记者中，共产党显然已明确了斯诺的左翼倾向。斯诺在中共提出抗日"统一战线"的背景下到陕北，可以算作一个"国际统战对象"。这一统战工作无疑是很成功的。

北大斯诺墓的墓碑上有叶剑英的题词："中国人民的美国朋友"。这一提法实际在毛泽东为斯诺发的唁电中就已经确认了："斯诺先生是中国人民的朋友。他一生为增进中美两国人民之间的相互了解和友谊进行了不懈的努力，作出了重要的贡献。他将永远活在中国人民心中"。红色中国对斯诺的另一个类似提法是"美国友好人士"，1970年8月19日《人民日报》一条简短报道的标题就是"周总理会见美国友好人士斯诺和夫人"。"中国人民的美国朋友""美国友好人士"，可以代表红色中国对斯诺的定性。红色中国一直强调斯诺是资产阶级记者，但他是美国人民的代表。对斯诺的这一定位，显然不同于共产党中几位我们耳熟能详的外国人士：白求恩，柯棣华，马海德。值得注意的是，他们都是医生。他们对中国事业的参与，既可以理解为国际共产主义活动，也可以理解为医生的国际人道主义活动，或者二者的结合。虽然他们是"国际共产主义战士"，但作为医生，他们参加实际战斗的次数应该不会很多。他们来自什么国家，是什么国籍并不重要，全世界的无产阶级都是一家人，狭隘的民族主义正是国际主义精神需要跨越的障碍。在《纪念白求恩》（1939）中，毛泽东号召"每一个共产党员都要学习"白求恩，没有把白求恩作为外人，而是把他视为中国共产党的一分子，虽然他来自加拿大。而斯诺是"中国人民的美国朋友"，这强调了他的国籍。斯诺是采访革命而不是参加革命，是旁观者而不是参与者，是资产阶级而不是无产阶级。他是红色中国的美国"朋友"，同路人，但不是"同志"。同时，也许并非偶然的是，白求恩、马海德、柯棣华都有中国名字，进一步削弱了他们的异国身份，而斯诺则一直维持着一个美式名字。对于斯诺，红色中国似乎既保持友谊，又维持一定距离。也许红色中国并不愿意斯诺走得更近。斯诺作为一个资产阶级作者，留在西方，用西方人能够听懂的语言讲述中国共产党的故事，更能发挥他的作用。他是红色中国面向西方的一个窗口和宣传员。

《红星照耀中国》的第一个中译本1938年面世，与原书出版只隔了一年，速度很快。这个译本是上海的共产党员翻译的，参与翻译的胡愈之讲述了翻译过程。当时上海共产党翻译它，是希望借一个美国记者的中立之笔，达到正名和宣传的效果。当时斯诺显然并无名气，他与毛泽东的关系也还是小事一桩，《红星照耀中国》一书更不为人所知，胡愈之甚至不相信斯诺说的曾去过陕北采访的话。而且，胡愈之已经开始把斯诺在陕北的广泛采访与旅行，缩略为毛与斯诺的关系，尤其是毛对斯诺的教育作用："斯诺原来是个资产阶级新闻记者。他之所以能写出这本书，同毛主席对他的教育帮助分不开。毛主席对斯诺做了大量工作，把他的资产阶级思想改变过来，他才能写出这本书。要不然，就是写了也不能写得这么动人"。有趣的是，1971年，三联书店出版了《美国友好人士斯诺访华文章》，书末对斯诺的介绍是这样写的："斯诺是美国比较严肃的资产阶级作家兼记者。长期以来，同情我国革命，尊敬毛主席，注意研究中国问题"。可见，斯诺与毛的交往中的一个矛盾之处在于，虽然经过了毛的数次教育和帮助，斯诺的"资产阶级"身份似乎一生都没有发生变化。可能也并不需要发生变化吧。

（原载《北大中文学刊》，2012年）

一所大学和一个国家
——北京大学的故事

韩毓海

[演讲者小传]

韩毓海,1965年11月生,山东日照人。1991年在北京大学获博士学位。1996年任日本九州大学访问研究员,1997年赴美国短期访学。现为北京大学中国语言文学系教授。著有《新文学的本体与形式》《锁链上的环:启蒙主义文学在中国》《摩登者说》《红玫瑰到红旗:变迁的中国现代观》等。

同学们,大家好!

今天我们来讲一讲"一所大学与一个国家"的故事,即"北京大学的故事"。我们先从蔡元培先生上任北大校长之后的一系列为北大输送人才方面的趣闻逸事说起。

蔡元培是第六任北京大学校长,1917年1月到校才正式被委任。实际上真正意义上的北京大学,是在这个时候,1917年1月才宣告成立。从此以后,北京大学也就跟蔡元培这个名字永远地联系起来了。

蔡元培,我简单地介绍一下,北大的学生都应该知道他1868年生于浙江绍兴,与鲁迅是同乡。他1892年中进士,是清朝翰林院的编修,1905年在日本加入同盟会,与孙中山等人一起反清。随后,蔡元培留学德国,学习哲学、伦理学和美学,受到黑格尔教育思想的深刻影响。辛亥革命以后,蔡先生任中华民国南京临时政府第一任教育总长,袁世凯时代曾经任北京政府的教育总长。他因为反对袁世凯,再次赴欧洲考察。

1916年12月26日,蔡先生被他的同事,也是他的后任,叫范源濂的人推荐。当时袁世凯已死,黎元洪出任北京政府大总统,北京大学一派乱象,怎么办呢?范源濂是当时的教育总长,范源濂是什么人呢?他是蔡元培当教育总长时的一个次长,他认为这个校长只能由蔡元培来做,所以黎元洪决定任命他。那个时候蔡先生在哪里呢?在法国。接到任命以后,他考虑来考虑去,直到第二年的1月4号他才来就任。1月4号来北大就任之前,蔡先生到哪里去了呢?他跑到上海去了,他从法国回国以后就先到上海去了。他到上海以后当然就去见他的老朋友了。绝大多数老朋友都对他说:"你千万别去北大,北大简直是一个臭茅厕,什么人都搞不好,去了以后弄一身腥,这个校长万万当不得。你看他们都快活不下去了才拉你去。你这么伟大,一个教育部长就屈尊去做一个校长?"绝大多数的朋友都不同意他去北大当校长,当时他也去看了在上海的孙中山。孙中山当时很失落,孙中山说:"我主张你去,因为时势造英雄嘛!英雄就要顺其时势,你现在还是一个能把中国的时势掌握住的人。"孙中山鼓励他去。

这段期间,蔡元培就在上海翻来覆去地思考,思考的过程当中又见到了当时也在上海的陈独秀,陈独秀也可以算是辛亥革命一个元老。当年有一个小伙子,他自己要做人体炸弹搞恐怖活动,去炸那些晚清出国考察的大臣。陈独秀就和他去争,那小伙子就讲:"舍一生,与艰难缔造,孰难孰易?"陈独秀就说:"当然是前者易后者难。""那我取其易,留其难者以待君。"那小伙子就去做人体炸弹去了。结果他自己炸死了,五个大臣重伤了两个。陈独秀当时拿了一把雨伞,跑到安徽图书馆,到那里去与章士钊两个人合办《国民日报》。他们每

图1 陈独秀

图2 胡适

天都在编,认真干活,每天就喝两顿稀粥。有一天两人对坐写文章,章士钊就说:"仲甫,你身上黑雾点点,何也?"陈独秀徐徐自视:"虱尔。"就是说他连衣服都来不及换,就在那里编报纸。这个事情当时给蔡元培留下很深很深的印象。章士钊曾经做过北大校长,也做过北大图书馆馆长。所以当时章士钊向蔡元培保举陈独秀,而蔡久闻陈独秀的大名,就想请陈独秀去北大教书。当时陈独秀就说:"我不行,我现在在办一个《青年杂志》,在上海挺火的。不想去北大。"章士钊说:"你看看,蔡先生请你,你怎么能不去呢?"于是他们商定把《青年杂志》移到北京来。

当时,蔡先生都在忙些什么呢?他在忙着拉人。陈独秀就是其中的人选之一。陈独秀在答应去北大教书后,又有另外一个要求,他说:"我要去我也要拖几个兄弟一起去。"蔡元培问:"你有什么人推荐没有?"陈独秀想了想说:"我知道一个叫胡适的人,听说这人不错。"蔡元培就问:"你认识他吗?"陈说:"不认识,但他在我这里发的文章挺好的。一个青年才俊,在美国留学,眼见就得博士了。"于是陈独秀就这样推荐了胡适。

这样,蔡先生就带着陈独秀到北大来任教了。当然,前校长章士钊在帮助蔡元培先生拉拢人才方面也起了很大的作用。其中一个很重要的作用就是他推荐了自己的老乡,也是他的好朋友——杨昌济。杨昌济先生曾在日本和德国留学,学问做得很大,但是他不稀罕出来做事。章士钊说:"这人是孤单隐士,你把他请出来。"于是蔡元培就把杨昌济请出来了。这样在1918年杨昌济就到北大来做伦理学的教授。我们现在的伦理学史课程,还在用当时杨先生翻译的日本教材。当然,重要的不是拉到了杨先生,而是把后来杨先生的女婿给拉来了,这个女婿就是毛主席。

在这之前,陈独秀在编《青年杂志》。在1917年4月1日的《青年杂志》的第3卷2号上,发表了一篇文章,叫《体育之研究》。这个文章就是毛泽东写的,写的是什么呢?是关于教育的。第一,他写了德育、智育、体育三者要全面发展。第二,他讲了即时运动,即生命和运动的关系。第三,他认为当时中国教育当中非常缺少体育这一门。这篇文章是毛泽东很年轻的时候写的,当时就在《青年杂志》上发表了。所以1918年6月杨昌济到北大任教,8月份毛泽东也来北京大学了。

杨昌济来了,当时法国在打第一次世界大战,战后缺少劳工,他们就问北京大学可不可以派一批学生去当劳工。蔡先生说,这还得了?我这里的都是些人才,我刚来当校长就把我这里的精英派去当劳工去?可是蔡先生又舍不得这个活,就问哪里有这么一帮人?杨昌济就想我在湖南的时候有一帮弟子,没准是可以的。杨先生一封信写过去,毛泽东就马上回应,领着"杨门三杰"就到北大来了。"杨门三杰"都跟北大有关系,三人分别是毛泽东、蔡和森以及我后面要讲的与北大有更深一层关系的萧子升。"杨门三杰"集体来了,毛泽东是他们的头。杨昌济先生非常喜欢毛泽东,所有其他的学生不管,就要给他找一个差事,这样自然就找到了蔡元培。

于是,杨昌济对蔡元培说:"你叫人往法国送劳工,他们来了。这里有个头叫毛润之,你给他找一个位置吧。"蔡先生大笔一挥,给图书馆馆长章士钊说,有一个湖南人叫毛润之,来京联系赴法勤工俭学的事,请安插到图书馆。于是就把毛主席安插到章士钊当馆长的图书馆了,毛泽东和章士钊的友谊也是在那个时候建立的。① 毛泽东在北大做了一阵以后,到了1919年,这些留法的人要到上海去坐船,他就跑到上海去送他们走。送完以后他没回北京,直接回了湖南。到湖南以后他办了一个杂志,在1919年7月办的,叫《湘江评论》。他在《湘江评论》上发表了《民众的大联合》这篇文章,连载了三期。这个文章后来被胡适看到了,胡适当时在编《每周评论》,他看到这篇文章后,不知道这个毛润之是谁,就在《每周评论》上写:"现在国内的刊物有办得很好,比如说《湘江评论》。《湘江评论》有一篇极好的文章,那就是毛润之写的《民众的大联合》。"胡适的这些评论现在都收在胡适的文集里。胡适和毛泽东一生没有见过面。毛泽东到北大来的时候,已经在《青年杂志》上发表过文章了。而他在北大图书馆工作期间,也是默默地工作,后来回去创办了杂志,发表了文章,胡适才对他有所关注,称赞他的文章。现在的文献中,对那个时候的毛润之只有

---

① 这一说法不确切,1918年1月,章士钊在北大已经辞去图书馆主任的职务,且这一职务由李大钊正式接任了。毛主席和章士钊的友谊另有故事。——责编

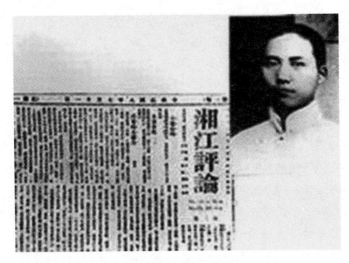

图3　毛泽东:《湘江评论》创刊宣言

一个记载,也就是郭沫若对他的记载。留学生郭沫若到北大来遍访名人,他就采访到了杨昌济,他的记录是:"敲门来,就有一个高个的青年默默地来开门。他们要走了,这个高个的青年就赶紧起来开门,送大家走。一句话也不讲。而且这个年轻人,状如妇人好女。"这个记录所说的就是后来的中共领袖毛泽东。那个时候他非常年轻,也非常低调。

1919年,毛泽东因为参加"驱张运动",又一次到北京来。为什么呢?因为他的《湘江评论》被张敬尧给关掉了,杂志没有了,他就到北京来告这个张敬尧。1919年12月,他到北京来搞这个"驱张运动"。那个时候杨昌济先生病得非常厉害,1920年1月,杨昌济先生去世了,他去世的时候也没有说要毛泽东和杨开慧结婚。他去世之前还和别人谈话,说的最后一句话是"吾意甚快",谈得非常高兴,就这样去世了。

他去世了以后,北京大学的章士钊、蔡元培这些先生就要组织募捐。募捐的时候最上蹿下跳、跑得比较勤快的一个人就是胡适。胡适是一个非常年轻的教授,当然他这是公务要去跑跑。这个时候他们就给杨开慧、杨开智募了一笔钱。最后,这笔钱杨开慧拿出来让毛泽东在湖南办了新文化书社了。我讲这个是为了什么呢?因为我们现在听到一些谣言,就是说毛泽东在北大图书馆打工,别人讨论问题,他插嘴别人不理他;他上课问问题,比如问胡适问题,胡适问你是哪儿的,他说是图书馆的,胡适就不回答图书馆员的问题等等。这都是子虚乌有的。我们可以从史料上查到的资料就是:毛泽东在来北大之前,就已经有名了。陈独秀虽然没见过他,但知道他文章写得非常好,而胡适也非常肯定他,不可能会看轻他,这些都是没有的事情。

蔡先生到北大来,还在北大做了一些重要的事情。比如说,首先,他摘掉了北大这个官僚培训大学的帽子,而且是彻底摘掉了这个帽子。另外,在国家和国民之间开辟和铸造了一个教育的领域,或者说文化的领域,这就是大学。蔡先生有句名言:"大学者,研究高深学问者也。"蔡先生也认识到中国当时政治环境很坏,政治环境很坏的原因在官僚。改革之道不在于打倒旧官僚,培养新官僚,而在于在官场之外造一个教育界、文化界。这是蔡先生的做法。蔡先生来北大之前,北大学生的当官之意,远胜于向学之心。所以蔡元培特意对教师资格做了一个规定,我觉得我们今天也没有完全落实蔡先生的这个规定。这个规定是什么呢?就是"为官吏者,不得为本校专任教员"。你当了部长、省长,你就不可以在北大当教授,就是你不可以又当官又当教授,这是蔡先生的规定。这个规定是大学堂初创以来最具特色的对晋升制度的彻底破除。从那以后,北大就是"不要大官要大师"。从那以后,北大这个学校的基本特点也就定下了,一直到今天。比如说我们国家现在主要的政策参与机构是中国社会科学院,官员培训学校是中央党校。那么,北京大学干什么呢?是中国教育和文化的领军。这个是蔡元培对北大的第一个贡献。其次,也就是所谓的"自由之人格"。这是蔡先生的一个非常重要的主张,也就是说培养学生的独立人格是大学教育的基本目标。他由此来划定人文主义大学和职业培训学校之间的区别。他不但把研究高深学问确定为大学的宗旨,而且又具体区分了"学"与"术",讲"治学者为大学,治术者为高等专门学校"。北大有一个什么特点?我们说北大的一个重要特点就是自由。

下面我们来分阶段说说北大与国家命运之间的关系。

1. 1862—1900:当知识成为"力量"。

北京大学的前身是京师大学堂,京师大学堂的前身是京师同文馆。

1862年同文馆的设立,是为了培养适应新的"万国秩序"的人才,即在"办理对外交涉事务的总理各国事务衙门"之下,设立一所学馆,培养外语和格致人才,入馆者必须为"八旗子弟中聪慧可用者"。可见,设立同文馆,就是要建立一所新的满族贵族培训机构,其目的是造就可应对"万国秩序"的"可用"之才。

1898年,光绪帝在他的老师以及康有为等汉族官员的影响下推动"变法"维新,正式下令批准设立京师大学堂,任命帝师孙家鼐为管理大学堂事务大臣(孙与翁同龢同为光绪帝的老师,也一直被视为是"帝党"的骨干),同时任命许景澄为"中学"总教习,美国人丁韪良为"西学"总教习(丁原为1862年开办的京师同文馆教习,是《万国公法》的编译者)。1898年,同文馆并入京师大学堂,成为京师大学堂最早的一部分。

大学堂并非学馆的简单放大，它与同文馆基本不同，首先就是将一所在满汉分离的体制下产生的满族贵族培养机构，扩展为统一的国家官僚体制下的干部培训学校。它以西学与科举相区隔，又以官僚教育培训体制与满族贵族教育体制相区隔，从而使得"废科举"和"任汉人"成为光绪新政体制最大的两个亮点，这成为初创的京师大学堂的基本特征，也充分表明京师大学堂的设立，是清末政治体制改革的重要组成部分。

其次，提倡"实学"、造就"可用之才"这种明确的办学目的，使得可用不可用、实用不实用，成为排列优劣缓急的知识秩序的基本标准。也正是根据这一是否"可用"的"实学"标准，真正的知识、正确的知识，第一次被理解为可积累的、"可试验的"和"可验证的"。于是，与传统中国固有的一切教育机构不同，京师大学堂的设立必须以具备图书馆和实验室，以拥有大量的图书和实验设备为基本前提条件，从而使得大学堂的兴办比起举办传统的教育机构更需要大量的经费。京师大学堂的办学经费起初拟订为白银35万两，常年用款达20万零630两，由清户部指定，以华俄道胜银行中的中国政府存款利息支付，"不敷之处，再由户部补足"。光绪帝并派当时的庆亲王亲自负责校舍的建设工作。

为国家培养"有用之才"的理念，也决定了现代教育本身就是国家的巨大投入，与传统教育的单方面的施惠于受教育者不同，它意味着国家自身通过投入的方式为自身积蓄力量、准备力量和增强、扩大力量，人才即"国力"的标准。因此，创立伊始，大学堂就为学生提供奖学金：大学堂原定招生500人。学生分为6级，"据功课之优劣，第其膏火"（即发给奖学金）。其中：第一级膏火30人，奖学金每月20两；最末一级（即第六级）160人，每月4两。尽管其间差别较大，但以一两白银合今日300元人民币计，学生"膏火"即奖学金的数额，还是相当可观的。

戊戌时代对"有用之才"的理解，还特别体现在"经济"这个范畴中，它的意思就是"经邦济世"。这个范畴体现了那个时代对知识理解的变化以及相应的制度安排。戊戌变法之初，贵州学政严修等人就曾向光绪建议，为提拔新政人才，在八股取士的普通进士科外，可另开一种特别的进士科——"经济特科"。凡长于内政、外交、理财、军事、工程等人才，通过推荐加考试，一经录取，地位和出路与普通进士完全相同。这种设立经济特科进士的制度设想虽未在全国推行，但却渗透进举办京师大学堂的办学理念，《大学堂章程》规定，将京师大学堂纳入正在执行的"学校制度"序列，即"府州县设置小学、省会设置中学、京师设置大学堂"。而关于学生的出身，则规定与科举并行："由小学毕业领有文凭者，作为经济科生员升入中学。由中学毕业领有文凭者，作为经济科举人升入大学。由大学卒业领有文凭者作为进士引见授官。京师大学堂多有已授职之人员（即现任之官员），其卒业后应如何破格擢用，出自圣裁。各省中学堂学生，已经中式举人者升入大学堂，即可作为进士与大学堂中已经授职之人员一体相待。"

《章程》第五节，还特别规定了教习的出身和晋身方法："教习其实心教授卓有成效者，皆三年一保举。原系生监者，赏给举人；原系举人者，赏给进士。"

一般认为，京师大学堂的设立，表现了戊戌变法作为政治改革的基本特征，特别是它把改革"吏治"作为变法的首选。但实际上，京师大学堂的设立，更意味着对传统中国的"知识"概念的重新改写和重新定义，大学堂的设立在改革"知识"方面的意义甚至要远大于其在改革政治方面的意义。考虑到戊戌变法昙花一现的政治失败，恐怕就更是如此。

清之大弊，用光绪的话说就是："困天下者在一例字，误中国者在一私字"，前者主要指向漫长的科举之路，指向满汉分制对于人才的区隔，而后者则鲜明地指向知识体制和对知识的传统理解。按照传统的定义，知识的主要目的是修身，即所谓"古之学者为己"，而对"有用之学"和"实学"的倡导，却把"经邦治国"的知识而非"道德伦理"的知识当作最急迫的和最重要的知识，它强调"治国平天下"的"公事"，要优于"修身齐家"的"私事"，进而把"有用无用"，作为区分知识优劣、判断知识正确性的标准。而这确实是对传统儒家的知识体系和教育信念的极大修正。

"知识就是力量"，这是现代知识最引以为傲的一句格言，但是，这句格言为自己确立其合法性却走过了极其漫长的道路。1900年春天，管学大臣孙家鼐因反对太后废帝图谋，托病辞职，而由"中学"总教习许景澄代理管学大臣职务。1900年夏天，八国联军侵占了北京，京师大学堂校舍先后被俄国和德国军队占据，房屋图书和仪器设备大部被毁。华俄道胜银行也被毁坏，大学堂经费一时没有着落。许景澄以奏请"暂行裁撤大学堂"为名上书抗议。在《为拟请暂行裁撤大学堂》折中，许景澄悲哀地承认，虽然国家是由于"急迫、急用"才倡导"实学"，但"实学"显然并不能一蹴而就："查创设大学堂之意，原为讲求实学，中西并重，西学现非所急。而经史诸门有书院官学与诸生讲，实无庸立学堂造就，应请将大学堂暂行裁撤，以符名实。"

具有讽刺意味的是，恰恰是八国联军的炮火验证了标榜"可验证之学"的"实学"之破产。在当时的情境下，号称"实学"和"有用"的新的知识，它的"力量"甚至看起来连义和团的大刀还不如。新学和大学堂之所以被抛弃，恰恰因为它还不是"力量"，因而才有"西学现非所急"之说。同年8月3日，盛怒中的西太后下令暂时停办大学堂，随后，代理管学大臣许景澄，因为反对利用义和团攻打洋人的政策,被西太后下令处死。

1898年至1900年的京师大学堂,后来被称为"戊戌大学"。它兴办仅仅两年,就在帝国主义的炮火、皇权统治的政争和义和团反抗的烈火中被埋葬了。不过,京师大学堂却首次在中国提出了一个全新的知识理念——"实学",它也传达了一种全新的知识标准:知识必须是可验证的——在最粗浅的意义上说,就是知识必须是"有用"的;从最深远的意义上说,知识必须是一种力量。

而代理管学大臣许景澄之死,当然说明了在当时的中国知识还不是"力量",它甚至连其倡导者本身都救不了。但是,它更反过来说明,当时的中国对于知识的这种特定理解所映射出的历史情境:衰败的近代中国与其说一般地需要"知识",不如说她需要"力量";与其说她需要学校,不如说她需要产生善于运用力量、体现力量的场域。

在这个意义上,京师大学堂的诞生,标志着传统中国对于知识的理解的一次革命。

2. 1902—1912:当知识成为"公理"。

1902年1月10日,清廷下令恢复京师大学堂,而这一次,西太后任命的管学大臣是光绪帝的"侍读"张百熙。历史证明,这位"侍读"有着与其前任完全不同的执着和近乎倔犟的性格,"侍读"张百熙上任伊始,即以着大礼服下跪的方式,延请桐城派的掌门人吴汝纶为大学堂总教习,请他继承殉职的许景澄之遗位。

图4 张百熙

图5 吴汝纶

吴汝纶不但在"中学"方面很有权威,对"西学"也很注意,并且有着极其独特的理解,他曾为严复的《天演论》作序,在那篇著名的序言中,吴汝纶大肆夸赞了严复的语言能力,即他认为严复不仅忠实翻译了一个陌生的世界和一种陌生的知识,而且,他还使得这个世界、这种知识可以被广泛传播和接受,更使得这个世界和这种知识显得美好。也就是说,严复用他"信、达、雅"的特殊语言,不仅"翻译"了一个世界,而且还"创造"了一个新世界和一种新知识。吴汝纶独具慧眼地认识到:知识不仅能解释世界,知识更具有创造世界的能力,介绍新知识,接受新知识,也就是创造一个新世界,并赋予这个世界以意义。吴汝纶率先在严复身上看到了这一切——这是一种崭新的知识活动。

吴汝纶接受任命后,先去日本考察了 3 个月,在那里,他发现了儒学在中国和日本完全不同的命运。在日本,儒学不是对既成世界的解释,而是"还没有实现"、有待实现的理想,儒学词汇成为描述一个现代世界的基本范畴,在日本维新的过程中,日本的儒学为日本维新奠定了坚实的意识形态基础。吴汝纶还会见了刚刚创立的日本"京师大学堂"(即后来的京都帝国大学)第一任总监木下广次(1851—1910,广次的父亲木下犀潭是日本著名的儒学者,对程朱很有研究),他们共同探讨了东方的学术和宗教面临的根本性的冲击,认为目前的当务之急,就是恢复东方文化的"知识能力"——这就是指描绘一个新世界的创造能力,吴汝纶还代表京师大学堂与日方交换了科研仪器设备。尽管吴汝纶回国不足一月即病死在原籍,但是,他关于知识从根本上说是描述一个新世界的能力的观点,却为大学堂的知识活动提供了有益的因素。

吴汝纶出师未捷身先死,此后,张百熙即延请吴汝纶推荐的翻译家、桐城古文学家严复到京师大学堂任译书局总办,并任命另一桐城古文家林纾为副总办,聘请当时在日本的孙诒让、蔡元培充当经史学教习(但当时在日本的孙、蔡二人都没有到校)。也是根据吴汝纶的规划,张百熙将曾在京师大学堂任教的外国教习丁韪良等一律辞退,另聘日本文学博士服部宇之吉和法学博士岩谷孙藏为教习,并配备陆宗舆、章宗祥为翻译(而这两位翻译后来成为北洋政府的外交总长和教育总长,具有讽刺意味的是,两位"日本翻译官"在轰轰烈烈的五四运动中却成为北大学生攻击的主要目标,学生焚毁其中一位的住宅,即"火烧赵家楼事件",成为五四学生运动的重要标志)。

严复主持的京师大学堂译书局,对于近代中国教育和知识体制的形成,甚至对于近代中国诸现代制度的形成产生了巨大而深远的影响。这与严复特殊的知识观念有关,在他那里,知识既是现存的,又是有待实现和检验的,知识既是对现存世界的解释,同时更是对一个新世界的描述和创造。进一步说——那个"新的世界"目前还仅仅存在于"知识"中,它还有待我们去实现。例如:

在严复那里,"自然"的世界不仅是现存的物种的、生物学的世界,而且也是有赖于我们去努力实现和追求的"保种"、自强的政治世界(《天演论》);社会也不仅是指人群,而且是指按照普遍法律和市场的关系被组织起来的"机构"——国家、市场和法律(《群学肄言》《法意》《原富》);严复更进一步指出:这个新世界在名称上是清楚的、逻辑上是严谨的,有着严密的自律的功能,即这是一个"规范的世界",而只有这样的世界才可能成为"知识"的对象(《穆勒名学》)。于是,在严复那里,知识的世界虽然是有待实现的,但它却是一个合理的世界、客观的世界和真实的世界,而现存的世界,却恰恰是一个需要被这种客观、合理的知识检验、批判、改造的"临时性的世界"。

严复把他理想的知识的世界称为"公理"的世界,毫无疑问,严复的理想世界就是一个现代世界。但是,他更惊世骇俗地提出,这个现代世界首先就是知识的对象和产物。而且,这样的"知识"具有如下两个特征:第一,它是规范的;第二,它是有待验证、有待实现和可验证、可实现的。进而,它也是可操作、可学习、可传授的。而现代大学就是生产这样的"知识"的场所,现代大学为新的世界制造规范,并培养代表这些规范、实现和验证这些规范的人。而这就是严复所说的"启蒙",也是他理想中的大学和知识的合法性所在。

即使在我们今天看来,严复所标榜的"公理"性知识还带着传统理学的面纱,从而使得我们不容易一下子就认出其所指涉的现代国家、社会和市场内涵,但是,关于民族的知识(现代民族主义)是这种"公理"知识教育的一个几乎必然的后果——宋代理学家将这种"中国认同"纳入宋代严峻的边防问题中,使得"夷夏之辩"真正具备了深刻的国族政治内涵,尽管儒学的这种明确的政治内涵,确实在满人入关后被有意识地取消了。而在鸦片战争之后的剧变之中,严复等人则在晚清"天下"与"万国"的局势中,重新阐发公理,力图恢复儒家"天下观"中本来所具有的政治内涵和历史—地理视野。具体而言,所谓"公理"就是将"天理"观纳入"万国公法"中思考,这就使得公理世界观,同时具有批判帝国主义的世界秩序("公法")和民族"自强"的政治诉求。因为在严复看来,这个世界唯一的权威就是知识——作为规范的、可验证、可操作的客观知识,而不是现实中的西方列强。

严复带给我们的是一个知识支配的世界,这种知识被他称为"公理"。而京师大学堂应该去追求和代表这个"公理"的世界。

1902年12月17日,京师大学堂重新开学(从此北京大学沿用此日为校庆纪念日,直到1949年)。张百熙决心脚踏实地,先从大学预科开始办起。他摆脱了原来大学堂中学与西学对立的分科方式,将大学预科分为政、艺二科,这也就是后来的文科和理科的雏形。他还一方面通过另开仕学馆和师范馆,试图将培养官僚的任务,逐渐从大学堂教育中剥离出去;另一方面,他把大学堂学科设置的重心,放在了本科和预科教学上,而专门性分科,则主要放到"大学院"(等于我们后来的研究生院)去考虑。而这种文理二科的设计,为后来北京大学成为文理综合性大学开了先河。

但是,全面采用日本教习的办学方针,也为此时的京师大学堂带来了新的课题。1903年,由于沙俄拒不撤出中国东北,京师大学堂展开了轰轰烈烈的"拒俄运动",张百熙本人明确支持这一运动。与严复一样,他认为以"条约制度"为核心的"公法",并不能代表"公理",而大学堂的日本教习们则推波助澜,积极参与了学生运动的鼓动和发动,而这当然与日本在中国东北的野心和利益密切相关(1905年即爆发了日俄战争)。

拒俄运动是中国现代历史上也是北京大学历史上第一场学生运动,标志着大学堂师生以追求和实现"公理"为旗帜,批判帝国主义的"公法"秩序的持续行动的开始,也开了学生"干涉外务"的先河。这场学生运动之所以不但令清政府头疼,而且成为一连串此起彼伏的中国现代民族主义运动的真正开端,从根本上说,这是由于:在大学堂看来,这个世界上的权威既不是清政府,也不是西方列强,这个世界上唯一的力量就是知识,只有知识能为世界提供权威和真正的秩序,而这种知识被严复称为"公理",关于"民族"的知识不过是"公理"性知识的一个组成部分。

而在作为"公理"的知识面前,从来就没有第二个权威,不但俄国不是,清政府和列强一概都不是。这就是为什么,尽管日本在这场学生运动中扮演了火中取栗的角色。但是,这场民族主义的"公理"之火,随后就烧到了日本的头上。

3. 1917—1926:当知识创造了"人"。

1911年清王朝垮台。新成立的民国随即分为南、北两大势力。在这个混乱的时代里,京师大学堂于1912年更名为北京大学,严复担任了首任北京大学校长,但不到一年就宣告下台。在随后的4年中,北京大学走马灯一样换了4任校长:章士钊、马良、何燮侯、胡仁源,没有一个校长能够稳定住学校混乱的形势,因而没有一个校长名副其实,直到1916年蔡元培被任命为北京大学的第六任校长,并于1917年1月到校。

实际上,真正意义上的"北京大学"到这个时候才宣告诞生。而从此之后,北京大学也就与蔡元培这个名字永恒地联系在了一起。

其实,早在蔡元培校长上任之前,北京大学就已经是现代知识的摇篮,只不过,这种知识还只是国家"富强"所需要倚重的"力量",是对一个现代世界及其规范的描述和说明,用一句话来概括,这些知识还都是关于外在世界的

"客观"的知识,而不是关于人的道德、伦理、审美的"主观"的或者"主体"的知识。

蔡元培本人作为现代知识训练出来的新知识分子,也许是唯一一个看清了科学和新知识在当时中国处境的人。鸦片战争以来,所谓科学、实学和西学,其实是作为一种迫切的现实(自强)需要,从而确立起其不言而喻的合法性的,换句话说,现代知识、科学和西方真理,无论作为"力量"还是"公理",在中国文化和知识系统中并没有精神的、道德的、自主的合法性根基:科学、技术、经济、法律,只是作为"不得不如此"的"现代社会规则"和"现代义务"被认同和遵守的。对大多数中国人,特别是对于那些科学的迷信者而言,他们在遵从这些规则和知识的时候,也从来没有去认真反思过科学、西学的"道德基础"究竟是什么,因而,这种不假反思的接受并非是自觉的,因而也很难说是发自自我诚心的——在这个意义上,那些口喊科学、民主和自由的知识分子本身,也就很难说是"自由"的,是"自主"的。他们只不过是看到了世界大势,看到了中国的迫切现实需要。当然,还有一些不过更是随波逐流,赶时髦而已。

蔡元培认为,要使得这些新知识不流于规范和强制,不再是外在于中国、外在于人的知识,那么就有赖于道德领域的再造,有赖于审美领域的觉醒,有赖于审美的感受力和判断力的培养,正是这种能力使得受教育者认识到:科学不仅是有用的,而且也是合目的的、道德的,是个人自主、自觉和自愿的选择。只有道德、伦理、审美这些"主观"领域与"客观"领域的知识的结合,才能为现代知识合法性提供坚实基础。它不但使得知识和科学成为"应该如此",而且成为"本来如此"。

而这就需要在科学的、客观的知识之外,按照现代学科的规则、采用现代知识的规范,建立起关于现代"主体"和"现代人"的知识,创建出与道德、伦理、审美相关的,关于"人"和主体的新"学科",并进一步使得这种后来被称为"人文科学"的知识,成为关于自然的知识(自然科学)和社会的知识(社会科学)的基础。这也就构成了蔡元培对"文理兼容"的"综合性大学"的自觉追求。即在蔡元培校长看来,现代大学不但要生产和传授知识,而且要造就现代知识的"主体"——"现代人"。

蔡元培治校时代,中国发生了轰轰烈烈的五四新文化运动,这场新文化运动的主题和目标被称为"人的解放",而恰恰是北京大学人文学科的建设和巨大发展,为这个"人的解放"的时代提供了根本上的知识的合法性。蔡元培校长和五四时代的北京大学,不仅为北京大学创造了现代人文学科,而且为现代中国创造"现代新人"——这一"人的主体工程"建设奠定了基础。

从最简单的层次上看,蔡元培是将"循思想自由之原则"作为其治校的基准。而这里的自由,在当时首先是针对于家庭和家族而言。它起码意味着:现代学校教育,不同于家庭教育,教师与学生的关系,也不是家长与子弟之间的关系,不是父子关系,现代自由社会不同于家族父权社会。这就是五四运动时期的北京大学把批判"家族制度"作为一个重要目标的原因。也正如现代政府所应关注的是人的"肉身"——生命、健康、免于贫困痛苦的"物的权利",而不是人的"灵魂"、信仰一样,蔡元培认为:大学校长应该关注的是教师作为现代职业者的行为规范,而不是他所信奉的学说和信仰究竟如何。

或者说,蔡元培最为人们所津津乐道的"循'思想自由'原则,取兼容并包主义"的教育理念之核心,首先就是用"自由"划开了"社会/家庭""公/私"两个领域,从而使得大学教育脱离开"私"的领域,这自然意味着大学教育不是私塾,校长也不是家长,学校里的人际关系首先是现代职业关系,学校和教授、教师和学生之间不存在人身依附关系。只要人们履行了其在校义务,他们"私的领域"及其事物,学校不过问,也"不负责"。用他的名言来说就是:"无论为何种学派,苟其言之成理,持之有故,尚不达自然淘汰之运命者,虽彼此相反,而悉听其自由发展。""对于教员,以学旨为主。在校讲授,以无背于第一种之主张为界限(思想自由)。其在校外之言动,悉听自由,本校从不过问,亦不能代负责任。"

而在这个意义上,他所强调的"自由"当然就不是自由放任,更不是无政府主义,而首先是指"现代职业伦理",即他所说的"自由"不过意味着,"现代人"首先是一个遵守现代社会职业规范的人。它意味着对于人身依附关系的破除。

同时,蔡元培的"取兼容并包主义",尤其是指在"中西文化""传统与现代"之间的包容。这种包容"中西"的态度,当然不仅仅是指他既是晚清最后一届进士,又是饱受西方知识训练的现代知识人,更不仅仅是指他坚守现代科学思想又经常身着长衫的形象。这种包容的理想,深切表达了那一代中国人饱受西方欺凌,而又追随西方知识的矛盾处境,蔡元培倡导的在"中西"、"传统/现代"之间的"包容",表达的是如此立场:对中国、传统批判的"同情",以及对西方的"批判的了解"、接受。包容,首先指这样一种特殊历史条件下产生的知识态度。我们今天也只有从这种复杂地对待知识的历史的态度中,才能理解蔡元培校长的"包容"情怀。

西方现代知识体系的形成,是宗教世界观为近代职业的分工、分化所瓦解而造成的,即正是近代职业的分工和分化,才瓦解了"三位一体"的宗教领域和上帝形象,而代之以客观的(自然科学)、规范的(法律、经济和社会)和审美的不同的知识领域,代之以在上述领域中规范地行动的职业者。但是,中国现代知识体系的形成却不是一个宗教世界被现代职业社会瓦解后的产物,因为它是在西方政治、经济和文化强势的打击和逼迫下,被动地被接受的。质言之,对近代西方来说,是宗教的世界,分化为客观的、规范的和审美的不同的知识和职业,而对近代以来的中国来说,则是西方列强和帝国主义的强权,把世界分化为"强势的西方"和弱势的"东方"。于是,这种分化或者知识分工的过程,在近代西方,表现为世俗的知识、职业者与宗教的教士的斗争,而在近代中国,则不能不表现为强势的"西方文化"与弱势的"中国文化"之间的矛盾和以此发生的"论战"。

在蔡元培时代的北京大学,这种论战则一方面表现为(论战)双方都认同现代知识的表述形式(现代白话文),也都采用现代知识讨论的方式(报章、杂志)为手段,同时更为重要的则是它的另一方面,即举凡"客观的"、"规范的知识"——自然科学和社会科学知识,都被称为"西方"的、"现代"的知识,而举凡主观的、审美的、关于人的知识,则都被称为"中国"的、"传统"的知识。而胡适的一句话,则无意中说尽了这种在中西论战中所形成的知识分化,这句话也可以使今天的我们更容易体会蔡元培所谓的"包容中西"的深意:"吾于自然社会,则从西方,吾于作人,则从东方。"而这无异于说,"西方的知识"就是关于客观和规范的知识,而中国和传统的知识,则是关于"人"的知识。

而"兼容并包主义"作为一种办学理念,则又必然转化为对北京大学学科的安排。在"五四"以降的北京大学,一方面,对于西方文化的批判的接受,转化为对"科学是否能解决人生观问题"的怀疑,这种怀疑在第一次世界大战之后,演变成以北京大学学者为核心的"科学与人生观问题"的论战;另一方面,对中国文化的批判的"同情",则转化为通过采用现代知识的实证的、规范的研究方式、教学方式,展开的对于"中国传统文化的现代阐释"。"五四"后期,胡适等人所代表的以科学方法"整理国故"运动就是其中重要的表现。

蔡元培本人亲自参与了运用现代历史科学研究法,将中国经典当作"历史材料"进行发掘的新史学运动。也正是通过这样的现代阐释活动,中国传统的"心学",被张君劢等人改造为现代"心理学"。而随后,冯友兰等人则运用德国唯心主义的研究方法,确立了中国哲学和哲学史学科。而鲁迅和胡适则通过包括文学史、文学理论在内的现代知识研究方法,改写了中国传统的"文学"定义,从而逐步在现代教育和教学体制内,重建了知识性、制度性和规范性的文学概念。实际上,如何将文学纳入现代教育体制,这是五四以来的中国高等教育所面临的重要问题,例如:何炳棣先生考入清华时,大一国文由俞平伯教授主讲,何先生回忆说,俞平伯讲"春日迟迟"和"白杨何萧萧"这两句古诗时,引起全场哄堂大笑:"因为'迟迟'和'萧萧'的美是只可意会,不可言传的,所以俞先生只好再三地大叫:'简直没有办法!'俞平伯在北大兼课讲词时,讲到李清照,也只是说:'真好,真好!'至于应该怎么讲,说不清楚。"诸如此类问题的解决,只是在鲁迅写作《中国小说史略》和《汉文学史纲》、翻译了《苦闷的象征》这种文艺理论著作,以及胡适发明了实证主义的科学方法,并将之运用于中国古代文学和哲学的研究之后,"文学"才成为可以在大学里传授的规范性知识。

蔡元培校长任职北大十年。在十年的北大校长任内,蔡元培有过八次请辞(1917/7;1918/5;1919/5;1919/12;1922/8;1922/10;1923/1;1926/7),前七次均发生在他实际主持北大校务的时期,平均不到一年就要请辞一次。这些请辞都有各种各样的原因,但最基本的原因是:他所提出的新道德——思想自主和精神自由的理想,不能得到当时人们的理解。特别是蔡元培鼓励、倡导的"自由"从来不是指无政府主义,从最基本的意义上说,这种自由作为人文主义的大学理想,特别意味着:知识的绝对性和公共性,必须建立在单个人的自主的、自动的和自愿自觉的参与上。不但知识如此、教育如此,政治同样也是如此。在这个意义上,最大的专制和不自由,就是"迷信和盲从"。

蔡元培校长为北大留下了丰富的遗产。而其中最为主要的遗产就是:正是在他的倡导下,北京大学有意识地将现代知识的研究和教育方式,用于对于"主观的知识领域"和"主体的人"的建设和铸造上,在中西文化论战中被分化出来的"中国文化"的那些特征:玄学的、心学的、虚文的、道德的和伦理的,在随后的"科学与人生观"论战中,被运用现代知识的研究方法,以知识和学科的方式确定为:哲学的、文学的、语言学的和心理学的。正是这些知识和学科成为现代中国"人生观"建设的重要基础,而蔡元培校长的一个重要功绩,则是以现代学科建设的方式,为这些知识在北京大学的形成确立了合法性。

因而,蔡元培的北京大学不仅是中国现代知识的摇篮,更是中国现代"人生观"诞生的摇篮,在这个意义上人们才说:它开创了一个"人的解放"的时代。

4. 1949—至今:当知识成为反思。

北京大学是在中国追求现代化、在中华民族救亡图存的历史关头诞生的。中国现代知识体系一开始也是在中西文化的比较、论战中逐步形成的。如果说晚清到五四以降的"中西文化论争",以"西方"客观的、科学的、实学的、物质的,"中国"主观的、感情的、虚文的、人的——诸如此类的方式,以"文化论争"的方式,从而掩盖了知识之间的分化,特别是掩盖了主观的、心灵的、感情的、文学的、人的领域,同样也是规范的知识活动的对象,那么,五四后期"科学与人生观"问题的讨论,则恰恰是通过对于中国传统进行现代阐释的方式,将主观的、心灵的、文学的、情感的领域纳入现代科研和教学体制中,从而形成了诸如哲学、文学、史学、心理学、语言学等现代"人文学科"体系,并在这个基础上奠定了中国第一所"文理综合"的现代大学体制。

但是,如果说"中西文化论战"以文化差异的方式掩盖了其背后的知识分化问题,那么,"科学与人生观"论争及其导致的人文学科设置则反过来掩盖了知识分化背后的文化差异问题。更准确地说,就是掩盖了"中西文化"在现代世界的强权体制下的不平等关系。而如果我们更进一步说:恰恰是这种普遍的知识谱系,把现代帝国主义列强所主导的不平等的中西关系,转化为貌似客观、公正的"教与学""教师与学生"之间的知识关系和教学关系。

而只有进入到现代知识谱系之中,又跳出其外,才能将这种知识关系、知识谱系和学科体制还原到真实的现代世界处境中去,并对其普遍性进行有效的反思。

五四运动时期,在北京大学工作的毛泽东(1918—1919),在1949年就是从这种"老师/学生""教/学"的普遍的知识关系中去重新发现和认识了被普遍的知识所掩盖的文化和权力的不平等关系的,他这样回顾他自己的从"被西方启蒙"到"自我觉醒"的学习过程:"自从1840年鸦片战争失败那时起,先进的中国人,经过千辛万苦,向西方国家寻找真理。""那时,求进步的中国人,只要是西方的道理,什么书都看。向日本、英国、美国、法国、德国派遣留学生,达到了惊人的程度。国内废科举,兴学校,好像雨后春笋,努力学习西方。我自己在年青时期学的也是这些东西。""学了这些新学的人们,在很长的时期内产生了一种信心,认为这些很可以救中国,要救国只有维新,要维新只有学外国。"但是,"帝国主义的侵略打破了中国人学西方的迷梦。很奇怪,老师为什么老是侵略学生呢?""国家的情况一天一天变坏,环境迫使人们活不下去。怀疑产生了,增长了,发展了。""一切别的东西都试过了,都失败了。曾经留恋过的别的东西的人们,有些人倒下去了,有些人觉悟过来了,有些人正在换脑筋。事变是发展得这样的快,以至使许多人感到突然,感到要重新学习。"

毫无疑问,知识就是力量,知识就是"公理",知识也是正确的"人生观"的基础,但是——除此之外,现代知识也曾经是西方列强和帝国主义势力用于支配中国的重要方式,在这个意义上,普遍、客观的知识面纱遮蔽了现代世界的不平等关系,历史证明,北大校友毛泽东对于知识的这种反思绝非危言耸听。

现代帝国主义势力运用普遍的知识为手段,巧妙而圆满地控制和支配中国未来的主人公的方式,在如下事例中表现得非常明显:1904年,在《中国人的特性》一书中将中国人的"国民性"称为"义和拳主义"的美国商人兼传教士Arthur H. Smith(中文名为明恩溥),远见卓识地倡议美国政府,以庚子事变中清王朝对美赔款的一半(即1 100万美元)用于在中国建立留美预备学校——

清华学堂。正如明恩溥所说:美国退款办学(清华)的目的"不是完全退还这笔钱,而是要把这笔钱用在使类似事件(指义和拳运动)难以再生"。而1906年,美国伊里诺伊大学校长詹姆斯给美国总统罗斯福的一份"备忘录"中是这样说的:"中国正临近一次革命。……哪一个国家能够做到教育这一代年青中国人,那个国家就能由于这方面所支付的努力,而在精神和商业的影响上取回最大的收获。如果美国在三十年前已经做到把中国学生的潮流引向这一个国家来,并使这个潮流继续扩大,那么,我们现在一定能够使用最圆满和巧妙的方式,控制中国的发展。这就是说,使用那从知识上和精神上支配中国的领袖的方式。"

而具有讽刺意味的是,也就是在那场事变中,包括美国在内的八国联军,以武力摧毁了刚刚建立只有两年的第一所中国现代教育机构——京师大学堂(即北京大学的前身,京师大学堂的校园在事变中被英、德两国军队占领)。

而且,这种普遍、客观的知识,不仅可以成为现代世界一个民族宰制、支配另外一个民族的"最圆满和巧妙的方式",它同样可以成为瓦解一个民族共同体,使得其中一部分人以"精英知识分子"的名义去支配、宰制共同体中的另外一部分人的"圆满和巧妙的方式",更可以使得人们感觉不到这种支配。

众所周知,"劳动"和"教育"是19世纪以降我们这个世界的基本主题。在西方世界,最早指出这一点的是黑格尔,然后是美国的国父富兰克林,最后是卡尔·马克思。在此之前,还没有一个世纪像布克哈特所说的那样,可以称为一个"教养的世纪"或者福楼拜所谓的"教育的世纪"。不过,当黑格尔提出"劳动是创造自我的生活和塑造世界的基本方式"这一伟大论断,力图在劳动的崇高哲学意义上,将"劳动和教育"统一为同一个主题的时候,他杰出的学生马克思却揭示出:在这个资本主义工业化的时代,劳动处于一种并不把人教育成人,而是教育成动物和机器的悲惨状况。现代世界的分裂起码表现为:劳动成为"劳动者"的生存形式,而对教养的"占有"则成为"有教养者"的"特权"。

这一"后黑格尔主义"或者"青年黑格尔主义"分裂,困扰着这个世界上最杰出的头脑。任何不能面对这一根本问题的人,也就不能从全人类的角度,从人类现代悲剧命运的角度去反思我们整体的现代性方案、反省现代教育体制之根深蒂固的缺陷。因此,当1957年,毛泽东——五四时代北大《新青年》最年青的作者,在一篇题为《正确处理人民内部矛盾问题》的文章中,把新中国的教育理想解释为"使学生在德育、智育、体育各方面得到全面发展,成为有社会主义觉悟的,有文化的劳动者"时,今天也许很少有人意识到,他并非肤浅到要把大学改造成农场和车间,甚至"蒙昧"到要把大学生改造成牧猪奴,而是要在教育的根本理念上,力图去超越那个黑格尔—马克思问题,即如何在哲学的意义上去重新联系"教育"与"劳动"这两个基本的现代范畴。无论毛泽东的"教育革命"方案是对是错（在中国高校的学生热衷于"留美"镀金，竟然还不如普林斯顿学生更关怀中国的偏远山区民众的生存状况的今天，简单判定毛泽东"教育革命"理想的是非，显然为时尚早），而它代表着对我们这个世界的教育体制的深刻反思这一点，应该是无疑的。

"埃德加·斯诺——一个美国教授的故事"，也许是我们要讲述的北京大学光荣传统的重要组成部分。1934年1月，这位年青的美国人受聘任教于燕京大学新闻系，担任讲师，他积极参加了1935年的"一二九运动"，并为这场运动留下了最宝贵的摄影作品。剩下的故事是广为人知的：他是《红星照耀中国》(《西行漫记》)一书的作者，在中国选择了一条与人们津津乐道的"精英知识分子"截然相反的道路：不是以知识的名义去支配劳动者，而是知识分子与最穷苦的中国民众相结合，他的足迹由北京而深入中国的穷乡僻壤和黄土高原，这条道路被毛泽东在《五四运动》一文中称为："中国知识分子与人民大众相结合的必由之路。"

1936年8月，他在陕北（保安）寒冷的窑洞中与毛泽东促膝相谈，他们既谈论黑格尔、斯密这些"普遍的知识"，也谈论儒教、佛教和基督教这种"传统的世界"，他们谈论更多的不是知识的拜物教，而是一种不带引号的信仰，最广大人民群众求生存的信仰。一种卑微的、浩瀚的、属于千百万人的信仰能否成为现代知识的基础？如果现代知识本身不能成为最广大人民群众的道德，那么问题在于何谓"有道德的知识分子"，谈论了这种最基层的、草根的知识，这样一种知识分子在现代世界存在的可能性。

北京大学这位校友当时曾经感慨万千地说："我的母亲笃信菩萨，她对自己的孩子们施以宗教教育。母亲是一个慈祥的妇人，慷慨而仁爱，不论什么都肯施舍。她很怜惜穷人，在荒年，她经常舍米给那些跑来乞讨的人。我的父亲是个不信神佛的人，所以我们都因父亲是个没有信仰的人，而感觉难过。"

1921年7月23日，一群知识分子以"北京大学师生暑期修学旅行团"的名义在上海开会，在那次会议上，诞生了中国共产党。毛泽东说：我是在北京大学通过李大钊、陈独秀先生的启发，接受马克思主义的。

1973年10月19日，中国政府以罕见的举措和隆重的仪式将埃德加·斯诺的一部分骨灰安葬在北京大学未名湖南岸。毛泽东、朱德送了花圈，周恩来总理及夫人邓颖超亲临安葬仪式，斯诺夫人洛依斯·斯诺发表了深情的讲话，参加这一隆重仪式的美国人，还有他们的女儿西安·斯诺和韩春(《翻身》和《深翻》的作者)、阳早（她今天依然生活在北京郊区，持之以恒地为使普通中国孩子喝上牛奶而奋斗）。叶剑英为斯诺墓题写了：中国人民的美国朋友埃德加·斯诺之墓。

此时此刻,我感到一个伟大的灵魂正从未名湖畔注视着我们。他的英名如今已经成为我们国家的历史和北京大学历史的一部分。他代表着另一种今天也许不再常为人提起的北京大学的光荣传统,但是,恰恰是这个传统提示着我们每一个北大人:如果我们引以为自豪的知识没有从根本上改变我们身处的这个世界的不平等和不道德状况,乃至从一个方面加剧了人类之间的鸿沟的话,那么,对知识本身的反思和批评,就永远是北京大学前进的重要动力。

北京大学 90 周年校庆之际,王瑶教授曾经为我们提出了一个重要课题,就是以北京大学作为考察的角度和视点,去研究中国现代化的历程。他说:"从这个角度审视和考察中国现代思潮,就有可能看到中国的现代化进程中所经历的艰难曲折的前进步伐。"他还说:"我设想这本书的名字可以叫做《从历届北大校长看中国现代思潮》,我觉得中国现在需要这样一本书,我自己也希望看到这样一本书。"

值此北京大学 110 周年华诞,谨以上述肤浅的回顾,献给我们逝去的前人,献给一个多世纪以来,为了中华民族的独立、富强和伟大复兴,以及为了北京大学的不断进步而夜以继日奋斗着的人们。

最后,我将以几句话来表达我对北大的感情,同时也结束我今天的演讲:"你是一颗火种,点燃这块沉睡的土地;你是一个预言,划出理想诞生的轨迹;你是一面旗帜,飘飘扬扬,迎着风风雨雨,几度沉浮,几度兴起;你叙述着一个传奇。"

我的演讲到此结束,感谢同学们!

(2008 年 3 月 16 日)

(原载《北大讲座》第十七辑)

毛泽东与北京大学的三段情缘

萧超然

[演讲者小传]

萧超然,1929年生,湖南临澧人。1953年8月北京大学史学系本科、中国人民大学首届马列主义研究生班毕业。1952年5月留北京大学任教。长期从事中共党史、中国政党与政治、北京大学校史的研究与教学工作。著有《北京大学与五四运动》,合著有《国民革命的兴起》《北京大学校史》,主编了《中国政治发展与多党合作制度》等。1997年退休。

同学们,大家好,今天我们就来谈谈毛泽东毛主席与北京大学的不解情缘。

可以说,毛泽东与北京大学有着三段情缘。其实,一代伟人毛泽东与中国最著名学府北京大学之间,在20世纪五十多年的时间内,一直保持着令人神往而又十分有趣的历史文化联系。从青年时期开始走上中国政治舞台,到中年成为新中国的缔造者,再到进入老年直至去世,毛泽东与北大始终是情缘未了,联系难断。毛泽东早年求索,因北大而窥学术之堂奥,升华超越。他盛赞过五四时期的北大,说北大蔡元培、陈独秀等"首倡革新","革新之说……潮流侵卷,自西向东;国立北京大学的学者首欢迎之"。尔后,他和北大师生、许多知名学者、教授长年保持着深厚的公情私谊;但到晚年,当他的权力达到巅峰时,他又诅咒过北大,说北大是个"反动堡垒",并采取非同寻常的措施,干预北大校内生活,使北大几乎陷入了万劫不复的境地。这其中的爱憎故事,令人痴迷,发人猛省,也教人震颤。它是毛泽东本人历史的一部分,是北大历史的一部分,也是中国近现代历史的一部分,是值得研究者发隐抉微,史笔一书的。

在五十多年流逝的岁月中,毛泽东与北大的联系,时间比较集中的有三回,分别在三个不同的时期:第一回是五四运动前后,其时毛泽东还是个青年;第二回是北平刚解放不久的建国之初,毛泽东正值壮年;第三回是"文化大革命"中,毛泽东已进入老年。三回联系的情况不同,产生的影响和评价也不一样。下面记述的就是这三回联系的历史片断。

五四运动前后,毛泽东与北京大学发生联系有两次。第一次在1918年秋至1919年春。这次他在北大图书馆工作,是正式在编职工,约半年,任职是图书馆助理员。第二次在1919年冬至1920年夏。这次他尽管不是北大职工,但许多活动是在北大进行的,同北大仍然有着密切的联系。这两次时间紧相连接,是毛泽东最早与北大发生联系,且是最直接的联系。当时人们对这种联系是不会给予注意的。原因是:毛泽东是个青年,又是小人物。一个青年小人物,即便和一个著名学府来往,也不会引起人们的关注;但是,几十年之后,经过历史造化的一番点缀,回过头来看足迹,就会觉得此中不乏意味:一个是后来变成了历史伟人的平凡青年,一个是当时著名高等学府,两者相会于中国近代革命转轨、文化思潮大变动的五四时期。其时、其地、其人,说巧合,又非无缘之合;是偶然,却寓有某种必然。地灵生人杰,时势造英雄。毛泽东后来走上伟人之路,同他早年于五四时期在北大所受的洗礼,不无关系。

接下来,我们说说青年毛泽东的北大之行吧。可以说,当年年轻的毛主席在北大的一段不同寻常的经历,现在回头看来,是一个历史性跨越。我们说,青年时期一般是一个人人生观、世界观形成,面向社会,开始谋划一生事业发

图1　1918年秋,毛泽东(左四)在北京陶然亭慈悲庵与邓中夏(左五)等人的合影

展的时期。在一定意义上说,毛泽东的人生观、世界观的形成和他后来开始走上革命征程,最后成为革命伟人,是同他青年时期在北京大学的这段学习经历不可分的。

1918年,毛泽东25岁。这年8月19日,他和同乡好友罗章龙等一行25人,第一次走出湖南,来到当时全国的政治、文化中心北京。当时的北京大学是全国唯一的一所国立综合性大学,是名牌学府,又正值蔡元培出任校长,对校务进行大力整顿和革新的时期。许多青年都慕北大之名而以做一名北大学生为荣。毛泽东来到北京时,正是高考时节,同行的罗章龙就报考了北大预科,后来成为经济系的学生。这时,毛泽东原在湖南一师求学的老师、后来成为毛的岳父的杨昌济先生,正执教北大,任伦理学教授。杨曾面告6月先期到京的蔡和森,要蔡立即写信转告毛泽东,希望他来北京"入北京大学",以奠定"可大可久之基"。蔡和森照着办了,于6、7月间接连给毛泽东去信,促其北上,并转达了杨昌济的期望。照理说,毛泽东有报考北大的很好机会和条件,他理应争取做一名北大学生。做一名北大本科生,取得正式学籍,与在北大旁听,还是很不一样的。但令人奇怪的是,毛泽东并未照着他老师的话去办,他没有报考北大,而是通过杨昌济的介绍,结识了时任北大图书馆主任的李大钊,在征得校长蔡元培的同意后,在图书馆当了一名助理员。

助理员是一种初级职位,具体工作是每天到日报阅览室上班,登记新到报刊和来室阅览报刊人的姓名,工作是平凡而琐碎的。毛泽东被安排做这种工作,月薪银洋八元。尽管这对当时经济拮据的毛泽东来说,是一笔不小的收入,但和大学的教授们相比,则有天壤之别。当时北大校长薪金每月银洋600元,

图2 青年毛泽东

图3 毛泽东当年于北大图书馆的工作地点

是毛泽东月薪的75倍;文理科学长月薪是银洋450元,为毛泽东月薪的56倍多;一般正教授月薪400元,也是毛泽东月薪的50倍。毛泽东在这种岗位上工作,待遇如此菲薄,在当时那种社会历史条件下,自然不会被人们所看重,甚至会遭受人们歧视。对此,毛泽东内心很不平衡,他曾说:"由于我的职位低下,人们都不愿同我来往。我的职责中有一项是登记来图书馆读报的人的姓名,可是他们大多数都不把我当人看待。在那些来看报的人当中,我认出了一些新文化运动的著名领导者的名字,如傅斯年、罗家伦等,我对他们抱有强烈的兴趣。我曾经试图同他们交谈政治和文化问题,可是他们都是些大忙人,没有时间听一个图书馆助理员讲南方土话。"毛泽东的这段自白,可以帮助人们了解青年毛泽东在北大工作期间的某些心态。

然而,令人十分惊奇的是,青年毛泽东凭借自己顽强的意志和超人的才智,很快就突破了自身地位低、待遇差的藩篱,进入到北大主流社会,开展了广泛的、卓有成效的学习。他不仅和北大校长、文科学长、图书馆主任建立了联系,而且和不少知名教授、文化名人、学生领袖等频繁交往,实现了一种不同寻常的职别超越和心理超越,表现了惊人的组织和开拓能力,从中也就汲取了丰厚的知识和营养。据不完全统计,青年毛泽东在北大工作期间(包括从1919年12月到1920年4月毛泽东第二次来京在北大活动)曾交往的知名人物,现存文字可考的有:蔡元培、陈独秀、李大钊、杨昌济、黎锦熙、胡适、邵振青、徐宝璜、陶孟和、梁漱溟、马叙伦、章士钊、李石曾、蒋梦麟、张申府、谭平山、傅斯年、罗家伦、段锡朋、康白情、朱谦之、萧子升、王光祈、李璜、张国焘、陈公博、刘仁静、邓中夏、高君宇、罗章龙、杨钟健等。看,这是一幅多么炫目的人物"联络图"!不难看出,以毛泽东当年那样低微的出身和地位,竟然能打入这样一个知识精英群体中,这不能说不是一种令人十分感兴趣而且值得研究的现象。

这为尔后不久他走上政治舞台,开展广泛的活动,成为革命青年领袖人物,做了重要的准备。

青年毛泽东在北大工作的不长时间里为什么能取得如此巨大的成功呢?这一方面是由于毛泽东具有强劲求索的精神,如他自己所说"但是我并不灰心。我参加了哲学会和新闻学会,为的是能够在北大旁听"。另一方面是因为正在改革发展中的北大,具有鲜明的民主包容和自由研究的精神,北大的校园文化,并不拒绝青年毛泽东这样一位"小人物",因而使毛泽东能在已成为新文化运动中心的北大,开展自由的学习与研究,批判与鉴别各种主义,建构了日后成为革命伟人的良好的理论素养和知识胚基。

那么,北京大学究竟给了青年毛泽东以什么样的知识营养呢?概括地说,主要是两个方面:其一,学习、研究方向开始转向马克思主义。青年毛泽东是在北大工作期间开始接触马克思主义的,并在这里第一次读了《共产党宣言》,建立起对马克思主义的信仰,树立起坚定的革命人生观。他在这方面的启蒙老师是北大教授李大钊和陈独秀。20世纪30年代,毛泽东在同美国著名记者斯诺的谈话中回忆说:"我在李大钊手下担任国立北京大学图书馆助理员的时候,曾经迅速地朝着马克思主义的方向发展。我在这方面发生兴趣,陈独秀也有帮助。""我第一次同他见面是在北京,当时我在国立北京大学,他对我的影响也许比其他任何人的影响都大。"北大为青年毛泽东学习、研究马克思主义开启了门户,决定性地影响了毛泽东的人生之路,从而也极大地影响了中国与世界。

其二,接受一般科学文化知识的训练,特别是新闻和哲学两门学科的训练。北大是当时国内唯一的一所综合性大学,学科门类比较齐全;蔡元培"广延积学与热心的教员,认真教授",不少名家学者聚集在北大;当时又正值新文化运动进入高峰期,旧学新知,角逐激荡,十分激烈。这就使青年毛泽东置身北大校园,有机会能接触到各方面的代表人物,了解各派文化思潮,使他眼界大开,思想大进,知识大增,极有利于提高自身的整体文化素质。特别是他在进入北大之前,就已有探求世界"大本大原"的癖好并养成读报的习惯,因此,当他踏入北大,就立即利用北大的学术优势,加入由蔡元培、徐宝璜、邵飘萍发起组织的"新闻学研究会"和由杨昌济、胡适、马叙伦、陶孟和等发起的"哲学研究会",对新闻学、哲学作深入的钻研。青年毛泽东在北大期间,多次听过蔡元培的讲演,与胡适、陶孟和座谈过"学术及人生观问题",系统听过徐宝璜、邵飘萍的新闻学课程,从而使他在哲学、新闻学这两个专业领域打下了比较坚实的根基。以后,毛泽东在风雨兼程的革命生涯中,常常运用哲学和报刊这两个武器进行斗争,写出了大量有真知灼见的哲学著作和报刊社论、评论、通讯、谈话等,笔锋游刃有余,如鱼得水,十分成功,这与青年时期他在北大的哲学课堂和新闻学课堂上受到的教育,应是分不开的。

关于青年毛泽东两次北京之行、在北京在北大活动的情况,诸如北上时间,来回路线,在北大的任职、学习,人际交往,参加社团,组织留法勤工俭学,进行"驱张"运动以及所受思潮影响,转向马克思主义等,经过许多学者的多年研究,现在可以说已基本弄清楚了。在这里不拟一一复述,而只想就五四时期毛泽东与北大发生联系的具体特征和毛在北大所受的熏陶、教育,在他尔后走上革命征程、成为一代革命伟人的基础素质构成中,究竟占有何等分量、起过何种作用,再谈一点意见。

众所周知,青年毛泽东的两次北京之行,是他从湖南偏僻的山区走向全中国,以至于后来走向全世界带有决定性意义的一步。没有这一步,或许可以这样说,就不会有后来的一代革命伟人、革命领袖毛泽东,而实现这样一个转换——从一个普通青年到后来成长为一个革命领袖——的关键环节,是他早年任职北大,在北大所受的教育、所受的影响。

或许有人要问:青年毛泽东在北大的时间并不长,认真来说,只有三四个月。他两次北京之行停留在京的时间,加在一起,也只有11个月,还不到一年。在如此短的时间内,北大所给予他的教育和影响,会发生那么大的神奇作用吗?这是一个值得做点分析的问题。

根据社会个体精英发展的历史经验,一个人要发展,往往取决于某种历史机遇,取决于客观机遇与主体状况的结合。这种结合实现得愈好,则个人发展的前景就会愈宽、愈大,以至于成为一个新的发展起点,影响其一生。

青年毛泽东两次北京之行,任职北大,从其以后的发展来说,他是抓住了一次难得的历史机遇,并把这种机遇和本身的需求很好地结合起来,创造了一个新的发展起点,从而实现了人生征程上的一次飞跃。

何以言之?且从客观与主体两方面来看。一方面,北京大学自蔡元培任职校长时起,校风丕变,百花争妍,领导学术新潮流,进入它的最好发展时期。这一方文明沃土,为有志成才者提供了难逢的机遇,准备好了一个广阔的舞台。正如一位"五四"前后曾在北大做过行政领导工作的学者所云:"北大不仅是原有文化的中心,而且是现代智识的源泉;学者、艺术家、音乐家、作家和科学家,从各方面汇集到北京,在这古城的和谐氛围中,发展他们的心智,培育他们的心灵。古代的文物,现代思想的影响,以及对将来的希望,在这里汇为一股智慧的巨流,全国青年就纷纷来此古城,畅饮这智慧的甘泉。"另一方面,从主体毛泽东来说,他正值人生之华的青春时期,怀有强烈的求索意识和奋发向上的精神。在来北京之前,他在湖南第一师范学习,通过阅读由北大教师主编出版的《新青年》杂志和对新文化运动的了解,已对北大及其领袖人物十分向往,产生崇拜心理。十几年后,他曾回忆说:"《新青年》是有名的新文化运动的杂志,由陈独秀主编。我在师范学校上学的时候,就开始读这个杂志了。我当时非常佩服胡适和陈独秀的文章。有一段时期他们代替了梁启超和康有为,成为我的楷模。"这就是说,五四运动前夕的毛泽东,已是一名"追星族"(毛泽东曾著文称誉陈独秀是"思想界的明星"),对北京大学和新文化运动的领袖们十分崇拜,把胡适、陈独秀奉为楷模。正是由于他来北京前存有这样一种心理积淀,因此,等到一旦来到北京大学,结识李大钊,任职北大图书馆,毛泽东很快就与北大的主流社会结合在一起,同北大的校长、文科学长、图书馆主任、知名教授、学生领袖等人物频繁联系,实现了一种不同寻常的职别超越和心理超越,表现了惊人的人际交往能力。这一方面是由于毛泽东这个主体,受到求索精神的强劲驱动,另一方面也是由于五四时期的北大这个客体,富有民主包容精神,并不拒绝这样一个小人物。两者拥抱到一起,创造了历史奇迹。青年毛泽东就是在同北大的这种联系中,积聚了一笔丰厚的无形的知识精神财富,建构了良好的心理素质和发展环境,为他日后成为一代革命伟人,作了重要的铺垫。

青年毛泽东两次北京之行都有明确目的。第一次是组织留法勤工俭学,第二次是开展"驱张"运动,目标都实现了。除了这两个具体目的外,我认为在毛泽东的潜意识中,还有一个虽不是很明确,却实际存在的更大的目的,这就是进入北大,把北大作为一个转换人生路标和谋求更大发展的基地与舞台,这一点已被后来的历史充分证明了。这种潜存的更大的目的性,是青年毛泽东两次北京之行、与北大发生联系的一个主要特点。这时,他的许多活动都是紧紧联系于这个特点,围绕着这样一种潜意识而展开的。

比如,青年毛泽东走进北大,却没有报考北大、争取成为北大的一名正式学生,这一长期颇令人费解的行为,似乎就可以从这方面得到说明。

青年毛泽东一行北上的时间,正是全国大学高考的季节。与他同行的罗章龙就考进了北大预科,其他几位革命青年如蔡和森、罗学瓒等则是因为要去法国勤工俭学,所以无意报考。毛泽东是拿定主意不去国外留学,他又十分向往北大,他的老师杨昌济也十分希望他入北大学习,应该说他有良好的机遇和条件来报考。照常理说,进入名牌学府北大学习,做一名正式学生,是许多青年的愿望,而毛泽东为什么没有这样做呢?这里可以有一种解释,就是青年毛泽东有比作北大学生更多的考虑,有更远更大的目的和理想。

青年毛泽东是很向往北大的,对北大的一些领袖人物是很崇拜的,所以他想办法进了北大,当了一名正式职工。但他并不急于报考,当北大学生。原因有二：一是他喜欢自由学习，一向讨厌那种正规的课堂学习生活；二是他还想做更多更重要的事，并不想在北大长期留下去，而四年的学生生活对他来说是太长了，所以他不报考。青年毛泽东当时进入北大，最重要的是要呼吸北大自由研究的学术空气，结识陈独秀、胡适等一批新文化运动的领袖人物，比较、鉴别各种新思潮，择定终身服膺的主义；以北大为舞台，开阔视野，增长才干，广交天下朋友和志同道合者，以谋进一步发展之阶梯。如果不做学生就能实现上述两重目的，那么，不做学生更好。因为毛泽东只想在北大"暂栖身"，并无意于长住。历史表明，青年毛泽东的两次北京之行，就是按照这样一种潜意识的目的在北大行事的。

青年毛泽东在北大所受的教育，主要是两个方面。其一，学习、研究、转向马克思主义。关于这方面的情况，我在1993年为纪念毛泽东一百周年诞辰而写的《一个可信的自我判断》和《毛泽东与北京大学》两文中，已作过较详尽的考释和研证，这里就不多说了。我想要强调的是，这时毛泽东所接受的马克思主义，是经过他在北大比较、鉴别各种思潮主义之后而选择的，这同从讲台、书本直接灌输的马克思主义是不一样的，它更能经受住时间的检验。正如毛泽东后来所说："我接受马克思主义，认为它是对历史的正确解释，以后，就一直没有动摇过。"还有，这时毛泽东接受的马克思主义，主要是马克思的阶级斗争学说（这与马克思主义在我国早期传播的情况有关），而对马克思学说的其他方面涉猎不多。这也正如他后来所说："记得我在1920年，第一次看了考茨基著的《阶级斗争》，陈望道翻译的《共产党宣言》，和一个英国人作的《社会主义史》，我才知道人类自有史以来就有了阶级斗争，阶级斗争是社会发展的原动力，初步地得到认识问题的方法论。可是这些书上，并没有中国的湖南、湖北，也没有中国的蒋介石和陈独秀。我只取了它四个字：'阶级斗争'，老老实实地来开始研究实际的阶级斗争。"这个"第一次"读马克思主义书籍得到的认识问题的"方法论"，影响了毛泽东的一生。直至晚年，还可以在他身上明显地见到阶级斗争学说的影响。这或许可以说是五四时期北大校园文化给毛泽东所注入的文化基因所致吧！

其二，接受一般科学文化知识的训练，特别是新闻和哲学两门学科的训练。

青年毛泽东来北京之前，就喜欢读报，对人生问题喜作哲学的思考。因此一进北大，就参加了"新闻学研究会"、"哲学研究会"，受到了新闻、哲学两门学科的专业教育。拿新闻学来说，据《北京大学日刊》记载，从1918年11月至1919年3月，新闻研究会主任徐宝璜教授和京报社长、研究会导师邵飘萍几乎每周都到会讲演。尔后他们把讲演的内容编纂出版，就是我国第一批新闻学著作：徐宝璜的《新闻学纲要》和邵飘萍的专著《实际应用新闻学》。毛泽东获得过研究会的"听讲半年证书"。可见他曾系统听过徐宝璜、邵飘萍的讲演，受过专业的训练。以后，他在长期的革命征程中，对新闻工作始终保持浓厚的兴趣，为报刊写过大量的消息报道、述评、社论，把新闻工作视为革命工作的重要组成部分。通过新闻报刊的宣传实现自己对革命的领导，这已成为他个人的学养和领袖气质的一个鲜明特色。这与他早年在北大所受的新闻学教育是分不开的。

五四时期，北大校园凝重的文化、恢弘的气度、多姿多彩的学术交流，肯定给了青年毛泽东以丰厚的营养，建构了毛泽东日后成为一代革命伟人的文化知识胚基，从而使毛泽东在成长为革命领袖的同时，也成长为文化巨人和思想巨人。

1949年北平刚解放不久，中华人民共和国成立初期，毛泽东与北京大学发生了第二回联系。这回联系共有三次，都是书信来往。它反映了已是革命伟人的毛泽东对北京大学的无限关注之情和作为革命领袖的谦逊与朴素本色。

这回第一次联系是在1949年4月，是五四运动30周年前几天。当时北大学生会的两位年轻干部，商议以"北京大学纪念五四筹备委员会"的名义给毛泽东写信，邀请他回北大参加全校纪念"五四"30周年的活动。信的大意是：毛主席在北大工作过，"五四"又是国家大事，所以请他回校参加活动。信于4月28日寄出，4月30日毛泽东就亲笔作复，原信如下：

北京大学纪念五四筹备委员会诸先生：四月廿八日的信收到。感谢你们的邀请。因为工作的缘故，我不能到你们的会，请予原谅。庆祝北大的进步！
毛泽东四月卅日

毛泽东的回信有两点值得注意：第一，信是毛泽东亲笔写的，而且回得很快，从北大把信寄出到毛泽东收信作复，中间只隔两天，除去邮送时间，几乎剩不下空闲，毛泽东一定是收到北大的信就立即亲笔作复的。这可以看出他对北大的急切关注之情。须知，其时人民解放军刚刚结束渡江战役，在解放了南京之后，正向杭州、上海逼近。全国也开始了向西南、西北、中南、华南等地区的大进军，军情紧急，建国在望，毛泽东日理万机，有多少重大事情需要他去处理啊！对于北大的这样一封邀请信，他完全可以让秘书代笔回复，或者推迟几天，亦无不可。然而他却立即亲笔作复，这不就鲜明地反映了他对北大的一腔思恋之情？据当时和毛泽东同住北京香山、负责中共中央政治秘书室工作的师哲回忆：那时中央机关刚刚从西柏坡来到北京，国民党的飞机还时来骚扰。每天寄给毛主席的信很多，有几箩筐。一般信件均由秘书室处理，只有重要的毛主席才会亲笔回信。讲到毛主席这次给北大亲笔回信时，师哲说：这样的复信，完全可以由毛泽东当时的秘书田家英代笔，但主席不愿意这样做，因为我知道北京大学在主席心目中的地位。主席常说：北大是最高学府，我们要尊重知识啊!看,这是一种多么令人感动的关切之情!第二,毛泽东在回信中表示感谢邀请,说明了不能应邀的缘故,请予原谅,寥寥数语,口气平和,礼数周全,完全是平等待人的态度,没有丝毫虚骄气味。信尾题书"庆祝北大的进步",表示了一种良好的祝愿。据收到这封信的当事人回忆:这封信由一位解放军战士送交,信皮信纸都很粗糙,信皮上写着"北京大学纪念'五四'筹备委员会毛寄"。它给当时北大人所带来的喜悦,是无法用言语形容的。

这回第二次书信联系,是在第一次之后不久的1949年12月。当时北大正准备在12月17日(按:1949年以前北大把12月17日定为校庆日,1949年后改为5月4日。)举行51周年校庆。经校务委员会秘书请示时任北大校务委员会主席的著名哲学家汤用彤先生和秘书长、著名史学家郑天挺先生同意,决定用北大全体师生的名义,给毛泽东写封信,请他回来参加校庆,并请他给北大校徽题字。这封信说:"十二月十七日是北京大学第五十一周年校庆纪念日,为了庆祝这解放后的第一次校庆,我们准备在十七日上午举行简单的庆祝仪式……我们热烈地盼望您能在这一天回到学校里来,给我们一点指示。要是您有空,无论如何希望给我们写几句话,给一点指示!还有一件事要麻烦您的,最近我们要制新的校徽,想请您给写'北京大学'四个字,希望您能答应我们。"信尾署名"北京大学全体师生"。信于12月12日发出,寄往中南海,但过去了整整一个冬天,却杳如黄鹤,没有回音。后来了解到,原来1949年12月6日毛泽东率代表团离京,前往莫斯科,同斯大林商谈签订中苏友好同盟互助条约去了,直到3月4日才回到北京。这段时间他不在,因此没有回信,这是不足为奇的。毛泽东外访近三个月,回国后有大量积压的重大问题需要处理,其劳累与紧张程度,可想而知,但他对北大题写校徽的要求,并没有忘怀,仅在12天之后,3月17日,毛泽东就经中共中央办公厅秘书室把亲笔书写的四个遒劲有力的校徽题字"北京大学"函发到了北大校长办公室。办公厅秘书室还致交一信,内称:"寄上毛主席为北大校徽题字,敬请查收。"北大校务委员会当即决定在全校师生中广泛征求校徽图案,随后即制成长4厘米、宽1.5厘米,印有红底白字和白底红字两种长方形横牌校徽,前一种教职员工佩戴,后一种学生佩戴。从50年代初起,一直使用至今。据悉,为高校题写校徽,毛泽东这是第一次,它再次反映了毛泽东对北大的关怀。

众所周知,在北大历史上有两个校徽使用时间最长,影响也最大:其一是1917年由蔡元培请鲁迅设计的等腰三角形状并由鲁迅书写篆体"北大"两字的竖牌校徽,从五四时期到1949年前一直使用;再就是毛泽东书写的这枚校徽。从鲁迅设计到毛泽东题字的两枚北大校徽的延续历程,从一个侧面反映了北大的光荣历史。

图4 毛泽东亲笔题写的"北京大学"校徽字样

距离这次题写校徽仅仅一个月之后,北大的师生员工为了迎接即将到来的五四运动31周年,筹办有关史料展览,又和毛泽东发生了第三次联系。1950年4月20日,一封信函由北大发出,其中写道:

毛主席:我们学校为了纪念"五四",预备盛大庆祝,并举行与五四运动有关的史料展览,想请您给我们一幅题字,以增加展览的价值。希望您答应我们的请求。因为还要匀出装裱的工夫,更希望早几天写给我们。谢谢您!敬祝身体健康。国立北京大学全体师生员工谨启四月二十日。

4月20日,毛泽东在收到这封信后第二天,也就是4月21日,即写了如下题词:

祝贺"五四"三十一周年 团结起来为建设新中国而奋斗 毛泽东

同一天,北大学生自治会也给毛泽东寄去一信,请他为学生会的刊物写点文章。毛泽东在4月28日又亲笔给北大学生自治会回信,说:"四月二十日来信收到。叫我给你们的刊物写点文章,我是高兴的;可惜我近日颇忙,不能应命,请予原谅。敬祝进步!"这第二回联系,除了又一次表明毛泽东对北大奉献一片爱心外,就是他写了意义重大的题词"团结起来为建设新中国而奋斗",这既是他对北大师生的厚望,也是他对全国知识分子的厚望。

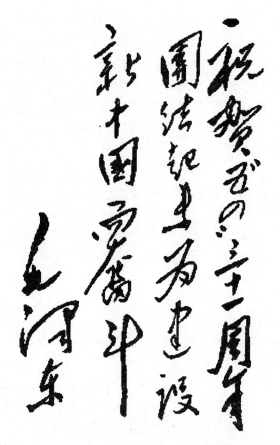

图5　1950年4月21日毛泽东给北大纪念"五四"三十一周年的题词

毛泽东与北京大学第三回发生联系,是在"文化大革命"中。这是发生在特殊历史条件下的一种联系。它既不像第一回"五四"前后,毛泽东作为一个青年受教于北大的那种近似师生之谊的联系;也不像第二回建国之初,毛泽东作为胜利者回到北京仍眷恋故旧,双方充满关切激励之情,犹如亲朋好友之间的联系。这回,毛泽东已进入老年,权力达到巅峰。正像已被历史所证明的那样,这回毛泽东和北京大学之间的联系,是在特定历史条件下发生的联系,是一种被扭曲了的联系。

于此,我想顺便指出,新中国成立以后,尽管毛泽东日理万机,但他并没有忘记北大,还不时给予关怀。比如,50年代后期,他曾亲自提名调马克思主义哲学家冯定到北大任哲学教授,以加强北大哲学学科的建设。1957年夏天,他对北大化学系傅鹰教授两次著名发言所作的正确批示,给了这位以敢于讲真话提意见著称的知名学者以保护,使之幸免于随即到来的那场政治灾难。他还曾邀请北大教授金岳霖、冯友兰、郑昕、贺麟等到中南海颐年堂吃"四面八方人马饭",以表示对知识分子的关心。所有这些,都体现了他对北大的一种细心的关注。但是,由于老年的毛泽东思想脱离实际,又坚持"以阶级斗争为纲"看待一切,对进入60年代以后的国内形势越来越不满,尤其是文教战线,自然也包括北大在内。1966年5月25日,当时任中共北大哲学系党总支书记的聂元梓与哲学系的另六位教工联名签署写了一张诬陷、攻击中共北大党委和北京市委的大字报,张贴在大讲堂东向南侧的墙上。一时校内大哗,人言汹汹。康生把这张大字报的抄印件送给了时在南方考察的毛泽东。6月1日,毛在一份《文化革命简报》上批示:"此文可由新华社全文广播,在全国各报刊发表,十分必要。北京大学这个反动堡垒从此可以开始打破。"十分明确,在毛的心目中,这时的北京大学已是一个"反动堡垒"了,要"打破"之。当晚,新华社全文广播了这张大字报。从此,"文化大革命"的燎原野火,就由北大烧向了全国。

与此同时,老年毛泽东还对北大作出一些极不寻常的表示。1966年8月,他在《炮打司令部——我的一张大字报》中,又称誉聂元梓的大字报是"全国第一张马列主义大字报",说它"写得何等好啊"!并在天安门城楼亲自单独接见了"大字报"作者和北大的部分师生代表。这样,那个"得志便猖狂"的北大"校文革"女头头,就被当成了全国无产阶级革命造反派的代表和英雄,吹上了天,而北大的广大师生则被推向了无边的灾难。

自此以后,北大校园还经常流传一些毛泽东有关北大的所谓"最高指示"。其中人们说得最多的一条是"庙小神灵大,池浅王八多"。一些著名科学家和知名教授,其实与政治并无牵连,只是因为生活在北大,又有影响,就被当作"王八"或"神灵"揪了出来,戴高帽、挂黑牌,上"斗鬼台",关"黑帮大院"。一时间北大被认为是由党阀学阀专了政的地方,最高学府变成了文化荒漠。

当然,毛泽东在"文化大革命"中,也做过有益于北大的举措。比如他曾严厉批评"校文革"的那位头头,遏制了她的恶性发展;对北大的有些学术代表人物进行过保护,如亲自作指示把冯友兰、翦伯赞从"劳改大院"解放出来,给出路。1968年,毛泽东在一次中央会议上说:"北京大学有一个冯友兰,是讲唯心主义哲学的,我们只懂得唯物主义,不懂得唯心主义,如果要想知道一点唯心主义,还得去找他。翦伯赞是讲帝王将相的,我们要想知道一点帝王将相的事,也得去找他。这些人都是有用的。对于知识分子,要尊重他们的人格。"这些措施,对当时的北大也起过积极作用。

20世纪内,在中国的大地上,发生过两次以文化为标签的大规模群众运动:一是五四新文化运动,发生在20世纪早期;再一是"文化大革命",是在下半期的60年代。这两次运动都由北大发源,对20世纪中国社会政治的发展产生过性质不同的深远影响;而毛泽东同这两次运动,同北大都有着密切不可分的关系。这是一种很有趣的历史文化现象。毛泽东从青年到老年,与北京大学是结下了不解之缘,这缘分从"五四"始,以"文化大革命"终。它曾给北大人带来过巨大的幸福和喜悦,但一度也产生过严重的负面影响。这其中所蕴涵的历史经验教训,将是长谈不衰的历史话题,值得我们好好品味和研讨。

最后,我再说说关于"五四运动"一词最早见于何处的问题,很多同学对这个问题感兴趣,我就简单提一提。

《党史信息》1986年第11期所载杨生运同志作《"五四运动"一词的最早使用》一文,提出:"'五四运动'一词的最早出现是在1919年5月26日由陈独秀、李大钊创办的《每周评论》第23期上",并说:"《每周评论》第23期第一版全文刊登了署名'毅'的《五四运动的精神》一文,第一次使用了'五四运动'的提法,并首先对'五四精神'做了概述";今年刚出版的李泽厚的新著《中国现代思想史论》中第7页注①说:"五四运动一词则始见于1919年5月26日《每周评论》第23期罗家伦的文章";早在1935年,胡适在同年5月5日出版的《独立评论》第149号上所写《纪念五四》一文中也说过:"五四运动一个名词,最早见于八年(按即1919年)五月二十六日的《每周评论》(第23期)。一位署名'毅'的作者,我不记得是谁的笔名了,在那一期里写了一篇《五四运动的精神》,那篇文章是值得摘抄这里的。……"以上各文都认定"五四运动"一词最早是出现在1919年5月26日的《每周评论》上。李泽厚所说"罗家伦的文章",大概也就是署名"毅"的那篇文章了。笔者查阅了这篇文章,认为如说这篇文章"首先对五四精神做了概述"是颇有道理的,但说它"第一次使用了五四运动的提法",或说五四运动一词"始见""最早见"于这篇文章,则据笔者所知,与史实不符。五四运动爆发后,"北京中等以上学校学生联合会"为了抗议北京军阀政府的镇压和阴谋在"和约"上签字,于5月中旬酝酿组织全体北京学生总罢课。5月18发布了《罢课宣言》,19日总罢课开始实现。这个《宣言》就使用了"五四运动"一词。其有关原文为:"外争国权,内除国贼。'五四运动'之后,学生等以此呼吁我政府,而号召我国民,盖亦数矣,而未曾有纤微之效,又增其咎……"这个《宣言》是5月18日通电"各省省议会、教育会、商会、农会、工会、各学校、各公团、各报馆"的。1919年5月20日的《晨报》第二版便予以登载。通电的时间比同年5月26日出版的《每周评论》第23期早8天。据此,我曾在拙著《北京大学与五四运动》(1986年4月北京大学出版社出版)一书中,有过如下记述:"《宣言》中将5月4日这天的爱国游行示威第一次称之为'五四运动'。据现有史料研究,'五四运动'一词始见于此。"那么,是否还有早于这个《宣言》使用"五四运动"一词的记载呢?我不敢说一定没有,但就目前所知,尚未见到。

好的,我今天就讲到这里,感谢大家!

(2008年3月21日)

(原载《北大讲座》第十七辑)

京西皇家园林沧桑

刘 阳

[演讲者小传]

刘阳,北京史地民俗学会理事、中国圆明园学会学术委员会委员、中国文物学会会员、北京市文物保护协会会员。15岁起开始系统整理和研究清代皇家园林及北京历史文化,从2000年起开始在《北京晚报》《法制晚报》《竞报》《新京报》《文明—北京时间》《北京纪事》等报纸杂志上发表圆明园及北京历史文化方面的几十篇文章。2004年起在圆明园管理处文物科工作。2004年10月出版个人专著《昔日的夏宫——圆明园》,2007年10月出版个人专著《三山五园旧影》。数年来搜集了大量圆明园的珍贵历史资料和照片,其中许多照片和资料为国内独有。

上次来北大举办讲座是在文科学院进行的,这次应邀在理科学院举办讲座,因自幼理科成绩不理想,又偏好文史学科,所以这次在理科学院举办讲座难免有些紧张,还请包涵。

今天讲座的主题是"三山""五园"以及"三山""五园"的概念;第二次鸦片战争及西郊皇家园林被损毁的历史过程;1860—1900年的西郊园林;庚子事件后的西郊园林。

我们先从"三山""五园"以及"三山""五园"的概念开始。

首先了解一下"三山""五园"。传统意义上来说,绝大多数人认为"三山"是万寿山、玉泉山和香山,"五园"是畅春园、圆明园、清漪园、静明园和静宜园,我个人同意这种观点。

经过最近几年学者们的讨论和争论,有专家提出"三山"在乾隆时期由三个总管大臣管理,而后"五园"由一个总管大臣管理,所以西郊当时是由四个总管大臣领衔,这个观点中认为"三山""五园"里没有畅春园,因为那里没有总管大臣管理,所以就把畅春园排除出"三山""五园"之外。这就出现了新的"三山""五园"的版本,即"三山"是万寿山清漪园、玉泉山静明园、香山静宜园,"五园"是圆明园、长春园、绮春园、熙春园和春熙院。

我个人对这种"三山""五园"的概念持保留性意见。

首先"五园"中的圆明园、长春园、绮春园我们都很熟悉,但对熙春园和春熙院人们就不是很熟悉了。以乾隆时期为衡量标准划分,当时绮春园、熙春园和春熙院是平级的,甚至当时绮春园的地位在熙春园和春熙院之下,强行把绮春园、熙春园和春熙院拉进"五园"的说法也是成立的,可是这五个园只能统称为圆明总园。乾隆时期的畅春园比较完整、地位较高,尤其是中前期孝圣皇太后在畅春园里居住,乾隆还对畅春园进行大规模的扩建,所以我个人认为把畅春园排除出"三山""五园"的观点是不成立的。

在我查阅的资料中有一篇为单士元先生在上世纪80年代发表的文章,文章对"三山""五园"进行了考证。单士元先生是清史研究领域的著名专家,早期曾经在故宫工作,民国时期就翻译过大量的文献资料,并在大量奏折和文献资料中查到过当时对"三山""五园"的定义,即认为"三山"是万寿山、玉泉山和香山,"五园"是畅春园、圆明园、清漪园、静明园和静宜园。

因此确定"三山""五园"的准确定义还需要我们经历长时间的争论,要查阅满文文献资料后才能确定。汉文文献在翻译上会有一些错误,而原版满文文献就会精确到每一个字,这需要一个过程。

首先来了解一下熙春园,如今清华大学所在地便是熙春园,乾隆三十二年前后并入圆明园,道光二年(1822)将中部和东部赐给惇亲王绵恺居住。按照

清朝规定,老皇帝驾崩,新皇帝三年之内不允许进行大兴土木、册封或者是任何大规模的举动,但是道光皇帝就破了这个规定,在他继位的第二年就把乾隆最喜欢的园子封给了惇亲王绵恺。因为嘉庆皇帝驾崩时并没有遗诏来说明皇位的继承问题,导致了混乱的局面,最后由皇太后出面,表明先帝心中希望皇子绵宁即道光皇帝继承大统,风波才得以平息。这位皇太后就是惇亲王绵恺的生母。

因此,道光皇帝对自己这位非亲生的母亲非常感激,登基的第二年就把熙春园赐给了绵恺。惇亲王薨后,其子袭爵继续居住在熙春园,到了咸丰年间赐匾为"清华园",我们现在看到清华园的匾就是咸丰时期赐的。在庚子事件之后熙春园被清政府收回,最后割给了美国人。

道光二年,朝廷将熙春园西部赐给了瑞亲王绵忻居住,改名为"近春园"。这样"三山""五园"的格局就开始出现了,从这时开始熙春园就开始脱离皇家园林。到了同治朝,根据清朝王爵规定绵忻的后代已经失去了享有皇家园林的条件,他们的王爵已经降到很低了,因此"近春园"被皇家收回,在同治皇帝准备重修圆明园的时候,就将近春园拆除准备重修圆明园,结果圆明园没有修成,近春园也拆成了平地。熙春园早期的门与现在清华园的门没有太大变化,清华园的匾是咸丰皇帝的御题,象征着皇帝对臣子的尊重,现在的是按照原匾仿制的。近春园是为了修圆明园损毁的,没剩下什么遗存,我们能看到的只是近春园当时的一个家庙。近春园是熙春园的水系,水系得以比较完整地保存,包括整个格局、河流走向,甚至桥的位置都和历史上基本吻合。

再来说春熙院。北京大学所在地就是春熙院,乾隆四十五年归入圆明园,乾隆四十七年更名为"春熙院",嘉庆七年(1802)就赠给了庄静固伦公主。它是"三山""五园"中最后并入且第一个被分割的皇家园林,它的存在时间非常短暂,通过这一点也可以看出来。如果把熙春园和春熙院归入"三山""五园"是站不住脚的,首先它的时间太短了,其次级别太低,熙春园和春熙院再辉煌,在历史上的地位也无法和畅春园相比,所以舍去畅春园而取熙春园和春熙院是说不过去的,而且同一时期存在的时间太短以致大量的文献没有记载熙春园和春熙院,甚至很多人都很陌生,因此把熙春园和春熙院强行纳入"三山""五园"的观点太牵强了。

下面说说"三山""五园"最主要的几个园子。

畅春园位于北京大学西南侧,康熙二十六年二月基本建成,康熙末年达到鼎盛,乾隆朝后期开始荒废,毁坏的时期较早,而且中途也并没有对它进行修饰,所以很难找到畅春园内比较直观的建筑。有一幅康熙的万寿图,画的是北京到畅春园一路的风景,可以隐约看出畅春园的格局。

康熙修建畅春园的目的首先是政治,其次才是休闲。政治目的主要是笼络蒙古、西藏贵族,方便他们在北京居住。表面上是给蒙古大臣和西藏王族修建了一个很好的园子,实际上它从军事上到政治上考虑得非常周全。畅春园面积大,空气好,距皇城较远,即便蒙古、西藏发生政变,清王朝也可以快速做出反应,如果蒙古、西藏官员居住在故宫,一旦发生政变后果不堪设想。又因为游牧民族生活习惯和宗教信仰的因素,这些蒙古、西藏官员习惯居住在野外帐篷或蒙古包中,故宫里的房间却是格局规整的宫殿,搭帐篷让他们居住更是不现实的,所以居住在西郊园林就是上上之策。

其次,康熙为人比较节俭,在修建畅春园的时候国家还没有完全统一。内忧外患,全国各地动荡不安,资金状况确实无法承担这样浩大的工程,以致畅春园的建制级别很低。从大门的规制就可以看出。畅春园的大门甚至比不上乾隆时期的行宫大门,外观朴实,建筑模式简单,与承德避暑山庄大门相似,为一座大门加上东西厢房和影壁组成,与后期的圆明园,甚至连清漪园的广场都无法相比。

康熙晚年还建立了一个西花园,位于畅春园的西侧。康熙时期皇子册封制度还不完善,康熙又希望自己所有的儿子都由自己亲自抚养、亲自教育,每个孩子在他眼中都是平等的。让所有孩子都在身边,自然就居住不开了,为缓解住房紧张的压力,才修建了西花园,以供太子和其他子女居住,也便于康熙进行教导。

畅春园中的建筑有三分之二是乾隆时期修建的,康熙时期的建筑主要集中在九经三事殿和周边的三个岛两个堤的位置,北部大片的建筑是荒废的,方便蒙古王公修建帐篷,也便于大规模进行骑射训练,视野开阔便于帝王及蒙古王公检阅军队。一直到乾隆朝畅春园才得以扩建。畅春园目前保留的为数不多的两个遗迹是恩佑寺和恩慕寺庙门,即如今依然屹立在北大西门外的两座庙门。这两座庙宇最大的特点是敬建,一般皇家园林都是敕建或者是宫建,恩佑寺是雍正皇登基之后为康熙停灵的地方,雍正皇帝为表达自己对父亲的敬佩和爱,曾在这里为康熙守灵。到了乾隆时期,在孝圣皇太后去世之后,乾隆效仿其父便在恩佑寺东边仿照恩佑寺造了一个恩慕寺,也是敬建,其性质相同,一个是雍正皇帝敬建自己的父亲,一个是乾隆皇帝敬建自己的母亲。此外庙前的御路在北大扩建时被拆掉了,我在14岁的时候还见过这条御路,如今已经不复存在了。

再看一下清漪园,它始建于乾隆十五年(1750),乾隆为其母孝圣皇太后祝寿所建。清漪园与其他皇家园林最大的不同是,它是一次性修建成功的,前后用了十五年。除了对建筑进行一些维修外没有其他大的改动,完美地诠释了乾隆的修建意图。

清漪园严格来说是"三山""五园"中级别最低的,建造意图就是为乾隆的母亲建造一个大佛堂,充斥着政治和休闲目的。南坡汉地佛教建筑,为母亲祝寿而修建。北坡大部分是藏传佛教建筑。咸丰十年(1860)毁于英法联军之手。

1860年10月19日英军记者拍照的毁后的清漪园

昙花阁　　　　　　　　　　　　文昌阁

　　清漪园的建筑现存照片只有四张，最有代表性的是昙花阁，1860年10月19日英军的随军记者拍照的昙花阁，一直有专家认为它是圆明园建筑，但是圆明园不可能有这么著名的建筑，它是南坡仅次于佛香阁的建筑，即现在的景明阁位置，它的著名程度不亚于佛香阁。

　　另外一个就是文昌阁，这也是英军记者拍照的，阁中间有自鸣钟，时间非常准确地指在五点三十五分。在这位记者拍完文昌阁第二天，文昌阁就被毁掉了，因此被毁前的清漪园的两个建筑的照片是十分罕见和少有的。

　　以下这是圆明园如今的平面图。

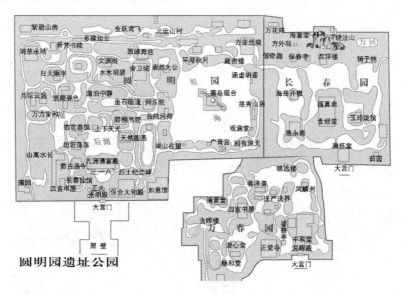

圆明园平面图

1909年法国人拍摄的正觉寺

　　不是太好看,我是非常反对所谓的复建圆明园三园总图的,因为如果是一个专业从事圆明园研究的人,都应该知道圆明园历史上从来没有过鼎盛时期的三园。如果按乾隆时期的鼎盛,绮春园就没有,只有十几个亭子和一个正觉寺。

　　如果以被毁之前的圆明园作为鼎盛时期,圆明园部分建筑在道光时期得到了改建,所以圆明园永远没有三园总图。这些年总有人要画出圆明园三园总图,如果他真的画出来,只有一种可能就是画1860年被毁之前的,但是那时不论从园林角度还是整体考虑都比较逊色于乾隆时期的圆明园。如果想画乾隆时期的,绮春园整个就没有,包括山清水系、建筑格局,甚至连围墙的宽度都没有。现在有人又说画出了圆明园三园总图以及被烧前什么样子,这本身就是一个很业余的问题。这件事情不可能的,我认为这张三园总图只是凭想象,只是乾隆时期的圆明园加上后来的绮春园,这只能是乾隆没见过、英法联军碰不着的一个想象中的圆明园。圆明园总图看上去很热闹,建筑很多,圆明园多么好,在进行爱国主义教育时可以说这么好的圆明园被英法联军毁掉了,但是英法联军火烧圆明园之前很多建筑就已经没有了。古建筑很难坚持70年,而且乾隆时期圆明园大量的草屋木棚,道光皇帝就没有再修建它们,大量的建筑在后期就毁掉了。道光皇帝性格非常孤僻,他对乾隆皇帝的很多建筑进行大量改造。因为嘉庆皇帝是受到乾隆威严影响的皇帝,见过乾隆鼎盛时期,所以凡是乾隆皇帝说过的事情都是对的,凡是乾隆皇帝的我都不能改。乾隆在教

静明园冬景

训人的时候道光皇帝还是个孩子,而且乾隆皇帝对道光皇帝宠爱有加,把他的性格宠得很不好,所以道光会拿乾隆说事,拿出一堆乾隆重视他的东西,比如他打过猎,被赐过黄袍马褂,所以道光对乾隆时期的建筑大为改造。

再看一下静明园,静明园始建于康熙十九年(1680),康熙二十一年基本建成,康熙三十一年更名为"静明园"。

康熙早就想修建一个静明园,进行政治和修养,由于静明园太小而不得已修的畅春园,到乾隆年间才重新修静明园,所以现在看到的静明园建筑几乎都是乾隆时期修建的。到咸丰十年(1860)被英法联军毁坏,静明园也是清朝皇帝在西郊修建的第一座园林。按照历史记载和文献的编成可以认为,清漪园和静明园以前是一个园子,它们是一个整体。清漪园没有东墙,静明园没有西墙。静明园后期虽然有东墙,但是东门和西门是连着的,历史上清漪园没有西墙,它的西墙有一大片稻田和河道,乾隆当时给他母亲祝完寿直接坐船顺着玉带桥,玉带桥拱形很大就是为了方便乾隆的御船直接通过。他当时在码头乘船顺着北长河停在见湖楼,换完衣服过去两个牌楼直接进静明园。我们现在看到的西墙是慈禧修建的,静明园和清漪园现在被人为地变成了两个园,民国时期界湖楼的遗址还在,牌楼变化非常大。

现存最早的照片是1876年理查德·托马森拍照的静明园毁后残迹,可以看到静明园当时被毁坏程度很小。除了大殿被毁坏之外大部分建筑保存还是比较完整的,包括琉璃塔、定光塔。

1876年理查德·托马森拍照的静明园毁后残迹

静宜园早在金大定二十六年（1186）便开始修建，是"三山""五园"中最早有记载的园林之一。明代时香山寺非常著名，到康熙时香山寺周边修建了这么一个香山行宫，修行宫也是为了蒙古以及藏传佛教的人休息方便，直到乾隆十年（1745）才加以扩建改名为静宜园，我们现在看到的几乎所有的建筑和格局都是乾隆十年修建的，到咸丰十年（1860）被英法联军破坏。静宜园最早的照片出现在1876年，由理查德·托马森拍摄。

静宜园的宫门并没有被英法联军毁坏，1920年前后还有宫门的照片，可以看出它的宫门是卷棚歇山，前面的铜狮子也是乾隆时期的，当时的东西厢房已经被毁掉了，只剩一个大门。

我们再了解一下第二次鸦片战争和西郊皇家园林的损毁过程。第二次鸦片战争到底是怎么打起来的呢？

1856年10月23日英军攻打广州，广州城在1857年12月29日失陷了。

1858年5月20日英法联军对大沽

静宜园最早照片

如今的静宜园

口炮台进行攻打,只是对周边进行骚扰,双方没有发生激烈交火。当时英法联军要在攻打大沽炮台这个问题上和清政府进行谈判,并蓄意签订不平等条约。英法联军最重要的一个条件就是面见咸丰皇帝,亲自换约。英法联军的根据是,国际上规定,签订重大的条约必须要全权大使当着皇帝的面进行。而咸丰皇帝统治的是一个由鼎盛时期走向衰亡的封建王朝,非常自大。皇帝本人甚至连英法联军都没有见过。他认为中国此时是天朝,外国军队面圣是不可思议的事情,绝对不可能接受这个条件,双方就在这个问题上出现了争执。因此英法联军强行派出军舰对大沽口炮台挑起战争。

大沽口炮台处于大海的收缩口,地理位置绝佳,设计布局非常合理。正中设置一个炮位,两边设置四个炮位,形成易守难攻的战略基地,任何人要想从中间打进几乎是不可能的。但是当时英法联军并没有对大沽口炮台进行实际估量和考察,再加上此前他们轻松占领广州,在此次进攻中难免轻敌,他们企图迅速占领大沽口炮台。

当时守大沽口炮台的将领是蒙古王爷僧格林沁,对于此次进攻清军只需利用炮台地理位置和设计的优势,单用大炮回击,就可以将英法联军打得溃不成军。以至于在此次进攻中法军损失一半的兵力,英军损失三分之一的兵力。包括法军副将在内的很多将领都阵亡了,这也是英国军队在19世纪最惨败的一场战役,并写入了英军战争史。

大沽口炮台(1860年8月21日比托拍摄)

这次进攻的惨败对英法联军特别是英军来说是一件非常耻辱的事情。关于此次战争,欧洲版本把这次事件作为第二次鸦片战争的结束,而中方的版本中则只有两次鸦片战争。

1859年英法联军惨败回国后,英国众议院和参议院还为这件事情召开战争会议,并为反攻花费一年的时间进行准备。他们准备调动最先进的部队,即曾经攻打过北非和印度的部队。这支部队拥有当时英军最强大的火力系统和最好的将领,他们的战争经验最为丰富。英军还准备使用当时世界上最为先进的以蒸汽机作为动力的军舰来反攻中国。而此时的清政府还愚昧地认为英军不过如此而已,不会再进行反攻。清王朝自入关后至此,战无不胜,并把这次战役看作清军战争史上的又一次胜利,根本没有对战争进行总结和经验的沉淀。

英法联军伺机发动反攻,并准备了充足的兵力。其中英军总兵力1.2万人,法军8000人。英军的1.2万人实力是非常强大的,其中包括8000骑兵和4000印度及北非的远征军。在这之前还进行了合练,动用了英国所有兵力,目的就是要好好教训一下中国,并对此前的惨败进行雪耻。法军的8000人只是迫于无奈地表示联军义气的滥竽充数,在发动反攻前法军甚至还在劝说英军三思而后行,避免战争。因为法军的目的非常明确,他们只希望天主教在中国可以合法地传播,而英军的目的则是希望贸易开放。法军的 8000 步兵,战斗力相比之下是很差的。

法军当时的军队指挥是蒙托邦,英军的军队指挥是格兰特,英军的特使是额尔金,这是英国王室亲自派出的,还有一个翻译是巴夏礼。巴夏礼在当时的广州衙门,在中国待了二十年,可以说是个中国通。为配合英法联军的回击,他用半年的时间来收集中国的相关资料,包括当时清朝的军事储备、粮食储备,甚至太平天国和清军的战争过程都记录在案,对于清军如何输的、有哪些优劣势等方面,还写了很好的总结,并交给蒙托邦和格兰特。英法联军可谓知己知彼,在反击前做了充分的准备工作。

格兰特在当时是英军横扫北非和印度的重要的军事将领,他在此前没有打过败仗。而蒙托邦是拿破仑鼎盛时期的军官,在欧洲没有敌手。从当时的照片来看,欧洲各国的将领都佩戴着徽章,这说明他们都是久经沙场的,而当时清朝仍愚昧地认为英法联军只是一群乌合之众,难与天朝相抗衡。

1860 年 7 月 2 日,英法联军的军舰直接开入直隶湾,英法联军使用的是蒸汽机,速度很快,并临时征用了两百艘商船作为后勤补给。英法联军计划 1860 年 8 月 1 日登陆,但是清朝军队当时并没有登陆与反登陆的战争经验,他们认为自己的军队是骑兵,应该在陆路上才能进行战争,于是毫无阻拦地任由英法联军按计划行事,以致英法联军没有受到任何的抵抗与反击,便顺利登陆,轻而易举地占领滩头(沙滩)。

如果清朝军队对英法联军的登陆进行阻击,英法联军就不会这么容易占领沙滩,取得滩头战的胜利。滩头战是海上登陆战役的第一战也是最重要的一战。清朝军队毫无抵抗,使得英法联军顺利地在滩头修好了基地,以便对大沽口炮台进行下一步的合围。

8 月 3 日英法联军占领北塘,北塘是距塘沽最近的后勤保障基地,这里储存了大量的粮食和物资。

8 月 4 日双方第一次在塘沽城交火,战争从上午 10 点 10 分开始到 11 点结束,仅仅用了五十分钟。当时塘沽城的防守很简单,只有一些清军站在城墙上守卫,而且几乎不抵抗。英法联军的大炮几下子就把城墙打穿,塘沽城的守军除了死伤的,剩下的全部逃亡。因此英法联军迅速地占领了塘沽城,这也意味着英法联军对大沽口炮台的合围基本结束。

8 月 21 日,英法联军集中所有火力对主炮台西北侧石头缝炮台进行猛攻,当时的直隶总督也就是大沽口炮台总司令乐善很英勇,在城墙上拿着大刀身先士卒,但是此时已经不是冷兵器时代了,英法联军一炮就将他打死,乐善阵亡之后其余炮台便都投降了。英法联军登上炮台后看到,西北的炮台很小,而其他四个炮台还很完整,他们对一个炮台被攻占后其他炮台都投降的做法感到很奇怪,甚至觉得有些夸张。清朝军队投降的副将就和英法联军解释,说按照清朝军队规定主将战死后必须由皇帝亲自写任命状,任命副将来接替主将职务,不得擅自行动,否则都要被满门抄斩。所以主将战死后副将只能等待任命状,四个炮台也因此只能停火投降,也因此所以英法联军迅速地将大沽口炮台占领。

第二次鸦片战争和第一次截然不同,英法联军没有强攻大沽口炮台,他们总结上次惨败的教训,避免正面阻击,而选择从侧面登陆迂回攻打大沽口炮台。这个战术很成功,当时的主炮台也是火力最猛的炮台,一炮未发就被英法联军占领了。与上一次英法联军死伤惨重完全不同的是,采取这样的战术进攻,法军士兵只阵亡15人,129人受伤,军官阵亡2人,11人受伤,英军士兵阵亡17人,162人负伤,军官受伤22人。而清军则阵亡两千余人,这些人绝大多数是由于操作失误,导致炮弹未发射出,就在原地爆炸,使两千余人阵亡。僧格林沁更是与上次的表现大相径庭,居然逃离了大沽口炮台。

8月22日,大沽口炮台战役结束。

9月2日英法联军占领天津,此时占领天津的性质和1900年完全不同。当时天津不是军事重镇,而是由于洋务运动才提升了地位,所以当时天津和通州差不多,没有租界,没有军事意义和军队,占领天津和占领北塘没什么区别。

当时随军记者是大不列颠最重要的战地记者,也是最早的战地记者。他为了拍一张照片特意和英法联军士兵协商,让他先拍照再清理战场,因此他的照片都是没有清理战场的照片。他们的照片都可以清晰地看到当时清军死伤情况和炮台损毁情况。主炮台完好无损,而米字旗已经挂在了上面,石头缝炮台被炸为平地,东南角的炮台完好无损。

占领大沽口炮台后英法联军就有了进一步侵略的资本,9月17日双方在通州进行谈判。当时谈判性质也和第一次完全不同。咸丰皇帝派出了全权大臣怡亲王载垣主持谈判,目的是用高额的赔款来换取和平,英法联军表示同意。但是他们要求必须见到皇帝亲自换约,载垣表示皇帝已经派出了亲王来主持谈判,规格已经和皇帝亲自换约等同了,直接由亲王换约即可,但是英法联军不同意,谈判进入僵持阶段。怡亲王从未受到如此这般的侮辱,一气之下将英法联军的谈判大臣抓了起来,英法联军怎能罢休?

于是,9月18日英法联军在京东八里桥与清朝军队进行激战。此前英法联军攻打张家湾,英法联军获胜,清军随即退到八里桥,八里桥是通往北京的要道,清军想利用八里桥的地势进行决战。僧格林沁调集了所有的精兵,其中蒙古骑兵五万人,加上通州一带的汉八旗和满八旗的驻军大约一两万人,气势相当磅礴。这种人海战术和磅礴的气势在冷兵器时代就会把敌人吓走,但是此时已不再是冷兵器时代了。蒙古骑兵从元朝到1860年从来没有输过,蒙古军官都是实力最雄厚的,从不把敌人放在眼里。英法联军曾惨败于僧格林沁,因此清军很藐视英法联军,僧格林沁调集几百人的第一梯队骑马主动出击。英法联军的子弹是有限的,而清兵人数众多,就算子弹全打光了清兵也不会全死光,如果英法联军主动出击其损失就会很大。但当时蒙古骑兵却呈扇面形主动进攻,这就迎合了英法联军。他们可以不用动枪,只用大炮就可以了。

结果本来是清军利用桥封锁桥面要使英法联军很难进入,却变成了英法联军封锁桥面,清军成了攻占桥面的。英法联军先用大炮轰,再用枪扫射,数以千计的蒙古骑兵竟没有能杀入英法联军阵营的,马跑得再快也没有枪子快,跑得最快的200米外就倒下了。一个时辰就使八万人全部阵亡,这场战争就这样结束了。

9月21日早上,咸丰皇帝得知战争失败,当天晚上连夜向避暑山庄出逃。咸丰皇帝自知已无抵抗之力,此前把北京的驻军和北京周边的军队调到天津郊外,主要是针对太平天国。因为当时太平天国已经打到天津郊外了,此时调集军队到天津郊外的策略是对的。因为当时英法联军只要钱,而太平天国既要钱又要人,所以给英法联军些钱就好了,先保住脑袋要紧,最精锐的部队调出去了。这也造成了英法联军长驱直入,清朝精锐部队无法调回的局面。同样,1900年八国联军十万人攻打北京,却用了很长时间才打进北京城。就是因为当时清军把主力调回奋力反抗,虽然实力差,但是人数众多。因此第二次鸦片战争的失败是很多因素导致的。咸丰皇帝的出逃标志战争的结束。八里桥随军的一个牧师画过一幅版画,画面表现了轰轰烈烈的蒙古骑兵迅速进攻,而英法联军只是封锁河面和桥面严于防守。这条河本来是封锁英法联军却被英法当作了天然屏障,本末倒置,导致惨败。从此蒙古骑兵退出历史舞台,中国军队此后再也组建不起强大的蒙古骑兵了,这也意味着中国的骑兵从此退出历史的舞台。

在几次战争中,清军装备里最先进的便是火枪。火枪是康熙在位时从西方引进的,在清朝宫廷里已经使用了一百多年。使用火枪,将枪拿在手里,在开枪时还要架起支架,打枪后还要听一下声音,因为发射子弹后枪的温度很高。这种枪广泛应用于围猎,只是用来打熊的。而英法联军用的是当时最先进的武器,使用的大炮已经是后膛炮了,清军当时把所有的火药全放在身上,英法联军大炮一旦点燃,他们身上的火药就等于自杀。此时清军的主力武器是弓箭,射箭再远也就是几十米,几乎是形同虚设。从军事上看已经很难进行对比了,几乎相差两个世纪。

中国对于这方面的研究很少,就连英法联军是怎么从八里桥打到京城的都无从知晓,但是国外对这些却是津津乐道。事实上八里桥激战之后,剩余的清军和骑兵,包括僧格林沁都望风而逃。法军很聪明,他们没有骑兵就负责打扫战场和收缴武器,战争就交给了英军,因为他们有骑兵。英军的骑兵就追赶清军,他们要抓到僧格林沁,因为前一次战役他们败给了僧格林沁,他们要提着他的头回到英国。但是跑的速度蒙古骑兵比英军快,蒙古骑兵跑到德胜门就没踪影了,英军找不到人了,看到当地不是树就是坟地,英军就不敢在荒郊野岭中追赶,没有办法了无奈停在那里。英军四周观看有没有可以去的地方,就找到了当时的西皇寺。西皇寺在当时是德胜门一带最大的建筑,他们就把和尚轰走并占领了西皇寺,西皇寺就成为英军的指挥所。而法军在这个时候还不知道发生了什么,只知道几千英军骑兵跑了之后就不回来了。法军没有骑兵无法去追赶英军,但他们清理战场的时候发现有清军装死,他们就抓了几个战俘,要他们说出皇帝的住址,有些军官不知道皇帝的具体住址,只知道圆明园,于是只得带他们去了圆明园。

法军于10月6日早上到达圆明园正大光明的位置,大门紧锁推不开,法军就派几个士兵翻墙准备开门,但是被17个守园的太监用火枪打跑了,法军不知道怎么回事,以为里面有大量的驻军,所以就迅速把圆明园围了起来。他们以圆明园南面畅春园的位置作为临时指挥部,等待英军来了再作战略部署强攻圆明园,他们认为此前的战争中没有遇到大规模抵抗就是因为清朝军队都藏在圆明园里面。

为什么这么大的圆明园只有17个太监守卫呢?这是在道光皇帝时期才逐渐形成的。早在乾隆朝,由于皇帝对圆明园驻军的重视,曾经有过大规模的御前侍卫驻扎圆明园,数量多达上万人。但是到了道光朝,皇帝认为清朝很强大不可能有人能打进来,上万人放在这里难免浪费,加之道光朝国力逐渐衰弱,国库紧张,驻军的开销却很大,而且还要提防他们叛变,因此裁减了圆明园驻军,又因周边的精锐部队多被调去攻打太平天国,此时也只有太监可以作为驻军使用,另外圆明园周边还有驻防的八旗军队,守卫圆明园这些也就足够了。

法军于10月7日占领了圆明园,法军的素质比英军高,当时法军下的第一个命令是对圆明园进行保护,他们想的是战争结束后还要和清朝谈判,本来赔了两千银子到头来他们还要拿五千两来修圆明园,所以怕破坏圆明园,不允许士兵进入。

10月7日中午英军和法军会合,情况至此发生毁灭性的转变,英法联军开会讨论如何处置圆明园。英军的态度很坚决,要求建立混合委员会,其实上就是抢夺委员会和分赃委员会，双方各出一名军官，法军派出的是杜潘上校，英军派出的是弗利，也就是抢夺总指挥，他们进行分工，在10月7日和10月8日对圆明园进行抢夺。

英军当时是以连排为单位，画好了抢夺路线图，分配好了抢夺位置，再往西皇寺运输，而法军采取的是放羊的政策，认为什么好就拿什么。英军的士兵只能抢一个地方的东西，如果这里没有，别的地方也不允许去，再回到西皇寺报到再去抢新的地方，所以当时破坏文物的都是法国军队。英军的总部在西皇寺，抢一次圆明园还要运回去，而法军总部在圆明园门口，等于一上午英军抢一次法军抢四次，而且英军在抢夺过程中还要派军队保护，他们怕中途有清军的反抗，英军一半人在抢。法军可以放羊抢，而英军要是放羊抢的话，路上就会被人消灭，所以抢夺无论从质量还是数量都无法与法军相比。此外，法军为了这次圆明园抢夺特地从国内挑了一些中国学专家，替他们参谋，因此他们抢得的大多数是瓷器、书画和玉器。而英军抢的是金佛。法军一幅画顶英军一个连队抢的东西，而且速度快，价值连城的宝贝都被法军抢走了，法国枫丹白露博物馆里，有很多中国的宝物。枫丹白露博物馆里收藏的中国文物基本上以瓷器玉器为主。珐琅制品被浪漫的法国人所欣赏，珐琅的香炉被他们倒过来安上蜡烛作吊灯使用；精美的唐卡被当作壁纸使用；皇帝的书柜当作多宝盒。这里不像是一个博物馆，倒像是一个文物储藏店，没有分类一放就是一百年，以前游人甚至可以近距离摸到象牙。还有乾隆的金铠甲也在法国，御剑御枪也在那里。乾隆小的时候打死一只老虎，康熙就把这支枪赐给了乾隆，乾隆也很得意，就把整个故事刻在剑把上，所以这些文物都非常有价值。

而英军当时六个士兵抬一个金佛到西皇寺，回来再接着抢，结果回去时发现金佛顶上一个玉珠子在运输的过程中丢失了，所以到英国不列颠或英国国家博物馆很难看到珍贵的中国文物，只有一些漂亮的但没有价值的装饰物。在这个问题上法军一直被英军埋怨，从一开始英军做的是打仗的准备，而法军做的是抢夺的准备。很多东西就是整体的，不可能均分这些赃物。当英军和法军协商把这些文物公开拍卖换成现金，根据军官的品级进行奖赏，拍卖过程中允许各国使臣包括中国人都可以买回去，当然价格很便宜了。

10月9日法军撤出了圆明园，因为目的已经达到。

10月13日象征性地占领安定门城楼，并跟清朝协商，要求恭亲王给一个城楼。由于安定门首先离英军的军营比较近，可以和英军进行策应，因此将安定门城楼给了法军而避免了再次战争。

10月16日根据当时协议释放战俘，整个事件也是从这里开始转折。当时英军被俘26人，回来13人，死13人，法军被俘13人，回来6人，死了7人。由于当时法国没有全权大使,死的都是普通士兵,所以对于战俘死亡之事没有太多意见,但是英军来参与谈判都是一些爵士,从来没有受到过这样的侮辱。同时在战俘问题上出现不同版本的说法,一个法国人说英法联军死的人是被捆起来不吃不喝饿死的,而英国人则认为回来的俘虏是吃死掉了13个人的肉所以才勉强回来的。对此中国的学者并没过多地研究,而我个人则更认同英国人的版本。也因此英军大怒要给清王朝一个很大的教训,并于10月17日和18日连续两天对圆明园进行焚毁报复。

在焚毁圆明园问题上,起初法军还劝说过英军。当然这出于法国的自身利益。首先,烧掉圆明园,法国就无法在中国合法传教,无法达成法国政府所期望的结果,法军自然无法回国交差;其次,圆明园的很多建筑中融入了法国建筑的理念,法国人对此很满意;第三,英法两国此前的关系并不和谐,而是为了相同的利益才一拍即合。因此,在焚毁圆明园的问题上,法英双方在这个问题上出现争执,为避免冲突法国决定撤军,所以在焚毁圆明园这件事情上没有法国的参与。

圆明园遭到焚毁后,恭亲王被迫允许英法在北京谈判。10月20日英法联军在安定门进行大规模阅兵,当时几乎全北京城的人都跑到安定门观看,观看阅兵的人群把那里围得水泄不通。

10月28日,法国大主教被请到北京,当时他正在中国宣化进行偷偷传教,为战死在鸦片战争中的人们举行弥撒等宗教仪式,并把士兵埋在了北京。此后中国政府同意开放法国教堂南堂,宣武门教堂,至此法国人的目的终于达成。

10月31日,英军和法军将领参观北京城,此前他们只知道遥远的东方有这样一个繁华的城市,预计参观两天,可有些士兵只参观一天就走了,因为真实的北京和他们想象的完全不一样,这里到处是尘沙和垃圾。截止到10月31日这场战争结束。

11月1日,法军军队主力就撤回天津,北京城内只留下了英军。由于英国人的目的很多,包括通商、开放港口等等,恭亲王只得继续会见英军将领继续谈判。

11月7、8、9三日,英军分批撤离北京。

11月22日,蒙托邦离开天津回到法国接受法国政府的授勋,英军的格兰特也随后离开。这些参加了远征中国的英法士兵则每人得到一个远征中国的纪念奖章。

1862年2月26日,杜潘开始拍卖在此次战争中掠为己有的圆明园文物。作为法国总指挥的他可以优先抢夺一些自己喜欢的文物,同时可以优先低价

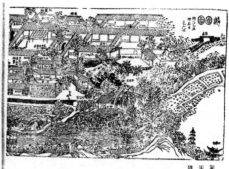

《圆明园四十景图咏》的随园图

买一些自己喜欢的文物,因此,他得到了很多价值连城的中国文物。但是,杜潘好赌,回国两年就欠债,他必须拍卖这些圆明园文物来还清赌债。由于急需用钱,杜潘本人又不懂文物,以致《圆明园四十景图咏》仅仅以4000法郎的价格被一个法国书商买走,之后《圆明园四十景图咏》被法国帝国国家图书馆以4200法郎的价格从书商手里买走,目前这张价值连城的《圆明园四十景图咏》被收藏于法国国家图书馆。

再来看一下1860—1900年的西郊园林,这同样是中国学者研究的空白。颐和园的地位在这一阶段得到提高。

颐和园原名清漪园,是光绪十四年(1888)为满足慈禧颐养天年的心愿,追求奢华享受的欲望,而挪用海军军费作为维修款项,以清漪园为原形和基础重新修建的大型园林。今天我们看颐和园可以看出佛香阁已经被毁,水木自清码头也已被毁,邀月亭还在,后山的很多殿阁被毁。由于一些庙的建筑材料多是石头,因此破坏不是很大。

1900年庚子事件爆发,八国联军攻打中国,在大沽口与中国军队激战,最终攻破炮台,并在进京重镇通州召开会议。俄国表示与清朝关系最好,没有任何利益关系,即便抓到慈禧也不进行伤害。而英国则会把事情闹砸,日军的能力不行。此外,俄军在八国军队中人数最多,士兵来自西伯利亚,都是一些因为错误而被流放的军人,是野蛮的杂牌军。因此会议派俄军突击颐和园,由中国教徒带路直奔颐和园,因此俄国是第一个破坏颐和园文物的国家。

1860年火烧圆明园时只有英军的一些骑兵。圆明园被焚毁时正值秋季,秋高气爽的天气本应很难使火势蔓延,但当天大风忽作,火势蔓延迅速,加之圆明园建筑密度小,且多以岛为结构,没有纵深,紧紧相连,火势很快就连成一片,最终导致圆明园的大规模的毁坏。

而1900年庚子事件,清漪园、静明园却保存了大量建筑。因为清漪园、静

规月桥

明园是以山为主体的,火很难向山上爬,尽管平原建筑被毁,但山体建筑和北部建筑却幸免于难。除了山体建筑的地理优势,北部建筑得以保全是由于北部地区树叶茂盛,英军害怕有疑兵,英法联军就没有到那里。而且他们只抢夺文物,很少放火。

圆明园北部廓然大公、紫碧山房、慎修思永和顺木天等在劫难中幸运地保存下来,直到1860年以后还有部分建筑尚存。比如规月桥,这是廓然大公西南角的一座桥,于1900年被毁,照片由本人首次公布。

但对于照片的研究我们还有很多疑点

首先,我们必须明确这张照片拍摄于何时。

从照片上看这座规月桥显得很新,我们查阅资料后得知规月桥在光绪年间有过修缮的记载,因此可以推测这张照片是在修缮后拍摄的。我们知道廓然大公在1860年时并没有被毁,所以这张照片的拍摄时间可以推测为1860—1900年之间,极有可能是日本人在1898年拍摄的。这张照片也是目前发现的拍摄时间最早的圆明园内木结构建筑的照片。规月桥的建筑形式在整个皇家园林中是特殊的,桥是回字建筑,桥拱非常高,这样方便皇帝御船直接通过,桥上修建了回廊,不仅增添了实用性还显得更加美观,更显皇家园林的高贵气质。

同治皇帝在重修绮春园的时候将绮春园改名为万春园,也因此圆明园和万春园很多年来一直被人们搞混。同治皇帝之所以将绮春园改名为万春园,就是希望可以讨个吉利,希望大清王朝永固、长春。当时还计划修复春泽斋、勤政殿、敷春堂、天地一家春等建筑。可为什么唯独要修复这些建筑呢?这是因为春泽斋是为东太后慈安修建的;勤政殿是皇帝处理朝政使用的;敷春堂和天地一家春是一组建筑,是为西太后慈禧修建的。对帝后来说,修复这些建筑都夹杂着个人的利益。

学术界中历来对是否重修万春园有所争论。据史料记载,万春园并没有被重修,同治皇帝只是对圆明园进行了清理,出于各种原因,清理完毕后重修万春园的计划就被恭亲王终止了。但是由于同治皇帝起初打算重修因而作了烫样,所以给人一种错觉,仿佛感觉是被修过了。而光绪时期反倒是重修了圆明园中的部分建筑,但也只是把没有被毁的建筑进行修饰和维护,因此有过慈禧太后在廓然大公听戏、在紫碧山房用膳的历史记载。

圆明园内的"天地一家春"建筑群是咸丰皇帝第一次宠幸慈禧太后的地方,此后慈禧太后便怀有清王朝的最后一个皇子——同治皇帝,从而改变了慈禧太后一生的命运。因此,为了纪念这组建筑,在光绪时期,慈禧也准备修复"天地一家春",但由于各种因素不得不作罢,只得在后来修建颐和园的时候在颐和园铜柱、装饰用的铜缸、铜鹤、铜鹿上都铸有"天地一家春"的钢印。

长春园在1860年被毁之后,幸免于难的建筑有很多。从史料中可以得知法慧寺琉璃塔、海岳开襟和西洋楼残迹等建筑有所保留。根据当时英法联军日记的记载,长春园和绮春园没有被毁的建筑比我们想象的还要多,但是长春园和绮春园在五园中规模都比较小,我们掌握的资料也不全面。法慧寺琉璃塔就是一个典型的例子,顾名思义法慧寺琉璃塔的建筑材料主要使用琉璃。清朝皇家园林中一共修建了五个琉璃塔,其中圆明园长春园有一座即法慧寺琉璃塔;颐和园后山和玉泉山各有一座,并且形制是相同的;香山和承德避暑山庄班禅行宫各有一座,是完全藏式带回廊的。唯独法慧寺琉璃塔这种建造形式最为特殊,它是天圆地方的,上面圆,下面方,也是五座琉璃塔中最为精美的,更是五座琉璃塔中唯一一座被毁的,可它并不是毁于英法联军之手,而是在漫长的岁月中,由于管理不善和年久失修以及人为破坏而被彻底毁灭的。

绮春园保存的建筑相比之下就更多了,包括河神庙、惠济祠、正觉寺和宫门都没有被毁。因为它的地理位置更为偏僻,且藏于之内的文物并不多,保留下来的东西要比我们想象的多一些。当时,咸丰皇帝在承德得到一份毁于英法联军之手的建筑和文物的名单,这份名单已经被相关官员篡改,他们把很多被烧的建筑说成没烧,名单中并没有报告绮春园的毁坏程度,以致于咸丰皇帝大怒。但从1909年法国人拍摄的正觉寺的照片来看,当时正觉寺保存非常完整,没有被毁,由此可以看出绮春园的破坏最小。

再看一下西洋楼,西洋楼的建筑材料以石头为主,也因石材坚硬、耐火而给世人留下了很多遗迹,人们通过残垣断壁仍然可以想象出乾隆盛世时的规模。其中最为精致的便是谐奇趣。它是西洋楼最大的喷泉建筑组群,也是乾隆皇帝时期便修建完毕的圆明园内最早的中西合璧式建筑。当时传教士曾向乾隆皇帝表示西方的建筑形式在东方并不多见,而乾隆皇帝自认大清乃天朝,西方有的东方不仅也要有,而且要更加华丽,才显大清王朝雄霸天下的气势。因此,他主张在西洋楼的西式建筑基础上覆盖中国式的庑殿顶,表明西方的建筑再好也要在我大清盛世统治之下,也因此造就了谐奇趣成为圆明园内最早的中西合璧的建筑。

西洋楼修建有自己独立的西式大门,四周人工堆积出高山,把长春园两边完全隔开,以致西边看不到东边,东边也看不到西边。它们各自都有围合自己的墙和大门,并且都修建在长春园内。长春园内主要修建的是西式建筑,也就是一个西方园林的大汇总,皇帝要证明这些建筑与中国没有关系,但却在建筑中融会着东方文化的色彩,把西洋楼修建在长春园内,尽管有着自己的围墙和大门,但始终无法脱离长春园,处处彰显着西方在大清王朝之下的建筑思想。这种建设方法使整个园林呈中西合璧的形式,无形中成了一个造园的新点子,同时也是东西方文化的完美结合。西洋楼的西式建筑在当时并没有被毁。因为建筑材料的关系,最以我们引以为骄傲的中式庑殿顶完全被烧毁了,而西方的建筑却多有保存,仿佛在昭示清王朝的可笑。

1860年万花阵的亭子并没有被毁,它们都是琉璃结构的,在20世纪80年代复建圆明园的时候由于没有资料可考,所以把万花阵的亭子修成了石亭子。当现在看到照片的时候才恍然大悟原来我们都错了,如果将来有机会有条件的话,这是可以更改的。当时迷宫保存得比较完整,直到1876年就完全被毁了。

从这些当时拍摄的照片中可以看出英法联军火烧圆明园之后,园内很多建筑的主体部分都没有被毁,有的甚至完全保存下来了。但在遭受火灾之后,圆明园逐渐荒废,园林面积大,很多地方疏于管理,年久失修,甚至很多居民或不法分子进到园内对建筑遗存进行人为破坏,如偷盗石料、拆毁建筑材料搭建民居等,以致包括圆明园内最著名的标志性建筑远瀛关除大门之外的其他建筑结构都所剩无几,甚至连圆明园门口的铜狮子都被人偷走了。此外,被毁之后的圆明园是不多的允许西洋人随便玩乐的地方之一,经常有西方人在这里聚会,这也是圆明园进一步遭到破坏的不可忽视的因素之一。

庚子事件之后的圆明园与1860年的圆明园完全不同。

首先,颐和园被俄国人占领,但却保存得比较完整。而圆明园则彻彻底底地毁于土匪、地痞之手。对于圆明园毁于八国联军的说法,从真实的历史来看,这种说法完全不成立。我们要知道八国联军在北京所毁坏的建筑都是有严格规定的,被毁坏的建筑都是与义和团有关的。包括大光明殿、恩佑寺等等很多的建筑曾经作过义和团的拳坛或拳口,在那里曾经杀过洋人,因此八国联军就把那些建筑毁掉了。如果是八国联军随意毁坏京城内的建筑,有可能会造成军队的混乱。八个国家如果都有自己想焚毁的地方,那京城岂不是大乱了,北京还能保留到现在吗?而在当时这种问题处理得非常严格,由于德国人最少,所以任命德国的最高指挥官瓦德西为八国联军的最高司令官。俄国人数量最多,但没有一个军官可以作为决策者,英国对中国恨之入骨,所以并没有把最高指挥权给英国。八国联军当时在分配和处理北京的问题上互相制约,以确保它们和平相处,所以八国联军没有对圆明园造成很大破坏,而且将故宫、颐和园以及清东西陵完整地保留下来。

而此时的规月桥已经被毁掉了,砖被附近的居民拿回家砌猪圈,木料拿回家当做燃料被烧掉。近年来,在圆明园西部居民没有搬走前,我还曾去那些村落进行过实地考察,发现村子内修建的厕所和猪圈使用的砖大部分都来自圆明园而且是当时的御制砖。在圆明园西部,凡是被老百姓毁掉的圆明园建筑我们在进一步发掘中都无法找到原始的基址,就是因为基址都被当时的人全部挖掉或挖毁了。圆明园被英法联军烧毁的许多建筑基址都是被埋在地下的,我们在九州等地区进行清理和发掘的时候都清晰地复原了原始的基址遗址。被毁的琉璃塔曾只剩一个底座,而现在也已经荡然无存了,据说是被当时的老百姓用炸药炸毁。线法桥被毁前后基本上没有变化,西洋钟只剩一个底座,北京地区的其他建筑中的许多西洋风格建筑构件都是来自圆明园的。

到1904年,圆明园基本上已经失去了价值,机构也被撤销,圆明园彻底进入无人管理的时期。1911年之后,圆明园仍然归清室管理,但清室早已失去了对其管理的能力。1933年北平市政府开始接管圆明园。1934年由于战乱,圆明园再次陷入无人管理时期,成立两年的保护机构被撤销。此时圆明园成为天然库房,所有的东西任由广大的百姓获取,盖房,装修,献礼,都可以从圆明园内挑选合适的构件、石材。例如当时圆明园的安佑宫的格局还是比较完整的,包括华表、宫墙、琉璃影壁,但扩建燕京大学的时候,作为装饰缺少华表一对儿,而燕京大学则毫不谦虚地从圆明园这个天然库房中,拿取了安佑宫内的三座华表。在晚一些的照片中可以看出安佑宫已经被完全破坏,建筑遗迹荡然无存,只能看到石麒麟和乾隆御碑。乾隆御碑上撰写着修建安佑宫的原因,碑亭被毁。后来石麒麟也被燕京大学保护起来了。乾隆石碑在民国之后转移到达园宾馆。舍卫城被破坏之后还有大量的建筑残迹,但最终被人为破坏,当时有一批人把舍卫城包起来了,美其名曰要帮助北平市政府清理舍卫城,实际上是把舍卫城大量的土运走炼金,因为当时大量的金佛没有被搬走而是被大火熔掉,有可能埋在土里。据说他们清理出很多金佛,同时把舍卫城破坏得很严重,舍卫城已经破坏得惨不忍睹,现在已经是一片平地了。当时的万方安和遗址比较完整,还有水系,到了后期就被破坏得非常严重,民国早期的文渊内阁大量的太湖石建筑已经被偷走了,是被一个保定军阀偷走修花园,现在的保定动物园的猴山的太湖石就是当时的文渊内阁太湖石。文渊内阁碑记录了当年乾隆皇帝为什么要修建文渊内阁,被北平市政府保护到了当时的国家图书馆,琳峰石也想被保护,但是琳峰石要被卖掉的话会有一个好的价钱,所以好几家土匪想要卖掉它,三方势均力敌争执不下,就一起把琳峰石炸成了数段,现在琳峰石基本上还在文渊阁遗址。绮春园的仙人承露台基座在1922年的时候还在,当时被保护到中山公园做喷水池的台子,解放之后被拆掉只剩一个大墩子。民国时期,北平市政府派出梁思成等人拍照圆明园,他们的相机非常好,拍了很多照片,但由于战争等其他原因这些胶片被取出的时候被发现已经被水淹了8年之久,仅有二十多卷因为随身带而保留下来。从照片中可以看出民国时期的迷宫遗迹已经荡然无存,民国时期的海晏堂遗址虽然被破坏得很严重,但是保护得还是很好的。值得一提的是旁边的小房子,民国政府派警察保护怕再有人偷东西,但是保护了两年就没人管了,到了以后海晏堂就和现在一样了,拱门当时还在,但最终在唐山大地震中坍塌了,现在仅存四根柱子。1949—1979年的保护要比以前好得多。从当时的照片看出来,建筑大部分都是后来被破坏或因没有得到良好的保护而被彻底破坏,圆明园的山清水系、福海南岸、海岳开襟、三潭印月、方外观都是无法恢复的,圆明园里曾经居住着的百姓对圆明园的破坏是不可估量的。

我们当时清理和发掘圆明园是按照修建博物馆的理念而进行的,但是我认为在清理和发掘之前先要对它进行系统的规划然后在进行施工。2002年曾有很多专家来到九州景区,他们认为对圆明园可以进行清理和发掘,先要选择一个试点进行清理和发掘,总结经验后再一一清理。可是,清理和发掘圆明园的时候却对最好的九州景区和万方安和景区动了手,结果出现很多目前仍然无法处理的问题,导致停工至今。当年清理和发掘的海晏堂叫做遗址,有非常完整的排水系统、供暖供热系统,包括整体的建筑形式,从建筑之间的距离测算出建筑的体积,通过排水系统也可以研究出很多问题。但是有一个问题,就是这样的遗址怎么开放给大家看?暴露在空气中这些遗址就只能看一代,我们的下一代就没有办法消受了,下一场雨这些经过大火的石头就毁掉了,所以遗址开发也是一个很矛盾的问题。海晏堂只能被修葺,导致我们现在无法看到内部结构。通过对遗址的研究，我可以想象当时建筑倒塌的样子，但是除了研究者外的很多人却永远看不到，这是照片无法记录的。从万方安和遗址可以看出，当年在万方安和如何看戏，这种形式当时只有中南海春怡斋和圆明园万方安和有，但是现在都没有了。上下天光是圆明园九州西北角非常漂亮的临水廊，由于临水所以腐蚀程度比较高，到了道光时期就形成了危桥，后来根据皇帝的意愿把水廊拆掉了，把原来在岸上的两层阁楼向南移作码头了。又回到前面的问题，圆明园的全景图是画不出来这些的，因为里面在画图的时候是没有临水廊的，有临水廊的时候已经不是鼎盛时期了。我们发掘时曾把乾隆时期的木桩子挖了出来，我们可以测算它们的位置，因为四十景是当时的乾隆七年，有记载的上下天光在乾隆时对其进行了修建，我们挖掘出来就得到了以前资料里得不到的信息，我们要建被毁前的圆明园，所以这些木桩子就没有了，所以现在就看不到它们了。圆明园的防渗问题是一个大问题，环境问题需要很长时间才能反映出来，所以贸然处理是不科学的。如果用土进行防渗，土的量会非常大，要用整个浦东的泥土才能做好防渗，一个是原料不好找，还有就是运输也是一个大问题。

所以，恢复圆明园还是一个浩大的工程。我今天的讲座就到这里，谢谢大家！

（2006年12月5日）

（原载《北大讲座》第二十一辑）

成败晋商
—— 传统商帮的兴起与衰败

周建波

[演讲者小传]

周建波,男,1965年5月出生。1982—1986年就学于山东大学历史学系,本科;1988—1991年在北京大学历史学系攻读硕士学位。1995—1999年,北京大学经济学院副教授,北京大学历史资源与文化研究所副所长,中国经济思想史学会理事。学术研究方向及兴趣:中国经济思想史、管理思想史。

发表的主要学术著作、文章有《洋务运动与中国早期现代化思想》《儒墨道法与企业经营》《成败晋商》等。论文《白藤口村果园经营制度的变迁》获1997年农业部"百名博士百村行"活动一等奖,专著《洋务运动与中国早期现代化思想》获2002年北京大学科研著作二等奖,北京市科研著作二等奖。

同学们：晚上好，很高兴和大家一起来做这个关于晋商的交流，过去我去过晋商的大院很多次，仅平遥就去过6次，而且也带同学去考察过，前后的时间加起来差不多有快三十天。晋商的研究真的是一个非常复杂的课题。2005年我到韩国外国语大学教学一年，将原来的文稿整理出来一本书，叫做《成败晋商》，今天我就把书中的一部分内容拿来和大家交流。

随着中国经济的崛起和发展，人们对传统的文化，尤其是传统的商业文化的兴趣越来越浓。中国传统的商帮里面，晋商是最强的，最显赫的，也是走的地方最远、最多的，难怪人们对晋商会更有兴趣。中国的企业现在正逐步地走向国际化，实际上在1840年以前，中国的某些企业已经相当程度地国际化了。比如说，晋商的曹氏集团（曹家大院）在它的全盛时期，员工有三万多人，分号有七百多个，在七个国家有分公司，比如它在俄国、蒙古、印度、朝鲜等国家都有分公司、办事处之类的机构。1840年以后，在西方物美价廉产品的强烈攻势下，我们的产品没有办法跟人家抗衡，只能一步步地被赶回国内。毕竟人家经历了工业革命，产品更加物美价廉，我们没有办法与其竞争，因此走向衰败是必然的。现在我国的企业是在综合国力提高以后，又重新走出去。前一段时间中央电视台拍了一部电视纪录片《大国崛起》，其实要说当时大国的崛起，应该把东亚的强国——中国算上。鸦片战争前的中国在东亚地区非常强大，西方能打败以印度为代表的许多东方国家，却始终打不破中国的大门，就是因为中国综合国力的强大。大家可能会说清王朝丧权辱国，丢了那么多的土地，这当然有道理，但是大家还应该认识到，如果没有清王朝，我们可能连现在的这些土地也保不住。正是在清王朝时期，蒙古、东北、台湾、新疆、西藏地区完整地成了中国不可分割的一部分，不像过去那样中央间接控制边疆地区，而是由中央直接派官员进行管理。中国政府直接管辖的国土也从明朝长城以南的六百多万平方公里，一下子扩延到一千三百二十多万平方公里。当然鸦片战争后俄罗斯趁火打劫，清王朝国力衰弱，难以兼顾海防和边防，丢了几百万平方公里的土地，于是剩下了现在的九百六十万平方公里的土地，但留下的这些恰好是我们现在重点开发重化工业的地方。中央现在要开发西部，振兴东北，不就是要开发新疆、西藏、东北三省和内蒙古这些地方吗？我们正是站在当前中国进行西部大开发、中国企业走向国际化的高度，来研究明清商帮的兴衰的。

在传统商帮之中，为什么晋商做得最大？我的主要观点是，没有国际化，中国的传统商帮绝不会有那么大的发展，但国际化的进一步发展又会给传统商帮构成很大的威胁或者彻底将其瓦解，这促进了内地商帮的衰落和沿海商帮的崛起，不然为什么晋商、徽商相继被江浙商人所取代了呢？这是有其内在根据的。

下面我先给同学们讲一下传统商帮的崛起。

没有全球化,没有国际化,就没有中国传统十大商帮的崛起。正是因为国外强烈的需求,才带动了国内的生产,使中国成为世界生产大国,世界制造大国,尤其是奢侈品的制造大国。例如,茶叶、陶瓷、丝绸等,最初都是作为昂贵的奢侈品看待的,后来才转变为日用消费品。所以,中国能成为世界奢侈品的制造大国,很大程度上是与国外市场强大需求的带动息息相关的。换言之,正是世界范围内商品经济的发展,使中国经济开始与世界经济联系起来,并受到世界经济发展的影响。

在1820年以前,中国被公认为世界上最富裕的国家,国民生产总值占世界的三分之一。显然,没有综合国力的增长,就不会出现十大商帮,就不会出现"乔家大院"的传奇。当时中国是怎样跟国外做生意的呢?一是跟东南亚贸易,二是跟拉美贸易,三是跟欧洲贸易。由于欧洲人已经到达世界各地,主宰了当地的贸易,因此说到底中国是在跟欧洲进行贸易。1820年以前,在与世界各地,特别是在与欧洲的贸易中,中国产品以物美价廉的优势受到世界各国的欢迎,茶叶、丝绸、瓷器和土布更成为出口的大宗。大量白银源源不断地来到了中国,不仅带来了中国的价格革命,使白银成为中国基本的货币单位,而且使中国产生了一批世界级的富豪,出现了十大商帮,其中最为瞩目者是晋商、徽商、广东商人、浙江商人等。这些富豪的产生均与国际贸易有关。广东商人不用说了,他们是直接在广州与国外开展贸易的;晋商主要在恰克图与俄罗斯商人开展贸易;徽商则将产品运往广州,与欧洲商人开展贸易。众所周知,中国的白银储藏量并不大,除云南盛产白银外,其他地方产银量并不大,但是我们看"乔家大院"中那么多的白花花的银子是从哪里来的?都是出口换来的。西方需要我们的产品,我们则不太需要西方的产品。为什么呢?其时,西方的经济结构已经发生了重大改变,走向了更大范围、更深入程度的商品经济;而我们的经济结构,尤其是农业还更多地处在自给自足的阶段,农产品的剩余不多,哪有钱去购买他们的产品,因此更多的是西方购买我们中国的产品。既然如此,他们拿什么作为等价的交换物呢?唯有白银。中国是缺银国,而商品经济的发展又需要大量的等价交换物,正因为如此,拉丁美洲的白银才源源不断地到了中国。张居正的货币改革是不是全国要以白银作为货币单位?官员的俸禄也要用白银来发放。白银哪里来的?源源不断从西方来的。

中国有哪十大商帮呢?广东商人;福建商人;浙江有一个宁波帮,还有一个龙游帮;江苏太湖流域有个洞庭帮;山东商帮,山东商人分两部分,一部分在运河流域,另一部分在沿海地区跟东北、上海等做生意;江西商帮;陕西商帮;

晋商；还有徽商。当然，十大商帮之外还有很多中小商帮，其中有一个在现在很有名气，这就是行进在云贵高原茶马古道上的马帮，他们也从事国际贸易，主要是跟印度等南亚地区的国家做生意。

那么，说中国1820年以前国民生产总值占世界三分之一的根据在哪里呢？

保罗·肯尼迪在《大国的兴衰》中说："在近代以前时期的所有文明中，没有一个国家的文明比中国更发达、更先进。"按照安格斯·麦迪森的计算，在公元元年，中国GDP占到世界总量的26.2%，仅次于印度，是世界第二大经济体；公元1500年中国超过印度，成为世界第一大经济体；公元1820年中国GDP占到了世界总量的32.9%，远高于欧洲国家的总和。

根据安格斯·麦迪森的统计，1820年时的世界GDP总量，按1990年时的国际美元来计算，中国为2286亿美元，为世界第一，英国为362.32亿美元，位居世界第四，印度为1114.17亿美元，法国为384.34亿美元，中国占当时世界GDP总量的32.9%，英国是5.2%，印度是16%，法国是5.5%，中国比印法英三国总和的26.7%还多。

弗兰克在《白银资本》中则强调指出，1500到1800年"整个世界经济秩序当时名副其实是以中国人为中心的"。因为"外国人，包括欧洲人，为了与中国人做生意，不得不向中国人支付白银，这也确实表现为商业上的'纳贡'。中国贸易造成的经济和金融后果是，中国凭借着丝绸、瓷器等方面无与匹敌的制造业和出口，与任何国家贸易都是顺差。因此，正如印度总是短缺白银，中国则是最重要的白银净进口国，用进口美洲白银来满足它的通货需求。美洲白银或者通过欧洲、西亚、印度、东南亚输入中国，或者用从阿卡普尔科出发的马尼拉大帆船直接运往中国"。

明了上述事实，就可以明白鸦片战争爆发的原因了。随着鸦片贸易的增长，白花花的银子又从中国流出去了，中国再次变成缺银国。于是，清政府宣布禁止鸦片贸易，遭到英国的强烈反对，遂有了鸦片战争的爆发。

虽然学者们在具体的统计数字上还有微小的分歧，但都认为至少在1820年以前，中国是世界制造大国，是综合国力最强的国家。正因为如此，中国才能在很长时间内保持竞争优势，抵御西方商业势力从海上、陆上等各方面的进攻，从而保持了长时间安定的社会环境，显然，这对以晋商为代表的十大商帮的形成很有促进作用。然而，长期的领先地位也让统治者滋生出骄狂自大的情绪，认为"天朝物产丰富，无所不有"，自闭于世界之外，这又使得中国在科学技术、军事实力等方面和西方的差距越来越大。1840年鸦片战争后的百年内，中国多次遭受西方列强的侵略、掠夺和破坏，沦为半殖民地半封建社会，原因正在于此。失败是成功之母,成功也是失败之母。优势是好事,但优势也能让人骄傲,让人不思进取,让人的安全感太强。

尽管明清时期中国的GDP一直位居世界前列,但就人均GDP来看,则远不如西方国家。为什么中国没有发生工业革命?市场的内需不足,加上人口众多,劳动力价格便宜,不用在技术上进步就足可以满足需要,因此没有动力在技术上创新。直到今天中国人在技术上的投入也是不多的,因为劳动力便宜。例如,1500年英国的人均GDP为714美元,1600年为974美元,1700年为1250美元,1820年为1707美元,同一时期法国的人均GDP依次为727美元、841美元、986美元、1230美元,中国的则为500美元、520美元、570美元、669美元。不能说这一时期中国的人均GDP没有增长,而是说增长的速度比较慢,远不如英法等西方国家增长得快。人均GDP不高以及长期的缓慢增长,说明国内消费能力不高,这是不利于商业资本向工业资本的转化的,是号称世界制造大国的中国没有发生工业革命的重要原因。从这个角度来说,大清王朝后来被经历了工业革命的西方列强所打败是一点也不奇怪的。随着大清王朝彻底向西方开放,随着晋商赖以成功的官商结合的垄断被打破,晋商衰败的命运也由此开始。

既然依靠现有的生产体制就可以获利,人们自然没有动力在技术上进行投资。工业革命说到底是工具革命。人们所以有动力在工具上投资,是因为市场需求很大,尽管劳动力价格已经上升了很多,但在现有的生产技术下仍难以满足市场的要求,只能依靠技术的进步。在工具上日积月累进步的结果,就爆发了以工具革命为主要内容的工业革命。工业革命改变了世界的全貌,也彻底拉开了中国与西方的差距,使中国从世界制造大国变成了进口大国,西方则从进口大国变成了世界制造大国,这就是矛盾双方的相互转化。

现在我们要讨论一个问题:当时全球范围内商品经济的发展是如何实现的?换言之,为什么在这一时期出现全球范围的商品经济的发展?我认为,其原因在于,商品经济发展的源泉来自于农业的发展。正是中世纪后期农业革命的爆发,剩余的增多,才有了交换,且交换的范围不断扩大,从地区交换走向国内交换,走向国际交换。对中国来说,农业革命差不多是从宋朝开始的,对西方而言呢,则从公元十一二世纪开始。

当时全球范围,尤其是亚欧大陆范围内的农业革命是如何实现的呢?第一个原因是传统农业的发展。传统农业生产技术的日积月累的进步,量变到质变的不断转化,总会产生出一个突变;再一个,交通通讯的进步带来了各民族文化的交流。不说别的,蒙古帝国横跨亚欧大陆,这本身就促进了亚欧的交流。当然,在当时亚欧大陆的交流中,主要是我们的物品、文化出口到西方去,而我们从西方得到的并不多。西方正是在大量学习东方的基础上,再加上自身的优势,最后才逐渐地超过了东方的。

这里有一个问题,1800年以前中国凭什么在世界市场上一枝独秀,1800年以后中国为什么在世界市场上的地位开始下降?我前面讲1820年,现在讲1800年这都是计算的不同。总体上来说在这之前中国明显超过西方,从此之后开始急剧衰落,这是由什么原因造成的呢?无疑,是西方的后发优势造成的。我们现在常讲后发优势,当时的西方相对于东方来说,也是后发优势。那么,当时西方的后发优势突出表现在哪里呢?随着大量从东方引进技术,随着东方精耕细作的农业技术传到了西方,西方爆发了农业革命。在这之前,西方的农田是如何耕种的呢?非常粗放。打个比方来讲,好比一个家庭拥有一百亩土地,把它分成三份,先种其中的三十多亩,另外的六十多亩干什么呢?让它长草然后烧掉当成肥料使用。今年先种这三十多亩,明年再种另外三十多亩,后年再种最后的三十多亩,总的原则是种一年休息两年。显然,依靠这种极其粗放式的耕作技术不可能养活更多的人口。中国在春秋后期就开始了集约的农业经济生产,具体来说,就是通过施肥提高地力,通过今年种水稻明年种玉米后年再种花生的方式来休整地力。这样,我们的一块土地能做到年年耕种,单位面积的土地产量岂不是就大大提高了?农业经济的发达使中国能够养育数量众多的人口,人口的压力反过来又促进了农业生产技术的进一步发展,促使采用更先进的耕作技术,更密集的集约生产方式。无疑,正是农业经济的发达,使得中国成为古代世界最为发达的文明和区域经济体。当然,生活的富足、安逸,也使得中国人很少到外地冒险,都是外国人来到中国淘金,而且来了就不愿意回去。原因很简单,此间乐,不思蜀。既然已经到了天堂,干吗还要再回去呢?

然而,当西方学到了东方精耕细作的生产技术,再加上自身优越的自然条件——地多人少,它的后发优势就充分地表现出来了。仍然是以前的一百亩土地,现在只种其中的三十多亩,剩下的六十多亩用来干什么?一部分种果树,提高生活质量;另一部分抛荒让其长草,长草之后自然就发展起畜牧业。畜牧业发展起来后,羊毛多了怎么办?发展毛纺织业。而没有毛纺织业,就没有后来的英国圈地运动。圈地运动是由什么引起的?毛纺工业发展引发羊毛价格上涨,种地不如牧羊合算,于是出现土地由分散走向集中的圈地运动。畜牧业发展起来后,牛奶喝不完,牛肉、羊肉吃不完怎么办?对外出售。当时西方之所以大量需要东方的胡椒、香料,一个重要原因是出于对吃不完的牛肉、羊肉进行保鲜、保存的需要。毕竟只有解决了食物的保鲜问题,才能开展远距离的交易。因此,在中世纪的后期,西方商品经济发展的广度和深度就已经大大超过了中国。正是在这个基础上,西方才出现了民族国家的崛起——要求以统一的国内市场来打破封建贵族的地方保护主义,才发生了意识形态的变革——启蒙运动,宗教改革,才出现了改变人类面貌的工业革命。不仅如此,这时西方的社会结构也出现了重大改变,在传统的地主、农民的阶级外,又出现了强大的商人阶级和依托商人阶级的劳动阶级。

另外,人少地多的环境除了与农业的不发达有关外,与欧洲的文化传统也不无关系。自古以来,欧洲就不强调人口的数量,从古希腊起注重的就是人口与环境的协调。古希腊的地理环境有什么特点?山多。山多在很大程度上能阻止外界敌人的入侵,这样每一个独立单位的城邦就能保证自己的安全,在这种情况下,它没有动力成立一个更大规模的国家,因此我们只说希腊联邦而不说希腊国家。由于安全得到了相当的保障,人口肯定增长较快,这样就会跟有限的资源发生矛盾,要解决这个问题,一个重要的方法是移民或是殖民。但是移民和殖民的成本很高,怎么办?只能限制人口的增长。大家看,古希腊、古罗马都根据财产来确定公民的选举资格,没达到一定财产资格的人是不能当兵,不能做官的。为什么?当兵得自己准备各种作战用具。做官呢?万一国家的财政出现问题,势必要以官员的私人财产来垫充,这种情况一直到近代都没有改变,因为西方的选举权是与财产资格相联系的。基督教产生后,基督教堂根本就不给达不到一定财产资格的人举行婚礼,这样就出现了很多老光棍。在这种情况下人们有婚育的需求,于是出现了情人制度作补充,这就是西方的情况:人不多,加上生产上有发展,剩余自然要多,这样就为更大范围内的交换,为商品经济的国际化、全球化打下了基础,这就是西方的后发优势——人少地多的环境。

中国呢?随着农业生产技术向外广泛传播,使得西方和中国的差距逐渐缩小。另外中国社会还有一个特点,这就是小农经济结构。小农经济的家庭有强烈的增长人口的动力,因为小农家庭规模小,万一家庭的壮劳动力——丈夫外出打仗阵亡了怎么办?伤残了怎么办?小农经济有强烈的扩大家庭规模的动力,这就是多生育孩子,墨子为此强烈要求改变传统的婚姻制度。当时,中国的婚姻制度是男二十、女二十必须结婚,墨子主张男二十、女十五必须结婚,不然要少生多少孩子!人口多会造成什么后果呢?地价一定贵。梁启超、孙中山都对这个问题做过探讨,他们认为就拥有的土地数量来看,"中国的地主连西方的贫农都赶不上"。因为西方的贫农都拥有很多的土地,这是与他们的人少地多、地价便宜、容易发展起家庭农场分不开的。我们地少人多,地价自然很贵。中国的地主多拥有几十、上百亩土地,拥有几百亩、几千亩土地的情况不是没有,但不普遍,而西方的一个很普通的农民可能拥有几百亩乃至几千亩土地。人口众多、地价高昂的情况给中国的商品经济的发展带来了很大的消极影响。尽管商品经济的发展使得农村发生了分化，但即使这样，地主也很难将土地连成片，扩大成为农场，毕竟地价太高了。从这个角度来看，英国之所以会发生土地由分散走向集中的圈地运动，这与他们人口少地价低的环境是分不开的。我们的地价这么高，你说怎么买得起？直到现在，房地产商还特别害怕拒绝搬迁的"钉子户"，你就可以想象得到要将土地连成一片该有多么艰难！

因而，尽管在农业发展的基础之上，中国商业在明清有了长足的发展，出现了十大商帮，诞生了中国式的商业革命，尽管中国的社会结构也在变化中，产生了许多脱离土地以商品交换为业的商人和流民，即使是农业也越来越发展成商品农业，越来越与世界市场紧密联系在一起，但是中国的土地结构毕竟没有发生像英国圈地运动那样剧烈的变革，自给自足的小农经济仍占上风。这意味着中国本土的需求虽然在增加，但没有欧洲增加得快。其实，中国商品经济的发展更多的是依靠外国市场需求的增加而不是内需的增加，这同时也就意味着增长的基础是不牢固的，它不是建立在社会经济发展和社会结构变化的基础上，因此一旦遇上外国需求的下降，国民经济的大厦就很容易倒塌。

具体来讲，在当时东西方的贸易当中，由于西方对中国产品需求强烈而中国对西方产品需求很弱，西方长期处于逆差状态，这使得西方的白银大量到了中国，在改善中国白银供需状况的同时，也使得西方在18世纪后期由于拉美银矿的衰竭而陷入"白银荒"。以致后来许多西方国家退出了与中国贸易的行列，只剩下英国、荷兰、美国等少数国家继续与中国贸易。为了弥补对华贸易的亏空，英国走上了罪恶的对华鸦片贸易的道路。从有关史料来看，英国人也明白这样做是不对的，他们之所以走上这条道路，是因为他们太依赖中国的产品：喝惯了中国的茶，不喝不行。但是白银没有了，拿产品交换，中国又不需要，怎么办？孟子曰："有恒产者有恒心，无恒产者无恒心。"英国就是在这种情况下走上了罪恶的鸦片贸易的道路的，它用了大概七八十年的时间使鸦片在中国由奢侈品变成了日用消费品。

鸦片在唐代的时候就有，当时是作为麻醉品，作为药物来使用的，是一般人不可能用到的奢侈品。但随着明清商品经济的发展，中国产生了一批世界级的富豪，中国成为当时综合国力最强的国家，这是鸦片在不长的时间内由奢侈品变为日用消费品的重要原因。鸦片贸易使中国的白银源源不断地又回到了西方，使得西方又有钱继续购买我们的东西了。但是白银的外流，使中国的社会经济发生了严重的问题。政府为了国家的长治久安不能不限制鸦片的贸易，这样就构成了鸦片战争爆发的前提条件。

在通过鸦片贸易改变亏空的同时,西方工业革命的发生使工业产品价格更低廉,质量更牢靠,具有了打进中国市场的可能,并最终于第二次鸦片战争后替代了中国的手工产品,引起了世界经济政治秩序的重大转变。以中国为中心的世界变成了以西方为中心的世界,西方变成了绝对的制造大国,我们不得不大量进口其产品。所以鸦片战争的爆发使中国被迫扩大开放的大门,这就意味着中国传统经济结构的破坏和社会冲突的扩大。为了国家的安全和政权的巩固,中国于19世纪60年代后开始了主动向西方学习的进程,这就是洋务运动的发生。鸦片战争的爆发还意味着中国国家战略重点的转变,原来的重点在西部,在北方,现在变成了东南海疆,这导致国家投资需求方向的改变,当大量的资本从西部转向东南地区时,东南地区想不富裕都不可能。经济学的乘数原理告诉我们,需求每增加一个百分点,对经济的带动是很大的,它造成了西北地区经济的没落,也造成了东南地区市场的繁荣。商帮的发展一定需要市场做保证,没有市场就无法生存。内地商人的衰落和沿海商人的崛起就是在这种情况下发生的。

经济史的知识还告诉我们,国际贸易的不平衡发展对国际政治、经济的影响是非常大的。哥伦布为什么要探索新大陆?根本原因就是在亚欧的贸易中,东方一直是顺差,而欧洲一直是逆差,随着欧洲的黄金白银源源不断流到东方,欧洲的白银、黄金矿藏衰竭了,无法继续跟东方进行贸易。在这种情况下,必须寻找通往据说是"遍地是黄金"的东方的商路,地理大发现就是在这种情况下产生的。还有近代史上很多的悲剧,如德国为什么成为两次世界大战的策源地,日本为什么那么富有扩张性,都与内需不足,特别依赖外部需求的增加分不开。这两个国家都是经过了对封建土地制度的改革,即农民通过赎买地主的土地才走向现代化的道路的,改革保存了很多封建制度的残余,农民收入中的绝大部分给了地主,所剩不多,导致内需不足,而这些国家的工业生产能力又强,不得不依赖世界市场。英法两国为了保护自己的利益,修改了原来的自由主义经济政策,提高关税、限制进口,这影响了新兴国家的利益。既然和平的方式不能解决矛盾,只好通过战争的途径来解决,两次世界大战就是这样爆发的。

当前中韩贸易冲突是怎么发生的?也与这个问题有关。在中韩贸易中,中国是大量的逆差,韩国则是大量的顺差,我们当然要求韩国开放大门。和韩国相比,中国最有优势的产业是农业,所以要求韩国开放农产品的大门,但是对于韩国来说,一旦开放,国内的农业就要受到很大的冲击。在我们中国,吃顿普通的饭,就说面条吧,不过五六块钱,多了也不过七八元钱,而在韩国吃一顿普通的饭,没有四千到五千韩币(折合成人民币差不多是三十二到四十元人民币)是吃不了一顿饭的。假如我们的农产品真的到了韩国,韩国的农产品价格肯定要下降一半,这样他们的农民就遭殃了,而农民又构成了他们国家各种政治选举的基础,因此必须要保护农民的利益。但作为中国来讲呢,既然我对你的逆差太多了,你必须买我们的东西,不然我就不买你的东西。假如在过去这又会构成战争的条件,但是第二次世界大战以后,有了世界各种经济组织,人们可以通过和平的途径来解决问题。中韩贸易中的各种冲突,比如泡菜风波、大蒜风波等,都是这么发生的。以大蒜风波为例,韩国禁止我们的大蒜出口,为了保护蒜农的利益,我们则限制它的化工产品和手提电话进口。这下韩国人受不了了,因为中国全年出口到韩国的大蒜不超过一千万美元,而在中国制裁它的前四个月内它的损失已经达到六千万美元。人人都会算账,明白哪个合算哪个不合算,为了国家的长远利益,不能光顾蒜农,于是又向中国开放大门,这就是国际贸易在影响国际政治经济秩序中的作用。

我们再来看传统商帮崛起的国内大背景,将从天时、地利、人和三个角度来阐述。

先讲"天时"的影响。"天时"指唐宋以来商品经济的大发展。唐中期均田制瓦解以后,允许土地买卖,宋代又宣布"不抑兼并",土地竞争的激烈有助于个体小农经济的自由发展,有利于地主阶层这个大农经济的发展。因为大农更具规模,更能抵御天灾人祸的打击。农业经济的发展使社会剩余增多,提高了民众的购买能力,这样商品经济就发展起来。本来在唐中期以前,中国政府对土地的买卖是加以相当的限制的。为什么呢?失去土地的农民无以为生,家破人亡,社会还不乱?但唐中期以后,情况发生了变化:生产发展了,人民的购买力增强了,失去土地的人们可以到城市从事工商业为生。在这种社会对土地买卖的限制逐步宽松的情况下,宋代宣布"不抑兼并",能买就买,自由发展。农业的进步必然带来工商业的繁荣,所以唐代时,中国的商业还有几点开门几点关门的限制,到了宋代已经没有了,全部开放,有早市,有夜市,甚至出现了二十四小时的"不夜城"——鬼市。

农业的进步,商业的发达,使政府看到了孕育在民间商人中的力量,于是出现了公用事业民营化的趋势。具体来说,就是政府放弃既拥有山川资源的所有权,又拥有经营权的国营经济运营模式,而利用民间商人的力量实现自己的战略目标。传统的国有经济主要集中在盐业和冶铁业领域。这是因为小农经济离不开铁和食盐。在生产力还不发达,交通、通信落后的情况下,这两项关乎国计民生的事业如果完全交由商人来经营,那么,商人重利的天性,再加上当时商业竞争并不激烈的形势,一定会使得很多地方得不到生产和生活必需的铁制工具和食盐,这样就会影响社会的稳定。在这种情况下,国家只好亲自来干,当然得到的收入也全归国家。国有经济的好处是壮大国家的财力,坏处是服务落后、官员腐败、效率低下。到了唐中期,随着工商业的繁荣,商人力量的强大,国家决心依靠商人实现自己的战略目标,于是遂有刘晏的盐政改革——原来由国家亲自运营的盐业现在开始动员商人来干。另外,商人力量的强大,还使得万一他在和政府签定合同时,可以拿巨大的家产做抵押,即万一不能如期完成任务,可拿巨大的家产做垫赔,这也是政府敢放心让其经营的原因。中国的官商结合就是从唐中期以后开始的,在这之前是谈不上官商结合的,而是官打击商,官瞧不起商,因此,官商结合在一定意义上可以说是历史的进步。

为了抵御游牧民族的入侵,国家在长城边关地带驻扎了大量的军队,他们的吃饭问题、穿衣问题怎么解决?以前是国家亲自来管,结果成本太高,引起民众的反对,从宋朝以后开始有意识地利用商人的力量来干这件事情。具体来说,谁能把粮草运到边关,国家就给他一个合适的市场交换价格——食盐。食盐是民众须臾不能或缺的产品,需求很稳定,且需求弹性高,即价格低了不多吃盐,价格高了也不少吃盐。这意味着,商人拿了食盐到别处去卖,可以获得交易别的产品根本无法获得的高利润,商人当然很高兴。

其实,像利用商人实现国家的战略目标这类事情,在宋代的很多领域都出现过。比如,王安石就改变了服徭役的制度安排,颁布了《募役法》。过去每个家庭都要有人服徭役,王安石宣布不愿去服徭役的可以出钱,国家拿了钱后再去雇别人服徭役。有人愿意服徭役,有人愿意出钱,这正是商品经济的发达在社会生活中的反映啊!正是有了公用事业的民营化,才有了晋商、徽商等的崛起。晋商的崛起与什么有关?与明初的"开中令"有关。当时长城边关长期驻扎近百万大军,他们的吃饭、穿衣问题最初是政府亲自来管,由于引起民众的反对,后交由商人来干,交换价格是适量的食盐。晋商就是靠着食盐的贩卖获得高额垄断利润,然后逐渐向别的领域投资发展起来的。

另外,从国家管理经济的方式来讲,则经历了三个阶段的变化:最初是国家既有山川资源的所有权又有经营权,这就是国营经济,其优点是出于对社会利益的关心而不计较一段时间利益的得失,缺点是成本太高。后来随着商人力量的增强,国家开始有意识地利用商人的力量来实现自己的战略目标,这就是官商结合。换言之,国家只拥有山川资源的所有权,而将经营权交给民间,其优点是调动官民两个方面的力量发展经济,有利于社会财富的增加,缺点是容易出现官商勾结,产生腐败。毕竟官商结合有好的结合,也有坏的结合,而且好的结合很容易走向不好的结合。特别是民间力量增长了,原来只有一到两个人能干的项目,现在好多人能干了,在这种几个人争夺一个项目的情况下,主管官员的权力大大增加,这样就容易产生腐败。第三种管理经济的方式,就是亚当·斯密的经济自由主义,政府把资源的所有权交给民间,使民间既有所有权又有经营权。官商结合发展经济在西方叫重商主义,亚当·斯密主义就是经济的自由化,使政府退出经济的主战场。换言之,从国家拥有所有权,民间拥有经营权的官商结合,向经济自由主义方向转化,即国家退出经济的主战场,使民间商人既拥有山川资源的所有权又拥有经营权。我们现在的《物权法》正在向这样的方向转化,这就是历史的大趋势。

  下面再来谈谈"地利"与晋商的崛起。为什么明清十大商帮中,晋商最先发展起来?这是靠近游牧民族的地利优势所导致的。

  从历史上看,中原王朝不断和北方的游牧民族发生冲突,也可以说,游牧民族屡屡南下掠夺中原的农耕民族,这是为什么呢?是因为交换难以进行。游牧民族生产方式单一,特别需要汉民族丰富的农产品。但是有两个原因使得双方交换难以进行:第一,明清以前,中原地区的生产力也不发达,剩余也不多,没有能力和游牧民族进行交换;第二,游牧民族的产品并不为农耕民族所需要。汉民的粮食便于分割,便于保存,而游牧民族的牛、羊却不容易保存,并且需要花很多的精力、钱财来喂养它们。在中原农耕民族不愿和游牧民族进行交换的情况下,游牧民族为了满足需求,便选择通过战争来进行"抢掠"。对于游牧民族来说,"抢掠"是其基本性格,不丢人的,因为他们的生存环境太恶劣了。一个只长草不长庄稼的地方,你说他们的生存环境有多么脆弱?一旦气温持续地下降两到三度以上,水结冰,草木无以生长,牛羊成群成群地死亡,人们在无以为生的情况下,有动力南下。所以说要明白中国,在我看来,必须要明白长城,必须要明白蒙古大草原。当然了,游牧民族也不是老南下,一般在什么时间南下呢?温度持续下降的时候南下。唐中期之后,中国气候变化的基本特点是偏冷,元以后尤甚。刘昭民在《中国历史上气候之变迁》一书中写道,根据气象资料表明,中国5000年来出现过四个气候寒冷期,其最低温度大体出现在公元前1000年、公元400年、公元1100—1200年,以及公元1700年左右。这和竺可桢先生在《中国近五千年来气候变迁的初步研究》中的观点是一致的。公元前1000年是西周中后期,公元400年是魏晋南北朝时期,公元1200年是契丹、女真、蒙古人连续南下的时间,公元1700年是满洲人入关内的时间,这几个时间段是游牧民族南下动力最强的时期,其中从唐中期到晚清灭亡这一千多年的时间里就占了两个。他们南下,我们自然要抵御,但抵御不了,因为他们为生存而战,动力特别强。万般无奈之下,中原的民众也不得不南下,这样倒好,反把长江三角洲、珠江三角洲流域开发出来了。到后来大陆没地方跑了,就漂洋过海,跑到南洋,现在的客家人就是由中原南下的汉民组成的。

当然,一旦把南方开发出来,中原王朝又有了解决游牧民族问题的坚实的经济基础。明代在长城边关一带驻扎了百万大军,这么多人的吃喝拉撒睡问题是怎么解决的?由于南方经济已经开发出来,依靠南粮北运的大运河,依靠官商结合的形式硬是确保了百万大军的粮草供应,有效地抵御了游牧民族的进攻。到了清代,西北边疆问题更是依靠中原强大的经济基础最终解决。第一,随着内地经济的发达和购买力的增强,中原的民众也有能力吃牛羊肉,也有能力购买裘皮大衣了。换言之,游牧民族的产品我们也需要了。第二,产品的保鲜技术进步了,为远距离贸易的开展奠定了基础。大家看《乔家大院》里面,有从蒙古大草原赶着几千头牛羊马往中原贩运的场面,假若不能成功地解决牛羊马的路途安全问题,用现在的话讲,就是产品的保鲜问题,远距离贸易的开展是不可能的。这样就把游牧民族的生存问题解决了,在这种情况下,他们干嘛要选择南下打仗的道路呢?第三,游牧民族一旦发生灾荒,没有能力和我们进行正常的交换怎么办?清政府则依靠强大的经济基础,对游牧民族免费救济,这样就赢得了游牧民族的心。清政府就是通过上述这些经济的办法,最后解决了游牧民族问题的。此外,清政府还针对一旦边疆发生灾荒,游牧民族内部往往为了争夺资源互相打来打去的现象,将蒙古大草原划分成若干个牧场,归属不同的部群经营,相互之间不允许跨界放牧,现在内蒙古的旗、盟等单位都是这么出现的,其好处是既实现了蒙古草原的稳定,又实现了中央对地方的直接管理。这样一来,游牧民族再也形不成强大的力量来对抗中央,危害中国两千多年的北方边患问题在清康雍乾年间彻底解决。然而,社会生活就是这样地充满着矛盾,边患解决了,海患又来了,真是时时有矛盾,事事有矛盾。不过这是后话,要等到鸦片战争爆发,传统商帮衰败时再来细细讲解。

在笔者看来,欲了解中国,必须了解运河。自古以来,中国的政治中心基本在长城沿线。为什么?这里是抵御游牧民族侵掠的国防前线。历史的经验告诉我们,凡是京都建在长城附近的,如长安、北京,国势都比较强大。凡是京都建在黄河流域的,如开封、洛阳,往往是经济发达、文化发达,因为这里远离国防前线,人们感受不到战争的危机,自然强调发展经济,因而经济发达,文化昌盛。凡是京都建在南京、杭州一带的,往往为偏安政权,很快腐败,最后被北方的政权赶到大海里去。从历史来看,自古灭中原王朝只有一条路,这就是打了华北打西北,打了西北打西南,依靠大迂回作战的方式,最终把中原政权赶到大海里去。元灭宋、清灭明、毛泽东消灭蒋介石,走的都是这条路,这是由中国西北高、东南低的地理环境的特点决定的。

随着宋元以来南方经济的开发,经济重心南方,政治中心北方的地理格局就形成了,运河的作用就是在于作为南北方运输的大动脉,将南方的物品运到北方,这样一来直接促进了晋商徽商的崛起,也促进了长江流域和沿海一带的商人的崛起和发展。毕竟统治重心在哪里,统治者就更了解哪里,就更重视哪里。政治重心北方、经济重心南方的区域格局使得南方经济的发展更容易被忽视,南方的要求更容易被忽视,这造成了历史上的南北对立。表现在解放后就是北京与上海的对立,这一对立一直到90年代还很严重,当时有部很著名的电视剧叫《渴望》,就明显反映了这种南北的对立。《渴望》里面有个男主角叫王沪生,上海的报纸反问说,为什么叫王沪生而不叫王京生呢——歧视上海。里面也确实有一些贬低上海人的话。为什么会出现这种南北方的对立?南方商品经济发达,北方自然经济发达,双方互相看不上。直到20世纪末以来,随着西部大开发、东北振兴等政策的带动,北方经济逐渐发展起来,北方人民开始能够理解南方人民了,觉得人家那叫精打细算会过日子,自己这叫粗放式经营,到这个时候南北的对立才逐渐地消失。

"政治中心北方、经济重心南方"的区域格局的形成,对中国明清以来的经济影响很大,毕竟哪里是政治中心,哪里就是发展的重点,这就要求南方的货品必须要运到北方。明清政府所以实行海禁,就是因为要优先保证北方的货品供应,就不能使南方的东西自由地跟海外交换。毕竟一段时期国家的重点只有一个,要发展东南,西北的发展就一定受到限制。反之,国家要发展西北,东南的发展则一定受到限制。这就是明清海禁出现的理由。

在这种"政治中心北方、经济重心南方",南方的货物必须借助于大运河运到北方的区域格局下,晋商的崛起与长城有关,徽商的崛起则与运河有关,徽商就是靠着南物北运、南粮北运发展起来的。江西商帮怎么起来的?在将南方的货物运到北方的过程中,依靠长江及其支流发展起来。对于江苏洞庭商帮来说,运河和长江帮了他们的大忙。浙江龙游商帮是怎么发展起来的?依靠近海、长江及其支流发展起来的。大家看,十大商帮的分布范围,或者靠海,或者靠江,至于别的地方是很难发展得像他们这么大的,因为没有前者那种条件。

至于"人和"优势与传统商帮的崛起,则不能不谈到儒家文化的作用。上述地区由于开发早,经济发达,人口众多,以致造成人与土地的矛盾十分突出。封建经济的发达造成了许多过剩人口,说明封建生产方式已无力解决人和资源的这种矛盾冲突。社会经济的发展要求突破封建生产方式的限制,向资本主义工商业生产方式发展,即在单位土地上生产更多的产品以养活更多的人口。现在有种说法,认为晋商和徽商之所以发达,是因为当地资源少,人口多,换言之,因为贫穷才不得不经商的。其实正好相反,这些地方在历史上都是发展很早的地方,正是因为经济发展充分,才能养活这么多的人口。一旦人口多了,土地不够用了,才不得不向另外的方向转移。也就是说,恰恰是封建经济的发展、发达,造就了其剩余人口的增多,以至于不得不率先改变生产方式。这正如"非典"这种"富贵"病最先从广东爆发,并不说明它的落后,反而正说明它的先进一样。另外,不是说人多就一定能发展起商品经济。河南在明朝时期人口已经很多,人口密度远超过山西,却没有发展起来,因为它在其他方面发展商品经济的条件远不如山西,这就是"地利"因素的作用。明清时期,凡是商品经济发达的地方没有不出现移民潮现象的,移民的好处就在于原居地和新居地之间搭建起联系的桥梁。比如说,闯关东带动了山东商人的发达,下南洋带动了广东、福建商人的发达,至于徽商的发达也与大范围的移民很有关系。

  经济的发达还造成文化的发达,儒家思想在这几个地方的影响都是很大的。正因为人们能自觉运用"仁义"的原则来协调其在争夺资源中的冲突,从而达成双方都比较满意的协定,才使得商业交换能够长期地进行下去。在我看来,儒家思想和市场经济的价值观最为接近,为什么呢?儒家强调"仁义道德","仁者爱人","义者,宜也"。不仅要爱人,要懂得对民众让利,还要爱得合适,即让利让得合适。换言之,爱得多了不行,爱得少了也不行。爱多了不行,因为自己得的不多,自然不开心,另外爱多了别人还害怕;当然,爱少了也不行,别人得的不多,自然也不高兴。这就要求爱得合适。把这个关于爱的合适的具体内容规定下来,就构成了合同和制度,这就是"礼"。毕竟资源是有限的,而人追求财富的欲望是无限的,这就要求人们必须克制自己过分的追求财富的欲望。为什么在明清期间儒家思想特别普及?原因就在于当时商品经济发达,人们追名逐利的行为公开化,这带来了社会矛盾的突出,儒家思想就是因为在解决这些矛盾的过程中有突出的功效才在社会中广泛普及的,儒家思想普及的标志就是关公文化的出现,关公在人们的心目中是"忠义"的化身。

  明清期间的中国正经历着从"熟人社会"向"陌生人社会"的转变,其时人和人之间的流动性增强,构成一个相对的浑水摸鱼的环境。由于犯错误的成本低,人们有动力犯错误,在这种情况下相互交换的社会成员之间如何达成协议,如何执行合同呢?唯有强调"义"。再者,商品要做到物美价廉就必须扩大规模,而扩大规模就遇到一个管理成本提高的问题,在一个由陌生人构成的组织里面,这一问题更加严重。试问,桃园三结义的刘关张是不是陌生人?这不是三个股东的合作吗?三个陌生人能在那么长的时间里始终保持密切的关系,方法之一是经常联系,加强沟通;方法之二就是强调忠义,关公就是忠义的化身。他做事有分寸,无论什么情况下,都忠于职守,始终心向刘备,尽管曹操对其百般威胁利诱,但始终不为心动。最初的关公形象是一手拿大刀,一手拿书,那叫文武双全,后来把书拿掉了,因为商人害怕"输",所以后来的关公形象只拿大刀而不拿着书了。

明清时期的中国,有一个词特别流行,这就是"朋友",人们常说,"在家靠父母,出门靠朋友",指的就是陌生人之间关系的处理。其时,还有一个词特别流行,这就是开会的"会"。家庭之间的聚集不叫"会",陌生人之间的聚集才叫"会",于是"庙会""赶会""约会"等词汇都产生了。试想,不开会怎么能相互了解,怎么达成协议并促使人们执行协议呢?还有,当时文化的发达带动了戏曲产业的发达,山西梆子的出现即与晋商有关,京剧的出现则与徽商有关。当时,各地的地方剧团很多,有的大商号还养着不止一个剧团,剧团演出剧目多多,但核心是讲忠和义,即着重于人和人之间各种利益矛盾关系的处理。当时的关公庙遍及全国,以至于村村有关帝庙,县县有文庙(孔子庙)的地步,关公在百姓心目中的影响、地位甚至超过了孔子。和高大的关公庙相比,孔庙则显得比较矮小,这与人们的心理需求有关。尽管关公形象是孔子忠义思想的化身,但孔子太高大了,以至于到了不食人间烟火的程度,而关公的形象则很具体,与人们的日常生活紧密相连,这就是人们普遍喜爱关公的原因。像刘关张桃园三结义,关公千里走单骑的故事,天下人几乎无人不知。在我看来,关公最大特点就是讲仁义,曹操对我好我想办法回报,但决不背叛刘备,于是才有了华容道义释曹操的故事。大家看,关公做事多有分寸。"仁者爱人",这是一个处理人和人之间关系的态度问题;"义者,宜也",这是一个处理人和人之间利益矛盾关系的能力问题。所以,商人一定要读书,不读书怎么能找到合适的平衡点?

最后,让我们探讨一下传统商帮的衰败。

传统商帮为什么会衰败?根本的原因是商品经济的全球化进一步发展导致。科学技术的发达,交通、通信的进步,轮船、铁路、公路的崛起,使以帆船、马车、骆驼为交通工具的传统商帮的竞争优势大大降低,晋商原来成功的一套现在变成包袱了。先进交通工具和通信工具的出现,使沿海成为连接中国内地市场和海外市场的桥梁,沿海商人替代内地商人的基础由此而奠定。过去晋商的市场广大,一边连内地,一边连欧陆,这是因为当时亚欧大陆间的贸易主要通过陆路展开,毕竟海上的运输成本太高了。但是随着海上交通技术的发达,轮船吨位量的增大,海运成本不仅能够降下来,而且比过去安全多了。在这种情况下,海运替代陆运就成为时代的大趋势,沿海商人替代内地商人的基础也由此而奠定。对于晋商而言,随着昔日连接欧洲和亚洲桥梁的交通地位的下降,晋商由此失去了内陆和欧洲两个庞大的市场,国内商帮老大的地位自然要动摇。

　　关于传统商帮衰败的过程,首先是国内市场的丢失。全球化是在没有统一权威的支配下自然形成的,因而战争不断,内乱不断,这对沿海商人、国外商人来讲是促进其发展的力量,而对于内地商人来讲则是毁灭其存在的力量。为什么呢?因为内地商人的市场主要在广大的内地,一旦爆发战争自然对他们的打击很大。对于沿海商人来说呢,由于其市场主要在沿海,因此战争的爆发对他们打击不大。不仅如此,战争的爆发还意味着外国人在华势力范围的扩大,也意味着与外国商人紧密结合的沿海商人势力的扩大。毕竟外国商人不了解中国,他们需要沿海商人作为他们的贸易中介,这就使得西方人走到哪里,沿海商人的势力就扩大到哪里。其次,掌握了先进生产技术和组织方式的沿海商人逐渐取得了对内地商人的绝对竞争优势,他们随着外国势力的扩张不断深入内地,蚕食内地商人的市场,市场自然也越做越大。毕竟外国商人和沿海商人在列强的通商口岸受到治外法权的庇护,投资环境好,战争的炮火很难打进来;晋商、徽商则相反,投资环境日趋恶劣,到处是战争的炮火。上海是怎么发展起来的?这里是外国人的势力范围,战争打不到那里去。就算太平天国的势力再强大,也不敢打上海,因为那是外国人的势力范围。还有,沿海商人的投资条件也远好于内地商人,因为他可以和外国商人合资,一旦合了资那就是外资背景啊,税收自然少。内地商人呢,税收则要多得多。因为鸦片战争的爆发、外国势力的侵入,破坏了中国自给自足的经济结构,造成了民众生活水平的普遍下降,使得中国内地的战争连绵不断。为了镇压各地的民众起义,巩固政权,政府不得不加重对民众税收的征发,到处设立关卡,厘金制就是在这种情况下出台的,这对于以贩运为业的商人打击甚大,对于从事长途贩运的晋商、徽商商人打击尤其大。另外,捐输对商人资产的积累,影响也特别大。太平天国战争爆发后,清廷为了镇压农民起义,除加重税收的征发外,还希望商人积极捐输。政府的逻辑是:过去国家太平,你们赚钱;现在国家有难,难道不该有钱者出钱,有力者出力,为国家做出应有的贡献吗?然而,在捐输的问题上,沿海商人就可以相当程度上避免,因为他们有外资背景,政府不敢硬找他们要,这样只能多找内地商人要了。另外,沿海商人普遍与国内先进的政治势力——洋务派、资产阶级维新派、革命派以及民国政府相结合,这是因为政府要在东南沿海地区开发,进行洋务运动,不得不依靠沿海商人,这样沿海商人不自觉地就与政府中最先进的政治力量结合起来。而内地商人,尤其是晋商则跟清朝的王公贵族势力相结合,最后在革命中被毁灭。这是因为他们的市场主要在内地,这样自然要跟传统经济力量的代表——清政府的王公贵族结合。

第二,国外市场的丢失。外国商人和沿海商人的市场,是经过了工业革命后政权稳定、经济发展的欧美国家,而昔日在内地从事外贸的晋商所依托的国外市场,则是没经历工业革命、资产阶级革命,政权不稳定的东欧国家(主要是俄罗斯),这些国家在走向现代化过程中的内乱、革命,对晋商不啻是毁灭性的打击。落后国家要走向现代化,就不能不开放,而无论是被动的开放还是主动的开放,都是最终纳入到全球商品经济发展的行列中去的。而只要对外开放,只要允许国外物美价廉的产品进入内地,对本国传统的、与外国产生竞争的经济结构就是毁灭性的打击,这就会引起这些国家的内乱甚至革命。近代中国为什么会出现太平天国起义,出现义和团运动,就是因为被动的对外开放,结果外国的商品潮水般涌进来,把我们传统的经济结构全给破坏了,老百姓无以为生,还不造反?太平天国在哪儿造的反?广西。作为出身于广东的革命领袖洪秀全干嘛跑到广西造反?原来广西金田附近有条繁荣的商路,西方人到来后,传统的商路被新的商路替代了,这里的人流离失所、活不下去,于是造反。义和团运动发生在哪里?运河流域的山东、河北一带,原来这里是中国非常繁华的地段,自从海运替代河运以后,这里变得一片萧条。俄罗斯、蒙古这些落后国家在走向现代化的道路上也经过了类似的磨难。其中,1917年俄罗斯十月革命爆发,实行国有化;1924年蒙古的独立并实行国有化,对于晋商来说都是毁灭性的打击。

为什么俄罗斯、蒙古在走向现代化的道路上会实行国有化?这与马克思的理论有关,更与战争和经济危机有关。要想在经济危机中生存下来,非得实行规模化的组织和运营不可,这样才能提高抗危机的能力。马克思的理论,尤其是其中的计划经济理论正是出于以全社会的规模来克服危机的需要而产生的,自有其道理。在马克思看来,资本主义自由竞争的结果是:大鱼吃小鱼,小鱼吃虾米,最终一个行业形成几个大企业,大企业内部讲计划,大企业之间讲计划,计划经济不就实现了吗?这就是为什么最不堪忍受经济危机打击的落后国家在走向现代化的道路上要实行国有化的原因。

落后国家在走向现代化道路上的一系列革命使晋商备受打击。先是中国发生了辛亥革命,接着俄罗斯、朝鲜、蒙古等地也发生了革命。不仅如此,不受统一权威支配的全球化意味着战争,这样还造成了两次世界大战的爆发。第一次世界大战对中国的影响不大,因为策源地和主战场都在欧洲,中国的民族工业反而因外国势力的暂时退出而获得了大发展的机会。第二次世界大战的重要战场在中国,对中国的民族经济打击最大,对晋商更是最后的致命打击。辛亥革命后,晋商有名气的大企业集团只剩下四个,这就是现在人们常挂在嘴边的乔氏集团(乔家大院)、曹氏集团(曹家大院)、渠氏集团(渠家大院)以及大盛魁,其他的全在辛亥革命一役中全军覆没了。

在硕果仅剩的四大企业集团中,乔氏集团,曹氏集团是最后衰败的,大盛魁则是衰败得最快的。原因就在于乔氏集团,曹氏集团的主要市场是西北和东北,而革命、战争在这里爆发得最晚,这是他们得以保住其市场的原因,不过抗战爆发仍然给这两家企业沉重的甚至是最后的致命一击,因为抗战的主要战场就在东北,西北。至于资金积累最为雄厚、员工关系最为融洽的大盛魁何以衰败得最快,主要是因为大盛魁靠蒙俄市场起家,随着蒙俄市场的丢失,大盛魁只剩下内蒙古、新疆等市场,元气大伤。不仅如此,俄国、蒙古的国有化使得大盛魁在当地的资产全部被充公,这严重影响了它的资本结构构成。为了堵塞漏洞,还清欠债,不得不赶紧开发新产品,而寄予厚望的新产品——电灯,其市场前景远不像当初想象得那么乐观。这是因为当时电灯的市场太小,尤其是西北的市场更小,谁需要啊?花钱很多,收益很小;旧市场丢失了,新市场没有开发出来,大盛魁不得不倒闭。至于渠氏集团(渠家大院)并不是因经营不善倒掉的,而是在20世纪30年代主动关门的。为什么要关门?感到市场的风险太大,再干下去会亏得更大,还不如早早撤退。当然这与晋商的股份结构也有关。晋商是实行员工股份的,随着员工工作年限的增加,员工的股份越来越多,这样就使得老板的股份越来越少。当然,这体现了老板心胸宽得很,但公司股份的减小,又要承担最后的风险,这样就会出现一旦风险太大财东便倾向于撤资的现象。渠家不过是最先撤资的老板而已,其他像乔家大院、曹家大院,也是看形势不妙主动撤资的。这说明,员工股份和老板股份应保持着一个平衡的局面才好,过分偏向哪一边都会出问题的。

现在让我们谈谈晋商衰败的具体过程。从行业上来讲,首先是盐业衰败,继则茶业衰败,最后是票号业衰败。衰败的根本原因是什么?垄断被打破。原来的边疆市场及海外的东欧市场都被晋商所垄断,为什么它能垄断呢?第一,它更能满足政府的战略目标。例如,明代在为长城边关的百万大军提供粮草的过程中,谁有巨大的资金优势?晋商。再如,清政府在不能不开发蒙古市场,又担心影响蒙古地区的社会安定时,它更相信谁?晋商。另外,在征服边疆民族分裂分子的过程中,又是谁在源源不断地提供后勤?晋商。第二,晋商有长期在边关和边军、游牧民族长期经商的经验,更了解蒙古民族的文化,更了解俄罗斯民族的文化。当时晋商长途贩运为什么要有龙票呢?特殊通行证。拿了这个"尚方宝剑",地方官员都要对你负责,因为这是在为国家服务。当时的乡土主义比现在的地方保护主义还厉害,晋商替国家办事,拿了特殊通行证——龙票,就可一路通行无阻,这就是垄断——别人干不了,他能干,市场自然全部都是他的。

可是后来呢？俄罗斯商人从西北陆地来到中华内陆，打破了晋商对内地茶叶的垄断。过去俄罗斯商人只能在恰克图边关跟晋商贸易，可是现在俄罗斯人也可以进入内地直接与中国商人贸易，晋商对茶叶的垄断由此被打破，不得不参与到更加激烈的商业竞争中去，但是又没有办法竞争过人家，毕竟人家采用的是西方工业革命后更先进的科学技术。在茶叶垄断被打破的同时，晋商票号的垄断在新式银行出现以后也被打破。这里有一个问题值得大家思考：西方工业革命的发生意味着什么？官商结合的垄断被打破，整个社会生活出现了重商主义向经济自由主义的转化，由国家垄断、国家统制经济向经济自由主义方向的转化，这带来了竞争的激烈化，是导致晋商走向衰败的根本性原因。

以盐业为例。过去经济不发达，民间商人力量不强，只有少数的大商人有能力从事这样投资巨大的行业，可是随着经济的发达，普通的民间商人有能力也有动力从事盐业的生产和销售，这样晋商、徽商对盐业的垄断不能不被打破。当然，这是需要一个漫长的过程的，非一蹴而就。由于盐业的利润高而稳定，国家有难时自然先想到它。给国家上缴得多了，盐的成本和价格就高，于是出现老百姓买不起盐，食盐走私增多的现象，这样势必引发国家对盐政的改革。为了在盐政改革中占据上风，盐商有动力大把花钱，这又会引起食盐成本的上升，成本高了不能不加价，于是食盐走私更严重，为此国家又要对盐政进行新一轮的改革。为了保证改革对自己有利，盐商又要行贿，这样食盐价格更高，走私更为严重。最后国家实在找不到别的更好的办法，干脆让民间参与竞争吧。它规定：只要能给国家交一定数量的钱，都可以参与食盐的经营，这样就打破了盐商的垄断。毕竟，只有垄断才能得到最大的垄断利润，不管你是长期的垄断还是一段时间的垄断。当然，我们的社会大力提倡创新，其实创新的目的就是为了创造垄断，"新"相对于"旧"来讲不就是垄断吗！我先干，你后干，我就争取了一段时间的垄断地位，就会获得一段时间的最大的垄断利益。即使别人后来模仿了，该行业也是一个差别垄断，照样可以取得一个差别利益。直到干的人越来越多，该行业才转变成完全竞争状态，到这时挣钱才会变得越来越难。晋商盐业的衰败就是这种打破垄断的结果。

从商号的规模来看，先是大商号衰败，继则中等商号衰败，最后是小商号衰败。为什么会呈现出这样的衰败顺序？因为大商号从事长途贸易，厘金税的征收导致远距离贸易的关卡太多，收费太重，自然对大商号的打击最大。当然，厘金税的征收对中等商号和小商号也有打击，但远不如对大商号的打击大。而一旦有了铁路和公路，从事地区间贸易的中等商号也就完蛋了，因为依靠骆驼、马车等传统交通的晋商是无法与拥有火车、汽车等先进交通工具的新式商人竞争的。到后来,随着新式商人越来越深入穷乡僻壤,小商号也干不下去了。事实上,到新中国建立时,晋商已经接近于全军覆没。1956年公私合营时,剩存的晋商积极响应。因为他们已经疲惫不堪,与其无劳地拼争,还不如挣一份实实在在的工资稳妥些。

从地区市场来看,先是南方市场衰败。毕竟这里最先对外开放,引发的社会矛盾最多,太平天国起义就是从这里爆发的。继则北方市场衰败。随着西方商业势力越来越从沿海深入到内地,越来越从南方发展到北方,这里的社会矛盾也越来越尖锐,义和团运动就是在北方地区爆发的。再则国外市场衰败。随着落后国家走向现代化,这些国家内部的社会矛盾也越来越多,先是俄罗斯革命,接着是蒙古革命,彻底断送了晋商海外市场的命运。最后则是西北、东北等边疆市场衰败,因为日本侵华战争波及到东北、华北和西北。当时有这么一句非常形象的形容晚期晋商的话:晋商就像一头被围困的野兽,跑到哪儿,哪儿就爆炸。换言之,前边发生战争,我赶紧退到后方;但是刚退到这里,还没来得及喘口气,这里也发生战争,于是赶紧往别处跑,结果刚跑过去,那里也发生战争。总之,四面八方的战争都在等待着晋商,晋商真的是无路可逃,只能是全军覆没。

最后,谈谈山西经济的未来。

我认为山西经济的未来一片大好。好在哪里?商品经济的全球化趋势给山西经济带来了新的发展机会。试想,没有沿海工商业的发达,就不可能把西部带动起来。中国地势的特点是西高东低,沿海地区作为传统的农业发达区域,剩余产品多,带来了轻工业发达。随着中国加入WTO,轻工产品的市场越来越大,由此带来了对原材料、能源需求的巨大增长。能源、原材料的价格高了,资本自然愿意流向这里。中国地势西高东低的特点,意味着能源、原材料最丰富的地方是西部。党中央为什么要实行西部大开发?为什么要振兴东北?为什么要宣布中部崛起?这都是要大力发展重化工业的产物。从全球范围内各国的竞争角度来看,政府好比是企业法人,也要追求经济的新的增长点,而山西恰恰在这方面拥有最有利的优势:煤、铁、铜、铝等有色金属储量丰富,无疑这是一个发展重化工业最为合适的区域。历史上的山西经济就是靠着这个自然资源的优势发展的,这些丰富的资源可谓是大自然对山西人民最丰厚的赏赐。明清时期的晋商之所以能够崛起,是因为他掌握着市场普遍需要的大宗产品:盐、铁、煤等,在某种程度上可以说,当时市场需要的东西它都有。不仅如此,这些产品中的大多数还是不允许民间自由经营的特权产品,如茶、食盐和铁等,别人不能干我能干,而且市场又非常大,我不发财谁发财?除了这些地下资源以外,山西还有丰富的地上资源——过去是桑蚕、棉花等,现在则是旅游和特色农业,而这恰恰是富裕起来的中国人民在新时期所最需要的,这就叫"风水轮流转,明天到我家"。人要发财,机会来了想不发都不可能,钱往口袋里猛塞(笑)。机会没来你想发都不可能——"天时"没到。

在未来山西崛起的过程中,丰厚的历史文化底蕴将起非常重要的作用。由于长期经商的关系,山西人的数字意识相当发达,国共两党里面搞财政的官员主要来自什么地方?山西。山西人会算账。试想,经营了几百年的商业,难道还不会算帐?此外,中央的政策改变了,现在提倡"西部大开发",把能兵巧将都调到山西来了。目前山西省的省长是谁?于幼军,从经济发达、善于运作大资本的深圳调过来的。由此可见中央是多么重视山西发展的前景。

在山西经济崛起的过程中,需要注意那些问题呢?一是地上资源和地下资源的结合。地下资源开发了,地上资源给污染了,影响旅游业的开发。另一个是官商结合的正确把握。没有官商结合,晋商是发展不起来的。在我看来,自古以来官商结合是铁定的法则,问题不在于结合,而在于怎样结合?是紧密的结合还是松散的结合?经济不发展时,民间力量不足,需要政府的大力支持,这时的官商需要紧密的结合。经济一旦发展起来,民间力量强大,对政府的依赖下降,这时就需要松散的结合。

目前中国社会发展的趋势是什么?我认为是重商主义向经济自由主义的过渡。因此,在官商结合方面一定要在把握大势的前提下掌握分寸感。换言之,一方面要结合,一方面是怎么结合。晋商过去在这方面吃过亏,更得特别注意。

社会上有种舆论,认为晋商是官商结合发展起来的,是官商,而江浙商人是草根商人,是自我发展起来的。这里有一个问题:为什么江浙商人是草根商人?因为它跟政府的战略目标不统一,没有条件跟政府结合,只能成为草根商人。可是"风水轮流转,明天到我家",一是经历了工业革命的西方人从海上打来了,沿海取代内地成为联系中国和内地的桥梁,沿海的地理优势得到显现;二是经济自由主义取代重商主义成为时代的新潮流,江浙草根商人的背景优势显现。这正应验了生活中的一句话:人要发财,什么好事都来了;人要倒霉,什么坏事都来了。在明中期前好长一段时间里,边关用于和少数民族交换的铁锅主要来自于广东一带,只是广东地方的铁锅质量太好了,不但可以用来煮水做饭,还可以用来打造兵器,这引起了政府的忧虑,担心游牧民族将铁锅打造成兵器,危害中原王朝。而山西潞州(今长治)地方的铁锅质量不是太好,杂质太多,除了当锅用做不成兵器(笑),结果政府最放心,这就叫什么呢?当人呈上升发展势头时,坏事还能转变成好事。反之,当人倒霉时,好事也能转化为坏事。例如,晚清时期的晋商已是风雨飘摇,大家都在谈论一个话题——应该按照西方的样子,将票号改造成银行,但偏偏这时晋商票号的分红最高。例如,在1908年这个晋商票号的分红年,1个股份的分红竟达到1万8千两白银,个别票号的分红竟达到3万2千多两,是平时分红的数倍。正是这一天文数字般的收入,迷惑了票号同仁的双眼——这么高的收入说明我们的体制、文化是好的,因此没有理由变革,结果不到三年,晋商票号就在辛亥革命的浪潮中全军覆没。哎!大自然真会造化人,在让一个人失败时,竟然制造假的征兆来迷惑他,让他作出错误的决定。

总之,晋商的成功和衰败都是一定环境下的产物,我们对它的衰败不必过分悲观。从长远来看,没有晋商的衰败也就没有新式商人——江浙商人的崛起。只要在衰败中总结经验教训,再加上新的有利的外部条件的出现,晋商必会重新腾空而起。现在,这样的机会就来了,这叫天高任鸟飞,海阔凭鱼跃。我衷心地祝愿山西的经济更为发展壮大!衷心地盼望新晋商的崛起和复兴!谢谢!

(2007年5月30日)

(原载《北大讲座》第十五辑)

五十年的中国与世界

牛 军

[演讲者小传]

牛军,北京大学国际关系学院外交学与外事管理系教授。学术专长:中国外交史、美国外交、中美关系史。专著有:《从延安走向世界,中国共产党对外关系起源》,福建人民出版社,1992年;《从赫尔利到马歇尔:美国调处国共矛盾始末》,福建人民出版社,1989年。主要论文有:《论中苏同盟的起源》(《中国社会科学》1996年第2期);《新中国外交的形成及主要特征》(《历史研究》1999年第5期);《朝鲜战争中中美决策比较研究》(《当代中国史研究》,2000年第6期)。

感谢团委,感谢在座的同学,今天很荣幸当了一回名师,因为我看见广告上写的是名师讲座。今天讲的题目是"五十年的中国与世界"。对我来说这是一个一直在思考的老题目,利用这个机会同大家交流。

先讲一下这个题目是怎么来的,可能会有助于大家理解我的想法。谈这个题目最早是在中华人民共和国成立五十周年的时候,当时日本的亚洲协会在东京举办了一次关于中华人民共和国五十周年的研讨会,我就是以这个题目作的报告。所以说对我来说,这已经不是新题目了,但是还没有同在座的同学们交流过,现在谈谈也还可以。最近参加了一次中美青年学者安全战略对话会。现在喜欢将什么都变成战略,其实就是谈一下,双方要寻找涉及两国安全的一些议题而已。今年是第二次对话,去年对话结束后给了我一个任务,让我准备一篇有关"中国威胁论"的文章,包括为什么会出现"中国威胁论",还有就是中国和国际社会如何看这个问题?我想来想去,决定谈一个题目,即"中国崛起"。今天刚拿到这篇文章,《环球时报》的"环球论坛"版作了一个不长的摘要。文章的题目是《中国崛起——梦想与现实之间的思考》。我为了同同学们谈这个问题,把自己两三年来的思路整理了一下。

最初推动我思考这类问题是因为碰到这样的机会,碰到这样的国际学术活动才有这样的机会。当初在日本谈的时候,因为中国还没有加入世贸组织,在我们国内关于中国要不要加入WTO的争论还很多。要不要加入这样的国际组织?按照什么样的条件加入?我们能接受什么样的条件?当时还存在着争论。所以当时是以这个问题作为切入点,探讨我们中国同世界的关系。但是一年以后,中国已经成为WTO成员了。我们迈进了这个体系之后,又产生很多新的问题。任何重大的学术成果都是产生于对现当代重大问题的关注,现实中产生了这样的问题,形成了这样的关系,我们应该怎么去认识?在这样的关系不断发展形成过程中,都产生了什么样的问题?我们该怎样应对和处理?我们该怎样认识自己?这些都实在是值得思考的问题。

我今天想谈的是两个内容,第一是中国与世界的关系;第二个是世界中的中国。你们如果对国际关系感兴趣,你们就会发现,这些关系每时每刻都发生在我们身边,大概同在座的每一位同学都有或深或浅的关系。我们现在有一个重大变化,也是我们国家自己有一个重大的变化,就是我们的基本形象在发生变化。这个变化在我们周围已经反映出来了,反映在我们关注的国际问题,或者国际媒体有关中国的报道中。比方说,我们看到很多的议论,我曾经看到过一篇国外写的报道说,中国将决定未来世界的很多产品的标准等。因为中国是一个巨大的市场。中国现在对手机的需求量极大,将来可能是世界上手机量最大的国家,所有世界上的手机厂商要想发展,它的产品就要适应中国的市场需要。那么中国市场的手机标准,就将成为世界的手机标准,因为手机的大部分产品是为中国市场制造的。结果世界的手机标准要由中国来决定,这是全球经济发展当中不可缺少的一环。我过去是研究中美关系的,中美贸易战在1993、1994年曾经达到相当紧张的程度。今天下午美国《洛杉矶时报》的一位记者还在问我,对中美贸易纠纷怎么看。现在是因为中美贸易越来越重要,所以它的状况受到特别的重视。但现在中美双边贸易中这种纠纷的激烈程度,比起1993、1994年根本就算不上什么。那位记者还问温家宝总理去了美国,会不会碰到很大的麻烦。我说会碰到很大的麻烦,但是根据我研究中美关系的经验看,我不认为这会产生什么很严重的贸易纠纷。

1993、1994年,各位还没有进北大。那个时候中美贸易战打到什么程度?美国开了清单,声称将禁止中国的一系列产品进口,因为知识产权问题对中国要实行制裁,对很多产品征收高关税。当时中国政府也正式公布,将对美国的一些产品征收跟美国相等的高额关税,已经到了这种程度。最后在宣布这一系列清单生效前的一刻,双方达成了协议,通过谈判解决了问题。当时中美因为1989年事件的影响,双边关系处在极低潮的阶段,双方的政治气氛极为不好。高层领导没有任何交往,政府间的很多正常机制性的运作都已经因为美国方面的制裁而中断。我们从中美双边贸易来看,跟那个时候比较,我们都会觉得现在不是问题。但是现在中美贸易所达到的程度,在世界上引起的关注程度,包括媒体、很多国际组织、很多国家的关注程度等等,在我个人印象里,远远超过了当时。

我们对中美双边贸易从深层次讲,不关注也是不行的。因为中美双边贸易有两个层次的问题。一个是在美国方面就是政治化的问题。这是指两个方面。从中美关系与美国国内政治的角度来讲,一方面是受到美国大选的影响。明年可能两国贸易还会增加,但是为了选票,美国的总统竞选人都拿中美贸易当一张牌,打来打去,为了得选票,就拼命地喊贸易怎么怎么样。今天我跟那个美国记者还讲起这个问题。中国失业的严重程度远远超过了美国。但是美国人民很难理解,因为他们只是看到了中国这么高的经济增长率,还有中美贸易这么高的顺差。但是没有看到,单就中国的失业问题,中国比美国严重得多。中国的很多就业工人维持着低标准的生活水平,也是美国人没法想象的。

上述只是中美贸易政治化的一个方面。更严重的问题在于,美国内仍然有相当强的政治势力,他们把中国视为对手和未来可能的威胁。有些人甚至认为,中国就是威胁。美国一部分人,我们称之为鹰派,将贸易作为遏制中国发展的重要武器,这样中美贸易会经常受到很大消极影响。2001年的中美撞机事件后,美国国务卿鲍威尔到国会听证会陈述。为什么?因为当时世界上没有国家站在美国一边向中国施加压力,特别是亚洲国家。鲍威尔说,我给四十多个国家元首写了亲笔信,也没什么效果。在人权问题上也如此。鲍威尔曾对泰国领导人讲,你们投赞成美国提案的票。泰国领导人告诉他,你让我们投票反对中国,我下不去手。在1997年金融危机里面中国帮助了泰国,中国的第一笔对外财政援助就是给泰国的。因为金融危机是从泰铢开始的。中国用3亿美元的贷款帮助泰国稳定金融,它会反对中国吗?在人民币汇率问题上,在前不久召开的APEC首脑会议上,美国再次发现,让人民币升值的要求,除了日本以外,没有任何一个亚洲国家给予支持。上述情况使美国鹰派担心,担心中国的影响力不断扩大。我认为中美之间在亚太地区是有竞争的。我们和美国的关系里面包含着很强的竞争成分,这个竞争就是要最终确定双方在亚太地区的相对地位。美国最怕的是中国取得在亚太地区的领导权,尽管我们并没有这种抱负。

　　上面提到的变化和在变化中产生的各种问题,足以引起我们很多的思考。我们中国在现当代的国际体制中处于什么地位?我们怎么来认定自己的地位?我们的政策都是从对这些问题的认识、理解和解决当中产生出来的。不过有的时候我们的政策是下意识地产生出来的。这和一个人处理人际关系一样,例如我今天站在这儿,我是老师,各位是同学,我在这儿侃侃而谈,大家洗耳恭听。如果我是一个同学站在这儿,我可能跟大家也有一种交流关系,可能会有更多另外形式的交流,谈问题的角度会很不一样。人的行为是自然产生出来的。我有时候意识到我是老师,我应该怎么做,我站在这儿就知道要这么做。我现在面对的是各位同学,我要是面对我们国关学院大二本科的同学,又是另外一种讲话方式。我必须先按照讲稿讲清楚,再谈还有什么问题。一个国家也是这样的。对自己的认识,有时候比对世界的认识更重要。

　　我们的对外政策中,或者说我们的对外宣传中,讲得更多的是世界。我经常上课时要问一个最简单的问题,讲到外交时最简单的问题:中国,什么是中国?中国是一个什么国家。不同的班有不同的回答,但是大同小异。中国是一个什么国家?(同学答:"落后的。")落后就是落后。我们也有很先进的地方,把人送到太空上。今天那位美国记者还有这么一个问题,他说你们真行,你们可以把人送到太空上去,就是解决不了台湾问题。我当时愣了一下,后来告诉他,这是因为美国人总是在这儿犯错误。(同学插话:谈什么是中国。)我希望你们听完这个讲座,别人一问你什么是中国的时候,你能给出又完整、又明确、又简单的定义,那才叫中国人,不能连自己国家的定义都不清楚,还一天到晚说爱中国。不能盲人摸象,摸着耳朵说它像把扇子。

　　如果我们把所有同学们讲的都综合起来,我把我的定义跟大家说一下,说来说去都差不多：东方有悠久历史的，曾经遭受过侵略的社会主义发展中大国，它正在崛起。这就是中国完整的定义。这里面东方包含两层含义，一个是地理的，一个是文化的。刚才有人说历史，其实是地理，它基本上是被界定为东方文化，就是中国文化。正在崛起，这是我们中国人对自我形象的一个新的定义。正在崛起对中国意味着什么，对世界意味着什么，是完全不同的。就是这样一些基本特性构成了我们与当今世界的关系的基础。我们是这样一个国家，在同世界打交道，处理同我们国家有关的对外关系的所有问题。我们面临的很多问题也是从这个国家特性中产生出来的。

　　一个人是有很多属性的，国家像人一样。有的同学虽然是学生，在外面打工、到公司就是雇员，相对于他的朋友，是男朋友或者女朋友，要是相对于父母是子女……在身份被定义清楚后，就有了一套准则。这套准则实际上是从生下来就被赋予了的，是用各种方法，包括正式宣传教育，甚至是非正式的，用中国的传统来说，每天的扫地、做饭，晚上的洗脸、洗脚等等，很多行为方式有意无意都规定好了，什么是合理，什么是无理。只不过你是不是有意识地想到它，或者是没有意识、下意识地去按照它行为。比如说你现在见到了老师，自然就说老师好，这是从小一进校门就教，从托儿所里面就在教。作为一个国际社会中的国家，这一套套的规定，一部分是被别人规定的，有一部分是被我们自己规定的，是我们自己在历史发展中定义出来的，灌输到我们的头脑中，使我们下意识地产生一些行为，这些行为的指导原则就是我们的政策。

　　我们谈的第二个问题，是中国正在崛起这个基本形象的问题。我们国家对外关系的这个定义是早就存在的，不是说我们今天才报道出来的，只不过是今天我在这里把它给概括出来。这些东西本来就是存在的，只不过有没有想它，有没有谈它就是了。那么中华人民共和国建国50年以来，我们对外关系的核心问题是什么？从它的历史渊源，还有从中华人民共和国建立以来全部的实践，都给出这样一个答案，在证明这样一个答案，即中国对外关系的核心问题，就是同现当代国际体系的关系。也不用回避，这个国际体系就是以美国领导的、西方发达国家占主导地位的国际体系。这五十年，我们就是在解决这个问题。这个问题不是因为中华人民共和国建立才有的，它是中华人民共和国建立并开始完成国家统一以后，必须要面对、必须要解决的问题。中华人民共和国建立以后产生的一些国家特性，使我们在解决这个问题的时候，面临着一些新的特殊的问题。中国在历史上从来没有面对过的，是外来侵略者的文明程度高于中华文明。在当时，它代表的是另外一种我们从来没有遇到过的，我们叫先进生产力的东西，另外一种文明，它当时超过了我们几千年历史延续下来的中华文明。因为在过去，中国的周边国家、边疆地区等，没有谁能比得上中原的儒家文化,或者是中原文明。所以说从近代开始,中国就必须要面对它跟世界的关系的核心问题,处理与这种以列强为核心建立起来的国际体系的关系,这成了有关中华民族生死存亡的大问题。经过一百多年的顽强奋斗,寻找改革道路,进行反侵略战争,抵抗等等,中国人民付出了巨大的代价。中华人民共和国建立以后,中国真的开始具备了解决上述问题的政治条件。我们现在处理很多问题,其实都是围绕着这样一个基本的观点,它决定着我们的情绪、态度、政策和行为方式。

从中华人民共和国的发展历史来看,我们处理这个关系问题,从1949年到现在可以分为两个阶段,以中共十一届三中全会划界,分为两个阶段。第一个阶段,我们与现当代国际体系的关系,就是从对抗到合作的过程。1978年底中共十一届三中全会以后,中国开始实行改革开放政策,逐步走到今天,我们政策的基本导向,或者是主流的认识,就是要全面地融入这个国际体系。邓小平当年为什么要提出中美关系要实现正常化,1978年"文化大革命"刚结束,实际上国内的拨乱反正才刚刚开始,对外政策还基本上没有讨论,邓小平说,这也简单,世界上跟美国的国家都富起来了。处理好与美国的关系,其深层的问题是要解决我们国家的发展问题,解决发展战略问题。这是一个现实。我们可能会因为各种各样的原因,不去探讨这样简单的问题,但我们不能不承认现实,不正眼看这个现实。

十六大讲和平与发展是当今世界的主题。探讨这个问题从实践的需要讲,它是解决我们国家处理对外政策的基本出发点。我们是按照中国传统的观念来论证国家的发展战略问题,先讲国际形势,再讲国内形势,再讲我们的任务。我们的任务必须跟国际形势的大趋势是一致的,不能逆潮流。过去要进行世界革命,就讲世界形势一片大好。按照1970年元旦社论的描述,那个时候真让我们热血沸腾。例如说"旧世界风雨飘摇,一座座火山爆发,一顶顶王冠落地,在整个世界上,再也没有一块安定的绿洲了"。因为有了这样的大好形势,我们才要搞"文化大革命"。如果这个世界是和平与发展,我们当时怎么能搞革命呢。所以要论证这个问题。其实我们很多的争论还是在围绕着时代的问题,时代是我们的逻辑的起点。我觉得在政策中没有那么重要,但是它是我们的哲学,是我们的逻辑,没有这个逻辑,很多问题不能论证。我为什么这样讲?反过来看,德国和日本的起飞都是在60年代、70年代。那个时候有什么和平与发展的主题?东西方处在对抗状态,虽然不能说是尖锐紧张。德国和日本处在东西方对抗的前沿,对于它们来讲,哪有和平与发展的主题?但是它们就是发展了。利用了60年代初期的缓和局势,保持自己一贯对外政策,给自己提供了基本的安全保障,然后把大量的人力、物力、精力和智慧用于发展经济,结果就发展起来了。我们中国这样的大国,操控周边环境局势的能力远远超过了日本和德国。德国和日本的发展得益于美国给他们提供的安全保障和巨大的市场,当然了,还有一整套的资本主义一体化的体制。但它们的政策合宜是不可否认的重要因素,甚至是主要因素。

从1979年算起,这一年我们与现在这个国际体系的关系从对抗转向合作,我们当时并没有下决心要"全面融入"的观念。1949年中华人民共和国成立,我们当时选择了"一边倒"。毛泽东在《论人民民主专政》里面讲了,十月革命一声炮响,给中国送来了马克思列宁主义,走俄国人的路,这就是真理。当时有人说中国的对外政策应该走中间道路,做美苏之间的桥梁,毛泽东回答说,我们就是要一边倒。他在《新民主主义论》中说,当今世界非白即墨,半殖民地半封建的英雄好汉们没有中间的道路可走。当时中国选择了"一边倒"。

"一边倒"是什么含义呢?它不仅仅是一项对外政策的选择,实际上是中国发展道路的选择。中华人民共和国建立后,我们迅速同社会主义阵营的体制接轨。1949年7月刘少奇访问莫斯科,跟斯大林谈的次数不多,大部分时间是看苏联怎么建立政府机构,工厂企业是什么结构,把苏联的体制和模式带到中国来,带来了苏联的专家。我们照着模子刻了一下,做了这样的选择。当时做这样的选择也不是毛泽东的选择,因为当时没有一个国家对中国给予过那么大的同情和支持。实际上在50年代中国经济发展很快,中国得到了大量的、大规模的外部援助。国家建设最初的资金来源是很难的,第一桶金子从哪儿来,就是从苏联那里来的。我们的原始积累其实是非常困难的,苏联给予了极大的帮助。我国当时工业体系的建立是在苏联帮助下实现的。

这是第一个阶段。毛泽东对有些问题他是看到了,但是他作为一个历史人物,有他的局限性。毛泽东讲,中国要独立,就要跟美国斗,就要跟苏联斗;中国要发展,就要跟美国搞好关系,跟苏联搞好关系。独立和发展,当时怎么权衡,怎么处理。在当时那种国际环境中,你想不依附大国,就要付出代价。

到了第二个阶段,我们同苏联之间发生了很大的问题。中苏同盟的破裂导致了我国整个对外政策的重大转变,这个转变是中国在70年代初缓和中美关系的基础。当时并不是中国下决心要走市场经济的道路,同西方的体系接轨。按照毛泽东的观念,我们还是要打破旧世界,建立一个新世界。当时只是为了对抗苏联的需要,解决迫在眉睫的外来入侵问题,防止大规模的外来入侵,跟美国结成暂时的同盟。但是我们整个一套意识形态、理论体系、思想观念,包括我们的政治体制、经济体制等等,都不可能像今天这样同这个国际体系接轨。只是在安全战略层面上、在策略上与美国结成联盟。当时中国的对外政策其实就是"四面出击",直到1969年3月中苏边界冲突以后,才认识到不能四面出击了。那个时候一说起"文化大革命"那是很光荣的。背高尔基的《海燕》,那时真的觉得很光荣,什么"让暴风雨来得更猛烈些吧……"。那个时候大家爱看电影《英雄儿女》,像王成那样喊"向我开炮",把敌人的火力都引来,只要全世界、全人类能得到解放。就是这样一种观念,我们要改变整个世界,还是要把西方阵营也打碎,中国是最革命的,要领导世界革命。

当时美国人是有很多幻想的。有一位美国人在大街上看到这么多人都穿一样服装,深蓝色的,叫毛氏服装,不是深灰就是深蓝,两种颜色。美国人说看到这么多人,要是他们都反对美国,多可怕呀。这就是美国人为什么要在中国进行文化投资的原因之一。赞助中国人到美国去,学习和了解美国的观念,慢慢改变中国人对美国的看法。中国有这么大的市场,这么多人口。最初有的美国商人不知道中国人用筷子,以为如果到中国来卖叉子,会发大财。有一位钢琴行的老板告诉我,雅马哈钢琴现在琴行里大量地卖,大概是两万五到三万块钱就可以买到,是旧琴。他说当时经营雅马哈钢琴的日本老板就是满怀热忱地来到中国,结果十年就是卖不动,中国人没有这么强的购买力,最后坚持不住了,说中国人不识货,不知道雅马哈钢琴有多好,于是撤了。毛泽东非常清楚,只要是需要的话,我们可以跟强盗握手,同魔鬼结成同盟。

今天那位记者还问,温家宝总理他要不要参加公众活动,当年邓小平去美国戴牛仔帽,坐着马车,美国公众热烈地向他欢呼,温总理去会不会也这样做?我想了想温总理的形象,温文尔雅,很有文人气质。我跟他讲,其实这根本就不可能。1979年那个时候,只有邓小平敢拿着美国的牛仔帽,坐马车挥手,中国其他人谁敢这么做?现在已经没有必要了,你看我们这儿校园里面的学生多少人穿着美国的衣服,看美国的电影,很多用的还是美国香水,美国的化妆品,到处都是。哪里还用得着我们领导人出门戴着美国帽子?用不着了。整个时代变化了。

当时我们同美国的关系是没有内在动力的,完全产生于为应付外部安全压力的需要。我们同美国为代表的整个国际体系的关系,从理论上讲是一种敌对的关系,永远敌对的关系。中美关系当时建立在外力驱动的基础上,存在一个很大的问题,即我们的双边关系没有内在的发展动力。当时在我们中国,人们没有产生这种想法。如果现在不进口美国的化妆品了,不唱美国的歌曲了,我们就会感觉到生活中缺了点什么。我们的人民需要提高生活品质,包括物质和精神生活的品质,这就需要与美国交往。同时我们中国很多的产品,也适应美国人民提高物质和精神生活品质的需要。由此产生了发展相互关系的内在动力。如果不是这样的话,就要像当年一样,需要靠双方政府塑造对方的好形象,塑造一个相互友好的形象。我们中国当时做了很大的努力,包括在长城,那么冷的天,安排女孩儿在那儿跳皮筋,为的是让美国公众看到我们的人民安居乐业。在上海,一位外国记者说,有一次他在窗户上盯了两个小时,有一对情侣一会儿走过来,一会儿又走过去。仔细看老是那两个人。这样做当时是展示中国人悠闲的生活,有情侣在街上一会儿走过来,一会儿走过去。这是我们当时的做法,是对外宣传。根本上讲是要塑造一个形象,让美国公众看到关于中国的情况。当时尼克松访华被美国媒体称为是像阿波罗号登月一样的壮举。只有让美国公众看到这样的中国,他们才会支持尼克松改善与中国的关系。我们在电视中也看到,毛主席同尼克松谈笑风生。在当时"文革"那种气氛里,也只有这样中国人才能接受缓和中美关系。在当时的历史条件下,必须要这样做。

由此引申开,我想到一些其他的问题。发展中国家知识分子为了取得发达国家对自己国家的好感,经常愿意介绍自己国家与西方发达国家接近的一面。这样实际上经常造成发达国家、美国对发展中国家的误解。这种误解一旦遇到一些特殊的重大事件,美国公众会有一种被欺骗的感觉,或者说有很强烈的反感。这是一个值得思考的问题。我们在向世界介绍中国,应该介绍一个真实的中国,它的复杂,它的矛盾,它存在的方方面面的难以想象的各种难题。

我们最终下定决心走市场经济道路的时候,最需要的就是与国际体系接轨,我们讲的是体制上的接轨。对此我不想做更深入的介绍,因为大家都知道,其实今年最大的,也是加入WTO以后最重要的发展,是中国领导人参加八国集团峰会的对话会。中国要不要加入八国集团,是值得思考的。在90年代前半叶,有人提出中国应该加入八国集团。当时的中国总理说,那是个富人俱乐部,我们不参加。今年胡锦涛主席参加八国领导会议的对话会,也许实际上还包括我们给法国面子的因素,因为法国跟我们关系比较友好。如果不是法国邀请,我们可能还是不会参与这样的活动。再一个我们当时决定走出这么一步以后,是否考虑过,真的加入八国集团以后,我们的整个身份会改变,变成一个发达国家的身份。这是一个非常大的问题,涉及国家的属性如何定义。原来的发展中国家身份要改变,有人说这个定义是一个自我认识的问题,我们在内心认同我们是发展中国家,发展中国家是好的。发达国家在我们脑子里面,就是压迫、剥削和侵略。所以当我们要改变身份的时候,我们能不能接受?我们是要过一个心理上的槛。发展中国家里面,能跟中国的国力相比的有几个?我们看我们国家加入WTO后再往前走,一步步越来越深入、全面地进入这个领域,我们最终会变成一个什么样的国家?说得伟大一点,为了我们民族的利益,真的要开始认真地思考了。

以上讲我们要全面融入,或者说我们主流的思考是要全面融入的时候,已经给我们带来第二个问题,就是我们今天站在这个位置的时候,我们进入一个新的家庭的时候,我们是谁?我们处在一种什么样的地位?这样一种身份我们能不能接受?这个位置我们能不能认可?我一直在想,也没什么答案,我想跟同学们谈谈,你们也想一想。

随着我们国家的变化,我们既要认识这些变化,还要考虑认同。第一认识我们是一个什么样的国家,第二真的要扪心自问,我们认不认同这个新的形象,或者说认不认同这个正在改变的形象。如果我们变成发达国家,我们认同不认同,愿意不愿意做发达国家,大家肯定说愿意,那是潜移默化的观念。因为在我们心灵深处,还没有认真的思考过,发展中国家和发达国家,让我在两者之间作一个选择的时候,它们的区别除了穷与富,还有什么?举一个最简单的例子,我有一个朋友在美国拿绿卡很长时间,但到了可以加入美国国籍的时候,作出是否加入的决定很痛苦。因为要改变国籍涉及国家认同,造成了价值上的冲突。他要在美国国旗下宣誓效忠美国,中华人民共和国公民做了这么长时间,四十多年了,要让自己认同、效忠另外一个国家,这样的心理过程是很痛苦的。国家也是这样。

我们现在要融入现存的国际体系,这个体系是由美国领导的,是发达国家主导的。在我们整个历史教育中,包括我们现在的中学教科书中,给我们自己一个基本的形象,我们曾经长期遭受这些国家的侵略,直到现在,有些还在侵犯我们的利益。我们认为我们是受害者,在毛泽东时代,我们非常清楚我们就是受害者,是革命者,是挑战者。由于1949年10月中华人民共和国建立,我们还是胜利者。毛泽东给我们留下的就是这样的基本形象,我们认识到这个形象,为自己的胜利感到自豪,在那个时代没有什么怀疑。我们现在的对外关系、对外政策的基本伦理,仍然还是毛泽东那个时候给我们确定的,没有根本的变化。这个伦理的核心是什么,我们是弱国,我们反对强国欺负弱国,也反对大国压迫小国。国际社会中十几个发达国家欺负一个小国,就觉得很无理,很野蛮。我们发自内心地反对大国欺负小国,反对发达国家欺负欠发达国家。这就是一种基本的伦理,这是毛泽东时代留给我们的遗产。

另一方面我们的对外关系已经出现了很大的变化,我们的观念要适应这些变化。为什么我们现在接受现存国际体系的很多原则,因为二十年来改革开放的事实说明了这样一点,即我们已经从这个体系的受害者变成了受益者,我们二十多年改革开放的成就,从某一个角度讲,是得益于这个国际体系所提供的某些功能。这种认识几乎是潜移默化地不断改变着我们的观念,只是我们没有很明确的意识。过去中国要不断地推翻这个体系,我们现在反而成了这个体系的维护者。现在是美国要破坏现存国际体系的很多原则,认为那些原则妨碍它的行动和利益,所以要破坏这个体系的很多方面。中国现在扮演的角色是重大的,我们是现当代国际体系的维护者,这个转变已经完成了。只是我们没有意识到,或者是意识到的时候,没有敢反应,因为它与我们现在的传统观念和意识形态之间,还是存在很多矛盾。

  这个转变很难,我们面临着很多问题。在这个变化的过程中,我们在认识这个问题的过程中,受到很多因素包括传统意识形态的束缚、影响。在毛泽东时代,我们还没有这么强烈的感受。那个时候我们不同世界发生关系。现在当我们打开大门搞改革开放的时候,通过比较,我们更看清了自己不足的一面。在关于北大改革的讨论中,我收到一篇文章,有一段讲得非常好。我给大家念一下。这种思维在毛泽东时代是没有的,那是因为我们在另外一个背景的映衬下,不会产生那样的思考。这里面有一句话讲得特别好,就是关于"历史的挫折感",这种挫折感是"因为百年来中国生活的世界和价值世界分崩离析而生的惆怅"。这是因为我们过去的传统,过去的生活方式是很诗意的,如过去在我们的诗歌里是小桥流水人家的境界,现在都是高楼大厦。高楼大厦我看不出有什么好,我特别想念小平房。高楼大厦都是大水泥一块儿一块儿拼起来的,二十多层的就是水泥板拼上去,漏一个大方洞,无非就是装修一下。小桥流水多诗情,可惜我们现在这样的生活方式没有了。当然这是表层的。更深层的是"为当代中国社会'名'与'实'的巨大错位而感到焦虑不安;是为在'欧风美雨'中的中国文化表达的艰难曲折而感到烦闷和焦躁;是因为中国社会方方面面(包括大学制度)的不尽如人意之处,及其相对于西方的巨大的劣势而生的担忧。这种'挫折感'本是晚清以来历代中国知识分子最基本的问题意识"。后来因为中华人民共和国的建立和它的成就,我们感到很自豪。当我们在改革开放以后与西方再接触时,这种挫折感又被凸显出来,它的确是所有真问题的源头活水,是根本性的。文章下面的评论也是很有意思。它说一些年来,有不少中国的读书人,不但没有了这种历史挫折感,而且只知道以学位、职称、房子、汽车来衡量人生的成功和失败。我看这句话就想起来南宋王朝时候的两句诗:"暖风熏得游人醉,直把杭州做汴州。"我们现在不少人有这类的陶醉,真的是没有了忧虑,没有了那个根本性的"问题意识"。买了房子就想,我在美国也不过就是这么大的房子;买了车就想,我在美国还买不起这么好的车。你在比什么呀,比到最后,我们真正存在的问题解决了吗?我们国家存在的,我们跟西方文明相比起来的,在某些方面巨大的差距弥补了吗？确实比较有问题的是，我们在用一种物质的东西，或者说试图用一种物质的东西，来解决我们精神层面上的问题，或者说暂时掩盖我们精神层面存在的问题。

我们从历史的角度比较中西文化，其实它的核心问题对中国人来说，是中国人发自内心的最深刻的关怀，就是中国文化的历史命运。我们的传统文化不断延续，美国有一个学者讲过这样的话，反观一下世界上四大文明，有哪个文明存在，只剩下中华文明，其他都衰落了，只有中华文明源远流长。但是我们现在真的要想，我们的文明能够千秋万代永远延续下去吗？这种挫折感的最深处就是这种担忧吧？其实人很多时候不想这些事，我们可以用很多现实的生活来占据我们的时间和空间，但是这个问题实实在在地存在。我想中国的知识分子也会永远思考下去。

第二个问题，就是关于对国际化的理解的问题。什么是国际化？我们经常用这样的词，但它到底对我们意味着什么。台湾有一个作家，龙应台。她讲台湾的国际化问题的时候就说，在台湾（我认为实际上在很多发展中国家也一样），所谓的国际化，潜台词就是英语世界化。但是从字面理解这个国际化，我认为国际里面就包括中国，国际化理应就包含着中国化的内容，对不对？因为中国是"国际"的一个重要的组成部分。国际化其实就是积累一种尽可能完整的概括世界的理解，和向外部世界展示、解释自己的能力。国际化就是一个沟通的过程，相互学习，相互融合，相互沟通的过程。不是说我们自己英语世界化就是国际化。龙应台有一篇文章，叫《城市文化——在紫藤庐与要STARBUCKS（星巴克）之间》，星巴克是一个美国的连锁店。她在文章中问，假若大家都在追求国际化，那么国际化是什么呢？按照字意，就是使自己变得跟"国际"一样，可是谁是"国际"呢？再问一句，变得跟谁一样呢？我在这个基础上想再问一下，咱们能变得跟人家一样吗？就算是使尽了浑身的解数，我们能变得跟英语世界的"国际"一样吗？有些话语形成以后，人们很难进行反向的、逆向的思考。龙应台说，1978年她第一次到欧洲，就是启蒙运动、工业革命的发源地，先进国家的聚集处。她带着对现代化的想象而去，离开机场，车子沿着德法边界行驶，一路上没有看到预期中的高科技，超现实的都市景观，却看见田野依依，江山如画，树林与麦田近处就是村落，村落的红瓦白墙起落有致，趁着教堂尖塔的沉寂，斜阳钟声，鸡犬相闻，绵延数百里，竟然像中古世纪的图片。这是真的欧洲，不是夸张。这是我们心目中的现代化。

我有一位欧洲的朋友，他因为工作的关系年年到中国来观察各个方面。他1996年或1997年来的时候告诉我，北京真是每年都在变。我说你喜欢吗？他说不喜欢，他说北京变得像香港一样。这是他跟我讲的原话。龙应台后来在欧洲长期定居,她说她"只是不断见证传统的生生不息"。如生老病死的人间礼仪,什么时辰唱什么歌,用什么颜色,送什么花,对什么人用什么遣词用句,井井有条。春夏秋冬的生活韵律,暮冬的化妆游行以驱鬼,初春的彩绘蛋以庆生,夏至的广场歌舞与休息,圣诞的庄严静思以祈福。千年历乐,不绝于缕,并不曾因"现代化"而消失或走样。这就是她对世界现代化发源地的描述。她说她吃惊的是原以为到处会看见现代化成就的骄傲展现,但是不断看见的却是贴近泥土的默不作声的传统,穿过浓绿的草原,牧人缓缓向她走近,就像旧约圣经里的牧羊人,走近一个口渴的旅人。这是什么感觉,什么样的境界,什么样的生活方式?在座的同学比我们更有机会到国外,到欧洲看看,这不是夸张的,这是真的。她是把一些景色比较集中地描写而已。我在瑞士才知道瑞士人为什么不参加欧盟,总是公投投不过。理由之一也很简单:开放边界以后,其他国家的车来往就多了,污染会严重,所以就不应该加入。他就要过他的日子,当然他的日子过得很好了,人民对生活的要求就是这样,你不能污染我的环境,你不能改变我的空气质量,空气和水最重要,干干净净的。龙应台最后得出这样的结论,即越先进的国家就越有能力保护自己的传统,传统保护得越好,对自己就越有信心。反之,越落后的国家,传统的流失或支离破碎就越严重,对自己的定位与前景就越是手足无措,进退失据。同我前面讲的挫折感联系起来,可以说我们的挫折感有一部分是来源于我们对现代化的理解有问题。

  什么是现代化,是影响我们认识我们中国同世界关系的第三个问题。面对我们中国现在的发展状况,会发现在我们国家现代化的过程当中,确实有很多问题。一方面我们可以强大到、先进到把一个人送到太空,这是我们国家发展战略、国防战略的需要。我们的发展战略和国防战略有这样的需要,面对当前激烈的竞争,就是要在太空争一席之地,在太空上没有我们的位置,就会影响到我们在当今国际社会中的位置。所以我们要花费很多的人力、物力、财力去参与这样的竞争,而且一步一步取得成功,这是举世瞩目的。80年代初中国曾经有一个争论,即改革开放以后中国的航天事业怎么发展?80年代初有很多文章。当时邓小平作了一个重大的决策,就是中国的航天要走实用的商业的道路,要想发展,就要好钢用在刀刃上。我们资源有限,怎么发展,是不是走市场的道路?当时是一个重大的决策。因为我们过去发展"两弹一星",都是在国防建设体系里面走,不计成本。当时作出了重大的决定,同时邓小平给过去"两弹一星"的发展以极高的评价。他说没有"两弹一星"就没有中国当今的国际地位,中国今后的发展还是要有航天技术的突破,里面就包含着这种重大的战略考虑,不是纯商业考虑,也不是纯科技考虑,是我们要在太空争中国的一席之地，这是未来的战略制高点。

另一方面我们又看到，我们有如此众多的贫困人口，今年的人代会是上一届领导人离任，选出新一届国家领导人。当时温家宝总理在记者会上说出这样的数字，有些同学也许还记得。就算是在宝塔尖上生活了，也要记住这些数字。他说以年人均收入625元为标准，中国的贫困人口还有3000万。一年625元，我给香港人讲课，他们发出倒吸凉气的声音，怎么还有这么多的人这样贫困。温家宝还举了一个数字，如果以人均年收入825元人民币为标准统计，中国农村的贫困人口还有9000万，接近一个亿，欧洲整整一个大国。我们要把这样一个大国的人民，带到像我们中国沿海城市，不要说北京、上海、广州，就是沿海中等发达城市的水平，还要付出多大的努力。今天那个记者问，温总理到美国去，他有什么国内压力吗？他是美国人的思维。我告诉他这个压力，就给他举这个数字，接近一亿，一年只有100美元作为生活费的人口，就是温家宝最大的压力。所以在中美贸易问题上，会跟你们做非常强硬的讨论。我说你们能理解吗？一年100美元过日子，有将近一亿人，中国要解决这么大的贫困人口问题。你们只看到了中国买了多少现代级驱逐舰，有多少导弹，哪里想到过这个数字。这是政府领导人讲的数字，是经过政府机构统计的。这是活生生的，发生在我们的身边，只要稍微注意一点就会看到。一方面我们可以有最时髦的音乐，可以看到年轻的追星族按最时髦的动作和方式、发出最时髦的尖叫声去追星，同时在北京的大街上可以看到乞丐。我们西部的贫困人口有多少，我们大家肯定都知道。我们面对这样的一种复杂、矛盾的现象，在我们走向世界的过程中，它在影响我们的自信心。

我们敞开大门走向世界，在每一个特定的阶段敞开到什么程度，进入国际社会我们接纳它们的标准，按它们的标准行事，在特定时期我们能够接受哪些标准？要看看我们国家的国情，我们不能站在发达地区、高收入水平的层次上考虑这些问题。也就是因为这样，我们有很多政策需要抓紧时间考虑，在融入世界的过程中，应关注谁，反映谁的利益，我们需要建立一种什么样的体制，才能比较综合地反映我们国家存在的巨大差异和复杂特殊的状况。中国能崛起吗？中华民族复兴的含义是什么？十六大报告的题目就是沿着有中国特色的社会主义道路，为中华民族的伟大复兴而奋斗。它引起我们思考很多问题，我们应该如何做，我们可以说要像诗人一样讲张开双臂去拥抱世界，但是与任何时候和世界任何方面的谈判，都要考虑我们的国情。我们很多政策犹犹豫豫，模模糊糊，举步维艰，是因为我们有这样特殊复杂的现实。对这种现实的认识，制约着我们处理很多具体问题的方式。

从这个角度讲，我们认识和不断解决中国与世界的关系这个问题，其后果最终会反映到我们国家的国际定位上,反映到我们对我们国家对外政策、对外关系的基本认识上。它是会产生重大影响的,这些问题是随着历史的进程产生出来的,也只能随着历史的发展来逐步解决。

(2003 年 12 月 17 日)

(原载《北大讲座》第六辑)

北京大学史学系五十年变迁(1899—1949)

牛大勇

[演讲者小传]

牛大勇,北京大学历史学系教授,主要研究方向是中国现代政治史,特别是现代中国与美国、英国、日本等大国的政治关系等。曾任北京大学研究生院常务副院长、历史学系副主任,美国哈佛大学访问学者(1997年9月至1999年1月),美国斯坦福大学访问学者(1998年7月至8月),瑞典斯德哥尔摩大学亚洲太平洋研究中心访问研究员(1995年1月),美国华盛顿威尔逊国际学术中心研究员,兼乔治·华盛顿大学欧俄欧亚研究所客座研究员(1993年1月至12月),日本创价大学客座研究员(1987年11月至1988年11月)。主要著作:《中华民国史》第2编第5卷(第二作者),中华书局,1996年;《周恩来和他的秘书们》(第一作者),中国广播电视出版社,1992年;《中国现代化历程的探索》(与罗荣渠合编),北京大学出版社,1992年。

一

　　1898年,在变革与维新潮流的推动下,清政府筹办京师大学堂。总理衙门拟制了中国近代高等教育的第一个办学章程——《筹议京师大学堂章程》。对于办学宗旨,标举"中西并重,观其会通,无得偏废",强调"本学堂以实事求是为主"。根据这样的原则,学堂的功课拟分普通学、语言文字学、专门学三类,在普通学中设"中外掌故学"等十种课。① 然而开学时,变法运动已告失败,教育方针和课程设置均呈浓重的守旧色彩。入校学生仅百人左右,课程只有诗、书、易、礼四堂和春秋二堂。每堂学生十余人至二十人,上午习经史、下午学格致、算术、化学、外文等,每月甄别一次。1899年秋,学生增至近二百人,"乃拔其尤者,别立史学、地理、政治三堂",由仕学院分隶之。原有的六堂改名为"立本""求志""敦行""守约"四堂。②

　　1900年夏,义和团进入北京。学生四散,京师大学堂停办。八国联军侵占京城后,俄兵入驻大学堂,屋舍多毁,图书仪器荡然无存。③

　　1902年,清政府下令恢复大学堂。据这年旧历十一月颁布的《钦定京师大学堂章程》规划:大学专门分科将设七科三十五目,其中文学科设史学等七目。至于详细课程,因尚无生源,待若干年后预备科的学生卒业时再定。预备科及大学堂附属之仕学、师范两馆,皆设多门史学课程,如中外史制度异同、中外史治乱得失、工农商业史、史学教授法等。④

　　10月14日,仕学馆和师范馆举行招生考试,考试科目中都有史学。例如师范馆的中国史学的专题共12问,其中之一是:问汉武帝盛击匈奴,唐太宗厚遇突厥,御外之术固各有不同欤?试略述其得失。另一问是:问宋之均输与汉之平准,其法同异若何?⑤ 12月17日,大学堂举行了入学典礼,仕学、师范两

---

① 中国史学会编:《戊戌变法》第4册,神州国光社,1953年9月,第486—490页。
② 喻长霖:《京师大学堂沿革略》,《清朝续文献通考》第2册,浙江古籍出版社,1988年影印,第8642—8650页。
③ 《国立北京大学建校五十周年大事年表》(以下简称《五十年表》),《国立北京大学五十周年纪念一览》(以下简称《五十纪念》),国立北京大学出版部,1948年12月印行,附录。
④ 舒新城编:《中国近代教育史资料》中册,人民教育出版社,1961年,第549—567页。
⑤ 蔡璐:《大学堂译学馆各项考试题目》,北京大学综合档案室藏档(以下简称"北大档"):京师大学堂/121。

馆共录取学生一百余名。① 这时在京师大学堂为他们开设史学课程的有汉文教习屠寄、王舟瑶、杨道霖等人。日籍教习服部宇之吉讲授万国史。②

1903年，清政府在对原章程作了进一步修改补充之后，颁布了《奏定大学堂章程》。拟在分科大学设八科46学门，其中文学科设中国史学门和万国史学门等。这个章程还详细规划了课程科目、教学内容、研究方法、教材和参考书，要求学生在毕业时须呈交毕业课艺和自著论说。③

1904年夏，京师大学堂开始招收预备科学生，同时招考师范馆第二批新生，首场试题即有中外历史各六问。④ 仕学馆因迁并于新办的进士馆，不再归大学堂管辖。⑤ 此后陆续受聘到京师大学堂担任史学教员的有冯巽占、李稷勋、王镐基、陈黼、陈黻宸、李凝、谭绍裳等。⑥ 他们先后编出史学讲义多种，是中国近代最早的大学历史教材。

1907年3月，京师大学堂师范馆首届学生104人毕业，按成绩分为四等。⑦ 他们是我国第一批受到较系统的近代科学（包括史学）教育的大学毕业生。

1909年春，又一批预备科和师范馆的学生毕业。随后，预备科改称高等学堂，仍属京师大学堂管辖。师范馆则改称优级师范学堂，脱离京师大学堂而独立。⑧

有预科学生毕业后，京师大学堂便加紧筹办分科大学，并为此任命了八科的监督。文科监督为孙雄。1910年3月31日，分科大学举行开学典礼。同原拟章程相比，办学规模大打折扣，文科仅开中国文学和中国史学两门，学制四年。⑨ 尽管如此，中国的史学本科教育总算付诸实施了。

次年，发生辛亥革命，教员学生纷纷请假回籍，京师大学堂再度停办。

---

① 喻长霖前揭文；《京师大学堂同学录》，京师大学堂，1903年；徐宝璜：《国立北京大学廿周年纪念册》，"沿革一览"第13页。

② 徐宝璜前揭书，"职员一览"第29—30页；王画初：《记优级师范馆》；俞同奎：《四十六年前我考进母校的经验》，俱见《五十纪念》，第8—16页；《京师大学堂中国史万国史讲义》初编，京师大学堂印行。

③ 舒新城前揭书，第574—632页；《光绪二十九年学科设置及课程安排》，北大档：1/1。

④ 喻长霖前揭文。

⑤ 《五十年表》。

⑥ 徐宝璜前揭书，"职员一览"，第37页。

⑦ 《光绪三十三年二月毕业同学录》，徐宝璜前揭书，"学生一览"，第1—3页。

⑧ 《五十年表》。

⑨ 《国立北京大学概略》（以下简称《概略》），北京1923年印行；《国立北京大学校史略》（以下简称《校史略》），北京大学1933年印行。

二

中华民国成立后,改学部为教育部,任蔡元培先生为教育总长。蔡元培就职后,便着手改革旧教育制度。他于1912年4月发表《对于教育方针之意见》,主张从国情现实出发,军国民、实利、德育、美育、世界观五方面的教育不可偏废,又认为历史、地理两科,实际包含着这五方面的教育。①

5月1日,教育部令改京师大学堂为北京大学,嗣冠以"国立"二字。正担任大学堂总监督的严复,便成为北京大学校长。北大复课后,合经、文二科为文科,严复兼文科学长。② 史学门这时的课程有:史学研究法、中国史、西洋各国史、塞外民族史、东方各国史、南洋各岛史、历史地理学、考古学、年代学、经济史、法制史、外交史、宗教史、美术史、人类及人种学、中国史概论、西洋史概论。课程共分两大学类,一为中国史及东洋史,一为西洋史。③

1913年夏,原大学分科的学生226人毕业。这是北京大学第一批本科毕业生,其中史学门的29人全部获得甲等成绩。④ 10月,北大本科再度开学时,文科仅开中国文学一门。⑤

1917年初,蔡元培到北京大学任校长,大力推进改革。他聘请新文化运动的旗手陈独秀担任文科学长,暑假后即在文科增设中国史学门。⑥ 当年考入史学门的本科生达59人,其中有后来成为五四运动积极分子、中国共产党初创者之一的谭植棠。⑦

在陈独秀的提议下,文科改订了课程科目。中国史学门的课程设置渐趋完备而合理,计开必修课66学时,有中国通史、历史研究法、东洋通史、地理沿革史、金石及考古学、人类及人种学、法制史、学术史、民俗史及宗教史、经济史、中国与亚洲诸国交通史、外国语等。拟开的选修课有:西洋通史、西洋政治史、西洋外交史、西洋文明史、中国生计史、中国民族史、中国史教授法、西洋史教授法、清代考据学、清代史编纂法之研究、满文、蒙古文、女真文、西藏文、梵

---

① 《蔡元培选集》,中华书局,1959年,第8—15页。
② 《概略》。
③ 《民国元年学科设置及课程安排》,北大档1/2。
④ 徐宝璜前揭书,附表。
⑤ 肖超然等编:《北京大学校史》,北京大学出版社,1988年,第45页。
⑥ 《校史略》;《五十年表》。
⑦ 《北京大学日刊》,1917年11月23日。

文等①。数年内,又陆续开设了若干中外断代和专题中课程。②

1917年11月,教育部将国史编纂处附设于北京大学中国史学门,由蔡元培兼任处长,陈独秀兼任纂辑股主任。史学门许多教员都在这一机构兼职,积极从事民国史及中国通史的史料征集和编纂工作。两年后,国史编纂处又划归国务院管理。③

1919年6月10日,史学门教授会成立,康宝忠以多数票当选为第一届主任。④ 次年即由朱希祖接任。⑤

1919年8月中旬,校评议会议决:中国史学门依新制改称为史学系。⑥ 这一名称一直沿用到50年代初期。

李大钊于1918年1月应蔡元培等人之请,出任北大图书馆主任,次年7月又被聘为教授。⑦ 从1920年10月起,他到史学系执教,并以史学系教授的资格当选为商决校政之最高机构评议会的评议员。⑧ 他在史学系先后开设了"唯物史观""史学思想史"等课,⑨经常为北大师生和社会各界举行讲座或演说,撰写了多种讲义和大量论著。⑩ 他结合社会发展史和史学史,评介了古今中外的各种进步史学思想,阐述了马克思主义新史学的一系列基本原理,论证了唯物史观的科学思想,阐述了马克思主义新史学的一系列基本原理,论证了唯物史观的科学价值。他还身体力行,以马克思主义为指导,研究论述了一些重要历史事件和人物。他为改造旧史学,创建新史学做出了杰出贡献,北大史学系也因而成为中国最早讲授和传播马克思主义新史学的地方。至于李大钊从事的其他革命活动及其巨大的历史影响,则更为人们所熟知。

新文化运动的另外两员主将胡适和鲁迅,也先后被蔡元培、陈独秀聘到北

---

① 《北京大学日刊》,1917年12月2日。
② 《国立北京大学学科课程一览》,1919—1920年度,1920—1921年度,北大档:77/2。
③ 《北京大学日刊》,1917年11月17日,1919年1月17日;《五十年表》;徐宝璜前揭书,"职员一览",第87—89页。
④ 《北京大学日刊》,1919年6月11日。
⑤ 《国立北京大学教职员录》,北京大学1920年11月编。
⑥ 《北京大学日刊》,1919年8月23日。
⑦ 《北京大学日刊》,1919年7月30日。
⑧ 《国立北京大学教职员录》,北京大学1920年11月编;《北京大学日刊》,1920年10月1日、14日。
⑨ 《国立北京大学学科课程一览》,1920—1921年度,北大档:77/2;《北京大学日刊》,1923年9月29日,1925年2月23日、24日。
⑩ 《李大钊史学论集》,河北人民出版社,1984年。

大,教授有关哲学史、思想史、小说史等课程。① 有些史学系的学生选修了他们的课。

"五四"及新文化运动前后,为北大史学系(门)授课的学者及其课程还有(以姓氏笔画为序):马叙伦(秦史)、马衡(金石学)、王徵(史学研究法、经济史)、叶瀚(中国美术史、西洋美术史、学术史)、冯承钧(中国法制史)、朱希祖(中国史学概论、战国史、文学史概要)、朱家骅(地史学)、刘崇鋐(欧洲上古史)、李宗武(日本史、人文地理)、李泰棻(中国通史)、李璜(欧洲上古史、欧洲文化史、历史学)、杨栋林(中国近世史、欧洲社会变迁史)、何炳松(西洋史、新史学)、邹宗孟(东洋通史、日本近世史)、张孝年(日本近世史)、张相文(地理沿革史)、陈汉章(中国通史、西周史、法制史)、陈映璜(人类学及人种学)、陈衡哲(欧亚交通史)、陈翰笙(欧美通史、欧美史学史、欧洲中古及近世史)、赵文锐(西洋近世史)、洪允祥(中国通史)、钢和泰(印度古代史)、钱硕甫(东洋通史)、钱振椿(人文地理)、徐宝璜(中国经济史)、唐宝忠(中国法制史)、黄书(中国通史)、曹馥珊(历史研究法、中国与亚洲诸国交通史)、章钦(中国中古、近古、近世史)、梁敬錞(西洋通史、外交史)、程树德(中国文化史、中国法制史)、熊遂(欧洲文化史)、黎世衡(中国经济史)、潘大道(政治史)、戴锡章(中国近古史)。另外,钱玄同、刘半农、刘师培、周作人、沈尹默、杨昌济、李石曾、蒋梦麟、陈大齐等名流在其他学系(门)也开设了与史学相关的课程。②

经过"五四"时期的这番改革,北大成为民主与科学的堡垒。史学系也在传播马克思主义唯物史观的同时,多方吸取近代世界新的史学理论、方法和知识,力求使学生获得广博的基础知识,打下厚实的学术功底,练就精深的专业能力。虽然在当时的政治条件下,不免存在着厚古薄今的倾向和种种缺陷,但是北大历史学科的发展,可以说已由此奠定根基,走上轨道。

三

20世纪20年代初,北洋军阀政府竭力加强对北京大学的控制,迫使蔡元培辞去校长职务。20年代后期,中国大革命失败,奉系军阀和国民党政权进一步加紧摧残北京大学这座民主与科学的堡垒。他们将北京的九所高等学校合

---

① 《国立北京大学学科课程一览》,1919—1920年度;1920—1921年度;《国立北京大学职员录》,北京大学1922年6月编。

② 《北京大学日刊》,1917年11月29日,1918年4月12日,9月14日;《国立北京大学学科课程一览》,1919—1920年度,1920—1921年度;《国立北京大学史学系课程指导书》(以下简称《史学课程》),1932—1933年,北大档:274/4。

并,并企图以改组为名,实际上取消北京大学。北大师生进行了长期艰苦的抗争,学校一度停课。1929年3月,北京大学重新开学。蔡元培再次被任命为北京大学校长。次年9月,蔡元培辞去校长职务。不久,代理校长陈大齐也辞职,由蒋梦麟出任校长。

蒋梦麟抱有在学术上中兴北大的决心,又得到了中华教育文化基金董事会的资助,放手向全国去挑选人才。他把北大划为文、理、法三院,以胡适、刘树杞、周炳琳分任院长,告诉他们:"辞退旧人,我去做;选聘新人,你们去做。"①

1930年,因朱希祖去职,傅斯年曾经暂时代理史学系主任,讲授中国古代文籍文辞史、史学方法导论、中国古代文学史、中国上古史择题研究、汉魏史择题研究等课。蒋梦麟1931年秋也以史学系代主任的名义,叮嘱学生们:大学中的史学,"第一个要求是严整的训练","所谓严整的训练者,指脚踏实地不敢转手的训练而言"。"诸位到大学中的史学系来,乃应是借教员的指导,取得一种应付史料的严整方法,不应是借教员的贩卖,聚集一些不相干的杂货"。"史学的步次是什么呢?第一步是亲切的研习史籍,第二步是精勤地聚比史料,第三步是严整的辨析史实。取得史实者乃是史学中的学人,不曾者是不相干的人。"②这段话显然对史观问题即以什么理论指导研究的问题避而未谈,但亦确实反映了那一时期北大史学系严谨求实的学风。

文学院长胡适为史学系讲授中国哲学史、中国中古思想史、中国文学史概要等课,又从中央研究院历史语言研究所和其他院校延揽了一批学有专长的教师。以西洋史见长的陈受颐教授1932年正式继任史学系主任,主讲文艺复兴与宗教改革、近代中欧文化接触与冲突、西洋史籍举要、欧洲中古与近代史等课。1936年接任的系主任姚从吾,讲授过史学方法论、辽金元史、蒙古史研究、西洋史择题研究等课。③

20年代末至30年代中期,北大史学系专任教师以及为史学系授课的校内外学者还有(以姓氏笔画为序):马裕藻(经学史)、王辑五(日本史等)、毛子水(科学发达史、思想自由发达史、地理学通论、地图学、历学等)、方壮猷(辽金元史)、邓之诚(中国通史)、卢明德(俄国史等)、冯家升(东北史地、朝鲜史、台湾史、边疆民族史)、皮名举(西洋通史、西洋史学史等)、向达(明清之际西学东渐史)、刘崇鋐(欧洲上古史、英国史等)、齐思和(西洋当代史)、汤用彤(中

---

① 胡适:《北京大学五十周年》,《五十纪念》,第1—3页。
② 《史学课程》,1931年9月—1932年6月,北大档:230/2。
③ 《学系主任名单》,1927年6月,北大档:195/1;《国立北京大学职员录》,1930年5月《北大各系主任名单》,1931年2月,北大档:237/1。

国佛教史)、李济与梁思永(考古学与人类学导论)、李季谷(战后国际形势、日本近世史)、吴燕绍(西藏史)、张星烺(南洋史地、中西交通史、西北史地)、张颐(西洋哲学史)、张忠绂(中国外交史、西洋近代外交史)、张奚若(西洋政治思想史)、陆懋德(中国上古史、西洋上古史、考古学)、陈垣(中国史学名著评论、史源学实习)、陈同燮(西洋通史、欧洲殖民事业发展史、英国史等)、范文澜(古历学)、罗庸(中国文学史概要等)、罗念生(考古学、希腊文明史)、郑天挺(古地理学)、周作人(日本文学史)、周炳琳(近代经济史、西洋经济史)、孟森(明清史、满洲开国史等)、赵万里(宋史、中国雕版史、中国史料目录学)、柯昌泗(隋唐五代史)、聂西生(中亚民族史、西洋中古民族迁移史、法国史)、顾颉刚(尚书研究、春秋史、中国古代地理沿革史)、钱穆(中国通史、秦汉史、宋元明思想史、中国近三百年学术史、中国政治制度史等)、徐中舒(殷周史料考订)、唐兰(先秦文化史)、容肇祖(中国思想史)、陶孟和(社会学)、陶希圣(中国社会史、中国政治思想史)、梁实秋(英国文学史)、梁思成(西洋建筑东洋建筑史)、董作宾(甲骨文研究)、蒋廷黻(中国外交史)、蒙文通(周秦民族思想、魏晋南北朝史、隋唐五代史、宋史、中国史学史)、黎东方(西洋近代史、法国大革命史、历史研究法)、劳干(汉魏史择题研究)。①

  当时史学系的教学指导思想,继承了"五四"新文化运动以来形成的传统,强调中国史与外国史必须汇通观之。对于基础知识、治学方法、工具和语言等基本功的训练,务求完备而扎实。专题课和断代史的设置,比20年代更为严密而精深②。许多教师,授课多在三门以上。其中钱穆、毛子水开课竟达七门之多,陈受颐、傅斯年、蒙文通等开课也至五六门。学生当中,刻苦研习,撰文著述,蔚然成风。

  从1935年起,史学系的教学方案有所调整,将四年制学程分为两个阶段:"一二年课程,致力于基本训练,俾学者于治学方法途径,及中外史实之重要关节,有明了正确之认识,健全笃实之修养。"三、四年级则注重专门训练,"学者选习各专史及专题研究,以充实其知识,培养其学力。更由教者指导,选择题目,从事于史料之搜辑、排比、钩稽、史实之比较、考证、论定诸工作,以培养其研究能力"。③ 这次调整的目的,是想在培养通才的基础上,造就更多的专家。

  30年代还是学术刊物的一个黄金时代。《食货》《禹贡》《国学季刊》等等

---

  ① 《史学课程》,1931—1932,北大档:230/2;1932—1933年,北大档:274/4;《国立北京大学文学院课程一览》(以下简称《文学院课程》),1932—1937各年度,北大档:校史资料/34;289/2。

  ② 同上。

  ③ 《文学院课程》,1935—1936年,北大档:校史资料/34。

都曾扶持北大史学系的年轻学人发表文章。学生们也纷纷自组社团,自办刊物。如胡厚宣、杨向奎、王树民、高去寻、孙以悌等组织潜社,出版《史学论丛》。有的班还办了《治史》杂志。当时有名的天津《大公报》经常在"图书周刊"专栏内发表北大史学系学生的稿件。《益世报》起而竞争,另辟专栏"读书周刊",索性交由北大史学系学生负责组稿,而请毛子水为主编。①

至"七七事变"前,北大史学系一直阵容强大,教授得法,人才济济,桃李芬芳。仅1935、1936年毕业的两班,就涌现了王树民、全汉升、何兹全、杨向奎、李树桐、高去寻、王崇武、王毓铨、邓广铭、杜呈祥、张政烺、傅乐焕等一代新的史学家。"七七事变"后,北京大学师生有人奔赴抗日战场,有的流散各地,有的滞留北平,更多的师生则辗转南下,到大后方坚持办学。

四

北大史学系的南下师生,先于1937年10月在南岳衡山与清华大学、南开大学的有关学系合组为国立长沙临时大学历史社会学系,后又于1938年4月迁至云南,改称国立西南联合大学历史社会学系。②

与兄弟院校联合办学,使北大史学系的师生有了一个交流学艺、取长补短的极好机会。1940年5月7日,西南联大第二届第三次校务会议议决,将历史社会学系分为历史学和社会学两系。③ 八年抗战期间,西南联大历史学系及前历史社会学系的主任一职,始终频频地由原北大教授刘崇鋐和清华教授雷海宗轮流担任。在这里先后执教的原北大史学系的教师及毕业生还有:姚从吾、毛子水、郑天挺、傅斯年、钱穆、皮名举、向达、张荫麟、杨志玖、王永兴、王玉哲等。④

1942年11月,历史学系和中国文学系联合组织文史讲演会,以增加学生课外研究之兴趣。几乎每个星期都约请校内外的知名学者轮流主讲。内容十分广泛,包括史学、文学、哲学、艺术等各个方面。不仅学生听者很多,就连校外各界人士也踊跃前来听讲。文史演讲会直到1946年"五四"前,共举行过52次。⑤

---

① 《邓广铭先生访谈记录》,1992年10月2日。
② 张寄谦等编:《国立西南联合大学校史资料》,云南人民出版社,1986年,第5—12页;杨振声:《北大在长沙》,《五十纪念》,第33—36页。
③ 《国立西南联合大学校务会议记录》,北大档:西南联大资料。
④ 张寄谦等前揭书,第95—96页。
⑤ 《八年来的国立西南联合大学文学院中国文学系、师范学院国文学系概况》,北大档:1371。

北京大学从1918年起,即成立了文、理、法科的研究所,组织各科教授进行专项学术研究,并为将来招收研究生做准备。1921年底,各科研究所合而为一。1922年1月,成立研究所国学门,内设考古研究室、明清档案整理会、歌谣研究会、方言调查会、风俗调查会、编辑室等。史学系教授李大钊、朱希祖任国学门委员会委员。著名史学家王国维、陈寅恪、陈垣、钢和泰、伊凤阁等都曾受聘担任过国学门导师。北大的史学研究生教育工作由此发展起来。郑天挺、容庚、商承祚、丁山、朱偰、蔡尚思等便是这时期毕业的一部分研究生。教师和研究生的学术成果,多发表于北大研究所创办的《国家季刊》。1932年,改设研究院。国学门改为文史部,部内分别招收史学类和国文类研究生。另设自然科学部和社会科学部。1934年6月,北大研究院改组,三部改为文科、理科、法科三个研究所。史学类研究生的培养继续归文科研究所承办,导师以本科史学系教授为主体,也聘有校外的名师。这时期的研究生中有单士元、吴丰培、朱文长、商鸿逵等。抗战之初,北大、清华、南开三校的研究院所一度合办。1939年夏,三校商定,本科仍合办,研究所则由各校分别办理。7月,北京大学文科研究所遂告恢复,初设于昆明市内靛花巷三号,1940年迁至北郊龙头村五台山。部分研究生后由原代理主任傅斯年率领,随中央研究院史语所迁至四川李庄,以就图书之便。另一部分师生仍留昆明,由汤用彤代理文科研究所主任。汪籛、阎文儒、王玉哲、王永兴、杨志玖、李埏、赵泉澄等,即为这时期毕业的一部分北大史学类研究生。①

北大史学系教授孟森,因体弱多病,不能远行,遂滞留北平。日伪接管北平。日伪接管北大原校址后,他拒绝事敌,终与夫人先后死于贫病饥馁之中,实践了"誓饿死不失节"的誓言。②

1945年8月,抗战胜利。9月,北大原校长蒋梦麟辞职,民国政府发表胡适为校长。时胡适尚在国外,暂由傅斯年代理。10月,北大派郑天挺等人回北平保管校产,筹备复校。③

1946年5月,西南联大结业,学生各依志愿分发北大、清华、南开三校。胡适7月底到任。北京大学8月招考新生,10月10日举行开学典礼,正式复校。④

北大史学系复原后,又以姚从吾为系主任。不久,姚从吾出任河南大学校

---

① 《五十年表》;《国立北京大学历届同学录》,北京大学出版部1948年印行;《校史略》;肖超然等前揭书,第62、223—229、304—307页。
② 罗常培:《七七事变后北大的残局》,《五十纪念》,第36—45页。
③ 《五十年表》。
④ 同上。

长,北大秘书长郑天挺临时代理史学系主任。正式的主任一职,则对留美未归的陈受颐虚位以待,盼其归任。陈受颐1946年冬曾短期回过北平,看到国内时局不稳,旋又返美,并表示不再归任。① 郑天挺遂正式担任系主任。②

复校后,北大史学系的教学与研究再次步入轨道。40年代后期,先后在史学系执教的专任教师及其所授课程有(以姓氏笔画为序):毛子水(西洋文化史、世界地理、史通、史记、汉书)、邓广铭(中国通史、宋史专题研究)、邓嗣禹(中国近世史、远东史、西史名著选读)、向达(隋唐五代史、中西交通史、中印关系史、印度通史、历史研究法、中国近代考古学发现史)、汪籛(中国史、唐代政治与社会)、沈刚伯(西洋上古史、俄国史)、杨人楩(西洋十九世纪史、法国革命史、西洋通史、西史名著选读、西洋近世史)、杨翼骧(中国史学史)、余逊(魏晋南北朝史、中国通史)、张政烺(中国史、中国上古史、秦汉史、金石学、中国史学史)、郑天挺(明清史、清史研究、中国史、历史研究法)、胡钟达(西洋通史)、姚从吾(宋辽金元史、历史研究法)、韩寿萱(博物馆学、中国美术史、中国雕刻史、编目与陈列、中国美术史实习)。

这时期,还有许多校内外学者,应聘为北大史学系讲授了大量课程:万斯年(日本史)、王重民(目录学)、孔繁霱(西洋中古史)、包格尔(西洋现代史、欧洲十九世纪史)、邝平璋(西洋通史)、师觉丹(印度古代史、印度古代文化史)、刘崇鋐(美国史)、刘愈之(世界地理)、汗先生(古物保存法、古物陈列法)、杨增威(地理通论)、启功(中国书画史)、邵循正(元史、中国近世史)、陈垣(史学名著评论)、林继诚(古器物图案摹绘、博物馆技术)、周一良(佛典翻译学史)、赵万里(中国史料目录学)、赵光贤(西洋通史)、胡适(历史研究法、水经注)、黄文弼(西北史地)、黄国璋(地理通论)、梁思成(中国建筑史)、傅吾康(中蒙关系史)、裴文中(史前史、史前史实习)、金毓黻(民国史、中国史)。③

当时,中国正处于两个前途、两种命运的大决战。北大史学系的广大师生,逐渐抛弃了对国民党反动派的幻想,认同于中国共产党领导的人民民主革

---

① 邓广铭:《胡适在北京大学》,《北京大学校友通讯》第7期第4页;《国立北京大学教职员录》,1948年5月编印;《国立北京大学各学院院长及系主任名单》,1949年8月,北大档:[七]/第1号/1253。

② 《国立北京大学三十×年度×月份在校教职员总名册》;《北京大学教职员录》,1950年12月。

③ 《国立北京大学三十五年度各院系课程表》,北大档:(七)/第1号/800;《文学院教员单人课表》,1946年度第二学期,北大档:1418/教务类;《国立北京大学文学院史学系课程表》,1947年度第一学期,1948年度第一、第二学期,北大档:(七)/第1号/1042、(七)/第1号/1314、1448/教务类;《国立北京大学课程调查表》,1948年度第二学期,北大档:1444/教务类;《北京大学课程一览》,1949年度,北大档:五/(7)/1。

命。1948年12月15日,在平津战役的隆隆炮声中,胡适乘专机匆匆离开北平。而当时北大史学系的专任教员中,没有任何人随胡适南下。他们全体留在北平,满怀对新中国的向往,迎来了古都的解放。[①]

(2003年10月7日)

---

① 《国立北京大学三十×年度×月份在校教职员总名册》;《北京大学教职员录》,1950年12月。邓广铭:《在"文革"中被迫害致死的翦伯赞》,《传记文学》第56卷第3期,第55页。

燕园史迹寻踪

岳升阳

[演讲者小传]

岳升阳,男,1954年生,北京人。1983年毕业于北京大学一分校历史系,曾在海淀区从事文物工作,并在北京市第二次文物普查工作中负责海淀区的文物普查。1988年清华大学社会科学系硕士研究生毕业并留校任教。1992年至1994年在日本信州大学进修和从事研究活动。1996年至1999年为北京大学城市与环境学系历史地理研究中心博士研究生,毕业后留校任教。主要从事中国城市历史地理的研究和教学,对于海淀地区的历史文化有过较多的研究,发表过多篇相关文章,并担任海淀区政府顾问。

校史馆给派了一个任务,就是讲燕园的历史和留存的史迹。我从小生活在燕园里,对校园的一草一木都很有感情,但感情归感情,要把校园的历史讲清楚,还是很难的一件事情,因为我们校园的历史中有许多东西到现在还研究不透,真的讲起来,心里仍觉得惶恐。为了便于讲述,我给讲座定的题目叫"燕园史迹寻踪",这样"踪"在哪儿我们就寻到哪儿,即使不那么连贯也没关系,我们可以绕过一些搞不清楚的问题。

寻找史前人的踪迹

既然是燕园史迹寻踪,我们从什么时候开始寻呢?我们说中华民族有五千年的文明史,我们校园的寻踪也可与此配合起来,寻到五千年前。五千年前有没有踪迹可寻呢?还是有的。1997年,学校兴建理科楼群,工地正好在我们的逸夫二楼旁边,我们很关注这个地方。因为,当时为纪念北大一百周年校庆,我们城市与环境学系的夏正楷老师得到学校资助,研究燕园的环境变迁,借助这个课题,大家都很想在燕园里找到史前遗迹,而理科楼工地给了我们一个机会来实现这个愿望。那时我们经常去工地查看,民工们很奇怪,心里说北大的老师怎么老在工地里转悠,找什么?有一天我们又去工地转,当时工地的基坑已经挖到四五米深,几名民工正在基坑底部一处有黑泥的地方挖一口4米见方的坑,许多黑泥被挖出来堆放在周围。我走过去问民工:"你们挖到石头没有?"要知道那是一处水沟的淤积,沉积物很细,里面不会有自然堆积的石块。民工说:"有,刚挖到了。"我心中一喜:"哪儿呢?""就在旁边。"民工指指身后的土堆。我赶快请民工帮忙找来,民工在土里翻了翻,递给我一块石头,我接过来一看,原来是一个半截的石磨棒。我问他还有没有?他说有,接着又找出陶片。这时候我们就赶快让他停下来,保护好现场。我们当即将此事报告市文物部门,并请考古系的老师指导挖掘。随后,就在这个地方挖出了一个五千年前的新石器晚期遗址。当遗址挖出来后,民工们感到非常惊讶,说北大的老师神了,他们怎么知道地下有这些东西呢?实际上,一点儿也不神,因为燕园内外曾发现过新石器遗物,而且从对燕园的古环境分析来看,燕园一带很可能有新石器遗址,所以对于理科楼工地中的古水沟遗迹才格外留意。

燕园地貌景观

为什么说燕园的古环境有利于产生新石器遗址?我们应首先了解一下燕园地区的地理环境究竟是一个什么样子。无论是新来的同学还是在这儿长期工作的老师都知道,从校园南边的宿舍区往北去未名湖的时候,会下一个陡坡,下了坡来,眼前豁然开朗,碧波粼粼,就到了我们的未名湖边。为什么会有这样一个高坡?这个高坡就是永定河故道的河岸。我们的燕园正好横跨在永定河故道的河岸处,未名湖本身就是当时的一个河湾。

永定河今天是从石景山出山,向南走卢沟桥的,但是在一万年前的时候它并没有向南流,而是向东北流,走海淀、清河一线。永定河是一条不断摆动的河流,从石景山出山后在北京小平原上不断摆动,形成永定河冲积扇,北京城就坐落在永定河冲积扇的脊背上。一万余年前,永定河出山后曾流向东北,与温榆河相接。今天在这个河谷里有一条小河叫清河,因而人们称这一时期的永定河为古清河,称它的故道为古清河故道。这条河道在平原上冲开了一条2—3千米宽的河谷,这个河谷的南岸就在海淀、北大、清华一线,所以清华校园里也是同样的地貌景观,南边高,北边低,从南往北去,有一段长长的下坡路。古清河的北岸在上地,当我们从南向北进入上地科技园区时,有一段上坡路,地势高起来了。海淀的这个地貌特征影响到后来的区域发展。由于河谷低地中地势低洼,水源丰沛,所以人们很早就在这儿开发水田,到了明、清时期,经过长期开发,形成了宛如江南的水乡景色。在此基础上就有了清代大规模的皇家园林的建设,到了近代,皇家园林被毁,清华大学和燕京大学先后利用园林废墟建设起校园。解放后北京将文教区规划于此,如今已经有200余所研究所和60多所大学在海淀落户,海淀成为中国人才最密集的区域。改革开放以后,这里的知识分子下海,搞起高科技公司,形成了中关村科技园区。由此可以看出一个区域发展的鲜明脉络,适宜的自然条件和良好的生态环境正是这一过程的起点,而燕园恰恰处在这个区域的关键位置上,它浓缩了由良好的自然环境到现代发展的整个演变过程。

燕园的南部是海拔50米以上的高地,西面和北面是海拔46米以下的低地。这个海拔50米以上的高地,北端在燕园,南端在紫竹院附近,东面临近五道口的铁路,西面在海淀镇西侧。由于在这块高地上最有名的聚落是海淀,所以侯仁之先生就给它取了个名字,叫"海淀台地"。在海淀台地的西边是古清河故道形成的低地,低地中有一个巴沟村,侯仁之先生称它为"巴沟低地",今天的人也叫它清河低地,因为清河水系分布其中。这样的地貌特征大约形成于一万余年前古清河形成的时期,当时末次冰期结束,气温开始回升,奔腾汹涌的古清河大水在海淀西侧的平原上切开一道宽广的河谷。这条河谷在海淀北部宽约2—3千米,深约10米,在经历了漫长岁月的淤积之后,今天河谷低地与河岸高地之间的平均落差仍在5米左右。北大校园跨越了高地和低地两个地貌单元,所以呈现出东南高、西北低的地势,校园南面海拔约52米,北面海拔不到 45 米,南北高差超过 7 米。

如今我们在校园的西部还能看到古清河留下的二级阶地遗迹,学校的图书馆坐落在阶地的最高一级上,由图书馆向西是静园,建有一至六院,那里的地势低了一级,是古清河的一级阶地。再往西是我们校史馆所在地,那里是河谷低地的边缘。在修建校史馆地下室的时候我们看到,在校史馆的西南角露出灰黑色的泥、沙层。而在东部则是古代海淀台地的沉积层,没有了灰黑色的泥沙。我们从示意图上可以看出来,图书馆在高的地方,六院在第一级的地方,再下一层是未名湖所在的地方,低地地下的沙石层是古清河故道的沉积层。

大概在距今一万余年到七千年之间是古清河的发育时期,近年来我们在古清河的沙石层中发现大量一万年前的树木残迹,它们应该是古清河洪水的遗物。永定河是一条不断摆动的河流,它在石景山出山后,在古清河至今天的永定河河道之间不断摆动。在晚更新世晚期,它有很长一段时间是向东流经北京城下的,到一万余年前它转向东北方,形成古清河,大约在距今六七千年前,它曾一度流经北京城南面的凉水河。近五千年来,永定河又有过多次摆动,但越摆动,越向南去,再也没有回到海淀来。于是,海淀的河谷低地进入了湖沼生成期,沙石裸露的古清河故道通过不断淤积,逐渐成为一个湖沼密布的区域。今天我们在这片低地中向下挖两到三米,就可以看到一至两层连片的黑色泥层,这些黑泥层就是由湖沼形成的。到了辽金时期,清河低地得到较为广泛的开发。明清时期,海淀一带进入了皇家园林的开发建设阶段,景观有了巨大变化。

五千年以来,燕园的地貌景观是怎么变化的呢?我们在勺园旁边的 45 号学生宿舍楼做了一个剖面,在 45 号楼地下,2—5 米深处都是黑泥层。我们在黑泥层最下面取样,经碳十四同位素测年是距今 5170 年,上面一点儿,是四千多年,再上头是 1800 多年,淤泥层的上面就是明清时期的园林基础了。我们可以看到,它经历了一个由古河道向园林区演变的过程。

燕园遗址

我们再来说理科楼群发现的新石器晚期遗址,这个遗址位于什么地方呢?位于理科楼群教室楼的东南部。大约在距今六千年到四千多年前的时期,在古清河拐弯处的东南岸,分布着一些冲沟。东边的一条冲沟在清华照澜院;中间的一条冲沟在北大中关园的化学楼下;西边的一条冲沟是西南—东北向的,大约是从北大 45 号楼一带向东,经过燕南园南侧、大讲堂东南侧。电教楼西北角、光华管理学院楼,一直到理科楼工地,然后向北至成府;此外,还有一个小沟由北向南,在理科楼群处与西边的这条冲沟汇合,在理科楼群下形成一个小湖。这些水沟形成于六七千年前,在四千年前逐渐消失。我们发现的新石器晚期遗址就在理科楼群下面的小湖出口处,应是一处临河的居住遗址。

夏正楷老师是环境考古方面的专家,他带领我们对理科楼群地下的古河道沉积物进行了考察。这里的黑泥层很厚,有许多的草炭,也夹有细沙的透镜体,泥层中有大量的树木遗骸,有一棵直径数十厘米的大树躺在黑泥之中,还没有完全腐烂。通过碳十四测同位素年,新石器遗址所在的层位距今约五千年。

新石器遗址位于小湖的出口旁,由于河沟两旁的地表已经破坏无存,我们发掘的只是遗址旁散落着遗物的河沟,从这些遗物中我们可以推断出当时有人在此居住。我们对水沟遗迹的清理是按照水沟的自然沉积状态进行的,最终清理出一个遗址时期的弧形沟底,在沟底发现一个石磨盘、一把石刀,还有磨棒和一些人使用过的石块以及陶片等。这些东西说明当时的人曾在沟底活动过,所以有石磨盘等遗物,它是人们生活的场所,而不仅仅是自然的冲沟。我们在20多平方米的发掘区域内,找到一百多片陶片,分属于三十多个不同的器物。其中有带双系的高领罐子,有带扳手的小罐以及碗等用具,它们的文化特征属于雪山一期文化,雪山一期文化是北大昌平分校旁雪山村出土的一种新石器晚期文化,燕园出土的遗物代表了这一文化的年代下限,此后它就消失了,让位给龙山类型的文化。此次出土了十多件石器,有磨盘、磨棒、磨石、石锛以及未成形的石块等。其中最奇特的一件石器是一把刀形石器,在此前发表的所有考古报告中都没有报道过。它有刀柄,有刀刃,有刀尖,有刀背,刀的两侧各开有三道斜向的沟槽。但它的刃是钝的,不能砍,尖是圆的,不能扎,如果是磨棒却又开有血槽一样的沟槽,它或许是与巫术信仰有关的遗物?我们不知道它叫什么,更不知道它的用途。除了石器和陶器,我们还发现了人工砍伐过的树干,树干上有很明显的砍伐痕迹,还有木板和木桩,木桩应该是房屋的遗物。在遗址中发现有鹿牙、熊骨、龟甲、鱼骨、鸟骨等等。还有大量的植物,包括树叶、山核桃等。五千年前人们可能只在这儿待了不长的一段时间就走了,他们走得或许很匆忙,扔下了完好的石磨盘和精致的石刀,究竟是由于自然灾害而被迫迁移,还是因为战争而逃亡,我们不得而知。

在北大校园一带发现新石器遗物不止这一次,早在1955年的时候,历史系考古专业的同学就在校园内外进行过调查,他们在海淀以东直到中关村一带,拣到许多新石器时期的石器,有一部分就是在五四操场附近拣到的。但从那时起,对于这些石器的原生地点一直存在争议,由于没有发现遗址,又是拣拾于地面，人们无法断定它们究竟是产生于本地，还是从其他地方搬运来的。解放初期，侯仁之先生曾经在佟府的一所院子里住过，位置就在国际关系学院大楼所在地，后来这所院子由北大学报使用，大约在20世纪50年代中期，学报工作人员在院子里刨地的时候，挖出一把新石器时期的磨光石斧，他们把石斧交给了侯先生，侯先生把它放在小玻璃盒里一直珍藏到今天。当我们把这些零星的发现和燕园新石器遗址联系起来思考的时候，或许可以断定这些石器也是史前本地居民留下的遗物，当然它们的年代不一定与燕园遗址相一致。燕园遗址的居民消失之后，燕园地区又沉寂了很长的时间，没有留下人类的活动遗迹。

海　淀

燕园一带再度有人居住，已经到了距今两千多年前的战国和西汉时期。多年来，沿着海淀台地的边缘发现了许多这一时期的遗址和遗物，海淀聚落即起源于此时。海淀最初诞生于苏州街上的乐家花园一带，那里出土过很多战国西汉时期的遗物。在北大校园里也多次出土这一时期的遗址和墓葬。1955年曾经报道，在中关园出土战国时期的瓮官墓。1970年备战挖防空洞，在俄文楼后面挖出一口汉代陶井，井壁是用陶制井圈一圈圈叠起来做成的。1985年前后在燕南园出过东汉的墓葬和陶罐子，在北大电话室附近出土了多座含有两汉、魏晋时期陶片的灰坑，出土过一块写着"千秋万岁"的瓦当，时代大约在东汉到魏晋时期。在电话室周围，从图书馆前到临湖轩附近的小土山，只要留意，随处都能捡到汉代的绳纹陶片，下过雨后还常能在地面看见西汉时期掺有云母的红陶片，人们管这种红陶片叫"鱼骨盆"，据说可以医治刀伤。

在北大校园里也还出土过其他时期的文物，20世纪20年代燕京大学建校时，曾在校园南部出土过多盒明代墓志，其中包括米万钟父亲的墓志。1953年兴建哲学楼时出土过金代墓葬，十多年前在图书馆前面和校园南墙下出土过元代或明朝初年的墓葬。1993年在兴建资源楼时再次出土明代墓葬。而近些年来出土最多的还是古代的园林遗址。

与燕园关系最为密切的历史遗迹是清代的园林旧址。海淀地区由于其得天独厚的地理环境，在明清时期成为北京园林建设的理想场所。水源丰沛、湖沼密布的宽阔河流故道，远山近水的景观格局，多年开发形成的水乡景色，以及位于城市近郊的地理位置，这一切使海淀成为郊居和游览的胜地。而引导海淀向郊居游览胜地发展的第一个重要因素，是元大都城的建设。

海淀作为聚落的历史始于两千多年前，但直到元大都兴建之前，海淀还主要是古代蓟城通往居庸关古道上的一个普通村落,村中有为旅途劳顿之人歇脚的店铺。在元初人王恽的《中堂记事》中,海淀被记作"海店",这个"店"字表达出海淀的特色,"海店"的用法一直延续到明朝中期。元代建大都城以前,北京的早期城址于今天北京南部的广安门内外一带,古城通往居庸关的主要道路之一经过海淀,海淀距城二十里,正好是旅途中歇脚的距离。忽必烈上台之后,在原有中都旧城的北面兴建了大都城,城池的北移改变了海淀与京城之间的关系,海淀由中都城北20里,变为大都城西北数里,大都去居庸关主要走清河一线,海淀一线变得次要了。而海淀作为郊居、郊游之地的优势逐渐显露出来,开始向园林别墅区的方向发展起来。

元朝为实现大都城的漕运,修建了通惠河。为了解决通惠河的水源,郭守敬开了一条渠道,把昌平的白浮泉水引到瓮山(现在的颐和园万寿山)西侧的瓮山泊,与玉泉山的泉水会合后,引入大都城内。瓮山泊于是成为一个水域广大的湖泊,名声也越来越大。因为这个地方景色太好了,到了明代,人们就把它与杭州西湖相比拟,称它为"西湖",或者"西湖景",还有"西湖十寺"的说法(《日下旧闻考》卷八十四)。西湖与海淀之间是大片的稻田、荷塘,明人描写它:"竹篱旁水,家鹜睡波,宛然如江南风气"(《长安客话》卷三)。那些受尽北京风沙之苦的南方官员,见到这片难得的水乡景色,更是触景生情,兴奋不已,写下大量诗句:"全画潇湘一幅,楚人错认还家","不道身为客,还疑是故园"(《宛署杂记》)。明人王家谟曾在海淀居住,他盛赞海淀"盖神皋之佳丽,郊居之选胜也"(《长安客话》卷四)。在当时的人看来,海淀无疑是一处居住的好地方,它很自然地成为达官贵人们交游宴饮的休闲场所。

明代的海淀有南海淀和北海淀两个村子。北海淀就在今天北大校园南部,在老的32楼前曾有一座平房院子,院子里有两座寺庙建筑。这个地方是原来北海淀村口的天仙庙,庙里有一块明隆庆二年的石碑,记载这座庙在北海淀。侯先生曾经看过这座碑,并把它记录下来。后来碑在"文革"的时候没有了,只剩下两座大殿。前年学校改造宿舍楼的时候给拆掉了,没有保留下来。

由于景色秀美,适宜郊居,海淀逐渐成为园林聚集的地方。据说清代的圆明园就是在明代太监们的花园旧址上修建的。明万历年间在海淀有两个十分有名的花园,一个是清华园,旧址在北大西校门外的畅春园,是明代皇戚武清侯李伟的别墅。清华园很大,"方广十里,中建挹海堂",是一座周围十里的大园子。后来清朝康熙皇帝在它的旧址上建畅春园,也只利用了园子的十之六七。清华园的南边有一个小湖,是元代的丹稜沜,它是海淀近旁的古老湖泊。

勺园

在李伟清华园的东侧，隔着一条路是勺园。勺园的主人米万钟（1570—?），字仲诏，宛平人。明万历二十三年进士，曾任县令、工部郎中等职，因得罪魏忠贤而丢官，魏死后，曾任太仆少卿。他的著作多已散佚，但他在当时确实是有名气的文人，其在书画上的名气在当时几乎与董其昌齐名，称为"南董北米"。他在北京建有三个园子，即湛园、漫园和勺园，其中以勺园最为有名。勺园在海淀，海淀之名源自于湖泊，勺园的意思是取淀之水一勺。勺园很小，但以水为胜。明人袁中道说它是"到门惟见水，入室尽疑舟"（《人海诗区》上）。《天府广记》说："海淀米太仆园，园仅百亩，一望尽水，长堤大桥，幽亭曲榭。路穷则舟，舟穷则廊，高柳掩之，一望弥迹"（卷之三十七）。二园名声显赫，人称"李园壮丽。米园曲折，米园不俗，李园不酸"（帝京景物略，卷之五）。但文人雅士更青睐米园，毕竟那里是文人交游宴饮、诗歌往还的地方，使人更觉亲切。

米万钟曾为勺园绘过一幅《勺园修禊图》，当年洪业在研究勺园时知道有这样一幅图后，就去琉璃厂寻找，不久神通广大的书商果然从天津弄来一幅手卷，就是今天收藏在北大图书馆的《勺园修禊图》。它是不是米万钟本人所画，不得而知，但它画的很多东西好像能跟勺园的记载对上号。十多年前，清华大学的夏德霖先生受侯仁之先生之托，参照《勺园修禊图》绘制了一幅勺园复原图，可以作为我们了解勺园景象的参考。

关于勺园，《燕都游览志》描述说："勺园径曰风烟里。入径乱石磊砢，高柳荫之。南有陂，陂上桥曰缨云。……下桥为屏墙，墙上石曰雀浜。……折而

明末米万钟《勺园修禊图》部分临摹

北为文水陂,跨水有斋,曰定舫。舫西高阜,题曰松风水月。阜断为墙,曰逶迤梁……逾梁而北为勺海堂,堂前怪石蹲焉,栝子松倚之。其右为曲廊,有屋如舫,曰太乙叶,周遭皆白莲也。东南皆竹,有碑曰林於澨。有高楼涌竹林中,曰翠葆楼……下楼北行为槎枒渡,……又北为水榭。最后一堂,北窗一开,则稻畦千顷,不复有缭垣焉"(《日下旧闻考》卷七十九引《燕都游览志》)。风烟里、文水陂、勺海堂等都是勺园内外的景观,而且在《勺园修禊图》中画了出来。值得注意的是,在《勺园修禊图》中,勺海堂前有一座露台,台上有一个大太湖石,米万钟是非常喜欢石头的,所以广搜天下奇石。侯先生通过对画中太湖石形状的辨认,认为五四操场北边治贝子园后院里立的那块太湖石,就是勺园勺海堂前的太湖石。现在这块石头已经移到赛克勒博物馆院内。

如今勺园早已无存,但作为燕园的起始之园,如何保留住它的印记呢?侯先生想了一个办法,就是在校园的景观建设中引入勺园的地名。于是,侯先生题了"文水陂"三字,刻石立在一教后面的土坡边。先生为此题写了说明,土坡的下面就是临湖轩东边的小湖,一块刻石既弥补了那里缺少景点的不足,又重建起当年勺园的意境,可谓一举两得。除了文水陂,侯先生还想到过利用勺园中其他的景观名称,相信将来是能够实现的。

那么勺园的范围和遗址的位置在哪儿呢?虽然地面已经没有遗迹可寻,但是通过对地下遗物的调查,对照地形图和文献记载,我们还是可以大致估计出来。几年前我校在建学生宿舍45号楼的时候,挖出大量园林遗迹,有砖石的房屋和墙壁遗迹,有湖边的护岸石和密集的柏木桩,这些柏木桩学名叫地钉,是过去用来加固建筑物地基的一种方法。这里有可能是勺园大门内外的部分,很遗憾,文物部门没有来做考古调查,没有能留下完整的资料。清代在勺园旧址建弘雅园和集贤院,它们的范围应该相似,可以帮助我们对勺园的范围进行推测。

勺园的东界和西界比较容易确定,勺园的西界是今天的校园西墙,在清代的园林图上已经明确画出来了。它的东界在哪儿呢?一般认为就是勺园大楼前面的马路,也可能局部地方更往东一点儿。南界大概在今天45楼的南面,这个地方过去有一个胡同,叫冰窖胡同。北界在哪儿呢?意见不一致,应该就在勺园留学生宿舍楼的北侧,西门汽车门内路南有一个小湖,它是淑春园的西南角,小湖的南边就是勺园的北界。所以勺园是一个长形的园子,这和当年燕京大学教授洪业先生在《勺园图录考》中的估计差不多。

冰　窖

我们在这儿顺便说一下冰窖胡同这个名字,为什么我们学校里还有过一个冰窖胡同,冰窖在哪儿? 北大老人都知道,冰窖就在学一食堂的后头。现在这儿有一个涮锅子的店,这个店的地方就是冰窖。冰窖是一个无梁结构的建筑,大墙有一米多厚,房顶是筒瓦。这样一个冰窖是清代为海淀皇家园林用冰而兴建的,它位于军机处官署后头,人们称它为军机处冰窖。那么这个冰窖什么时候拆的呢? 是20世纪80年代中期。当时我在海淀文化部门负责文物工作,有一天北大一位老师向我们报告,说北大把一个文物拆了,就是把冰窖拆了,我们就赶紧找到北大后勤去了解情况,到那儿一看,冰窖已经全拆完了。正在那儿挖坑盖房,我们当时感到很遗憾。北大在20世纪70年代改用人造冰以前,一直在使用这个冰窖,那时每年冬天都从未名湖或朗润园的湖中凿冰,存在冰窖里供夏天使用。这座冰窖从清朝乾隆年间一直使用到20世纪70年代初,前后达二百多年。

军机处胡同

冰窖的南边是海淀的军机处胡同,军机处是雍正年间建立的机构,它本来是在皇宫里头办公,但是当皇帝到了圆明园以后,军机处也随着皇帝来到圆明园。它的值班机构就在海淀镇上的军机处胡同。在四十楼旁边有一个已经废弃的西南门,在2000年以前,西南门的对面有一条小胡同,胡同的牌子上写着"军机处胡同",穿过胡同就是海淀镇的老虎洞。由那条胡同向北,就进了老西南门,沿着新南门内的道路向北走到头是学一食堂,学一食堂门前有两株老槐树,这两棵老槐树就是当年军机处门前的槐树。槐树的北面曾有一座古香古色的四合院,这座四合院就是军机处的官衙。大约在20世纪60年代初盖学一食堂的时候把它拆掉了。如今老槐树还在,向我们述说着那段历史。

对于军机处胡同再多说两句,因为在这条胡同上曾经住过一些名人。《西行漫记》的作者斯诺当年到燕京大学来的时候就住在军机处胡同,具体位置已不清楚,应该在老西南门内路西,那儿有几棵老洋槐树,可能就在那附近吧。侯仁之先生在燕京大学期间,也曾在军机处住过,他住在军机处10号,旧址在老西南门外的马路底下,房子在1952年修马路时拆掉了。

海淀园林

清代康熙年间,海淀开始修筑皇家园林。康熙平定三藩之乱以后,天下呈现出太平景象,朝廷开始了大规模的郊外园林建设。顺治至康熙初年,政局还不稳定，无暇进行大规模的园林建设，皇帝郊外活动总是去南苑，那是元明时期皇帝郊游的地方。到康熙二十几年开始郊外园林建设的时候，建设的重心就转到海淀来了。这是因为南苑的地理条件不是很好，它位于永定河晚近的故道中，时常受到永定河洪水的威胁，而且距山很远，缺乏纵深的景观。它可以作行宫，可以狩猎、阅兵，却不适合长期居住和办公。于是皇帝就找到了西北郊的海淀，海淀经过上千年的开发建设，已经形成宛若江南的水乡景色，远山近水，又没有永定河泛滥的威胁，是最适合建设大型园林的地方。

西郊园林建设肇始于康熙重修玉泉山行宫，真正开始大规模建设是畅春园的修建，畅春园建成于康熙二十六年（1687），它的范围东至北大西墙外的道路，南至四环路，西至万泉河路，北到蔚秀园南墙外。畅春园在乾隆朝以后就逐渐衰落了，许多建筑材料被用来修建圆明园。清末，畅春园成为练兵的操场，山形水系荡然无存。如今留下来的只有两座小庙门和一块"畅春园东北界"的界碑。两座小庙门在西校门外，一个是恩佑寺山门，一个是恩慕寺山门。恩佑寺是雍正皇帝给他母亲建的，因为康熙皇帝曾经为纪念自己的母亲在南苑建了一个小庙，雍正也模仿祖制在畅春园为自己的母亲建了一座庙，到了乾隆的时候，他又为母亲建了一座，叫恩慕寺，就在恩佑寺旁边。过去在两座庙门的前面还有一座大影壁，西校门外的道路在此打了个弯，绕过影壁，西校门南面的围墙也因此而向内弯了一段。畅春园东北界碑在两座庙门的北边，由西校门出去稍微往南一拐，路西有一座厕所，界碑就立在厕所前头的路边上。几年前学校在此兴建学生宿舍楼，为防止界碑被撞坏，就把它挖出来，放到了火神庙的院子里保存起来。如今畅春园的北部已经成为北大的宿舍区，属于燕园的一部分了。

康熙年间在兴建了畅春园之后，又在附近兴建了西花园和圣华寺，并将关山行宫改为静明园。康熙四十六年（1707），康熙在畅春园附近为四位皇子修建赐园，其中一座就是雍亲王的圆明园。园林建设的高潮是在乾隆时期，乾隆皇帝先后建起长春园、静宜园、清漪园、绮春园、熙春园、春熙院等御园。到了乾隆后期，在海淀附近形成以"五园三山"为代表的园林格局。"三山"是什么呢？一是万寿山清漪园，二是玉泉山静明园，三是香山静宜园，由同一个部门管理；五园是由圆明园官署管理的圆明园、长春园、绮春园、熙春园和春熙院。这五个园子共存的时间不长，只有二十多年，到了嘉庆年间春熙院就赐给了公主，五园变成了四园；道光年间又把熙春园分给皇子，最后剩下三园。今天我们看到的圆明园实际上就是圆明三园，但鼎盛时期是五个园子。到了现代，人们已搞不清楚"五园三山"中的"五园"是哪五个园子了，于是重新拼凑起："五园"，即畅春园、圆明园、清漪园、静明园、静宜园。"五园"和"三山"出现了重复,后来还是圆明园管理处的张恩荫先生考证出来,五园实际上是指圆明园衙门所管的五园。

清代在海淀御苑的周围还有澄怀园、含芳园(蔚秀园)、淑春园、弘雅园(集贤院)、鸣鹤园、朗润园、镜春园、自得园、自怡园、承泽园等一大批王公、大臣的赐园。清朝中后期,低地空间已经不足,园林又发展到海淀台地上来。例如,清末在海淀镇内外就分布有泽公园、伦贝子园、大公主园、那王园、礼王园、伯王园、车王园、治贝子园等一大批园林。上述赐园中有多座位于燕园的范围之内,并由于燕园的建设而保留下遗址。

海淀的景色除了园林本身以外,还有园林周边的水乡景色。清朝康雍乾三位皇帝都非常重视农业,在建设园林的同时,开辟了大量稻田。清朝在海淀地区建有稻田厂,负责稻田的管理,清代海淀的稻田大约有上万亩,还有荷塘和苇塘等。它们环绕于园林周围,所以乾隆非常欣赏,盛赞这里的景色:"十里稻畦秋早熟,分明画里小江南"(《日下旧闻考》卷一百)。对海淀江南景色的认同感,体现在从皇帝到官员的大量诗文里。这些稻田都是皇家的,稻田的收获都供园林使用,产量大时可以出售,收入供园林建设使用。清代在开辟海淀稻田的过程中,为了平整土地,将挖出的土堆在稻田周围,形成许多小土山。稻田、荷塘、土山,衬托上道边的垂柳和小桥流水,景色宛若园林。而在御园之中,也开辟有稻田,于是园内、园外的景色融为一体,形成田中有园、园中有田的景象,整个海淀地区就像一个大园林。遗憾的是,今天这里的水乡景色已经无处寻觅,不但稻田没有了,而且还在稻田中堆上建筑渣土,种上林木,虽然实现了绿化,却丢失了其中的人文特色。其实绿化中也会有文化问题,几百年来留下的海淀稻田,本身就是一种文化景观,把它变成千篇一律的树林,也就失去了自己的特色。

春熙院不在燕园

在侯仁之先生主编的《北京历史地图集》中,有一幅清代西郊园林图,图中反映的是全盛时期的海淀园林格局。最近我们在编辑《简明北京历史地图集》时,对这幅图做了修订,在修订时我们遇到一个难题:圆明五园之一的春熙院在什么地方?此前曾经有人做过研究,认为春熙院在北大校园内,由于研究者参考了样式雷的图纸,说在样式雷的图上春熙院位于今天的朗润园,所以北大校园中园林的前身应该是春熙院,这个观点被人们所接受。然而在样式雷另外的图上却明确标出春熙院在长春园北面,不在朗润园。那么,究竟是有两个不同的春熙院还是研究者搞错了呢?为此我们重新查阅了样式雷的原图,发现在朗润园处标注的是"春和园"而不是春熙院。春和园是朗润园的前身,由于字迹写得草,结果出现了错认。

淑春园

再有一个需要搞清楚的是淑春园,淑春园位于北大未名湖区,据说曾是和珅家的园子。但是,在和珅的淑春园出现之前,还有过一个淑春园,是归圆明园管理的。《钦定大清会典事例》记载:"乾隆二十八年,奏准淑春园并北楼门外等处水田一顷二十三亩六分三里"(卷一一九四)。此北楼门是指圆明园的北门,同卷记载北楼门外只有一亩七分九厘的水田,所以这123亩地基本上是淑春园的。和珅的淑春园里主要是土山和池塘,难以放下120多亩水田,而且圆明园管的淑春园到乾隆四十七年的时候改成了春熙院,属于圆明五园之一了。嘉庆七年的时候,又把春熙院赐给了庄静固伦公主,所以它变迁的脉络还是很清楚的,和珅不可能得到那座淑春园。所以说,它们是两个不同的淑春园,是同名不同园。大约在乾隆后期,和珅平步青云成为文华殿大学士,乾隆还将自己的女儿嫁给了和珅之子丰绅殷德,大概是在这一时期,北大未名湖区的这座园子成为和珅家的赐园。我们不清楚的是,淑春园是赐给和珅的还是赐给公主的。淑春园中有一座石舫,就是今天停靠在岛亭旁边的石船,它应该是模仿圆明园中的石舫建造的,船体中间原来是空的,可以下去,上面有木制的楼,现在只剩下了石质的船体。据后人推测,这条石舫是和珅越制的罪状之一。

北大未名湖石舫

淑春园坐北朝南，园门在今天六院东侧，原杭爱墓东墙外，北大电话室西侧的老槐树正在大门之内。大门向南伸出一条狭长的夹道，西面紧贴着杭爱墓的大墙，东面是圆明园的花圃，大门就夹在中间，这或许是因为它建成的年代较晚，大门外已经没有了足够的空间。淑春园内有一组建筑，在今天俄文楼西北侧，临湖轩停车场的地方，称为临风带月楼。前几年修停车场的时候，在地下挖出一大片清代的建筑遗址，即是临风带月楼的遗迹。还有一组建筑在今天红三楼周围一带，名称不详，也是施工中挖到的。

家住成府的金勋先生生前曾画有淑春园图，金勋的祖上一直是从事园林建设的，所以他对海淀园林非常熟悉，解放后画了大量的园林图捐献给国家。他还写了一本《成府村志》，记载了燕园周围的大量情况。燕京大学在1920年实测过淑春园址的地形，面貌与金勋的图很相像。淑春园的东墙在未名湖东面土山的东侧，墙外今东操场所在地是成府的民居；南墙比较曲折，东段在一教北面的路旁陡坎处，西段在今天勺园大楼的北面；西墙没有变，位于北大西校门处，今天仍是北大的西墙；北墙在全斋前面的道路南侧。湖中的石舫原来有木结构的楼阁，现在只剩下了石头的船身。湖南岸有一座小庙，名为慈济寺，坐南朝北，是一座观音寺，如今只剩下庙门，庙址处已经成为斯诺墓。今人常习惯地称呼它为花神庙，那是不对的。

花神庙建于圆明园的花圃中，圆明园花圃在今天北大图书馆一带，花神庙的位置在第一教学楼大门处，一教门前的几株古柏就是当年花神庙前的柏树。燕京大学建校时，把庙前的两统石碑移到了燕南园的入口处，今天依然矗立在那里，只是多了几分风化。

作为燕园核心区的淑春园始建于何时呢，我们不得而知，燕园的园林历史中，有许多事情是不清楚的，有待于今后的考证。2003年，侯仁之先生受到一篇有关自怡园的文章启发，对淑春园的早期历史进行了思考。他根据燕园一带的地理环境特点，提出一个设想，认为淑春园的前身应是清康熙时大学士明珠的自怡园。关于自怡园的地点，也是一个争论的问题，此前已有三种说法，一种观点认为，自怡园在水磨村北面的长春园内；一种观点认为，自怡园在水磨村南面清华大学西门一带；还有一种观点认为，应在颐和园附近。侯先生提出的是第四种说法。由于缺少文献的有力支持，各种说法都还带有假说的性质，此处不做介绍。

道光年间，淑春园旧址赐予睿亲王仁寿，他在道光六年（1826）成为亲王，园子或许为当时所赐，此后称为睿王园。园子在1860年英法联军入侵时遭受过破坏，重修圆明园时，又由此拆过建筑材料。燕京大学购来建校园时，睿王园已经是一座没有建筑物的空园。

在燕园里还有一座清代的坟墓,这就是杭爱墓。杭爱是康熙年间的官员,曾经担任陕西巡抚、四川巡抚等官职。三藩之乱的时候他负责督运粮饷,是一位很能干的官员,受到康熙的器重。他在康熙二十二年(1683)的时候去世了,去世以后就埋在这里。那么他的坟在哪儿呢?就在六院。六院房后还残存有一个土包,这个土包就是他坟丘的一部分。墓前原有两统石碑和一组石五供,石碑在建燕京大学时移到了西边的空地处,就是现在静园东北角和西北角的两统石碑。东面的碑是皇帝所赐,西面的碑写着祭文。碑文写于康熙二十四年,即1685年,到现在已有三百多年了。石五供移到未名湖岸边的钟亭下面,包括须弥座的供台和石香炉、石烛台等。20世纪50年代修建六院的时候对杭爱的坟进行了考古,坟早年已经被盗,没有出土多少遗物。杭爱死得早,所以墓建在了园林区内,后来的淑春园也只能让着它,把大门开在它的墙边上。

淑春园的选址不是很好,它位于古清河故道的南岸,园区南高北低,一进门就是陡坡,不好安排园林景观。但是园林的设计者巧妙地将陡坡设计成园中的山坡,并用土山把园门内的高地和北面的低地分割开来,不但使人感到十分协调,而且当转过土山时,空间一下子开阔起来,给人以柳暗花明的感觉,巧妙的设计弥补了地势上的不足。

淑春园的水源来自于畅春园东墙外的河道,以前在畅春园东北界碑旁,有一条水沟由西向东穿过西门前的道路,进入燕园的西墙内,万泉河水由此流入西校门内方池南边的小湖,至今我们还可以在园墙脚下看到一个砖砌的涵洞。在水沟穿过墙内道路的地方,有两块圆明园西洋楼的石梁摆在路的两旁,宛若桥栏杆,入园之水就是由石梁下面流入小湖的。从这里开始,水可以通过自流到达园内各个湖泊。后来万泉河改道,不再走校园西墙外,这处水口也就废弃了。今天北大校园在利用万泉河水时,是从校园西北角分两级地抽过来的,所以侯先生这几年总在呼吁,希望能通过引水设施的建设,重新由西校门南侧河道引水进入校园。从现有的条件看,如果有足够的资金,侯先生的愿望还是能够实现的。

鸣鹤园

淑春园的北边是鸣鹤园。鸣鹤园是嘉庆皇帝第五子惠亲王绵愉的赐园。醇亲王在《九思堂诗稿续编》中有不少关于鸣鹤园的诗篇。其中提到该园曾是傅恒的宅园,傅恒是满洲镶黄旗人,乾隆三十五年(1770)卒,说明此园在乾隆三十五年以前已经存在了。绵愉去世后,此园为其五子、六子居住。鸣鹤园在1860年曾遭受过严重破坏。清末,徐世昌以每年400元的租金租下该院,称为淀北园,也叫徐大总统花园。他只交了一年租金,就将园中建筑物大量拆除运回老家,使得朝廷赶快把园林房产分给王公贵族,以防再生后患。燕京大学建立后,曾打算购买此园,结果没等买成,七七事变就爆发了。后来燕京大学也就实际使用了这所园林,古人类学家裴文中先生曾受燕大之邀在76号大院中讲过课。

鸣鹤园的西部建筑失去最多,只留有一座方亭,侯仁之先生认为那座亭子就是七王诗中的翼然亭。翼然亭背依土山,旁临方池,燕大改名为校景亭。1958年,北大利用校景亭旁的小湖修建游泳池,称为红湖,今在校景亭下还能看到"红湖"的刻石。在红湖的北岸,曾有一座八角形的龙王堂,由于地处偏僻,一直保存到2003年,后来考古文博学院在此修建教室就把它拆掉了。

镜春园

原来与鸣鹤园为同一个园子,后来东面的部分分出去改称镜春园。镜春园的大门在园子的东南部,入园西行,北拐,过石桥即来到园子的主体部分。镜春园的建筑群主要集中在园子的中部,建筑群四周环水,西部是一个湖,今天依然存在。湖西为园西墙,位置在今天未名湖通往朗润园的大道处。光绪二十二年(1896),镜春园并入鸣鹤园,所以还是叫鸣鹤园为好。镜春园后来做过篮球场,材料厂。"大跃进"时期,还在此大炼钢铁,估计除了铁渣,可能没有炼出像样的东西来。今天规划中的文科楼就位于镜春园遗址上,设计方案延续了遗址的建筑文脉。

朗润园

原名春和园,清嘉庆年间赐予乾隆皇帝的第十七子永璘,永璘于嘉庆二十五年(1820)封亲王,赐园应在是年。当时也称庆王园。道光末年,和春园转赐道光第六子恭亲王奕䜣,称朗润园。光绪二十四年(1898)奕䜣去世后成为内阁、军机处和诸大臣会议的地方,每逢3、6、9日集会。为什么在这儿开会呢?因为慈禧太后住在颐和园,大臣们当然不能跑到城里的宫里去开会,城里开会太远了。所以它就成了中枢机构活动的地方、成为影响政局的地方。1906年搞预备立宪,对政府部门进行改革,将旧的名称换成新的名称,如刑部改为法部,工部商部改为农工商部,兵部改为陆军部等,就是在朗润园定下来的。到了清末民初,清人为了保住这些园产,将赐园分给了满族王公作为私产,朗润园给了载涛,直到燕京大学将其作为教工宿舍为止。

金勋《成府村志》中有关于朗润园的记载:

> 成府北头路西,过石平桥即东门。入东门西行北视之,宫门三楹,前列石狮二。入正门,环山西行,道路平坦,松柏成荫。北渡石平桥,殿宇奇伟,分中、东西三所,中所官门三楹,额曰"壶天小境"。左右云片石堆砌假山。三所皆南向,殿宇四周环河。其前稍东,有四角方亭一座"涵碧亭"。河南岸有倒座抱厦房三间,再西北有水座三间,北向,开后窗可以赏荷钓鱼。正所殿宇到底三层,与东西所互成套殿。……西所北墙外以山障之,有三卷殿一座,各三间。隔河北岸,尚有平台房三间。

燕京大学时期朗润园是教工宿舍,由于建校期燕大没能拿下淀北园,所以从校园本部去朗润园只能从成府绕行。七七事变以后,燕大才把镜春园打通,可以直接去朗润园了。朗润园的主要建筑在园中心的岛上,有中、东、西三组建筑,中间一组建筑现为中国经济研究中心,大门两边有假山叠石,还有叠石山洞可以钻过去。这种叠山假石以前在校园里有多处,现在已经很少了,原因是园林工人把它当作现成的石料堆,拆去建校园了。仅存的这出叠石,也比以前的规模小了很多。在这组建筑的前面,旁临湖水有一座四方形的亭子,叫"涵碧亭",1976年唐山地震后拆掉了。"文革"时期,在朗润园出了一个有名的写作班子,这就是"梁效"。梁效是两校的谐音,它是由北大清华两校的学者组成的,办公地点就在朗润园北墙根内20世纪50年代兴建的苏联专家招待所,今天叫"北招",是一座灰色小楼。朗润园也因这座小楼和楼内的梁效,与中国政治历史紧密地联系了起来。

治贝子园

今天的五四操场和三教一带,是贝子载治的花园,人称治贝子园,有的地图上也称苏大人园。光绪中叶,花园为载治的儿子溥侗所有,溥侗是末代皇帝溥仪的堂兄,别号红豆馆主。大约在1922年,他以该园为抵押向正金银行借款两万元。后该园被银行拍卖,燕京大学遂购得该园。燕京大学将其作为农场,这就是农园。治贝子园中有一个小湖,湖中还有一座小岛,由于是在海淀台地上开湖,没有外来水源,只能将湖凿及地下水线以下,所以湖很深,岸很陡。湖的西面和北面是小山,1970年挖防空壕时,在湖的西岸挖出一口棺材,是一座清代墓葬,可能是贝子的家人,尸体尚未烂。湖西北的小山是燕园中地势最高的山,山阳有一座面阔三间,前出抱厦的小龙王庙,庙前有石子铺砌的小路。由于传说庙里存放有放射性污染物,几十年间无人敢近庙前。几年前整治校园,连山带庙一起挖走了,然后建起了草坪。小湖北面是一座小山梁,中间有一个城关式的涵洞,洞前有一座小石桥,雨水可以通过涵洞流入湖中,这处景点在建三教时拆掉了。园中建筑主要在湖的东面,有流杯亭、房屋、游廊和山石,20世纪70年代以后被陆续拆除。今天保留在三教楼东面的院子是治贝子园的主体建筑之一,院子里矗立的太湖石,现放在博物馆的院子里。

蔚秀园

原名含芳园,曾是载铨的赐园。载铨在道光十六年(1836)封为定郡王,咸丰三年为亲王,此园又称定王园。咸丰八年(1858)园赐醇亲王奕譞,它是咸丰皇帝的兄弟,光绪皇帝的父亲,后来当上了摄政王。"蔚秀园"是咸丰皇帝为其题写的。慈禧在颐和园时,他常住于此。奕譞是一个很谨小慎微的人,50多岁就死了。奕譞于1890年去世后,园归内务府管理,清末分园时赠给其第五子载沣为私产,载沣是溥仪的父亲,也是摄政王。蔚秀园坐北朝南,大门在园的南面,园的中部是一座四周环水的岛,上面有并排三座院子,北部穿过假山还有一组建筑,这样的布局在含芳园时期就已经存在了,这可以从北图所存样式雷图上反映出来。园子的西部是稻田河塘,园中有玉壶冰、招和蹬、紫琳浸月等景观。今紫琳浸月石尚在,但已换了地方。石刻原立在东边的一个小湖边上,后来北大在园中盖了宿舍楼,就把石刻移到楼群中间的绿地里去了。蔚秀园的北墙有一段向园内凹进来,这是因为在北墙外曾有一组古建筑,那是圆明园八旗印房,是圆明园护军八旗发粮饷的地方,1985年改造万泉河时拆掉了。1931年燕京大学购得蔚秀园作为教工宿舍,院门改在了东面,与西门相对应。20世纪30年代,侯仁之先生曾在此居住,他住的是岛上西院的一间北房,雷洁琼先生当时住在西院前面临湖的房子里,七七事变以后,学校觉得不安全,就让他们住到校园里面来了。太平洋战争爆发后,日本人占领了燕京大学,蔚秀园成为日本人的驻地。"文革"军宣队时期,在蔚秀园内建设教工宿舍,拆去了园子北部的一组正房,只有岛上的建筑比较完整地保存下来。

承泽园

大约建于道光二十三年(1843)。道光二十五年,道光第六女寿恩固伦公主下嫁工部尚书博启图之子景寿,该园赐其居住。咸丰九年公主病逝。光绪年间园赐予庆亲王奕劻,故又称庆王园。民国后曾为张伯驹所有,北京解放后转归北京大学。该园原来只是畅春园北护园河道以北的一座小园,赐予公主时,进行了扩建,将院门南推至畅春园北墙下,院内有房187所,游廊82间。

当时畅春园已荒置不用,所以园子的马厩圈放在了畅春园内。园子坐北朝南,有两条水道穿园而过。一条是原来园中的东西二湖,中有水道相连,另一条是园子扩建后圈入的畅春园北护园河,所以它的布局结构不同于其他园林。

园子的北面有一座闺楼,两侧有爬山廊能够上去。前几年重修的时候从楼中拆出许多铺地金砖,这些砖上有光绪二十几年的年款,所以这座房屋最后的修缮时间是比较晚的。这座闺楼面阔五间,高两层,从照片上我们可以看到,修缮之前两边的爬山廊下面是叠山石,修缮的时候把这些叠山石都去掉了,改成秃秃的一道墙。这样做倒是简单了,可是原来的意境也就没有了。这样改变原状的文物大修是目前比较普遍的现象,不仅仅是承泽园所独有。

承泽园西边一墙之隔是一个大约在民国初年盖的园子,叫吴家花园,它是吴鼎昌的花园。当时燕大、清华一些跟吴鼎昌熟悉的教授在春天的时候会去那里观赏海棠。后来,由于彭德怀罢官后曾在此居住,所以园子变得很有名,人们甚至传说它是吴三桂的花园。

成　府

下面我们讲一下成府,因为现在成府也扩入北大,成了燕园的一部分。成府位于北京大学东校门外,占地 75 万平方米,27 条胡同,1990 年有居民 1300 户,3461 人。村旁曾出土 5000 年前的新石器晚期遗址,前面已经介绍,前些年村中还出土了 2000 多年前西汉时期的遗址。为什么叫成府,没有史料记载可寻。在北京西郊有许多明代王的墓地称为府,如香山附近有四王府、杰王府等,人们因此推测,成府之名可能也来源于明代某王的墓地,这样推算,成府应有数百年的历史了。清代由于北京西郊皇家园林的兴建,成府村随之兴旺起来,清乾隆十年(1745)因在成府村东北的水磨村修建长春园,一部分水磨村住户迁入成府居住。清代成府村紧邻皇帝和王公大臣的花园。村南有贝子园;村西有淑春园、镜春园、鸣鹤园、朗润园;村北有圆明园、绮春园、长春园;村东有熙春园、贝勒园,以及圆明园内务府三旗营房、圆明园侍卫营营房和圆明园护军正蓝旗营房。成府自然成了为园林和八旗驻军服务的村庄。那时候村中聚集了许多店铺和作坊,周围三四里内的住户都来此购物,十分的兴盛,可以说是当地的一个小商业中心。1860 年西郊诸园被英法联军焚毁之后,村中的工商业者纷纷迁往他处,成府因之衰落。1910 年,留美预备学校在村东熙春园旧址兴建,后改为清华大学,1926 年燕京大学由城里迁入村西的淑春园旧址,许多商户尾随而来,位于两校之间的成府,又渐渐兴旺起来。燕京大学在成府村中购置了房产,用作教职员工的宿舍,一些教授和员工也在成府赁屋居住,成府村中的许多住宅就形成于此时。2000年新建的中关村北路由成府村中穿过,部分居民因此搬迁他处。2001年,北京大学建设科技园,将剩余的成府村全部拆除,仅留下蒋家胡同3号院,即民国年间的老2号院。

蒋家胡同

蒋家胡同是位于成府村中部的一条东西向胡同,长仅100多米,由十余所院落组成。蒋家胡同在清末称安家胡同,因安姓人家占据了大半个胡同而得名。后安家搬走,胡同也改了名称。蒋家胡同中最好的建筑位于胡同北侧,据金勋《成府村志》,清末蒋家胡同路北共有五个门户,东头一户为赵歪子,专门精于正骨。中间三座大院,均为天利木厂主人安姓的住宅。西头一院为洪姓,正蓝旗人。胡同南侧除安家的马圈外,还有吴姓、李姓等住户。安姓为东安县人,经营天利木厂,东家安联魁曾于清同治年间(1862—1874)参与重修圆明园中路九洲清宴的工程。工头安鹏性好武,曾中武举人。安家在蒋家胡同的宅院应建于同治年间重修圆明园的时候,至今已有一百多年的历史。这三座院落并列连接,院落很宽敞,木料很规整,墙也砌得实在,没有掺杂使假。三座院落都为两进,有垂花门和抄手游廊,院之间有游廊相通,东面和中间的两座院落后面建有花园。

顾颉刚故居

20年代,燕京大学迁至西郊后,安家的三个宅院售给燕京大学作为教职工寓所,当时东边的院子为蒋家胡同2号,中间的为3号,西边的为4号。解放后门牌改为单双号排序,路北的都是单号,所以原来的3号成为后来的5号,为述说方便,这里还用老门牌。1930年秋至1935年秋,时在燕京大学和北京大学任教的顾颉刚先生居住于中间的3号院。顾颉刚(1893—1980)是中国著名的历史学家,又是中国历史地理学的奠基者,中国民俗学的倡导者。他曾在20年代初提出"层累地造成中国古史"观,对中国近代的历史学产生巨大影响,以他为代表的一群学者被称为"古史辨学派"。1929年,他就任燕京大学历史系教授,并兼任北京大学历史系讲师。他初落脚于蒋家胡同9号,一年后迁入蒋家胡同3号,一直居住到1935年秋。在此期间,顾颉刚先生开设了中国沿革地理的课程,并于1934年二三月间在蒋家胡同3号筹备禹贡学会,1934年3月1日创办《禹贡》半月刊,开展对中国历史地理的研究。在《禹贡》半月刊封面上的地址栏中,即标明为"蒋家胡同3号"。后来,《禹贡》编辑部虽迁往城内小红罗厂，但蒋家胡同3号始终是它的发行所。《禹贡》杂志是一个主要从事历史地理研究的学术刊物，欲求经世致用、救亡图存之学。1937年七七事变后《禹贡》被迫停刊，共发行七卷十期。对于促进中国现代历史地理学的形成起到过重要作用。顾颉刚先生在蒋家胡同3号创办的另一个组织是通俗读物编刊社，创办于1933年，1937年七七事变后撤离北平，1940年停业。顾颉刚先生在中山大学任教期间既从事于民俗与歌谣的采集，面对九·一八事变之后的局势，他试图通过通俗读物的形式唤起普通民众的觉醒，激发他们的爱国热情，以反抗日本对中国的侵略。在蒋家胡同期间，通俗读物编刊社共出版大鼓书、剧本等近二百种，如《岳母刺字》《淞沪战》《宋哲元大战喜峰口》等。至1940年停业时，共出版大鼓书等读物600多种，行销五千万册。顾颉刚先生希望通过这种形式来唤起普通民众的爱国热情，以反抗日本军国主义的侵略。蒋家胡同3号还是中外学术交流的场所，一些国外学者在此与顾颉刚先生会面，其中一位是美国的中国问题专家拉铁摩尔（Oven Lattimore），侯仁之先生曾应顾颉刚先生的要求在《禹贡》上翻译其著作。1937年拉铁摩尔先生去延安访问，成为同情中国革命的友好人士。

尤其值得重视的是顾颉刚先生，他在蒋家胡同3号居住期间对中国历史地理学的发展作出了贡献。他所创办的《禹贡》成为当时历史地理学研究的主要刊物，围绕着《禹贡》产生了一批致力于历史地理研究的学者。其中，谭其骧、侯仁之、史念海成为建国后历史地理学界的三大家，今天中国的历史地理学工作者大多是《禹贡》一系的后学，将其视为现代中国历史地理学的摇篮及学统之所系的地方并不为过。尤其是侯仁之先生，他将西方的现代地理学思想引入中国历史地理学研究，使中国的历史地理学成为地理学的组成部分。如今历史地理学在历史学中是重要的专门学科，在地理学中成为人文地理的一个分支，其地位的提高是与《禹贡》以来历代学者的努力分不开的。顾颉刚先生的另一个重要贡献是民俗学方面的调查，他所进行的京西妙峰山调查被认为是中国民俗学的开端。

蒋家胡同3号院由大门、前罩房、垂花门、游廊、正房、耳房、东西厢房和后花园等部分组成，共有房屋20多间。当时前院南房由他人居住，顾颉刚先生家使用内院。顾先生居西厢房，正房为其书房，即其所说"书居正屋，而人住厢房"。西耳房为绘图员吴志顺居室，吴氏于1933年春来到燕大，绘制顾颉刚先生等编纂的《地图底本》。顾颉刚先生亲属顾廷龙先生初来燕大时也在西厢房居住，后顾廷龙先生之子顾诵芬亦来此居住。东厢房由《禹贡》半月刊和通俗读物编刊社合用，东厢房后面的夹道内有一所房屋是《禹贡》半月刊和通俗读物编刊社的库房。院子中间有一大个缸，正房后面有厨房，厢房后面有仓库。

正房的后面是一个不大的花园,当时已成一片空地,胡适先生来访时曾在园中与顾颉刚先生摄影留念。1935年秋,顾颉刚先生迁入城内居住,将蒋家胡同寓所交给顾廷龙代为照看,西厢房由顾廷龙一家居住。这张3号院的复原图是根据顾廷龙之子中科院院士、全国人大常委顾诵芬先生的回忆和顾颉刚先生之女顾潮老师所提供的资料恢复的。

数年前,北大在成府建科技园区,要拆掉蒋家胡同的三座四合院,于是北大的数十位教授上书学校,希望将3号院保留下来,侯先生特别提出3号院是顾颉刚先生的故居,应该保留,结果没有成功。因为3号院的地方被规划为绿地,北京市规定在城市建设时,绿地面积不能减少,而科技园区又不愿意减少建筑面积来增加新的绿地,双方互不相让,3号院就只有被拆除了。蒋家胡同四合院的命运就像北京许许多多四合院的命运一样,在开发建设的浪潮下,没有逃脱被拆除的结局。最后人们想出了折衷的办法,把顾颉刚先生居住过的3号院内院整体搬迁到旁边2号院的后面,使2号院形成三进的格局。2号院比较完整,还保留有垂花门,而且不影响盖楼房,所以保留下来了。

蒋家胡同3号院没有了,我们发现它的大门还在,于是我们的研究生很高兴,用一辆瘪了气儿的破车把两扇破门板拉了回来,这也是历史遗迹呀,是历史地理发源的地方,大门也可以作为一个象征吧。

燕园的创建

民国时期,淑春园等园林旧址日渐荒败,就在此时,一个机会使它们重新焕发出新的生命力,这就是燕京大学的建立。在20世纪初,北京地区有三所基督教创办的教会学校,即汇文大学、华北协和大学和华北协和女子大学。教会打算将三所学校合并,建立一个统一的大学。它们看中了一个人,就是司徒雷登。燕京大学初建时,校址在北京内城东南角的盔甲厂胡同,可以说是既没有钱,也没有发展空间。司徒雷登首先要做的事情是寻找新校址,于是他或步行,或骑毛驴,或骑自行车,转遍北京城郊,却总也没有找到合适的地方。有一次,他应邀去清华访友,经人指点,见到了未名湖畔的这座园子,立刻被它所吸引。他听说园子的主人是陕西督军陈树藩,就在1920年夏天去西安和陈树藩商谈购买园子的事情。最后,陈树藩同意以六万大洋的价钱把这座60英亩大的园子卖给了燕京大学。随后,燕京大学又买下成府和北海淀的部分土地,总面积达到200英亩。1921年开始兴建校园,1926年基本建成,燕大迁入海淀新校址。

燕园的规划设计

当时主持校园规划建设的是美籍建筑师亨利·墨菲（Henry K. Murphy）。他受教育于美国有名的耶鲁大学，来中国后在北京设计了一个学校，据说就是清华。清华的教室和礼堂完全是西洋风格的建筑，不过它规划轴线还是和旁边的传统建筑"工字厅"保持了一致，是南北向的，校门开在南边，符合园林旧址的布局方式。可是当他对中国了解的时间长了以后，设计就发生变化了，他欣赏起中国古代建筑与中国古代园林的设计来。他根据现代大学应有的设备和要求，采用中国古典建筑的形式和造园艺术的特点，创建了一座以中国园林为基调的新校园。据说，有一天，他站在一座土山顶上四面眺望，西方玉泉山塔忽然映入他的眼帘，他立即感受到校园设计的中轴线，就应该指向玉泉山上的那座塔[①]。实际上校园正门即校友门的位置，就是这样确定下来的。这正是我国古典园林中所谓"借景"的一例[②]。

我们在燕京大学的设计图上，可以看到东西向的轴线设计，这个设计较好地解决了校园设计上的难题，即校园南高北低，高低界限分明，南北两部分不好用统一的轴线来表达。而且校园的南边没有大道，校门只能藏在胡同里。而当西向时，校门就开在了清代的御路上，这是海淀地区的主干道，也是可以通汽车的大道。清华校园也遇到了同样的问题，当清华扩建后，也把大门开在了清代的御路上，原有的校门成了二校门。除了东西向的轴线，燕大校园还有一条南北向轴线，这条轴线解决了南部高地上校园布局的设计问题。

我们目前还没有找到墨菲当年设计燕园的详细资料，只见到一幅最初的规划设计图，根据这幅图，我们可以看出他的规划前后是有变化的。他的设计中有两条主轴线，一条是南北向，一条是东西向，两条轴线交汇在未名湖西面的一座西洋式圆形建筑上。这个规划中的圆形建筑好像是一座礼堂，也可能是教堂，教会办的学校，有可能表达出教会的规划思想。

燕京大学的校门是校友们捐献的，所以又叫校友门。校友门完全是一座中国式的建筑，面阔五间，近似于王府大门的级别。进门是一口方塘，上跨三孔石桥。这种式样看来是墨菲先生的独具匠心，是他对中国建筑文化解读后的体认。这样的形式确实是中国化的，但它不是园林中的形式，它是寺庙或墓葬中的形式。从大门看它是清代王府或王爷坟墓的规格，但我们今天进了西

[①] 参见徐兆镛：《创校的辛苦》，载《学府纪闻·私立燕京大学》，台北：南京出版社有限公司1982年版，第66页。

[②] 参见侯仁之：《燕京大学校园》。

门不会联想到进了坟地,因为当我们跨过石桥,眼前豁然开朗,迎面是两座华表。华表的使用可以有三种地方,一是宫殿,二是皇家特殊的寺庙,三是坟地。但当我们终于透过华表看到办公楼时,我们的感觉就有了,这是一所校园,一所独具特色的校园。

办公楼也很有特色,它对中国传统式样的建筑做了改动,在庑殿式屋顶的两侧又各接出一个庑殿式屋顶,而这种屋顶连接的形式过去只在歇山等形式的建筑上有,庑殿式建筑并不这样做。这个做法后来屡屡被其他建筑所采用。当然,燕京大学的这些仿古建筑都是钢筋水泥的建筑,只是做成了木结构的样子。当燕京大学建好之后,对这些仿古建筑也出现了批评的声音。比如金勋先生就对此大不以为然,他是搞古建的,总觉得这些建筑不伦不类,不像样子。但今天我们回头看的时候,感觉就不一样了,同今天的大屋顶比起来,燕大的房子建造得太好了,仍然象征着传统,这是墨菲的一个创造。

墨菲在未名湖两岸建筑物的设计上,采取了依据东西轴线的对称布局。在北岸,今天红一楼至红四楼这样的建筑群组一直排到未名湖北岸的石屏风处,未名湖南岸的建筑,设计了与北岸建筑相对称的布局,结果南岸建筑骑在了陡坡上,显然没有考虑到地形的变化。后来,那几组建筑没有建,可能是修改了规划。在南北轴线上,最主要的是六院的设计,当时的设计是东西两边各有背对背的四组相同的三合院,也就是规划了十六所和今天六院一样的建筑。后来似乎改成了每边各三组,而燕大实际建成的只有四座,即今天的1、2、4、5院,当时是女生宿舍。这四院之间是一片绿地,有藤萝架也有山石,还有很多树木,它的南端是女生体育馆。各院的建筑上爬满了爬山虎的植物。"文革"工宣队时期,山石、藤架和部分树木被移走,绿地改造成大白菜地,种了两年后,又改种果树变成桃园。前些年桃园老化了,学校又重新恢复了绿地,名叫静园。1—6院建筑物上的爬山虎也在"文革"中被砍掉了,因为宣传队认为爬山虎不卫生,会滋生蚊子。当时院内的花草被铲除,种上了蔬菜。

女生宿舍的北面,有东西相望的两处建筑。东面的建筑叫做适楼,就是今天的俄文楼。西面是南北相对的两座阁楼,人称姊妹楼,南曰麦风阁,是女部主任和个别女教授的住处;北曰甘德阁,上层是女部主任办公处,下层是大会客厅。

梅石碑

在甘德阁一层的大会客厅中曾立有一块石碑,就是圆明园的梅石碑。上面刻有乾隆的诗句:

> 春仲携来梅石碑，模经冬孟始成之。
> 不宁十日一水就，惟以万几余暇为。
> 孙杕梅堪作石友，蓝瑛石亦肖梅姿。
> 为怜漫漶临新本，哽有人看漫漶时。

原来，在南宋临安（今杭州）德寿宫前有一块芙蓉石，旁有梅花一株，明代著名画家蓝瑛和孙杕合作，画了一幅梅石图，刻碑立于其旁。乾隆十六年第一次南巡时，见到此碑，这时梅早已不存，乾隆就将芙蓉石运回北京，放到长春园的茜园里，起名青莲朵，他当时以为梅和石都是兰英画的。乾隆三十年，他第四次南巡时，发现梅是孙杕画的，于是又写诗文，说明此事。乾隆重新复制了一块梅石碑，并刻上他的诗文。三十二年又刻了一块同样的石碑，置于茜园。这块石碑被燕京大学搜罗来，据说安置在甘德阁的客厅里。20世纪60年代，北阁也就是甘德阁，成为百万次计算机的机房，也许在这时，石碑被从客厅中搬出来，放置在北阁的西阶上。我第一次知道此碑是在1984年文物普查的时候，当时看到这块碑常年放在房檐下，已经受到檐水和雨水的侵蚀，形成一道隐约的印记，而且还有人在碑上作操晨练，对碑刻造成破坏。于是我们就跟学校商量能不能保存好它，到了80年代末90年代初的时候，北大后勤部门就把它搬到了北阁北面的小山顶上，但碑的一角不幸折断裂了。

大约在1991年前后的一个暑假，我和考古系的秦老师与海淀文物管理所所长相约，给石碑做拓片。我们到哪儿一看，一个工人正在凿梅石碑呢，那是一位年纪比较大的工人，他骑在碑上，用凿子凿着碑上的字。梅石碑刻得很精致，笔画很细。再看那位工人，握着一把由螺纹钢筋做成的凿子，正顺着文字的沟痕凿着，好像并没有看清字的笔画特征，只管让碑面上现出新的石色。我们赶快制止他，我说："你这样凿就把它凿坏了，你看得清楚吗？"他说看不清楚，只是估摸着刻。他的凿子很粗，根本刻不了那样细的笔画。他解释说是学校让他把碑见一下新，原来的笔画刻得太细，看不清楚。于是他把碑上的笔画凿粗了，好让人看得清楚。乾隆年间能给圆明园刻碑的工匠技术很高，所以才能刻出梅石碑这样刻工细腻、清秀的碑来，而眼前的工人似乎并不具备这方面的技能。于是我问他是不是专门刻碑的，他说不是，只是一般的石匠。普通的石匠怎么能刻得了梅石碑呢，我们仔细察看了一下，发现坏了，有些字已经变形，三点水变成了双立人，有的字笔画被凿穿了。此时他已经刻到了一半的程度，碑的上半截已经刻完。梅石碑上部刻的主要是梅花，下部是石头，仔细一看，梅花的花朵基本上都见了新，只剩下最下面的一朵半还没有刻。就在这一朵完整的梅花上，我们可以看到在花的中心有非常细的花蕊，而其他见了新的梅花都没了花蕊，变了样。这是一个十分低级的错误，当时文物部门想要处罚,但考虑到北大是中国的最高学府,照顾到影响,只是做了口头批评,没有严肃处理。现在这块石碑立在了临湖轩旁,学校后勤部门找了一个石座放在碑下,还做了一个顶子安装在碑的上面。梅石碑刻画浅细,很容易风化,最好能有更妥善的办法保护它。

燕京大学在建设过程中对燕园内原有的山形水系进行了改造,一些湖泊河道被填平,建起了楼房,但主要的湖泊和主要的景区保留了下来,水系的走向没有变。变动最大的是西校门内,校门内的方池是由小湖改造而来的,办公楼也是填掉部分水面后建起来的。未名湖南岸斯诺墓所在的土山,曾是四面环水的,燕京建校时把土山南面的河道填掉,盖了校医院。红一楼至红四楼所在地也曾有小湖,填掉后才有了盖楼的空间。为什么会有这样的变动,是因为传统的园林空间难以满足现代学校用房的需求,很难有足够的空地安排体量较大的现代建筑。

临湖轩与未名湖的命名

侯仁之先生曾多次讲到临湖轩与未名湖的命名。临湖轩是燕京大学校长办公的地方,有司徒雷登校长的住处,特别是正房中间十分宽阔的大厅,是校内重要活动的中心,也是接待来访者的地方。燕京大学建校十周年的时候,诸

未名湖鸟瞰图

多贵宾在此相聚致贺,可是当时还没有"临湖轩"这三个字的名称,在座谈中还是校友谢冰心教授,即景抒情,建议命名为"临湖轩",立即得到大家的赞同,并请在座的北京大学文学院院长胡适题写了"临湖轩"三个大字,事后制匾挂在大厅临湖一面的门额上。另有传说讲到,当时在场的另一位教授钱穆,又进一步建议,把临湖轩后面尚未命名的湖泊,正式命名为"未名湖"。

魏士毅女士纪念碑

在北京大学校史纪念馆东面的小土山下,有一座魏士毅女士纪念碑。魏士毅是燕京大学学生,在1926年的三一八惨案中牺牲,于是燕京大学同学会为其建了纪念碑。碑座上不仅镌刻着烈士的小传,而且还有特别重要的如下铭文:

> 国有巨蠹政不纲,城狐社鼠争跳梁。
> 公门喋血歼我良,牺牲小已终取偿。
> 北斗无酒南箕扬,民心向背关兴亡,
> 愿后死者长毋忘。

最后刻有立碑日期和立碑者如下:
中华民国十六年三月燕京大学男女两校及女附中学生会全体会员敬立。

侯仁之先生常提到魏士毅女士纪念碑,觉得碑文写得好,而且在当时的局势下,只有燕京大学内可以立这样勇敢地批评当局的碑。

燕园中的碑刻很多,既有明清时期留下的碑刻,也有燕京大学时期的碑刻。对于校园石刻,燕大做得很好,它把石刻都做成拓片,收集成函,尽管一些石刻已经没有了,但我们还能在图书馆看到拓片。如今校园里的现代石刻有了增加,仍应做成拓片,以便于查阅。

燕园中还有许多其他石刻文物。如,西校门前的石狮子是由坟地买来的,办公楼前面的麒麟、华表是由圆明园拉来的。还有未名湖的石鱼,是圆明园西洋楼的东西,后来被朗润园的主人弄去了,燕大把它买来,放到水塔下面的未名湖边,水塔的废水可以从鱼嘴中喷出来,后来被移到未名湖西部的小岛上。

未名湖旁边的土山上有钟亭,亭中悬挂着一口清朝"大清国丙申年制"款的铜钟。有人说这口钟是从庙里买来的,钟上刻着八卦图样和精美的纹饰。"文革"前,每天有一位老工友拿着一把大木槌从办公楼出来,到钟亭敲钟。早上钟一响,就该上班了,中午再一敲,就该下班了。等到"文革"的时候不再敲钟,改吹军号了,当然是广播里播放的军号录音,给人的感觉已全然不同。这口钟我们没保护好,游人总爱乱敲,拿砖头敲,拿石头敲,那么精细的花纹被敲来敲去就会敲平。

文物保护单位标志

1990年,燕园未名湖区被定为北京市文物保护单位。文物部门在湖边立了一个"原燕京大学未名湖区市级文物保护单位"的标志牌,结果引起了一场风波。当时学校里的一些老干部起来反对,向上级呼吁取消这块牌子。他们认为燕京大学是帝国主义侵略的产物,燕京大学的名字不能出现在文物保护单位的名字中,不能出现在北大的校园里。鉴于当时的政治形势,这块牌子一度被取消了。后来有很多老先生出面争取,才又把牌子重新立了起来。由此可见,一个社会的发展是很曲折的,要想克服一种桎梏头脑的观念很不容易。

到了现在,我们的燕园在不断扩展,燕园的西南角扩展进来新的文物,就是位于资源宾馆旁的小庙。这座庙叫六主神祠,供有六个神明,其中一个是火神,所以俗称火神庙。火神庙建于乾隆四十八年,是海淀镇的商家们集资修建的。过去在店铺聚集的商业区,常常建有火神庙或玄武庙,用来保佑店铺的平安。清代的海淀商业店铺林立,因而有真武庙和火神庙。这座火神庙原是海淀百货公司的职工宿舍,因为北大能修缮,所以区里就把它给了北大,现在已经修缮一新,成为燕园文物大家庭中新的一员。

燕园的历史和文物实在是丰富,历史文化的蕴含非常深厚,希望有兴趣的同学可以做些研究,把燕园的历史和文物搞清楚。我的讲座就到这儿,谢谢大家!

(2008年3月12日)

(原载《北大讲座》第十八辑)